Il Dominio Temporale Della Sede Apostolica Sopra La Citt# Di Comacchio: Per Lo Spazio Continuato Di Dieci Secoli Esposto A Un Ministro Di Um Principe, Volume 1

Giusto Fontanini

PREFAZIONE.

L'Anno addietro si divulgò con le stampe il *Dominio temporale della Sede Apostolica sopra la Città di Comacchio* non tanto per cagione di ciò che auvenne in quel tempo alla medesima Città, quanto per discoprire il fondo di alcuni scritti contro alle ragioni Pontificie, i quali allora andavano in giro, e qualche tempo innanzi si erano fatti vedere anche nella Corte Cesarea. Ora quì si divulga la *Difesa* del medesimo *Dominio* in risposta alle tre ultime Scritture contrarie, pubblicate pur con le stampe: e a tal *Difesa* si è riputato proprio il far precedere la medesima prima Scrittura intitolata il *Dominio*, la quale or quì si corrobora, e si sostiene; imperciocchè dovendo ella più volte rammemorarsi, egli è bene, che altrui si tolga il pensiero di andare in traccia di essa, affinchè non possa ad alcuno riuscir malagevole il chiarirsi prontamente della verità. Non sarebbe forse stato malfatto per lo medesimo fine l'aggiungerci ancora le suddette Scritture opposte; ma essendo elle prolisse, si è stimato di tralasciarle per dubbio di non accrescere soverchiamente il volume con incomodo altrui; tanto più poi, che forse non ne sarà gran bisogno, mentre quì non si va dietro all'ordine loro, essendosi studiato di ridurre la materia in analisi, e di citar fedelmente in margine i luoghi individuali e le facce di esse Scritture; onde a chi che sia riuscirà facilissimo in qualsivoglia occorrenza il riscontrare ogni cosa, dachè le medesime Scritture contrarie girano per le mani di tutti, e in particolare la grande, intitolata *Osservazioni*, la quale è fonte e radice di tutte le altre.

Al rimanente l'Autore di queste risposte ha preso a scrivere degli affari di Comacchio e dello Stato Ecclesiastico per dovuta ubbidienza a' supremi comandamenti in giustificazione de' Sommi Pontefici, della Santa Sede, e di quanto gl'Imperadori Franchi, Italiani, e Tedeschi han fatto in beneficio della medesima per mezzo di patti, di Costituzioni, e di giuramenti solenni, i quali dal consenso universale sono stati sempre riconosciuti per veri e per giusti: e se negli ultimi tempi in capo a tanti secoli il Molineo, e il Goldasto co' loro seguaci per l'odio atrocissimo, che professavano contro alla Religione e alla Chiesa Romana ebbero ardimento di contrariargli, *id pro convicio, non pro testimonio habendum est*, per usar le parole usate da Ugone Grozio in un simile affare; imperciocchè non si può mai tentar di distruggere atti sì chiari, ed autentici senza offendere la gloriosa memoria di chi gli ha fatti, e senza che tutti gli Storici contemporanei, prossimi e susseguenti di varie nazioni, i quali ne hanno parlato, restino accusati per ingannatori, e bugiardi non meno, che i Romani Pontefici, conforme ultimamente è auvenuto nelle Scritture, alle quali or si risponde, ove sono essi stati dipinti come usurpatori delle altrui Signorie per via di titoli falsi, come ingiusti, violenti, precipitosi, tiranni, e rei di misfatti molto alieni dal grado, in cui furono collocati dalla prouvidenza divina. Laonde per questi motivi gravissimi è stato carico preciso di purgare i Capi della Religion nostra da colpe sì grandi: e perchè ciò consiste in due punti essenzialissimi, cioè in fare apparire la verità delle ragioni Pontificie, e la nullità delle cose, che lor vengono opposte;

De Veritate Religionis Christianae lib. 3. §. 15.

ste; perciò al pieno conseguimento dell'importanza di questi due fini, non solamente è stato necessario per difesa della Sede Apostolica il produrre e giustificare le medesime ragioni Pontificie; ma ancora il penetrar fin dentro all'origine, e alla radice delle pretensioni contrarie, affinchè dal riscontro de' fondamenti di entrambe le parti, si potesse poi senza difficoltà riconoscere a qual di loro assistesse la giustizia. Nè invero è credibile, che questi riguardi sì degni e Cristiani possano in conto veruno recar dispiacere a' personaggi religiosi e Cattolici, dovendosi anzi supporre, che sia loro per giunger gradita la difesa del giusto, massimamente trattandosi di cose appartenenti alla Santa Sede Apostolica, e alla Chiesa Romana lor madre. Quindi è, che l'Autore avendo nelle presenti Scritture procurato di ristringere la nuda sostanza, e la purità delle cose, egli si assicura di poter santamente promettersi di due particolari assai rilevanti; cioè, che siccome in tutta quest'opera si è camminato dietro allo strettissimo obbligo di esaminare il peso e il valore degli scritti a penna e in istampa, già sparsi nella Corte Imperiale ed altrove contro alla Santa Sede, così non mai ci si allega alcun luogo Latino, o d'altro linguaggio, il quale in tutto non sia giustificato, ed autentico, pregiandosi l'Autore oltremodo della sincerità, e dell' onore: nè certo la Santa Sede ha bisogno alcuno di sostenere i suoi diritti con prove apparenti, e non vere. Se poi la parte contraria non fosse salita a fondare le sue pretensioni là ne' tempi tenebrosi del nono, e del decimo secolo, con nuovi e pellegrini sistemi ponendo anche in dubbio le cose più certe per dar colore di legittimi-

tà

tà all'insussistenza delle sospette, e richiamando in giudicio quelle, che erano già state ampiamente decise; non avrebbe posto altrui in estrema necessità di fermarsi in questi medesimi punti per unico fine di rintracciarne la sicurezza: la qual sola è stata lo scopo delle presenti risposte. Niun passo perciò si è quì troncato, alterato, o maliziosamente esposto; ma tutti si sono esibiti con la loro integrità originale, talmentechè se mai per isventura accadesse, che i diritti della Santa Sede comparissero quì mal difesi, il difetto dovrebbe in tal caso attribuirsi all'Autore, e non mai alla Causa: la quale trovandosi copiosamente prouveduta di tutti i fondamenti, e di tutte le ragioni e prove più forti, e gagliarde, che possano mai desiderarsi, ella non può, nè dee patire alcun pregiudicio per cagione di chi non avesse avuta tutta la felicità nel collocarle in buon lume. Egli è superfluo in questo luogo il ridire ciò che abbastanza apparisce dall'opera stessa, cioè, che tutto quello, che nella medesima viene asserito, nasce dal puro bisogno di dar braccio con necessario e giusto riparo alle ragioni Pontificie, e non mai da mira alcuna di usurpare quello, che ad altri appartiene: e molto meno di pregiudicare in minima cosa alla grandezza e gloria de' Principi, de' quali indispensabilmente convien ragionare per legittima e retta difesa della Sede Apostolica, professandosi a loro tutto quel maggiore ossequio, e rispetto, che pienamente è dovuto.

IN-

INDICE DE' CAPI

Il Dominio temporale della Sede Apostolica sopra la Città di Comacchio.

Estensi

Difesa

Difesa del Dominio temporale della Sede Apostolica sopra la Città di Comacchio, in risposta alle tre Scritture contrarie.

PARTE PRIMA.

Fondamenti considerabili per lo diritto della Santa Sede sopra Comacchio con le lor conseguenze: i quali nelle Scritture Estensi vengono confessati per veri.

Pre-

PARTE SECONDA.

Si esaminano in particolare le pretese ragioni dell' Impero, e della Serenissima Casa d'Este sopra Comacchio.

PARTE TERZA.

Difeſa della ricuperazione del Ducato di Ferrara fatta dal Pontefice Clemente VIII. ed eſame de' diritti Eſtenſi intorno al medeſimo Ducato.

PARTE QUARTA.

Si ricerca, se veramente il Sommo Pontefice non sia più, che un semplice Vicario ed Esarco Imperiale in tutti i suoi Stati; e se l'Imperadore ne sia il vero Sovrano.

Giu-

Alcuni Documenti citati nell'Opera.

Brevi (posti senza ordine) scritti da Clemente VIII. a' Principi Cattolici intorno alla ricuperazione del Ducato di Ferrara, e delle sue pertinenze.

IL

IL DOMINIO TEMPORALE

DELLA

SEDE APOSTOLICA

Sopra la Città

DI COMACCHIO

I.
Pretesti della presente occupazione di Comacchio.

PIU d'una volta V.E. mi ha scritto, che l'improvvisa occupazione della Città di Comacchio, fatta dall' armi Tedesche, viene giustificata dalle ragioni, che l'Impero ha sopra la medesima Città, conforme si và divulgando, senza però che si venga ad alcun preciso divisamento dei diritti particolari, ai quali stanno appoggiate le medesime pretensioni. La stessa voce si è sparsa qui in Roma con qualche impressione, dicendosi, che le suddette ragioni consistono in aver date gl'Imperadori sino *da novecento anni in giù* le Investiture di Comacchio alla Serenissima Casa d'Este. Laonde, se questo è vero, la causa è finita, e la Sede Apostolica bisognerà, che si contenti di ritirarsene, senza fare alcun motto per ricuperare quella Città. Nè certamente è credibile, che la Chiesa voglia avere quello, che non è suo, ma della Maestà dell' Imperadore, alle cui signorie tanto è lontano, che la Sede Apostolica voglia mai pregiudicare, che anzi in ogni tempo ha procurato d'assistergli, acciocchè maggiormente potesse mantenerle, ridondando ciò in vantaggio della Cristianità, e della Chiesa Romana, di cui l'Augustissimo Imperadore è Auvocato. Questi romori avendomi stimolato, non per altro, che per mia propria istruzione, a ricercare a fondo la radice di queste pretensioni Imperiali, per vedere veramente, se fossero corroborate dall'antichità *di novecento anni*, come si sparge; io al presente con la solita confidenza, che frà di noi passa, gliele comunicherò brevemente, acciocchè ella col suo purgato giudicio mi auvisi, se colgo nel vero; il tutto, come ho detto, per mia propria istruzione, non parendo disconvenevole, che io ancora frà tanti altri, resti informato degli affari del mondo, e particolarmente di questa sorte, che mirano a portare sconcerti frà il Sacerdozio, e l'Impero.

II. Sito, e antichità di Comacchio.

Già è cosa nota, che la Città di Comacchio in guisa d'isoletta stà situata nell'antica Padusa sotto Ferrara nel mezzo di una congregazione d'acque marittime, che dal vicino Adriatico entrando per la bocca del porto di Magnavacca, formano come un lago circolare. Io dirò in primo luogo, che da quel poco, che ho potuto osservare negli Scrittori contemporanei, non veggo, che di questa Città si rinvenga memoria, che passi oltre al quinto secolo, mentre la più antica, che io abbia incontrata si è la sottoscrizione di Pacaziano Vescovo di Comacchio nel Concilio IV. Romano sotto Simmaco Papa nell'anno 502. e nell'anno seguente nel Concilio V. Romano immediatamente dopo Basso Vescovo di Modana, con queste parole: *Pacatianus Comaclensis*. Però, secondo il parer mio, il moderno Autore della Storia di Comacchio troppo innanzi è ito a cercarne l'origine fino ai Pelasgi, con la qual facilità poteva egli salire fino oltre ai favolosi Preadamiti. Di qui apparisce lo sbaglio di Filippo Cluverio, che scrive non trovarsi memoria di Comacchio prima di Carlo Magno.

Concil. to. 4. p. 1338. 1368.

Italia antiq. p. 155.

III. Comacchio compreso nell'Esarcato, invaso da' Longobardi.

E' cosa nota parimente, che l'*Esarcato* fù nome di dignità, introdotta in Italia dalla Corte Imperiale di Costantinopoli, per dinotare tutto ciò, che abbracciava il *Principato di Ravenna*, dove risiedeano gli Esarchi: il qual Principato consistendo in quella parte d'Italia, che non aveano potuta

occu-

occupare i Longobardi nella loro comparsa sotto il Rè Alboino, non avea che fare col loro Reame, ma bensì col Ducato di Roma: e dentro di se comprendea la Città di Comacchio, la quale a mezzo giorno è confinante col territorio della stessa Città di Ravenna, capitale dell'Esarcato. Ora contro di questo *Esarcato* i Longobardi praticavano assai frequenti violenze nel secolo ottavo di nostra salute, le quali perchè veniano a ferire il Ducato di Roma, dipendente dalla Sede Apostolica, questa ne stava in continue agitazioni; siccome accadde sotto Aistulfo Rè de' Longobardi, il quale in vece di onorare i Papi, come avea fatto Rachisio suo fratello, si valse della potenza, che avea in mano per porre in opera il disegno, covato da lui per lungo tempo, di soggettare ai Longobardi la Sede Apostolica, e tutta l'Italia: all'esecuzione del qual disegno essendogli necessario sorprendere l'Esarcato, come quello che avea relazione col Ducato di Roma, per testimonianza d'Anastasio Bibliotecario, a fine di poter levare ai Romani ogni speranza di soccorso, tanto d'Italia, che d'Oltramare, l'occupò felicemente, e pretese di fare il medesimo anche di Roma stessa, senza che le preghiere, e l'ambascerie inviategli da Stefano II. (che alcuni chiamano III.) valessero punto a divertirlo dalla barbarie, che esercitava contra i Romani. Il Papa dopo aver chiesto, ed aspettato indarno soccorso dall'Imperador Greco, occupato allora nella persecuzione della Fede Cattolica; e dopo aver fatto di tutto per mantener Roma costante, e ferma contro alla tirannia de' Longobardi, conforme attesta Anastasio; non veggendo alcuno in Occidente, che potesse ajutarlo, fuor di Pippino Rè de' Franchi; a imitazione de' due Gregorj, e di Zaccheria suoi precessori, che in somiglianti bisogni erano ricorsi a Carlo Martello, ricorse egli al figliuolo di lui Pippino, il quale riconoscea la Corona dalla Sede Apostolica, e ricercollo a volergli impetrare un salvocondotto dal Rè Aistulfo, per potere andare a trovarlo, credendo che la sua presenza avrebbe avuta più forza sopra lo spirito di Pippino. Questi mandò subito a Roma per accertare Stefano della sua assistenza, e perchè fosse accompagnato sicuramente in Francia.

IV.
Stefano II. ricorre al Rè Pippino per ricuperar l'Esarcato.

Anno 753.

Frattanto arrivati in Roma gli Ambasciadori dell'Imperador Greco, sollecitarono il Papa affinchè si portasse ad Aistulfo per tentar qualche via d'accordo: onde avendo ottenuta qualche tregua a tal effetto, se ne uscì di Roma il dì 14. di Ottobre dell'anno 753. accompagnato dagli Ambasciadori di Francia, e di Grecia, e portossi a Pavia, precedendo uno degli Ambasciadori Francesi per disporre l'animo del Rè a dare orecchie a'trattati: il quale però si mostrò duro, lasciandosi intendere, che non gli si parlasse di restituir l'Esarcato. Il santo Pontefice, come padre, e signore spirituale, e temporale, operò quanto potette, chiedendo al Rè, *ut dominicas, quas abstulerat, redderet oves & propria propriis restitueret*, come dice Anastasio. Ma veggendo le cose disperate, gli Ambasciadori Francesi fecero istanza al Rè, perchè lasciasse passare Stefano in Francia, sopra che Aistulfo trovandosi molto perplesso, finalmente per non disgustare Pippino, il lasciò andare. Le particolarità del viaggio sono raccontate da Anastasio.

V.
Pippino sforza il Rè Aistulfo a restituir l'Esarcato alla Sede Apostolica.

Il Papa pregò Pippino a soccorrer Roma, acciocchè Aistulfo le restituisse l'Esarcato: ed egli intraprese puntualmente l'affare, prima tentando di espugnar l'animo di Aistulfo col maneggio, *ut sanctæ Dei Ecclesiæ & Reipublicæ Romanorum redderet jura*, siccome afferma Anastasio. Ma trovandolo ostinato, si rivolse all'armi, astringendolo a restituire l'Esarcato con terribili giuramenti, i quali poi rotti da Aistulfo, il Papa ricorse di nuovo a Pippino con la lettera VII. del Codice Carolino, *ut Princeps Apostolorum suam susciperet justitiam*. E l'Imperadore gli spedì pure un tal Gregorio, acciocchè facesse dar l'Esarcato all'Impero: all'istanze del quale il Rè Pippino, che avea fatta quella guerra legittima con molti pericoli, e spese per difesa della

Sede

Sede Apostolica, conculcata da' Longobardi, e odiata ed abbandonata da' Greci, a niun patto volle condescendervi, dichiarandosi, che non volea, che fosse alienato dalla Sede Apostolica, e che non avrebbe mai sofferti tanti disagi, senon per onore della Chiesa, e di San Pietro: *nulla penitus ratione easdem civitates a potestate Beati Petri & jure Ecclesiæ Romanæ vel Pontificis Apostolicæ Sedis quoquo modo alienari, affirmans etiam sub juramento, quod per nullius hominis favorem sese certamini sæpius dedisset, nisi pro amore Beati Petri & venia delictorum, asserens & hoc, quod nulla eum thesauri copia suadere valeret, ut quod semel Beato Petro obtulit, auferret*. Questa fu la risposta, che Pippino diede all'Ambasciador Greco, siccome racconta Anastasio. Indi assediato Aistulfo in Pavia, lo astrinse a lasciar tutte le Città, che avea barbaramente usurpate, *addens & Castrum, quod cognominatur* Comaclum. Di tutto ciò fu fatto pubblico strumento, il quale a tempo di Anastasio si conservava tuttavia nell'Archivio di Roma; e Fulrado Abate di San Dionigi ne andò a pigliare il possesso in nome del Papa; e ne fu poi rimunerato con amplissimi privilegj, ultimamente dati alla luce dal Monaco Benedettino Michele Felibien. Tra le cagioni, per le quali Pippino non volle dar Ravenna, e l'altre Città all'Imperadore, come dimandava il suo Ambasciadore, un'altra se ne allega da Carlo Cointe negli Annali Ecclesiastici di Francia, cioè per essere Costantino Copronimo, allora Imperadore, eretico Iconoclasta, come suo padre Leone. Carlo Sigonio è di parere, che Stefano desse il governo dell'Esarcato all'Arcivescovo, e ai Tribuni della Città di Ravenna, onde esso Arcivescovo cominciasse allora ad intitolarsi *Esarco*; benchè poi l'Arcivescovo Leone sotto Adriano I. cercasse d'usurparsene l'assoluto dominio, per quanto apparisce dalle lettere LI. e LIV. del Codice Carolino, nella prima delle quali Adriano si querela con Carlo Magno, perchè Leone non lo riconoscea più, come prima, per supremo Principe dell'

Histoire de l'Abbaye de S. Denys pag. 48. & xxvj.

Anno 755. §. 80.

De Regno Ital. lib. 3.

dell'Esarcato, *nullo modo nostris præceptionibus, sicut antea, obedire voluit*; e perchè con prepotenza, *brachio forti*, ritenea in sua balía diverse Città dell'Emilia, e tra esse *Ducatum Ferrariæ & Comaclum*, vietando a que' popoli di venire a Roma per ricevere gli ordini del Pontefice, *nullum hominem exinde ad nos pro suscipiendis præceptis actionum, advenire permisit*. Nell'altra lettera Leone è chiamato da Adriano, usurpatore, e ribelle della Sede Apostolica, per essersi intruso nelle sue Signorie: *tyrannico atque procacissimo intuitu rebellis Beato Petro*. La suddetta impresa di Pippino, e poi anche di suo figliuolo Carlo Magno, fu fatta da essi, come da Auvocati, e Cittadini Romani, perchè ne furono eletti Patrizj, e Difensori dal Pontefice Stefano, *secundum morem majorum*, come si legge negli Annali Metensi.

Apud Duchesn. Hist. Francor. to. 3. p. 276.

VI.

Carlo Magno restituisce alla Chiesa Comacchio, e l'Esarcato, toltole dal Rè Desiderio.

Questa si fu l'origine del dominio della Sede Apostolica sopra la Città di Comacchio, confermata poi da' figliuoli di Pippino, e di Carlo Magno, e da' seguenti Imperadori, come da Anastasio, e da altri Autori si cava. Succeduto al Rè Aistulfo Desiderio suo Contestabile, questi occupò di nuovo Comacchio, e l'Esarcato sotto Adriano I. soprachè ricorsi al Papa i Tribuni di Ravenna, egli ne scrisse a Desiderio, rinfacciandogli i suoi spergiuri. Ma ciò non fece alcuno effetto: anzi Desiderio spedì gente a depredare le Città dello Stato di Roma: onde il Papa ricorse a Carlo Magno, pregandolo, che ad imitazione di suo padre Pippino soccorresse la Chiesa, e l'Esarcato, *atque plenarias Beati Petri justitias a Desiderio Rege exigeret*, come scrive Anastasio: il che succedette con la riuscita a tutti nota dell'ultima ruina de' Longobardi; e

Anno 774.

Carlo Magno non solo confermò alla Chiesa le donazioni, e restituzioni fatte da Pippino suo padre, ma le accrebbe ampiamente con diploma sottoscritto da' principali personaggi Ecclesiastici, e secolari, i quali poichè l'ebbero collocato in sull' Altar di San Pietro, ed entro la Confessione, giurando di mantenere quanto nel medesimo si leggea, esso Carlo avendone

done fatte fare due copie autentiche da Eterio Cancelliero, ei con le sue proprie mani ad eterna memoria ne pose una sopra il Corpo di San Pietro sotto gli Evangelj, che ivi soleano baciarsi. Avendone poi fatte fare altre copie dallo Scriniario di Roma, le portò seco in Francia. Tutto ciò avvenne innanzi che dal Sommo Pontefice Leone III. s'istituisse la dignità dell'Impero occidentale. Di questi diplomi di Pippino, e di Carlo Magno oggi si trova l'estratto, fedelmente riferito da Anastasio, essendone forse periti gli originali con gli altri, che disperse Guglielmo di Nogareto nel sacco dato in Anagni al tesoro Pontificio al tempo di Bonifacio VIII. benchè quel di Pippino sia tuttavia in essere, e quando egli venga alla luce, potrà senza dubbio giustificare, e anco illustrare il racconto d'Anastasio. Questa munificenza di Carlo Magno verso la Chiesa vien commendata da Adriano I. nella lettera I. a Costantino ed Irene, come dirò più sotto.

Ex processu in causa Bonifacii apud Joannem Rubeum in Bonifacio VIII. p. 215.

VII.

I Greci tentano di levar Comacchio alla Chiesa.

Tentarono i Greci negli anni di Cristo 809. di sorprendere Comacchio con un'armata, per quanto si legge negli Annali Loiseliani, ne' Bertiniani, ne' Lauresamensi, volgarmente attribuiti a Eginardo, e nella Vita di Carlo Magno scritta dal Monaco di Angolemme; ma ne furono disfatti dal presidio, che v'era dentro: onde il Comandante dell'armata ritiratosi nell'isole di Venezia pensava a' trattati di pace trà Greci, e Francesi, quasi che ne avesse commissione da Costantinopoli; ma divertitone da' Veneziani, se ne partì. E già fino al tempo di Paolo I. successore di Stefano II. i Greci pensavano ad occupar l'Esarcato, conforme si trae dalle lettere XXX. e XXXIV. del Codice Carolino, già compilato per ordine di Carlo Magno, e che contiene una raccolta di lettere scritte da' Papi a Carlo Martello, a Pippino, a Carlomanno, e a Carlo Magno sopra gli affari temporali della Sede Apostolica: il qual Codice dal dotto e zelante Gesuita Tedesco Jacopo Gretsero fu estratto dalla Biblioteca Cesarea di Vienna, per reprimere le calunnie de' Centuriatori

tori Maddeburgesi contra il dominio temporale del Papa. Nella medesima lettera XXX. Paolo I. ragguaglia Pippino de' disegni de' Greci, e come egli divisava di portarsi a Ravenna per rassettare gli affari della Sede Apostolica contra i loro attentati.

VIII.

Donazioni di Pippino, e di Carlo Magno, chiamate *restituzioni*.

Egli è cosa degna di particolare auvertimento, che quantunque Pippino chiamasse *donazione* quello, che diede alla Sede Apostolica, nulladimeno i Papi nelle lettere del Codice Carolino, ed anche Lodovico Pio nella sua Costituzione si servono sempre del nome di *restituzione*, e non di quello di *donazione*; il che fa concludere, lasciando da parte ogni altra sforzata interpretazione, che le Città restituite, fossero già per lo innanzi di ragion della Chiesa per titoli antichi, o perchè i popoli di volontario consenso, come lo accorda anche il Sigónio, scosso il giogo de' Greci, si fossero messi sotto il dominio della Sede Apostolica fino a' tempi di Gregorio II. quando l'Imperadore Leone Isaurico divenuto eretico, e perseguitando le sagre immagini, le Città dell'Esarcato unite co' Veneziani, si armarono per non ubbidire a' suoi empj editti, stringendosi al Pontefice da lui odiato; talmentechè il liberarle dalle mani de' Longobardi era non tanto un donarle di nuovo, quanto un *restituirle* al dominio della Sede Apostolica. In questa guisa per l'appunto l'intese Adriano I. nella lettera a Costantino ed Irene, già recitata nel Concilio VII. generale, ove parlando di Carlo Magno, dice, che *per sua laboriosa certamina, eidem Dei Apostoli Ecclesiæ, ob nimium amorem, plura dona perpetuo obtulit possidenda, tam provincias, quam civitates seu castra & cetera territoria: immo & Patrimonia, quæ a perfida Langobardorum gente detinebantur, brachio forti eidem Dei Apostolo* RESTITUIT, *cujus &* JURE *esse dignoscebantur*. Così parimente l'intese Eginardo stesso, Cancelliere di Carlo Magno, dicendo: *finis hujus belli fuit subacta Italia, & res a Langobardorum Regibus ereptæ, Hadriano, Romanæ Eccle-*

De Regno Ital. lib. 3.

Paul. Diac. de Gest. Langobard. l.6.c.49.

Concil. to.7.pag.119.

In Vita Caroli apud Duchesn. to.2. p.96.

siæ

ſiæ Rectori, RESTITUTÆ. E negli Annali Laureſamenſi parlandoſi di Pippino, ſi dice, che egli coſtrinſe Aiſtulfo *ad* REDDENDUM *ea, quæ Romanæ Eccleſiæ abſtulerat*. *Ibid. pag. 235.*

IX. Reſtituzione dell' Eſarcato, e di Comacchio, pieniſſima, ed aſſoluta.

Queſta reſtituzione dell' Eſarcato e di Comacchio, cochechè altri di propria autorità ſe ne dica, fu pieniſſima, e con tutta la ſovranità e indipendenza, ſiccome oſſerva Giovanni Morino, ed appariſce dal Codice Carolino, ove Adriano nella lettera LXXXV. ricerca a Carlo Magno alcuni delinquenti, rifugiati in Francia, per poter proceſſargli, e ſi duole con lui, che gli abitanti dell'Eſarcato ſenza permiſſione ſua ſi ritirino in Francia, per isfuggire i rigori della giuſtizia, e dell'autorità, che egli avea data alla Santa Sede; tanto più, che ciò ſi facea in pregiudicio dei diritti accordati. Prega Carlo Magno, che la ſua Real potenza non faccia alcuna novità all'OLOCAUSTO, che ſuo padre Pippino avea offerto a San Pietro, e che egli poi avea ſolennemente confermato, ed accreſciuto. Il Papa chiama le ſuddette *reſtituzioni* OLOCAUSTO, perchè ſiccome l'OLOCAUSTO è un ſagrificio fatto a Dio interamente, e conſumato in ſuo onore, ſenzachè il popolo, o i ſagrificanti vi ritengano per ſe coſa alcuna; così Pippino e Carlo Magno aveano reſtituita e donata a San Pietro la più gran parte d'Italia, ſenza riſerbarſi alcun diritto di feudo, o di alto dominio, come ſi trae dalla lettera ſteſſa di Adriano, il quale accenna la ſua propria Sovranità anche nella lettera XLIX. dicendo, che Dio per mezzo di Carlo avea donato TUTTO alla Chieſa: *per quem* OMNIA *Deus Sanctæ ſuæ Eccleſiæ beatorum Apoſtolorum Principis largiri dignatus eſt*, e nella lettera LXXVIII. dice, che eſſo fece le donazioni *ſub* INTEGRITATE. Laonde in tre maniere, con quella d'OLOCAUSTO, di TUTTO, e d'INTEGRITA' il Papa eſprime, che Pippino, e Carlo Magno non ſi riſerbarono coſa alcuna ſopra le Provincie, e Città, che donarono, e reſtituirono alla Santa Sede: il che vien corroborato da Lodovico Pio, il quale nella ſua Coſtituzione in favore della Santa Sede, già ſtampata tutta

Grandeur temporelle de l'Egliſe p. 636.

Anno 817.

intera dopo il Sigonio, dal Baronio, dal Baluzio, e dal Cointe negli Annali Ecclesiastici di Francia, dice, che conferma alla Chiesa l'Esarcato *sub* INTEGRITATE *cum urbibus, civitatibus &c.* le quali poi và noverando una per una, e tra esse FERRARIAM, & COMACLUM. E dice, che Pippino suo avo, e Carlo Magno suo padre le aveano restituite alla Chiesa: *jam dudum per donationis paginam* RESTITUERUNT; e che egli conferma tuttociò a Pasquale Papa, *ejusque Successoribus usque in finem seculi eo modo, ut in suo detineant Jure, principatu, & ditione, ut neque à nobis, neque a filiis vel successoribus nostris per quodlibet argumentum, sive machinationem in quacumque parte minuatur vestra potestas, aut vobis de supradictis omnibus, vel Successoribus vestris inde aliquid subtrahatur*. Fece il medesimo l'Imperadore Carlo Calvo figliuolo di Lodovico, per quel che si vede dalla lettera IX. di Giovanni VIII. a Landolfo Vescovo di Capoa.

Concil. to. 9. pag. 9.

X.

Violenze contra gli Stati della Chiesa, colorite da una Bolla finta.

Mancata la schiatta dei Carolingi, tentarono alcuni degl'Imperadori Tedeschi, in tempi che erano trasportati da sinistre impressioni contra i Sommi Pontefici, di passare i termini del Reame d'Italia, e d'opprimere la Santa Sede con diminuire l'autorità Pontificia sulle medesime Città. Ma non fu ciò considerato, che per una violenza, alla quale per dare un'apparente colore di giustizia fu necessario di ricorrere all'imposture col cercar di far credere, che Leone VIII. avesse ceduto ad Ottone il Grande tutto ciò, che Carlo, e Pippino aveano accordato alla Chiesa. Alberto Kranzio ne recita la Bolla, ed altri ancora più moderni, senza aver bene considerata la verità, ne parlano, come di cosa indubitata. Ma ci vuole assai poco a conoscere, che questa è una fraude non molto antica, fabbricata a bello studio per attizzare gl'Imperadori contra i Papi, quando sino il Luterano Simone Scardio confessa, che il primo ritrovatore di essa Bolla fu Teoderico di Niem, che toccò il secolo XV. e fiorì nel XIV. innanzi al qual tempo niuno ebbe notizia di una cosa di tanta importan-

Saxonia lib. 4. c. 10.

De Imperiali jurisdict. pag. 251.

tan-

tanza. Certamente Ottone I. non fù sì poco pio, che facesse una tal dimanda; e Leone VIII. fu Antipapa, e ancor come tale non era così imprudente, che l'accordasse.

XI. Sovranità della Chiesa sopra Comacchio, espressa da Giovanni VIII.

Concil. to. 9. p. 109.

Anno 879.

Egli è cosa certissima, che i Papi hanno sempre avuto il dominio sovrano di quelle Città, e nominatamente di Comacchio: onde Giovanni VIII. nella lettera CLXVII. scritta nell'Indizione XII. che corrisponde agli anni di Cristo 879. e diretta a Berengario Conte, e Duca del Friuli, come a Principe più potente verso quelle parti, dice, che avea ricevuto molto conforto nell'essere assicurato con un' Espresso della sua divozione, e ubbidienza alla Sede Apostolica; e che esso Pontefice per mezzo di due suoi Inviati lo avea ricercato ad assistere a Stefano Vescovo di Comacchio, acciocchè potesse con sicurezza mantenere i diritti, e i beni della sua Chiesa, come anco il governo del Ducato di Comacchio: *ut ipsius curam Ducatus retineret securus*. Soggiunge di non averne avuta alcuna risposta: *& vestro minime audivimus adiutum esse auxilio: valde miramur*. Perciò lo prega di nuovo ad ajutarlo, perchè possa sicuramente governare la sua Chiesa, ed esercitare il ministero temporale di Comacchio, a lui commesso. Soggiunge indi il Pontefice, che se mai esso Berengario si fosse mutato di volontà verso lui, comandi almeno a tutte le sue genti a non ingerirsi co' Comacchiesi, affinchè esso Pontefice con le sue forze possa gastigargli come Ribelli alla Sede Apostolica: *ut absque illorum impedimento* (cioè delle genti di Berengario) *nobis illos* (cioè i Comacchiesi) *liceat secundum nostram possibilitatem castigare veluti Rebelles & inobedientes nostræ Apostolicæ jussioni, ne censum, quem bis annis transactis duobus exinde perdidimus, & istius anni perdamus*. Questo luogo della lettera di Giovanni VIII. fu prima d'ogni altro auvertito, benchè in diverso proposito, da Luca Olstenio nelle Note al Tesoro geografico di Abramo Ortelio: ed essa lettera è una delle cinque, che ci rimangono da lui scritte al Duca Berengario. Testimonio più illustre

Pag. 56.

circa la sovranità della Sede Apostolica in Comacchio non si potea desiderare. Il Papa avea appoggiato il governo di Comacchio al Vescovo di essa Città: chiede soccorso al Duca del Friuli per gastigare i Comacchiesi, ai quali dà il titolo di *Ribelli*, e *disubbidienti* alla Sede Apostolica per non averle voluto pagare il censo dovuto.

XII. La medesima Sovranità della Chiesa sopra Comacchio provata con gli Storici Veneziani.

In Chron. MS. lib. 5. cap. 6. par. 13.
Sabell. Histor. Venet. dec. 1. lib. 3. p. 1112. tom. 2. Operum edit. Basileensis an. 1560.
Marcellus in Vitis Ducum Venet. c. 15.

Anno 881.

Questa medesima testimonianza di Giovanni VIII. benchè sia in se stessa gravissima, resta maggiormente autenticata da un fatto insigne narrato dal Doge Andrea Dandolo nella Cronaca di Venezia, che lo trasse da un'altra antichissima, la quale si conserva nella Biblioteca Vaticana; e dal Dandolo poi lo trascrissero gli altri Storici Veneziani, Marcantonio Sabellico, e Pietro Marcello. Morto il Doge Orso Participazio, e succedutogli nell'anno 881. Giovanni suo figliuolo, desideroso questi d'avere la Signoria di Comacchio dalla Sede Apostolica, a tal fine spedì a Roma Badoaro il fratello per impetrarla da Giovanni VIII. Ma ciò penetratosi da Marino Governatore della Contea di Comacchio, questi il fece assalire da gente armata verso Ravenna, e avutolo prigioniero, ferito in una gamba, non gli diede la libertà, senon dopo costrettolo a giurare di non aver più a ricercare la medesima Signoria. Sono queste le parole del Dandolo: *Hic* (cioè il Doge Giovanni Participazio) *Baduarium fratrem suum Romam delegare proposuit, ut à Joanne Papa Comitatum* COMACLI *obtinere posset. Quod Marinus loci Comes præsciens, hunc in crure vulneratum in itinere cepit, & post modicum relaxavit, cogens eum, ut sacramento suo promitteret non petere* COMACLUM. In alcuni esemplari con isbaglio manifesto si legge *non petere commendam*, e in altri *emendam* in vece di *Comaclum*: il che non ha senso. Ma che si debba leggere *Comaclum* lo mostra il Marcello con queste parole, espressive di quelle del Dandolo, da cui trasse egli la sua narrazione: *sed data fide de* COMACLI *actione dimittenda*; ovvero *acceptaque ab eo fide de Comaclina actione deponenda*,

nenda, come scrive il Sabellico: il cui fondo è stato parimente il Dandolo. Nella Cronaca Vaticana, in vece delle parole *Comitatum Comacli obtinere posset*, si leggono queste: COMACLENSEM *Comitatum ex Romani Pontificis* LARGITATE *acquirere cupiens*, e vi si esprime la particolarità, che Badoaro restasse ferito nella gamba. Da ciò si vede, che Comacchio non solamente ne' tempi moderni, ma ancora negli antichi fu di molta gelosia ai Veneziani confinanti; e che forse nella ribellione de' Comacchiesi, accennata dal suddetto Pontefice Giovanni VIII. nella lettera a Berengario Duca del Friuli, si era approfittato col farsene capo, Marino stesso, di cui più sotto mi tornerà in acconcio il ragionarne di nuovo. Questo medesimo Berengario, acclamato che fu Imperadore Augusto dalle Città di Lombardia, venutosene a Roma per esser unto e coronato da Giovanni X. nell'anno 916. confermò alla Sede Apostolica i patti antichi intorno al dominio delle sue Città, siccome attesta il coetaneo Autore del suo Panegirico, pubblicato da Adriano Valesio, ove dice, che terminata la funzione nella Basilica Vaticana, salì in luogo eminente un lettore, e divulgò ad alta voce la conferma, e dichiarazione fatta da Berengario:

Vittorio Siri nel Mercurio tomo 4. par. 2. pag. 445.

Anno 916.

Lib. 4. pag. 55.

Sed facta silentia tandem:
Lectitat Augusti concessos munere pagos,
Præsulis obsequio, gradibus stans lector in altis,
Cæsare quo norint omnes data munera. Prædo
Ulterius paveat SACRAS *sibi sumere terras.*

Notisi, come il Poeta dà il titolo di *sacre* alle Terre, e Città della Chiesa, dicendo, che niuno ardisca d'usurparle.

XIII. Sovranità della Chiesa in Comacchio continuata, e riconosciuta dopo i Carolingi.

Ecco quanto mi è accaduto di osservare intorno all'origine e alla continuazione del dominio temporale della Sede Apostolica sopra la Città di Comacchio, libero, pieno, e sovrano dall'anno 755. all'anno 881. dal qual tempo in giù non

non mancano fondamenti e ragioni, che provano la medesima sovranità: imperciocchè questo dominio stesso della Sede Apostolica con tutte le passate donazioni le è stato di mano in mano confermato, e riconosciuto dagl'Imperadori, che succedettero ai Carolingi, come in parte si può vedere da alcuni atti posti insieme dal Gretsero nel libro, che oppose a i Predicanti di Vittemberga con questo titolo: *De Imperatorum, Regum ac Principum Christianorum in Sedem Apostolicam munificentia*. Ciò si dimostra dal tempo di Ottone il Grande fino a Federigo III. cioè a dire dal secolo decimo al decimoquinto: tra' quali Imperadori sono stati i due primi dell'Augustissima Casa d'Austria, che lo hanno fatto ampiamente, cioè Ridolfo I. e Alberto I. suo figliuolo. Dunque Ottone I. confermando alla Sede Apostolica tutte le sue antiche Signorie nell'anno 962. in mano di Giovanni XII. nominò espressamente COMACLUM. E trentacinque anni dopo, Gregorio V. esercitò la sovrana sua autorità in Comacchio stesso, conferendone la Signoria a Gerberto Arcivescovo di Ravenna *gratuita* LARGITATE *cum omnibus inibi pertinentibus*, dopo la morte della Santa Imperadrice Adelaide, già moglie del medesimo Ottone. Indi Arrigo II. che fu poi Santo, nell'anno 1014. riconoscendo, e confermando alla Chiesa Romana le donazioni de' suoi precessori vi nominò pure espressamente COMACLUM. Ottone IV. ancora il dì 8. di Giugno dell'anno 1201. giurò, e promise ad Innocenzo III. di difendere i Patrimonj della Chiesa, e specificatamente l'Esarcato, nel quale è Comacchio: il che ratificò in Spira nell'anno 1209. asserendo, che lo facea *per nos & nostros successores*. Indi Federigo II. il dì 12. di Luglio 1213. rinovò, secondo il solito stile, il medesimo giuramento ad Innocenzo III. per tutti gli Stati della Chiesa e per l'Esarcato, inserendovi nel diploma queste parole: *omnia igitur supradicta & quaecunque alia pertinent ad Romanam Ecclesiam, de voluntate, conscientia, consilio & consensu Principum* Impe-

Apud Baron. an. 962. §. 3.

Ital. Sac. to. 2. p. 350.

Anno 997.

Apud Baron. an. 1014. §. 7.

Apud Raynald. anno 1201. §. 15.

Apud eundem anno 1209. §. 10.

Apud Raynald. anno 1213. §. 23.

Imperii, libere illi dimittimus, renunciamus & restituimus. Questo diploma di Federigo II. che con l'altro d'Ottone IV. fu poi espressamente rinovato da Ridolfo I. come dirassi, è stato pubblicato da Odorico Rinaldi Continuatore degli Annali ecclesiastici di Cesare Cardinal Baronio; ma senza le sottoscrizioni de' Principi dell'Impero, le quali però interamente si leggono presso il Baronio stesso, e anche presso Abramo Bzovio, altro suo Continuatore.

Anno 1097. §.71.

Anno 1213. §.2.

XIV.

Ridolfo I. Austriaco riconosce, e conferma alla Chiesa le antiche donazioni.

Apud Raynald. anno 1275. §.5.

Privato della dignità Imperiale Federigo II. e insorti poi gran dispareri nell'Impero per li due competitori, Alfonso Rè di Castiglia, e Ridolfo Austriaco, ciascuno de' quali avea spediti Ambasciadori a Gregorio X. nel Concilio II. di Lione per far deporre l'emulo; il Sommo Pontefice propostasi innanzi agli occhi la gloria di Dio, e la concordia de' popoli, venendo sollecitato da' Padri del Concilio a prouvedere agli sconcerti dell'Impero, deliberò di licenziare gli Ambasciadori d'Alfonso, accogliendo que' di Ridolfo a prestare i soliti giuramenti in nome di lui, e a confermare i patti, e i privilegj accordati alla Sede Apostolica dagli antichi Imperadori: la qual cosa acciocchè si effettuasse con maggior solennità, presenti v'intervennero in Concistoro i Principi ecclesiastici Elettori, ed altri insigni Prelati Tedeschi, a riconoscere i diplomi di Ottone IV. e di Federigo II. E perchè il fatto fosse tramandato alla memoria de' posteri, ne furono scritti pubblici strumenti, i quali oggigiorno si conservano originalmente nell'Archivio Pontificio di Castel Sant'Angelo; e con gli altri illustri documenti della Sede Apostolica furono registrati a parte dal Platina per ordine del Pontefice Sisto IV. Dopo letti i diplomi, Ottone Preposito di Spira, Cancelliere e procuratore di Ridolfo, unito ai suddetti Principi ed Elettori dell'Impero, fece in nome di esso Ridolfo la ricognizione, e confermazione in difesa di tutte le Signorie della Sede Apostolica, con la promessa dell'osservanza, e della ratificazione ancora di quanto contenea il diploma ma di Lodovico Pio, e ogni altro privilegio ſtipulato tra' ſuoi preceſſori, e la Chieſa Romana, da farſi toſtochè egli aveſſe ottenute le inſegne Imperiali: e ſi produſſero a tal fine le lettere credenziali ſcritte da Ridolfo in Rotemburc nell'anno ſteſſo 1274. nelle quali egli eſprime di aver data la facoltà al Prepoſito di Spira di accordare a San Pietro, e al Papa *confirmationes, conceſſiones, privilegia, juramenta & cetera omnia, quæ mei prædeceſſores Reges Romanorum feciſſe noſcuntur ſeu inveniuntur*. Tutto queſto fu concluſo in Lione il dì 6. di Giugno del 1274.

XV. Seconda conferma di Ridolfo.

Giunto poi l'anno ſeguente 1275. il Pontefice Gregorio avendo preſo conſiglio da' Cardinali, ſcriſſe a Ridolfo, che quantunque in nome ſuo foſſero ſtati confermati, e riconoſciuti i privilegj della Sede Apoſtolica nel Concilio di Lione *præſentibus & conſentientibus Principibus, & aliis Prælatis ac Magnatibus regni Alamanniæ*, e aveſſe egli promeſſo con giuramento di confermargli ancora, come Rè de' Romani, e poi come Imperadore, dopo ricevuto il diadema Ceſareo; nulladimeno deſiderava egli, e il Sagro Collegio, che innanzi il termine già preſcritto alla ſua unzione, e coronazione, ratificaſſe in forma plenaria quanto il Prepoſito di Spira avea promeſſo ſolennemente *de conſenſu Principum ac Magnatum*. Ciò eſequì puntualmente Ridolfo il dì 20. d'Ottobre nella Chieſa di Lauſanna, dove ſeguì un'abboccamento tra lui, e il Papa per la pace dell'Italia, e per gli affari della Criſtianità: onde in numeroſo conſeſſo di Cardinali, e di Principi egli ratificò il tutto, giurando di difendere l'Eſarcato, e l'altre Signorie della Chieſa *cum adjacentibus terris expreſſis in multis privilegiis Imperatorum a tempore Ludovici Pii*: promettendo in oltre di rinovare il medeſimo atto toſtochè aveſſe ricevuta la corona Imperiale: *omnia vero prædicta tam juramento, quam ſcripto firmabo cum Imperii fuero coronam adeptus*. Indi nel giorno ſeguente pubblicò un'ampio editto dello ſteſſo tenore ove dichiarava

Apud Raynald. anno 1275. §. 2.

Ibid. §. 37.

Ibid. §. 38.

di

di confermare tutte le passate concessioni fatte alla Sede Apostolica, e tutti i suoi dominj, e specificatamente l'Esarcato, dicendo egli tra le altre cose, che il tutto *de voluntate, & conscientia, & consensu Principum Imperii libere illi dimittimus, renunciamus & restituimus*.

XVI. Terza conferma di Ridolfo.

Assicurato poi Ridolfo nell'Impero dopo la sconfitta data ad Ottocaro Rè di Boemia, e ricordevole del suo dovere verso la Sede Apostolica, pubblicò in Vienna d'Austria il dì 19. di Gennajo 1278. una novella Costituzione, in cui dichiarò di ratificare a Niccolò III. e a Santa Madre Chiesa *distincte, libere, plenarie & expresse concessiones, privilegia & cetera omnia, quae nos hactenus fecimus, & nostri praedecessores Reges Romanorum seu Imperatores, confirmasse, concessisse & fecisse noscuntur, seu inveniuntur*: dichiarando che a tal'effetto destinava Corrado Ministro de' Frati Minori per suo nuncio e special procuratore con facoltà in nome suo *recognoscendi, ratificandi, approbandi, innovandi, concedendi, & nihilominus denuo donandi omnia & singula distincte, libere, & expresse quae facta, acta, promissa, dicta, confirmata, donata sive concessa, recognita seu etiam jurata fuerunt* da Ottone Preposito di Spira suo Cancelliere o da chiunque altro, e da lui stesso dipoi a Gregorio X. Istruito di questa autorità Frate Corrado venne a Roma, e in Concistoro pubblico spiegò le sue commissioni, recitando interamente l'atto, che il Preposito di Spira avea fatto in Lione, e i Diplomi d'Ottone IV. e di Federigo II. ad Innocenzo III. e anche ad Onorio III. confermando, e rinovando il tutto nella maniera più ampia il dì 4. di Maggio 1278.

Apud eundem anno 1278. §. 45.

XVII. Quarta conferma di Ridolfo.

Intanto accadde, che quest'atto di Corrado, benchè solennissimo, fu violato: imperciocchè Ridolfo Cancelliere Imperiale venuto in Italia estorse il giuramento di fedeltà da alcune Città dello Stato della Chiesa: il che udito dall'Imperadore, di bel nuovo egli confermò alla Sede Apostolica i suoi di-

Ibid. §. 51. & seqq.

diritti, i quali fino dal tempo di Lodovico Pio erano espressi ne' diplomi Imperiali, e annoverò una per una le Città, e Terre della Chiesa, e tra esse COMACLUM, acciocchè niuna controversia vi potesse più nascere. Indi spedì a Niccolò III. un nuovo Ambasciadore, cioè Goffredo Preposito Soliense, affinchè corroborasse quanto avea fatto Corrado Frate Minore, e abolisse e cassasse ciò che senza sua saputa, e consentimento avea tentato Ridolfo il Cancelliere Imperiale: e indirizzò lettere al Pontefice scritte in Vienna il dì 29. di Maggio 1278. nelle quali dopo rammemorati i beneficj, che i suoi precessori aveano ricevuti dalla Sede Apostolica; le donazioni, e RESTITUZIONI antiche dell' Esarcato, e d'altre Signorie, fatte alla Chiesa, e le ricognizioni pubblicate da lui medesimo, dicea, che per l'attentato del suo Cancelliere Ridolfo spediva a posta Goffredo Preposito Soliense suo Protonotario, acciocchè *quidquid per eundem Cancellarium seu quemcunque in prædictis civitatibus, locis, & terris, seu per homines ipsarum civitatum, terrarum, atque locorum, actum, gestum, recognitum extitit, & prædicta juramenta specialiter revocet, casset, annullet, irritet; cassa, nulla, & irrita nunciet: volentes & consentientes expresse quod per hoc nullum jus nobis accrescat, vel Ecclesiæ Romanæ depereat, tam circa possessionem, quam circa proprietatem in civitatibus, terris, & locis &c.* Il Preposito Goffredo comparso il dì 30. di Giugno in Viterbo esequì nel Concistoro pubblico gli ordini Imperiali, assolvendo dal giuramento di fedeltà i popoli, da'quali l'avea estorto il Cancellier dell' Impero: che erano tra gli altri, i Bolognesi, i Faentini, quei di Forlimpopoli, i Ravennati, i Riminesi, gli Urbinati, quei di Cervia, di Forlì, di Montefeltro, e di Bertinoro.

XVIII. Niccolò III. ricerca una nuova dichiarazione da Ridolfo.

Concluso quest'atto, il Pontefice Niccolò per provvedere maggiormente alla sicurezza degli Stati della Chiesa, e per levare ogni controversia ne' tempi auvenire, mandò a Ridolfo i privilegj interi di Lodovico Pio, d'Ottone il Grande, de, e d'Arrigo II. il Santo, ove sono espressamente nominate le Provincie, le Città, e le Terre, già da essi restituite, e confermate alla Sede Apostolica: le quali una per una annoverò nella sua lettera anche il Pontefice, e tra esse FERRARIAM, COMACLUM, chiedendo all'Imperadore una nuova dichiarazione, e inviandogli i suddetti diplomi, come egli dicea, *ne per hæc nos aliquod novum petere, vel a tuis prædecessoribus Imperatoribus Romanis insolitum, existimes postulare.* In oltre lo ricercò ad operar sì, che i Principi dell'Impero con pubblico diploma vi aggiungessero la propria autorità: e ne scrisse egli stesso agli Elettori, cioè a Giovanni, e ad Alberto Duchi di Sassonia, al Conte Palatino del Reno Lodovico Duca di Baviera, agli Arcivescovi di Treveri, di Colonia, e di Mogonza, e nel medesimo tenore anche ai Prelati di Germania.

Apud Raynald. ann. 1278. §. 57. & seqq.

XIX. Quinta conferma di Ridolfo.

Il religiosissimo Ridolfo ampiamente soddisfece alle giuste dimande di Niccolò, pubblicando in primo luogo una dichiarazione in Vienna il dì 14. di Febbrajo dell'anno 1279. ove di nuovo confermava, e approvava gli atti di Corrado Francescano, e di Goffredo Protonotario, recitandogli interamente: alla qual dichiarazione sottoscrissero molti Vescovi, e Principi di Germania, e tra essi Alberto, ed Armanno figliuoli dell'Imperadore: e poi due giorni dopo egli pubblicò un diploma simile a quello, che avea pubblicato in Losanna in presenza di Gregorio X. tre anni prima, aggiungendo di più i nomi particolari delle Città della Chiesa: tra le quali compariscono FERRARIA, e COMACLUM, da lui dichiarate esser della Chiesa con questi termini: *prædicta omnia & singula, tam propriis seu specialibus provinciarum, terrarum, civitatum, atque locorum expressa vocabulis, quam etiam non expressa, prout melius & efficacius valet intelligi, ipsi beatissimo Petro & vobis, sanctissime Pater, Domine Nicolae Papa Tertie, & per vos successoribus vestris Romanis Pontificibus, & ipsi Romanæ Ecclesiæ, de novo, libere, plenarie*

Apud Raynald. Anno 1279. §. 11. & seqq.

concedimus, conferimus & donamus, ut sublata omnis contentionis & dissensionis materia, firma pax & plena concordia inter Ecclesiam & Imperium perseverent. Conclude poi il diploma con queste parole: *ut autem hæc omnia vobis memorato sanctissimo Patri nostro Domino Nicolao Sacrosanctæ Romanæ Ecclesiæ Summo Pontifici vestrisque successoribus & ipsi Romanæ Ecclesiæ per nos &* NOSTROS SUCCESSORES *Romanorum Reges & Imperatores* IN PERPETUUM *observentur, firmaque* SEMPER *& inconvulsa permaneant, præsens nostræ recognitionis, declarationis, concessionis, & donationis privilegium de conscientia nostra & expresso mandato conscriptum, jussimus aurea bulla, typario nostræ majestatis impressa, muniri.* Queste dichiarazioni di Ridolfo fatte con tanta pubblicità, sono mentovate da Giordano, e da Tolommeo da Lucca, Storici non ancora stampati, e da i Giureconsulti ancora, cioè dallo Speculatore Guglielmo Durando, e da Giovanni da Imola, il quale in Ferrara visse favorito dal Marchese Niccolò III. da Este, già trecento anni addietro.

Apud Raynald. ann. 1278. §.54.

De Rescript. præsentat. §. fin. n. 18.

Consil. 116.

Guido Pancirol. de Claris Legum Interpretib. pag. 228.

XX.

Conferme degli Elettori dell' Impero.

E benchè tante dichiarazioni di Ridolfo in se stesse fossero pienissime, e solennissime; nulladimeno affinchè ne' futuri secoli per qualsivoglia pretesto non potessero mai rivocarsi in dubbio, ne fu solennemente fatta la conferma da tutto il corpo degli Elettori dell'Impero con un diploma particolare, già pubblicato dal Cardinal Bellarmino nel libro della Traslazion dell'Impero, e da Odorico Rinaldi; ma senza i nomi precisi degli Elettori: ciascun de' quali però si legge intorno a ciascuno de' nove Sigilli pendenti dal medesimo diploma originale, che oggi tuttavia si conserva nell'Archivio Apostolico di Castello Sant'Angelo, e si mostra con gli altri a chi n'è curioso di vedergli. Questi furono gli Arcivescovi Arrigo di Treveri, Siffrido di Colonia, e Vernero di Magonza: il Conte Palatino del Reno Lodovico Duca di Baviera, Giovanni e Alberto Duchi di Sassonia, Federigo Gio-

Lib. 3. cap. 3.

Anno 1279. §. 6.

Giovanni, ed Ottone Marchesi di Brandemburgo, nel diploma di tutti i quali, come negli altri, si esprime particolarmente Comaclum. Anzi di più, ciascuno degli Elettori con altro suo diploma a parte confermò il tutto, nominandovi parimente Comaclum: e quello del Conte Palatino è stato già pubblicato dal Baronio. Con queste amplissime dichiarazioni e dell'Imperadore Ridolfo, e di tutto il corpo Elettorale furono maggiormente autenticate alla Chiesa, e con ogni maggiore solennità riconosciute le sue legittime ed antichissime ragioni sopra le Città del suo Stato, e in particolare sopra Comacchio: e in conseguenza fu del tutto rivocato, annullato, e cassato quanto gl'Imperadori precedenti, come i due Federighi, o altri, in tempo che erano mal'affetti alla Chiesa stessa, violentemente si potettero mai usurpare sopra la medesima Città di Comacchio.

Anno 996. §.46.

XXI.

Altre conferme e prove del dominio Pontificio sopra Comacchio.

L'Imperadore Alberto I. imitando la pietà di Ridolfo suo padre, alle ultime dichiarazioni del quale in favor della Chiesa egli avea sottoscritto, confermò con giuramento ancor'egli in Norimberga i privilegj di Lodovico Pio, e d'Ottone il Grande a Bonifacio VIII. nell'anno 1303. il dì 17. di Luglio, e poi Arrigo VII. fece lo stesso trovandosi in Lausanna il dì 11. di Ottobre dell'anno 1310. e in Roma il dì 6. di Luglio 1312. ratificando fra le altre dichiarazioni quelle di Ridolfo I. come fece altresì Carlo IV. nell'anno 1347. il dì 27. Aprile in mano di Clemente VI. e ad Innocenzo VI. nell'anno 1355. e poi ad Urbano V. nell'anno 1367. recitando in tutti e tre i diplomi distesamente quello d'Arrigo VII. suo avo, in cui si confermano quei di Ridolfo I. e degli altri Imperadori: annullando gli atti di Lodovico IV. detto il Bavaro; e giurando solennemente di non occupare i beni della Chiesa. Indi nell'anno 1433. gli Ambasciadori dell'Imperador Sigismondo in Concistoro pubblico giurarono in nome di lui ad Eugenio IV. che egli avrebbe osservati, e mantenuti tutti i privilegj accordati alla Chiesa da' pas-

Apud Raynald. ann. 1303. §.9.
Ibidem anno 1310. §.3. & 1312. §.40.
Bzovius ann. 1347. §.34. 1355. §.8. 1368. §.1.
Raynald. an. 1346. §.19. 1347. §.3.

Bzovius ann. 1433. §.4. & 10.
Raynald. an. 1433. §.12. & 14

passati Imperadori, e in particolare da Ridolfo I. i quali poi con solennissimi giuramenti confermò egli stesso in Roma il dì ultimo di Maggio del medesimo anno, accennando essere ciò stato fatto anche da Venceslao, e da Ruperto suoi pre-
Anno 1452. cessori. Dopo di Sigismondo fece lo stesso Federigo III. come si dirà in fine. Da queste amplissime conferme rimase cassato, e rivocato del tutto qualunque atto, che il Bavaro avesse fatto per lo innanzi in odio della Chiesa. E poi egli medesimo ancora nell'anno 1344. il dì 21. di Gennajo ritrattò ogni cosa in Concistoro pubblico, sottomettendosi a
Baluz. Miscell. to.2. pag.272. Clemente VI. col mezzo di una solennissima Ambasceria, di cui fu capo Umberto Delfino di Francia. Gli originali autentici delle suddette pienissime ricognizioni, sottoscritti, e muniti co' sigilli pendenti, si custodiscono negli Archivj Pontificj, e si veggono esse interamente inserite negli Annali Ecclesiastici. E la serie loro fu anche accennata da Felice Contelori in una scrittura stampatasi già sessanta anni addietro contra le pretensioni della Serenissima Casa d'Este: la quale senza aver mai comunicato al mondo, non dico gli originali, ma ne anco le copie de' suoi diplomi, e delle sue investiture, perchè si potesse di loro formarne giudicio, non ostanti le Capitolazioni già stipulate in Faenza in nome di Clemente VIII. e di Cesare d'Este il dì 13. Gennajo 1598. cercava di dare a divedere, che Comacchio non appartenesse altramente alla Sede Apostolica, ma ad essa, come feudo Imperiale, disunito dal Ducato di Ferrara: il che però allora con le suddette conferme degl'Imperadori Tedeschi si mostrò essere insussistente, perchè la Chiesa sempre ne avea dispo-
Italia Sacra tom. 2. pag.350.366. sto, come di cosa propria. Laonde Gregorio V. da supremo Principe trasferì il governo della Contea di Comacchio negli anni 997. a Gerberto Arcivescovo di Ravenna, come si è detto. Onorio II. nell'anno 1125. confermò a Gualtiero Arcivescovo l'Esarcato, e Comacchio. Innocenzo II. fece il medesimo nell'anno 1133. Onorio III. il dì 5. di Maggio

gio 1224. confermò a Simone Arcivescovo la Contea di Comacchio; e Gregorio IX. a Teoderico il dì 13. Decembre 1228. nominando i privilegj de' passati Pontefici. Alessandro IV. a Filippo il dì 2. Dicembre 1255. dopo il qual tempo fu di nuovo annesso al Vicariato di Ferrara, entro il cui territorio stava compreso da' tempi antichi.

Italia Sacra tom. 2. pag. 380.

XXII.
Ferrara liberata dalla tirannia di Salinguerra Torelli.

Era dianzi la Casa d'Este (nobile Padovana, come si dirà più sotto) già passata ad abitare in Ferrara, dopo avuto dalla Sede Apostolica il governo del Marchesato d'Ancona per aver promesso di liberarlo dalla tirannia de' Conti di Celano, come si trae da una lettera d'Innocenzo III. e dal Monaco Padovano; onde ivi si fece capo de' Guelfi contra la fazione di Salinguerra Torelli, che era capo de' Gibellini, e si rendette poi benemerita della Sede Apostolica nella liberazione della Città di Ferrara dalle mani di Salinguerra, il quale avendola avuta in feudo dalla Chiesa nel 1215. se n'era fatto tiranno. Sicchè con l'ajuto di Jacopo Tiepolo Doge di Venezia (che vi andò personalmente) e di altri, il Legato Pontificio Gregorio di Montelongo nel 1240. la restituì alla Chiesa, e ne fu creato Podestà Stefano Badoaro, per attestato di Rolandino. Pier Gerardo nella vita di Ezzelino il Tiranno scrive, che allora ne fu fatto governatore il Marchese Azzo da Este. Ma ciò è falso, e quel Pier Gerardo è autor finto da Fausto da Longiano, come si può vedere presso Gerardo Giovanni Vossio: nè Ferrara avea bisogno di governatore, se vi era Podestà il Badoaro, in quei tempi Magistrato supremo.

Lib. 16. ep. 103. edit. Baluzii.
Inter Script. German. Christiani Urstisii to. 1 pag. 583. edit. 1670.
Apud Raynald. ann. 1215. §. 39.
De factis in Marchia Tarvisina lib. 5. c. 2. pag. 46.
Lib. 5. fol. 49.
De Hist. Latin. lib. 3. cap. 8.
Cangius in Glossario.

XXIII.
Estensi ottengono il Vicariato di Ferrara da Giovanni XXII.

Cercarono bensì gli Estensi di tiranneggiarla con prepotenza nell'occasione, che esso Marchese Azzo II. detto IX. dal Pigna, ne fu Podestà nel 1251. onde suo nipote Obizzo II. detto VI. dal Pigna, nell'anno 1287. s'intitolava *generalis dominus Civitatis Ferrariae*. Ma gli Ambasciadori Ferraresi spediti nell'anno 1310. in Avignone a Clemente V. se ne querelarono altamente in Concistoro pubblico, protestando, che il loro Principe sovrano, e legittimo non era

Ex privilegiis MSS. Ferrariae.
Apud Raynald. anno 1310. §. 23.

era altri, che il Sommo Pontefice; e che la loro Città *ab initio* era ſtata ſondata *per Summum Pontificem in ſolo Eccleſiæ Romanæ, ipſius ſumptibus & expenſis, & ab eodem ditatam & ordinatam, & populorum multitudine decoratam fuiſſe*. La verità ſi è, che Rinaldo, Obizo, e Niccolò nel ſeguitare il partito di Lodovico il Bavaro contro alla Chieſa, avendo commeſſi graviſſimi delitti, e uſurpato alla Sede Apoſtolica anche Comacchio, come ſi dirà in fine, furono rimeſſi in grazia da Giovanni XXII. e poi finalmente dallo ſteſſo Pontefice ebbero la Città con tutto il territorio in Vicariato nell'anno 1332. per dieci anni con obbligo di pagare alla Camera Apoſtolica diecimila fiorini d'oro: il qual Vicariato nel 1344. fu prolungato ad Obizo per altri nove anni da Clemente VI. e furono abilitati i ſuoi figliuoli ai feudi, alle giuriſdizioni, e ai Marcheſati. Nel 1351. il detto Pontefice lo confermò allo ſteſſo Obizo, e ai ſuoi figliuoli per altri dieci anni: e nel 1361. Innocenzo VI. lo confermò per ſette anni ad Aldobrandino, Ugone, ed Alberto. Ma poi nell'anno 1396. Bonifacio IX. diede il detto Vicariato non più *ad tempus*, ma in vita ad Alberto, e a' ſuoi figliuoli legittimi, e in loro mancanza a Niccolò III. baſtardo di eſſo; benchè poi Innocenzo VII. Gregorio XII. Aleſſandro V. Giovanni XXIII. e Martino V. lo riduceſſero *ad tempus*, come era prima. Così di mano in mano da' Papi ſeguenti ne furono inveſtiti gli Eſtenſi, ora legittimi, ed ora baſtardi, ſinchè Siſto IV. nel 1471. confermò quel Vicariato ad Ercole, e a' ſuoi figliuoli, e nipoti legittimi ſino alla terza generazione: la qual conferma fu ſteſa da Aleſſandro VI. ai primogeniti d'Ercole in perpetuo inſieme con la dignità Ducale, che da Siſto IV. era ſtata conferita alla ſola perſona d'Ercole. Ma poi ne decadde il figliuolo di lui Alfonſo I. fatto reo di leſa Maeſtà ſotto Giulio II. e Leon X. talchè per grazia ſingolariſſima Ercole II. ſuo figliuolo ne ottenne da Paolo III. la rinovazione per ſè e per li primogeniti legittimi, diſcendenti da Al-

Raynald. anno 1328. §. 54.

Anno 1332.

Alfonso I. sino alla terza generazione. Queste ed altre particolarità furono diffusamente spiegate nell'anno 1628. da Arcasio Ricci da Pescia in un volume scritto a penna, e intitolato: *Relazione delle ragioni, entrate, e privilegj della Camera Apostolica nella Città, valli, e boschi di Comacchio.*

XXIV. Comacchio perchè non espresso nelle Investiture Pontificie date agli Estensi.

Laonde la Serenissima Casa d'Este, la quale dee riconoscere ogni sua grandezza dalla Sede Apostolica, essendo Vicaria Pontificia di Ferrara, lo venne ad essere anche di Comacchio, compreso entro il territorio Ferrarese. Ma perchè i Ministri Estensi veggono molto bene di non aver fondamenti e ragioni, che possano cozzare con quelle della Sede Apostolica, ricorrono agli argomenti negativi, quale si è quello di non trovarsi incluso nominatamente Comacchio nelle investiture del Vicariato di Ferrara, concedute da' Sommi Pontefici alla Casa d'Este; onde per questo cercano di dare a divedere, che non sia della Santa Sede; quasichè se ancora ne fosse escluso, il chè non è vero, tanti documenti contemporanei, e posteriori alle dette investiture, non mostrassero abbastanza, che Comacchio sia della Chiesa. Ma se questo è l'Achille de' loro argomenti, come par che lo sia, stanno assai male, misurando da' costumi presenti le cose antiche. In quelle stesse investiture, le quali essi vanno mostrando, si esprime il Vicariato di Ferrara, *ejusque* COMITATUS & DISTRICTUS *cum omnibus suis juribus* & PERTINENTIIS. In uno strumento di lega tra' Ferraresi, e Veneziani dell'anno 1230. il Doge Jacopo Tiepolo richiede, *quod omnes homines Venetiæ & ejus* DISTRICTUS *sint salvi & securi in personis & rebus eorum in Civitate Ferrariæ.* Il credere, che Comacchio non sia della Sede Apostolica per non trovarsi espressamente nominato nelle investiture del Vicariato di Ferrara, egli è lo stesso, che il dire, che per non esservi nominate espressamente le seguenti Città nello strumento di lega tra' Veneziani, e Ferraresi, esse realmente non fossero comprese in queste capitolazioni, nè fossero de' Veneziani,

Ex privilegiis MSS. Ferrariæ.

ziani, cioè a dire Torcello, Chioggia, Equilio, Caorle, e Grado, tutte allora Città Vescovali, e della condizione stessa di Comacchio, ciascuna delle quali avea proprio distretto, e contado, e nulladimeno erano tutte comprese in quello della Città dominante, e per vantaggio degli abitanti di esse fu stabilito il suddetto articolo di quella lega. Ne' tempi inferiori questa era la frase ordinaria, con cui si descriveano le Signorie: la voce DISTRICTUS abbracciava tutte le Castella, e Città co' loro territorj, e contadi, ch'erano sotto la giurisdizione della Signoria principale: onde DISTRICTUS e JURISDICTIO erano sinonimi.

Cangius in Glossario.

XXV. Ampiezza, e confini del territorio di Ferrara, ove è compreso Comacchio.

Ex privilegiis MSS. Ferrariæ.

Ora veggiamo sino a quai termini giungea *il distretto* e la giurisdizione della Contea di Ferrara, non solamente quando ne furono investiti gli Estensi, ma assai prima. Arrigo VI. Rè de' Romani in un suo diploma dato in Bologna il dì 12. di Febbrajo dell'anno 1191. dove si trovò presente Obizo da Este, descrive accuratamente il territorio e contado di Ferrara co' suoi confini da ogni parte, e dice, che il suo *distretto* giunge al mare, al fiume Tartaro, al porto di Loreo, e che vi comprende la Contea di Comacchio; imperciocchè in un contado poteano essere molte contee. Chiama dunque Arrigo VI. territorio e contado di Ferrara, per usare le sue stesse parole, *jurisdictionem seu* DISTRICTUM *in Civitate Ferrariæ & extra Civitatem. A mari usque ad Tartarum. Item usque ad medium portus Laureti. Item* COMACLUM *cum suo Comitatu. Ex alio latere Padi usque fossam de Bosio. Ex alio latere Athesis a Bocca veteri & Salvaterra, descendendo per Athesim usque ad* DISTRICTUM *Venetorum. Et ex alio latere a flumine veteri in transversum usque ad* DISTRICTUM *Bononiensem.* Questi confini dell'ampiezza della Contea di Ferrara erano innanzi d'Arrigo VI. il quale dice, essere di ragione de' Ferraresi *omnia jura & consuetudines, quas* HACTENUS INTRA *prænominatos terminos* HABUERUNT. Quell'*hactenus*, e quell'*habuerunt* dinotano

tano lungo ſpazio di tempo già paſſato, e la particella *intra*, che feriſce anche Comacchio, toglie ogni occaſione di cavillare in contrario. Il Pigna, Scrittore di grande autorità preſſo i Miniſtri Eſtenſi, nomina queſto diploma, benchè con isbaglio nella data, e afferma, che due Papi Innocenzj, che ſeguirono, abbiano deſcritto il territorio di Ferrara nella medeſima guiſa, che fece Arrigo VI. il quale ſe col ſuddetto diploma ſi foſſe uſurpata qualche ragione e ſuperiorità ſopra le Città della Chieſa, rivocò tutto nel ſeguente meſe, quando fu incoronato in Roma da Celeſtino III. il dì 16. di Marzo; poichè Ruggero Ovedeno ſcrive, che il Papa dal medeſimo Arrigo VI. *ante oſtium Eccleſiæ Beati Petri recepit Sacramentum, quod ipſe Eccleſiam Dei & jura eccleſiaſtica fideliter ſervaret illibata, & quod rectam juſtitiam teneret, & quod patrimonium Beati Petri, ſi quid inde ablatum eſſet, integrum reſtitueret.* In uno ſtrumento di pace tra' Ferrareſi, e Ravennati, gli uni e gli altri vaſſalli della Sede Apoſtolica, fatto nove anni dopo, cioè nel 1200. ſi legge un' articolo, che *Commune Ferrariæ debet habere in Civitate Comacli omnem illam jurisdictionem & rationem, quam retro ante inceptam primam guerram habuerunt*, rimanendovi certa giurisdizione anche ai Ravennati, la quale però non impedía, che Comacchio non foſſe nel territorio, e contado Ferrareſe. Laonde ſembra non rimanerci alcun dubbio, che quando ſi legge nelle inveſtiture di quel Vicariato *Comitatus &* DISTRICTUS *Ferrarienſis*, non vi s'intenda compreſo anche Comacchio col ſuo territorio, o vogliam dire contado. Queſta verità ſi rende manifeſtiſſima da un' altro riſcontro. Nell'anno 1370. morto Urbano V. il ſagro Collegio ne diede parte al Cardinale Anglico, Veſcovo d'Albano, di lui fratello, con queſta ſopraſcritta nella lettera: *Terrarum Eccleſiæ Romanæ in Italia conſiſtentium, pro eadem Eccleſia in temporalibus Vicario generali*, e pregollo a invigilare al governo delle Terre a lui commeſſe.

Storia di Caſa d'Eſte pag. 127. & 162. edizione I. di Ferrara.

Scriptores Anglici Henrici Savilii pagina 689.

Ex privilegiis MSS. Ferrariæ.

Apud Raynald. ann. 1370. §. 24.

Ora questo Cardinale Anglico nell'anno seguente 1371. che era il primo di Gregorio XI. ne' mesi di Ottobre, e di Novembre, in virtù della sua carica, visitò le Terre e Città della Chiesa, e trà esse ancora Comacchio, facendovi la descrizione de' fuochi, i quali non trovò esservi più di *cinquanta*; e in margine a questa sua descrizione, che stà nell' Archivio Vaticano, vi si leggono queste parole: *tenet D. Marchio de Ferraria*. Se dunque il Cardinal Anglico, Vicario generale nelle cose temporali dello Stato Ecclesiastico, in nome della Sede Apostolica, fece la visita di Comacchio, allora posseduto dal Marchese di Ferrara, Vicario e vassallo della Chiesa; chi potrà mai dubitare, che Comacchio non appartenesse alla Chiesa stessa, e non fosse compreso entro il distretto del Vicariato di Ferrara?

XXVI. Comacchio al tempo degli Estensi di non molto riguardo.

Comacchio, benchè decorato della dignità Vescovale, era luogo povero e ignobile in que' tempi, e non abitato da altra gente, che da pochi pescatori. Quindi in un diploma di Federigo I. che si fà dato nell'anno 1177. e in un'altro di Federigo II. del 1231. in tempo, che entrambi erano auversi alla Sede Apostolica: i quali diplomi dagli atti contrarj de' seguenti Imperadori furono poscia annullati e cassati; i Comacchiesi sono chiamati *Piscatores nostri Comaclenses*. Il moderno Storico di Comacchio nello stampare questi diplomi ha scambiati i *Pescatori* in *Cittadini*, mettendovi *Cives* in vece di *Piscatores*. Se Comacchio nell'anno 1371. non avea altri fuochi, che *cinquanta*, come si è detto, ne dovette forse avere assai meno quando gli Estensi ne furono la prima volta investiti col Vicariato di Ferrara, trentanove anni prima, cioè nell'anno 1332. onde non portava il conto nè meno per questo riguardo, che un luogo, allora di considerazione sì poca, si nominasse espressamente nelle investiture del Vicariato di Ferrara, quando non se ne nominarono altri, di maggior considerazione di Comacchio e nell'ampiezza del sito, e nel numero degli abitanti, quali erano Bondeno,

Pag. 267. & 268.

Tre-

Trecenta, Adriano (ora detto *Ariano*) Codegoro, e Melara: nè perciò si dubita, che queste terre fossero della Chiesa, come antiche pertinenze del Ferrarese.

XXVII.

Comacchio riconosciuto dagli Estensi per Signoria della Sede Apostolica.

Di più ne' libri Censuali della Camera Apostolica sotto l'anno 1504. si legge, che il Duca Ercole I. paga il censo alla medesima Camera, *uti in civitate Ferrariæ & in* NONNULLIS ALIIS CIVITATIBUS *& locis pro sancta Romana Ecclesia Vicarius*. Al medesimo Ercole I. in uno strumento sopra il censo da lui pagato il dì 8. di Agosto 1502. e ad Alfonso I. suo figliuolo in un'altro de' 28. di Giugno 1506. vien dato il titolo di *Ferrariæ Dux & in* NONNULLIS ALIIS CIVITATIBUS, *terris & locis pro sancta Romana Ecclesia Vicarius generalis*. Nelle Capitolazioni seguite trà Paolo III. e il Duca Ercole II. il dì 21. di Gennajo 1539. si obbliga il Papa d'investire esso Duca *de omnibus juribus Sedi Apostolicæ pertinentibus in quibuscumque* CIVITATIBUS *& locis per eundem D. Ducem possessis*. Una di quelle Città fù Adria. Chi potrà dunque dubitare, che un'altra non fosse Comacchio? E senon fu questa, qual altra dovette mai essere? Aggiungasi, che il principal delitto, per cui da Giulio II. fu dichiarato *Ribelle* il Duca Alfonso I. e privo ancor del Ducato, si fu l'essersi questi arrogata l'autorità di fabbricar saline in Comacchio con molto danno dello Stato della Chiesa, e di aggravare tirannicamente i Comacchiesi, senza aver voluto desistere, quantunque ammonito dal Papa, che n'era supremo Principe. Perciò nella Bolla, fulminatagli contra, gli rimprovera l'essere stato contro di esso Papa *ingrate & contumaciter elevatus* per aver ardito *sal in Comitatu Comaclensi in gravem Romanæ Ecclesiæ læsionem fabricare*, e per aver voluto accrescere ai Comacchiesi, sudditi della Chiesa, *gabellas & pedagia & portoria de novo imposita*. Onofrio Panvinio espresse la medesima reità d'Alfonso con queste parole: *quod apud Comaclum salinas maximi proventus sibi vindicasset, neque in his rebus voluntati Pontificis obtempe-*

Apud Raynald. ann. 1510. §. 15.

In Julio II.

Oper.p.533.& 534. editionis Baſileenſis. *temperaret*. Celio Calcagnini nell'Apologia a Giulio II. per
Alfonſo ſuo Signore afferma, che Comacchio è nel territorio
e contado di Ferrara, *in* AGRO *Ferrarienſi*; e che una delle
cagioni, per cui eſſo Duca venne dichiarato ribelle, ſi fu perchè ivi *præter juſſa & voluntatem* del Papa, *ſalem legi
mandaverit, ejusque vectigal inſtituerit*. Col Calcagnini
Pag.16. edit.Florent. ſi accorda Paolo Giovio nella Vita d'Alfonſo, dicendo, che
*contra leges inter Pontifices & Ateſtinos Principes, ex con-
ceſſione beneficiarii juris rite latas & conſtitutas, ſalis legendi facultatem uſurparet ad Comaclum, quod eſt opidum
inter Paduſas, ſalinis opportunum, magno quidem Pontificii vectigalis detrimento*. Ridice lo ſteſſo nella Vita di
Lib.2.pag.36. Leone X. I Pontefici ſucceſſori di Giulio II. riſerbarono ſem-
Jo. Ludovic. Gothofredus in Archontologia pag.496. pre a ſe ſteſſi, come a Principi ſovrani, la fabbrica del ſale in
Comacchio: il che fecero dopo Leone X. Adriano VI. il dì
Riſpoſte per la Camera Apoſtolica alle ſcritture Eſtenſi p.29. & 30. 30. di Ottobre 1522. in uno ſtrumento giurato da Alfonſo I. e approvato da' Ercole II. ſotto Paolo III. negli an-
ni 1539. e 1543. Giulio III. il dì ultimo di Gennajo 1554.
Paolo IV. il dì ultimo di Settembre 1556. Pio IV. il dì 15.
di Giugno 1564. e Pio V. nell'anno 1566. E poi il dì 5. di
Marzo 1584. fu di nuovo ſtipulato, che ſi doveſſero oſſervare i Capitoli d'Adriano VI. cioè, che in Comacchio non
poteſſe fare il ſale il Duca Alfonſo II. nè i ſuoi ſucceſſori,
ma ſolamente la Camera Apoſtolica: coſe altre volte già
dette dal Contelori, a cui non ſeppero che replicare gli
Eſtenſi. Non ſi può dunque ragionevolmente dubitare,
che i Duchi di Ferrara non teneſſero Comacchio dalla Sede
Apoſtolica, come compreſo nel Vicariato di Ferrara. Perciò nelle Capitolazioni ſtabilite in Faenza in nome di Clemente VIII. e di Ceſare d'Eſte, non ſi parlò eſpreſſamente di
Comacchio, per eſſer di natura ſua fino da' ſecoli antichi
incorporato, compreſo, e ſituato entro il territorio, contado,
e diſtretto del Vicariato di Ferrara: del cui proprio Statuto
ancor ſi ſerviva in tempo, che vi ſignoreggiavano gli Eſtenſi.

Ed è

Ed è cosa certa, che nè Cesare, sotto cui auvenne la devoluzione del Ducato di Ferrara alla Sede Apostolica, nè Alfonso suo figliuolo mai pretesero (almeno *pubblicamente*, che si sappia) d'avere alcuna ragione sopra la Città di Comacchio nelle scritture, che divulgarono; ma solamente sopra alcune valli pescatorie di Comacchio.

XXVIII. Pretensioni Imperiali sopra Comacchio originate dagli Estensi.

Io hò detto *pubblicamente*; imperciocchè già per altro si sà, che di nascosto, e sottomano i Principi Estensi hanno procurato di quando in quando di suggerire, e far credere alla Corte Cesarea, che Comacchio appartenesse all'Impero, conforme appunto fu fatto dal Duca Cesare nell'anno 1613. nel quale dall'Imperadore Mattias essendo stato spedito Rambaldo Conte di Collalto Ambasciadore straordinario a Paolo V. ne fu egli talmente preoccupato dalle altrui suggestioni, che nel licenziarsi da Sua Santità, a cui avea chiesto soccorso di danaro contra i Turchi, il quale ancor fu spedito, le presentò un memoriale il dì 15. Novembre, in cui dimandava la *rilassazione del Feudo di Comacchio, e de' frutti percetti dalla Sede Apostolica*. Ma trasmessi che furono a Placido di Morra Vescovo di Melfi, Nuncio in Vienna, i sunti delle ragioni della Chiesa, le quali da Michele Lonigo da Este, Custode dell'Archivio Vaticano, furono compilate in un'operetta, che hà questo titolo: *Jura Sedis Apostolicæ in Civitate Comacli*; non se ne discorse altro: e Lodovico Ridolfi, Agente Cesareo in Roma, il dì 4. Gennajo 1614. scrisse all'Imperadore *d'avere assicurato il Papa, che mentre fossero state note a S. M. C. le ragioni della Chiesa, e le donazioni de' passati Cesari, non avrebbe in alcuna maniera voluto ritrattare quello, che da' suoi antecessori era stato fatto, sapendo, che l'animo di S. M. C. era di accrescere la grandezza della Sede Apostolica*. E nello stesso giorno scrisse a Melchiorre Kleselio Vescovo di Vienna, allora Ministro di quella Corte, e dipoi Cardinale, *che il Feudo di Comacchio era chiaro per la Sede Apostolica, essendoci la dichiarazione, rico-*

ricognizione, e donazione di questo Feudo, fatta da Ridolfo I. e da tutti gli Elettori dell'Impero, confermata poi da Alberto figliuolo dello stesso Ridolfo, e da Enrico VII. e Carlo IV. e da molti altri: i quali Imperadori dichiararono, e riconobbero, & quatenus opus esset, *donarono questo Feudo alla Sede Apostolica: le quali scritture Sua Santità* (segue a dire il Ridolfi) *non vuol mandare a Monsig. Nuncio per il pericolo del viaggio, e per non assumere in se il peso di provare quello, che ora non le tocca. Ma altre volte mi disse, che le avrebbe fatte vedere a me, quando S. M. C. avesse comandato.* Aggiunge d'aver detto al Papa, *che Sua Santità non dovea temere, che da S. M. C. si levasse alla Sede Apostolica quello, che da' suoi precessori le era stato donato, e che di questo l'avea assicurata, parendogli di poterlo fare per la pietà e santo zelo, che sapea essere nella persona dell'Imperadore.*

XXIX. Ragioni autentiche della Chiesa sopra Comacchio, non espresso nelle Investiture Imperiali date ad Alfonso II. e a Don Cesare d'Este.

Che se mai alcuno de' Principi Estensi nell'investiture de' Feudi Imperiali di Modana e Reggio vi avesse per avventura fatto intrudere clandestinamente Comacchio: della qual cosa ragionerò in fine; chi non vede, che ciò sarebbe avvenuto contra ogni giustizia, nè avrebbe forza di derogare in minima parte alle ragioni inconcusse della Sede Apostolica, fondate nella pluralità de' secoli, e nella moltiplicità de' diplomi, stipulati nelle forme più solenni, ed autentiche, non solo dagl'Imperadori, ma da tutto il corpo degli Elettori. E tanto meno potrebbe derogare alla sovranità della Chiesa qualunque atto, che avesse mai fatto la Comunità di Comacchio senza consenso della Sede Apostolica, *irrequisito Domino directo*, e contra le suddette ragioni, corroborate da tanti secoli, e riconosciute da tanti Imperadori, non già di nascosto, ma in Concistori pubblici, e a vista di tutto il Mondo: e nè meno perchè i Sommi Pontefici dubitassero delle proprie ragioni; ma perchè, essendo il loro Principato pacifico, e perciò esposto alle usurpazioni, e violenze, essi

per

per fin di pace, e del ben de' lor popoli, saviamente intendeano di assicurarsene con esigere da ciascheduno Imperadore le conferme, promesse, e giuramenti, che non avessero avuto a infestare gli Stati della Chiesa: anzi, che come Auvocati di essa, col loro braccio avessero avuto a mantenerla in signoria delle città, e provincie a lei soggette: il che poi se ne passò in formolario. Certo è, che nelle Investiture Imperiali di Alfonso II. e di Don Cesare non fu inserito Comacchio, quantunque per altro vi fossero aggiunti Este, e Rovigo, non ostante che fossero luoghi posseduti da' Veneziani: imperciocchè l'Imperadore Ridolfo II. il dì 8. di Agosto 1594. supplicato in Ratisbona da Marcantonio Ricci Procuratore del Duca Alfonso II. investe lui co' suoi figliuoli e discendenti legittimi del Ducato di Modana e Reggio, del Marchesato d'Este, delle due Contee di Rovigo e di Carpi, e d'altre Castella (non però di *Comacchio*, nè d'*Argenta*, perchè erano della Sede Apostolica) dandogli l'indulto e la facoltà di eleggersi il successore, ancorchè, per venire da radice infetta, o per altri impedimenti, non fosse egli compreso nell'Investiture antiche, purchè fosse però del suo Casato. Indi nell'anno 1598. il dì 13. di Gennajo in Praga supplicato il medesimo Imperadore da Giulio Tiene Marchese di Scandiano, conferma la nomina fatta da Alfonso in persona di Don Cesare per virtù del medesimo indulto Imperiale, e investe esso Don Cesare co' suoi legittimi discendenti delle suddette Città, senzachè vi entri *Comacchio*, nè *Argenta* per lo stesso motivo di sopra. D'Argenta si potrebbe discorrere a lungo, se il bisogno lo richiedesse.

Constit. Imper. Goldasti tom. 2. pag. 86. tom. 3. pag. 508. Museum Mabillon. tom. 2. pag. 398.

XXX. Pretensioni Estensi sopra le Valli di Comacchio terminate nel Trattato di Pisa.

In quanto poi alle pretese ragioni della Serenissima Casa d'Este sopra le Valli di Comacchio, essendo elle state esaminate, e discusse lungo tempo in Roma dopo che le due Corone nell'Articolo 99. della Pace de' Pirenei, conclusa nell' anno 1659. convennero di pregare il Papa Alessandro VII. a far terminare *per accordo*, o *per giustizia* tal causa, senzachè però i Ministri Estensi vi avessero mai prodotti fondamenti certi e legittimi; finalmente il Cardinal Rinaldo d'Este essendo Protettore della Francia nella Corte di Roma, trovò il modo di venire a capo d'ogni cosa d'indi a tre anni, e di estorcere con violenza dalla Sede Apostolica tutto ciò che richiedeano le sue strabocchevoli pretensioni, e che per mancanza di ragioni non potea ottenere nè *per accordo*, nè *per giustizia*: mentre nel famoso accidente trà il Duca di Crecqui Ambasciadore di Francia, e i Soldati Corsi, seguito in Roma il dì 20. Agosto dell'anno 1662. egli per li suoi fini diè fomento alla discordia trà il Rè Cristianissimo, e la Corte Romana, impegnando la Francia, quanto potette dal canto suo, a non abbracciare aggiustamento veruno, anzi a minacciare alla Sede Apostolica una guerra inevitabile, senon accordava tutto quello, che pretendea la sua Casa: siccome realmente il Pontefice fu violentato dal braccio formidabile della Francia ad accordar tutto nel Trattato di Pisa, concluso due anni dopo in faccia di tutta l'Europa, dove nell'Articolo II. si dice, che *Sua Santità in grazia di Sua Maestà, ed in riguardo, e ricompensa delle valli di Comacchio, e di* OGNI ALTRA *pretensione, e ragione, che in qualunque modo potesse avere il Sig. Duca di Modana, e la Casa d'Este contra la Camera Apostolica, si accollerà il Monte Estense ascendente a scudi trecentomila, co' comodi, ed incomodi, che il medesimo Monte ha per la sua estinzione, insieme co' frutti ancora decorsi, e non pagati, ascendenti alla somma più o meno di scudi cinquantamila*, con l'obbligo ancora di dare al Duca altri scudi quarantamila, ovvero un palagio in Roma (che è quello di Casa d'Este) oltre alla Badia della Pomposa, e alla Pieve del Bondeno: con patto scambievole, che tutte le pretensioni da entrambe le parti reciprocamente rimanessero estinte; e che sopra ciò si celebrasse *strumento pubblico con la Signora Duchessa, ed altri legittimi Tutori del Signor Duca, con le clausole, e solen-*

solennità necessarie, dando parola il Rè Cristianissimo, che *tutto ciò seguirebbe per la* PERPETUA *validità ed osservanza di quell'accordo*. Avea il Duca Alfonso IV. nel suo ultimo testamento, rogato in Modana da Francesco Torri suo Consiglier di Stato, e Segretario il dì 15. Luglio 1662. ordinato, che la Duchessa Laura Martinozzi sua moglie fosse *tutrice, curatrice, e governatrice di Francesco suo unico figliuolo* (allora infante) *con tutta quella maggiore autorità, e facoltà, che di ragione si potesse dare a qualsisia tutore, curatore, e amministratore di beni, giurisdizioni, e stati, volendo, che col consiglio, e direzione del Cardinale suo zio avesse quella stessa autorità di fare, disporre, e amministrare, come avrebbe e potrebbe fare la persona medesima di esso Signor Duca testatore*. Quindi il dì 20. di Maggio 1664. il Conte Alessandro Caprara Auvocato Concistoriale, oggi Eminentissimo Cardinale di Santa Chiesa, essendo stato deputato in forma solenne con la presenza, consiglio, e direzione del sopradetto Cardinal d'Este dalla Duchessa di Modana per suo Agente e Procuratore, ratificò in Roma in nome di Casa d'Este il suddetto Articolo II. del Trattato di Pisa, cedendo ogni sorte di ragioni, che avessero mai potuto competere alla medesima Casa d'Este contra la Camera Apostolica: e se ne rogò strumento da Francesco Lucarelli.

XXXI. Aggravio fatto alla Sede Apostolica nel Trattato di Pisa.

Ma quanto grande e ingiusto fosse l'aggravio, che patì la Sede Apostolica in questo fatto, e per conseguenza quanto fossero vasti ed esorbitanti i vantaggi, che ne trasse la Serenissima Casa d'Este, oltre a quello, che ne risulta dal racconto, che ne fà l'Abate Regnier, allora famigliare del Duca di Crecquì, nella Storia, che ultimamente ha pubblicata di quell'Affare, da lui scritta senza alcuna immaginabile parzialità verso la Corte di Roma, dichiarollo ampiamente lo stesso Pontefice Alessandro VII. con una Protesta di propria mano, da lui fatta per istruzione de' posteri contra il Trat-

Histoire de l'Affaire des Corses pag. 93. 98. 219. 220. & 232.

tato di Pisa, innanzi a Dio, e ai gloriosissimi Apostoli Pietro e Paolo, la quale non si può leggere senza commozion d'animo, ove trà le altre cose dichiara *con la pienezza della sua podestà nullo ed invalido* quanto avea conceduto al Duca di Modana per *le sue pretensioni sopra alcune valli pescatorie di Comacchio, che pure pendeano per discussione avanti a Congregazione richiesta da lui medesimo, e ove per sua colpa si differiva la cognizione, per non aver sino allora prodotta pure* UNA SCRITTURA IN FORMA PROVANTE. Protestava perciò il Pontefice *di non aver ciò fatto di sua libera volontà, ma per mera inevitabil forza, violenza, e necessità d'ouviare, e riparare maggiori danni, e pregiudicj della Religione, della Santa Sede, e di tutto lo Stato, e de' suoi sudditi e vassalli, attendendosi dalla Francia una guerra in Italia quando il Turco con tutta la sua potenza, occupata già tanta parte, altrove pur minacciava e si movea contra la medesima.* Questo io non hò detto per altro, senon perchè di quì si conosca quanto sia lontano dal vero, che la Serenissima Casa d'Este non traesse in quell'occasione segnalati vantaggi, e che la Sede Apostolica non ne ricevesse danni, e pregiudicj notabilissimi.

XXXII. Nuovi aggravj fatti alla Sede Apostolica nella violazione del Trattato di Pisa.

E pure quantunque alla medesima Casa d'Este ne sia venuto tutto quello, che mai seppe allora idearsi e pretendere il Cardinal Rinaldo, uomo sopra ogni altro de' suoi tempi sagacissimo e auvedutissimo, nulladimeno i Ministri di Modana non si sono già contenuti per questo, come doveano, nell'osservanza del Trattato di Pisa, cotanto vantaggioso ai lor Principi, e pregiudiciale alla Sede Apostolica. Ma negli anni 1681. 1682. e 1683. non ostante il divieto del Cardinal Legato di Ferrara, pretesero col mezzo d'una nuova chiavica introdurre nella valle di Canavè l'acque del mare, spettanti senza alcun dubbio al dominio del Papa ed alla Camera Apostolica: il che mai per lo passato non era stato fatto, essendo quella sempre stata una povera valle d'acd'acqua dolce. E benchè per ordine del Sommo Pontefice Innocenzo XI. dopo udite ed esaminate le ragioni del Duca, si devastasse, come si dovea, la medesima chiavica, riducendosi *in pristinum* tutte le cose contrarie, con dichiarazione espressa del Duca, che avrebbe in auvenire fatto desistere da ogni innovazione, come apparisce da' registri della Segreteria di Stato del Sommo Pontefice; ad ogni modo prevalendosi i Ministri del medesimo Duca della mutazione de' Legati e de' Ministri Camerali, hanno da alcuni anni in quà rifabbricata la detta chiavica, e con le acque marine hanno renduta pescabile non solamente la valle di Canavè, ma ancora quella di Belbosco, comunicando loro con nuovi argini le medesime acque del mare con emolumento non ordinario della Camera Ducale, e con altrettanto pregiudicio delle Valli della Camera Apostolica: alla qual cosa quantunque si sia procurato di riparare con diversi decreti e prouvisioni fatte in Ferrara e in Roma dalla Congregazione Camerale; con tutto ciò i Ministri del Duca con varj artificj e promesse ne hanno sempre impedita l'esecuzione. Anzi tuttavia vanno spargendo nelle Corti de' Principi, che i Cardinali Legati, e il Papa sono quegli, che con violazioni continue, o come essi dicono, *infrazioni*, contrauvengono al Trattato di Pisa; il quale benchè si dica non essere stato espressamente ratificato dal Duca Francesco II. nulladimeno la detta ratificazione o non era punto necessaria, come già solamente accordata perchè nulla vi mancasse a qualunque cautelà della Camera Apostolica, da chi avea pienissima facoltà d'accordarla, per quanto risulta dalla promessa e dall'obbligo fatto dal Conte Caprara Procuratore costituito: o quando anche la medesima ratificazione fosse stata necessaria, essa per altro si deduce con evidenza dal continuato possesso de' beni rilassati nel detto Trattato, e da moltissimi altri atti ratificativi del Duca Francesco II. finchè visse; oltre a quello di non averlo mai egli pubblicamente impugnato, siccome non

potea

potea di ragione impugnarlo: e ancorchè lo avesse clandestinamente impugnato, ciò non sarebbe di alcun valore, per le ragioni poc'anzi accennate. Lascerò quì di parlare di quanto spargono i suddetti Ministri Estensi intorno alle presenti rendite di Comacchio, le quali (non si sà a qual fine) dicono appena arrivare alla metà di quanto ne ritraeano i Duchi di Ferrara; imperciocchè piuttosto che a biasimo di mala amministrazione, ciò si dovrebbe attribuire a somma lode e gloria della Sede Apostolica, perchè con paterna clemenza e pietà si mostrasse in tal guisa benefica verso que' popoli, affinchè potessero maggiormente ajutarsi: quantunque, a dire il vero, quelle Valli rendessero al tempo dell'ultimo Duca Alfonso II. non già il doppio, ma poco più di quanto oggi rendono, per quello che si raccoglie da una Relazione del Ducato di Ferrara, fatta al Senato Veneziano da Emiliano Manolesso, e stampata senza suo nome nel Tesoro politico divulgato da Comino Ventura.

Tom. 1. pag. 266.

XXXIII. Peso, e forza delle ragioni Pontificie sopra Comacchio.

Tante dunque, sì grandi, e sì forti sono le ragioni Pontificie sopra Comacchio, che non dee temersi, che possano restare abbattute da niun'arte contraria. Che se poi a giorni nostri il possesso legittimo e pacifico di moltissimi secoli, lo spontaneo consenso de' popoli, gli autentici contratti, le solenni stipulazioni de' concordati, i giuramenti e la fede pubblica non servono più fra' Cristiani a mantener la quiete e la sicurezza delle Città; ma col tentar di distruggere quanto hanno fatto i nostri maggiori, si vuole annullare il sagrosanto diritto delle genti, onde si conserva il commercio umano; sarà facilissimo ancora introdurre una rivoluzione universale di tutti i Principati, tanto più, che niuno di essi è stabilito sopra fondamenti così sodi e legittimi, come per disposizione divina sono quelli della Sede Apostolica; lasciando in questo luogo da parte la prescrizione di tanti secoli, la qual sola, quando pur ci mancassero gli altri titoli, che in sì gran numero si sono addotti, basterebbe da sè a giusti-

giustificare il dominio della Chiesa sopra la Città di Comacchio; essendo indubitato ciò che in questo proposito dice il Cardinal Bellarmino: *exstant Romæ authentica instrumenta harum & similium donationum. Sed etiamsi nihil horum exstaret, abunde sufficeret præscriptio octingentorum* (quì bisognerebbe dir *mille*) *annorum. Nam etiam Regna & Imperia per latrocinium acquisita tandem longo tempore fiunt legitima. Alioquin enim quo jure Julius Cæsar occupavit Romanum Imperium, & tamen tempore Tiberii Christus ait Matthæi xxij.* reddite quæ sunt Cæsaris Cæsari? *Quo jure Franci Galliam, Saxones Britanniam, Gothi Hispaniam invaserunt, & tamen quis hoc tempore Regna ab illis constituta, illegitima esse diceret?* De Romano Pontifice lib.5. cap.9.

XXXIV. Origine delle pretese ragioni Imperiali ed Estensi sopra Comacchio da novecento anni addietro.

Ora che ho esposta a V. E. l'origine del dominio Pontificio in Comacchio, non sarà forse disconvenevole, che io ricerchi a qual fondamento si appoggi la divulgata asserzione, che sino già da *novecento anni* addietro la Serenissima Casa d'Este ne fosse investita: la qual cosa quantunque apparisca falsa e insussistente da quanto ho detto di sopra, nulladimeno col mostrare l'origine dell'inganno, apparirà maggiormente la forza del vero: il che è necessario da farsi, perchè l'errore ha preso piede, e niuno ha cercato di porlo in vista e levarlo. Giambatista Pigna nella Storia di Casa d'Este scrive, che Lodovico II. Imperadore conferì ad Ottone da Este Comacchio con total podestà, e che gliene diede l'Investitura in Aquisgrano il dì 30. Maggio dell'anno 854. e che Marino figliuolo di lui e di Lada, nata da Cadaloco Duca del Friuli, ne prese il possesso. A quest' ancora sacra stanno attaccati i *novecento anni* del possesso di Casa d'Este, per quanto ancora si afferma nel Ristretto delle sue ragioni pubblicato con le stampe già sessant'anni, e ne' Consiglj di Lelio Altogradi in favore di essa contro alla Camera Apostolica: al che allora non si oppose cosa d'importanza, stimandosi forse, che le altre ragioni da sè sole bastassero. Ma benchè

Storia di Casa d'Este lib.1. pag.49.

Ristretto delle Ragioni Estensi p.147.

Tom.2. cons.4.

chè per ribattere la leggerezza di questo argomento fosse sufficiente l'essersi dimostrato dalla lettera CLXVII. di Giovanni VIII. scritta nell'anno 879. che allora Comacchio era della Sede Apostolica: onde venticinque anni prima non potea essere stato donato alla Casa d'Este; con tutto ciò sarà bene di esaminare più precisamente questo particolare, tanto maggiormente, che come vero egli è stato ricevuto da altri Scrittori, oltre al Pigna, e che va per le bocche del volgo, come cosa certa e indubbitata.

XXXV. Antichità della Serenissima Casa d'Este, non favorevole alle sue pretensioni sopra Comacchio. Esame della Storia del Pigna.

Questa Famiglia, senza alcun dubbio principalissima nell'Italia già da sei secoli addietro, la quale prese il nome dal Castello d'Este, situato nel territorio Padovano, innanzi che tentasse di dominare in Ferrara, e che ne fosse poi fatta Vicaria Pontificia, non fu Signora di Città o di Stati; ma solamente Nobile Padovana, annoverata perciò frà le quattro famiglie più segnalate e potenti di essa Città, le quali erano da *Este*, da *Onara*, da *Carrara*, e da *Camposampiero*. Il secondo Podestà di Padova, assai prima del tempo, che si cominciasse ad eleggerlo forestiero, fu Obizo I. da Este nell'anno 1177. come si può vedere ne' Cataloghi posti dietro alla Cronaca di Rolandino Padovano: e Bernardino Scardeone, Canonico ed antiquario di Padova, adduce questa illustre memoria per la più antica da lui rinvenuta di Casa d'Este, attribuendone la cagione al non trovarsi atti pubblici di quella Città, i quali passino i tempi dell'Imperadore Arrigo IV. Nell'anno 1213. la Casa d'Este era tuttavia Cittadina di Padova, per attestato del Monaco Anonimo Padovano, il quale sotto lo stesso anno scrive, che i Padovani assediarono la rocca d'Este, sforzando Aldobrandino ad ubbidire alla Comunità di Padova, come Cittadino di essa: *cum nobilis Marchio Aldrevandinus nollet Communitati Paduæ subjacere, Paduani arcem Estensem cum machinis obsederunt. Videns autem Marchio Aldrevandinus, se non posse amicos suos, qui obsidebantur, commode adjuvare, pariterque*

Pag.120.

De Antiquit. Patavii lib.3.cl.13.pag.270.

Inter Scriptores Germanicos Urstisii pagina 583.

terque sciens, quod durum est contra stimulum calcitrare, coactus juravit, sicut CIVIS, *Communi Paduae in omnibus* OBEDIRE. E perchè secondo la testimonianza di Rolandino ove narra questo medesimo fatto, il Castello d'Este era dianzi *more* DEBITO *sub* JURISDICTIONE *Paduani Communis*, perciò allora da Aldobrandino, *Rocca* REDDITA *est Communi Paduano*: e intorno a quel tempo Innocenzo III. ordinò al Patriarca di Grado, che raccomandasse ai Padovani il Marchese d'Este, lagnandosi, che lo gravassero senza ricorrere a lui, che lo tenea in protezione. Essendo poi salita in maggiori grandezze la Casa d'Este per lo Vicariato di Ferrara, il Pigna, che ebbe principal luogo in Corte di Alfonso II. a cui dedicò la sua Storia nel 1570. si persuase di dare un gran lustro a' suoi Principi col procurare di far credere, che da' più remoti secoli i loro progenitori fossero stati Signori di Comacchio, e Sovrani a segno tale d'aver anche potuto soccorrere Aquileja con proprj eserciti al tempo, che il Rè Attila l'assediava: come se quella inclita Famiglia avesse avuto bisogno di mendicar gloria da' Romanzi, quale per consenso di tutti i letterati si è il libro della Guerra d'Attila, attribuito a un Tommaso, che si finge Segretario di Niceta Patriarca d'Aquileja. E di vantaggio per alludere al nome d'Azzone, o Azzo, che è stato alle volte in Casa d'Este, (non però in guisa tale, che fosse proprio a lei sola, poichè in que' tempi era comune ad altre famiglie) non dubitò egli di dedurre la genealogia Estense dagli antichi Azj di Roma, da' quali per linea materna discendeva Augusto: il che poi fu la sorgente di tante favole, delle quali è tessuto il primo libro, e gran parte ancora del secondo della sua Storia. Il figliuolo di Obizo I. Azzo da Este Marchese d'Ancona, che fiorì verso l'anno 1200. dal Pigna vien detto Azzo VIII. quando da Rolandino, autore contemporaneo, è chiamato ben due volte *Azzo* PRIMUS, e Azzo suo figliuolo, *Azzo novellus*, cioè *Azzo II.* ovvero *il giovane*: il qual so-

Lib. 1. c. 12. pag. 15.

Lib. 16. epist. 117.

Lib. 1. cap. 1. pag. 10. lib. 2. cap. 6. pag. 19.

 pran-

prannome *novellus*, per distinguere il *secondo* dal *primo*, si trova usato anche nelle famiglie de' Carraresi e de' Malatesti. Nella lettera dedicatoria al Marchese Niccolò III. da Este, preposta a un Comento latino sopra la Commedia di Dante, che si tiene di Benvenuto da Imola, e che fù scritto nell'anno 1409. egli è detto Azzo PRIMUS, e gli altri seguenti Azzo SECUNDUS, Azzo TERTIUS, &c. E Azzo II. perchè si distinguesse dal *primo* fu detto anche *Azzolinus* da Onorio III. in una lettera, che gli scrive intorno il Marchesato d'Ancona: e nella medesima guisa è chiamato in uno strumento dell'anno 1214. che si legge nella Storia d'Osimo, e anche in un' altro mentovato dal Rossi. Laonde bisogna, che allora non vi fosse notizia di quei sette Azzi, che poi esso Pigna gli pose innanzi, economicamente distribuiti nello spazio voto de' secoli precedenti per accreditare la discendenza dalla Casa Azia. Il Pigna scrive, che il suddetto Azzo II. fu fatto Marchese d'Ancona dall'Imperadore, e Rolandino afferma tutto il contrario con queste parole: *itaque ipsa sancta Sedes Apostolica dignitate nova voluit prædotare eumdem, & ei gratiam est largita, ut scilicet ipse cum omnibus successoribus suis ab hoc tempore in antea Estensis & Anchonitanus Marchio appelletur.* Quindi in uno strumento di lega conclusa nell'anno 1259. già pubblicato da Antonio Campo, io veggo nominarsi *Azzonem Dei &* APOSTOLICA *gratia Estensem & Anchonæ Marchionem*: e Obizo II. suo figliuolo nel 1287. s'intitolava *Dei &* APOSTOLICA *gratia Estensis & Anchonitanus Marchio perpetuus*, ove non si dice già egli *Cæsarea*, o *Imperiali*, ma *Apostolica gratia*. Perciò non senza gran ragione Fabio Chigi, che fu poi Papa Alessandro VII. in una sua Relazione di Ferrara, scritta a penna, chiamò quella Storia del Pigna *uficiosamente descritta*: e Lorenzo Pignoria, insigne scrittore Padovano, nelle note alla Storia del Mussato formò del Pigna questo giudicio: *huic* SOLEMNE *est, Principibus suis ut gloriam conciliet, historiæ leges* PARVIPENDERE, *&* *qua*

Regesta MSS. Honorii III. ann. v. ep. 121. fol. 24.

Memorie d'Osimo di Luigi Martorelli pagina 98. 99.

Histor. Raven. lib. 6. pag. 372. edit. II.

Lib. 2. pag. 133.

Lib. 1. cap. 10. p. 14.

Cremona illustrata pag. 48. ediz. I. del 1585.

Ex Privilegiis MSS. Ferrariæ.

Spicilegium ad Historiam Augustam Albertini Mussati pag. 12.

qua FICTIS *monumentis opidi Ateſtis dignitatem attollere, & qua* FABULOSISSIMO *ſcripto, cui Thomæ Aquilejenſis nomen indiderunt, nobiliſſimæ Domus & certis monumentis illuſtriſſimæ, ſeriem, doctis exteris traducendam, exhibere. Scilicet illuſtriſſimæ gentis exordia fulcienda erant Liliis, Janis, Læliis, Genuſiis, Aureliis, Tiberiis, Foreſtis, Maroellis & Alforiſiis, quosocioſa periergia neſcio quorum maleferiatorum Scriptorum, in Italiam, clariſſimarum familiarum genitricem, invexit.*

XXXVI. Segue l'eſame della Storia del Pigna.

Il Pigna era un'eccellente Umaniſta del tempo ſuo, il qual requiſito lo portò ad eſſer Segretario de' ſuoi Principi, e vivendo in tempi, ne' quali in materia di ſtorie ſi credea per vero tutto quello, che era ſcritto e ſtampato, gli fu facile di ſpacciare quello, che ſtimò opportuno per adulare i ſuoi Signori con titoli antichiſſimi, del falſo ſplendore de' quali non avea punto biſogno la loro magnifica ſchiatta. Onde non ſenza ragione Torquato Taſſo rappreſentò le qualità del Pigna nella finta perſona d'Alete nel Canto ſecondo del ſuo Poema, come ſi legge nella già mentovata Relazione di Fabio Chigi. Tutto queſto fa vedere quanto ſia veridica la narrazione del Pigna dell'Inveſtitura data ad Ottone da Eſte da Lodovico II. nell'anno 854. dal qual tempo in giù forſe a niuna famiglia d'Europa ſarà facile moſtrare la ſua diſcendenza con atti continuati ed autentici: ſenza la qual circoſtanza *aſcendere qui nititur, ſomniculoſos genealogiſtas inveniat oportet, etiam ad Remum & Romulum, ipſumque Adamum qualemcunque familiam adulatoria fictione producturos*, ſono parole di Daniello Papebrochio in propoſito d'antichità di famiglie illuſtri. Certamente Lodovico Arioſto, che ancor egli nel ſuo Poema cercò, per quanto potea fare un Poeta ſuo pari, d'ornare la glorioſiſſima Caſa d'Eſte con una ſerie d'illuſtri progenitori, nel Canto III. dell'Orlando moſtrò di eſſer totalmente all'oſcuro di que' tanti e sì famoſi Eroi, che poſcia il Pigna miſe in luce dalle ſcritture,

Acta SS. Aprilis to. 3. pag. xlv.

se a lui dobbiam credere, degli Archivj Estensi. E nè esso Ariosto, nè Giambatista Giraldi, il quale nel suo Comentario di Ferrara per altro innestò ancor egli non pochi di quegli stessi Eroi, de' quali poi si servì pure il Pigna suo coetaneo, trà gli antenati di Casa d'Este si sognarono di mettervi Ottone: cui non avrebbono mai tralasciato, se avessero avuto la fortuna di vedere l'Investitura di Lodovico II. che poi vide il solo Pigna: e se fosse loro giunto a notizia, che esso Ottone avesse avuta in moglie Lada figliuola di Cadaloco Duca del Friuli, morto nell'anno 819. senza che mai alcuno abbia saputo, che avesse moglie e prole, innanzi del Pigna, che è stato 800. anni dopo di Cadaloco. Ferdinando Ughelli a tal proposito recita alcuni epitafj, la finzione de' quali senza molto studio subito si riconosce. Il vero si è, che tanti pregi di quella Casa non dovea mai tralasciare o ignorare l'Ariosto, essendo ancor egli intimo Ministro de' Duchi di Ferrara. Però il Tasso, che compose il suo maggior Poema dopo stampata la Storia del Pigna, ebbe agio di far quello, che non avea fatto l'Ariosto, inserendovi Ottone e gli altri Eroi nel Canto XVII. del suo Goffredo.

Annales eccles. Francorum Caroli le Cointe anno 819. §. 9.

Italia Sacra tom. 2. pag. 558.

XXXVII. Esame della pretesa Investitura di Comacchio data da Lodovico II. ad Ottone d'Este.

Per la qual cosa Ottone da Este investito di Comacchio da Lodovico II. Imperadore sarà forse malagevole, che possa giustificarsi con argomenti cavati dall'antichità, benchè sulla pura fede del Pigna sia stato egli tenuto per cosa vera da Girolamo Rossi, da Giovanni Bonifacio, da Ferdinando Ughelli, da Lelio Altogradi, e da altri creduli Autori, tra' quali và il novello Scrittore della Storia di Comacchio, stampata ultimamente in Ferrara, dove ha inserito questo raro avvenimento, senza riguardo all'esser egli di Comacchio: se pure, come è più credibile, non ve lo ha inserito con quella semplicità, con la quale vi ha inserite tante altre cose favolosissime. Ma certamente non è egli scusabile nello scrivere le seguenti parole, dalle quali pare, che egli stesso abbia veduto l'originale della pretesa Investitura Ottoniana: *euvi*, dice

Historiar. Ravennat. lib. 5. pag. 245.

Storia Trivigiana lib. 3. pag. 108. 109.

Pag. 238.

dice egli, *l'Investitura*, *e privilegio dato in Aquisgrano il dì 30. Maggio dell'854. nella quale si vede moversi l'animo dell'Imperadore a ciò fare per li gran servigi, che i precessori di Ottone da Este, ed egli medesimo aveano prestato alla Corona di Francia, e all'Imperio Romano*. Chi non crederebbe, che questo Autore avesse veduta e letta l'Investitura data ad Ottone da Este da Lodovico II? Si può dubitare eziandio, se Lodovico in quel mese fosse in Aquisgrano, poichè Giovanni Berardo nella Cronaca della Badía di Pescara scrive, che in quell'anno egli era in Italia: ed essa Cronaca è formata sopra la verità degli strumenti originali di quella Badía, che tuttavia si conservano nella Biblioteca del Rè Cristianissimo, riconosciuti e maneggiati da' primi Letterati de' tempi nostri, da Luca Dacherio, da Adriano Valesio, da Giovanni Mabillone, da Carlo Ducange, e da Stefano Baluzio. Avea il buon Pigna ritrovato negli Storici Veneziani Marino governatore della Contea di Comacchio, di cui si è parlato di sopra, e non veggendovi espresso il suo legnaggio; il quale veramente fu ignoto all'Autore della Cronaca Veneziana, al Dandolo, al Sabellico, ed al Marcello, che di lui parlano; egli stimò ben fatto d'assegnargli per padre il suo finto Ottone da Este, senza voler accorgersi, che Marino non è chiamato *Marinus Estensis*, ma solamente *Comacli Comes*, cioè a dire governator di Comacchio, mentre in que' tempi le Contee, i Marchesati, e i Ducati erano prefetture ed uficj temporanei, e non già dominj ereditarj. E ne pure si auvide il Pigna, che per condur bene la favola bisognava, che il Doge di Venezia avesse procurato d'aver Comacchio non dal Papa, ma dall'Imperadore, se era vero, che questi lo avesse dato al suo Ottone. E poi quando era ciò vero, con qual motivo volea esso Doge, che il Papa s'ingerisse a dargli quella Contea, se a lui non toccava il darla, e se allora di fresco Lodovico II. ne avea dato il diploma ad Ottone da Este? Quanti disordini sono quì raggruppati insieme!

In Spicilegio Dacherii tom. 5. pag. 364.

Cangius in Glossario. Lovis Chantereau Considerations sur la Genealogie de la Maison de Lorraine lib. 1. pag. 53. & seqq.

XXXVIII

Segue l'esame della medesima Investitura di Comacchio.

Pag.8.e 173.ediz.II.

Il Pigna attribuisce il diploma al solo Lodovico II. e nel Ristretto delle ragioni di Casa d'Este si attribuisce a Lotario e a Lodovico, e si fa dato ora nell'anno 848. ora nell' anno 854. e vi si dice francamente, che l'originale autentico stà nell'Archivio Estense. Però taluno potrebbe ancor dubitare se Lotario in quel mese fosse in Aquisgrano, per essere stato altrove in quell'anno, come si raccoglie dagli Annali Bertiniani. In un'altra scrittura fu asserito, che il diploma era stato dato da' suddetti Imperadori, non nell'anno 854. ma nell'anno 848. ad Ettore, e non ad Ottone da Este: e poi altrove si disse, che ciò fu un'errore del copista. Dio buono, quanti artificj per sostenere l'impegno! Ma sia egli dato o in un'anno, o nell'altro, da Lotario e da Lodovico insieme, o pure da Lodovico solo, sempre sarà egli falso. Se si fà dato nell'anno 848. allora non potea accoppiarsi Lotario con Lodovico, perchè Lotario non prese Lodovico II. suo figliuolo per collega e consorte dell'Impero innanzi dell'anno seguente 849. Se poi si fà dato nell'anno 854. allora Lodovico II. per anco non imperava solo, essendo vivo suo padre Lotario, che poi morì il dì 29. di Settembre dell'anno seguente 855. entro il monistero di Prumia. Di più quest'Ottone da Este, che dal Pigna si fà morto nell'anno 898. da lui stesso vien detto figliuolo d'un certo Arrigo, che ei fà vivente nell'anno 752. onde se Ottone fosse nato in quel torno, sarebbe vivuto da 150. anni. Non cercherò in questo luogo, se i nomi Tedeschi *Arrigo*, o sia *Enrico*, ed *Ottone* fossero allora in uso frà gl'Italiani, e in qual maniera d'ortografia si scrivessero essi ed il loro cognome. Francesco Sansovino nel libro delle Famiglie illustri d'Italia mette questo favoloso Ottone nella famiglia Canossa, che si pretende d'una medesima origine con l'Estense, e dice ancor egli, che ebbe l'Investitura di Comacchio: in virtù di cui la Casa Canossa, e non l'Estense dovrebbe ora pretender quel feudo. Io farei però quì una dimanda: se Carlo Magno a imitazione di Pippino suo padre, dopo

Apud Duchesnium tom.3. pag.207.

Mabillon. Annales Benedict. to.3.p.43.

Lib.1. pag.50.

Ivi pag.44.

Fogl.247. edizione di Venezia dell'anno 1582.

dopo vinto il Rè Desiderio nell'anno 774. restituì l'Esarcato, e conseguentemente Comacchio alla Chiesa: se Lodovico Pio suo figliuolo nell'anno 817. confermando quanto avea fatto Pippino suo avo, e Carlo Magno suo padre, espresse nominatamente *Comaclum*, secondochè si è già mostrato: e come mai Lodovico II. nipote di Lodovico Pio nell'anno 854. per sentimento del Pigna e de'suoi seguaci, investì poi di Comacchio Ottone da Este? Dall'altro canto se questo atto fu vero, e come dopo lo spazio di 25. anni, essendo ancor vivo quello stesso Marino, preteso figliuolo dell'ideale Ottone da Este, che poco prima avea preso il possesso di Comacchio (se diam fede al Pigna stesso) potette il Pontefice Giovanni VIII. nell'anno 879. dare il governo della Contea di Comacchio a Stefano Vescovo di essa Città, e chiamare i Comacchiesi *ribelli e disubbidienti* alla Sede Apostolica per non averle pagato il censo dovuto? Di più, e come d'indi a poco il Doge di Venezia spedì a Roma il fratello per impetrare dal medesimo Giovanni VIII. la Contea di Comacchio: *Comaclensem comitatum ex Romani Pontificis* LARGITATE *acquirere cupiens*? Come Ottone I. Imperadore nell'anno 962. confermando alla Chiesa Romana le donazioni de' suoi precessori, vi espresse in particolare Comacchio: *necnon Exarchatum, Ferrariam*, COMACLUM? Forza è dunque affermare, che la pretesa investitura o donazione di Lodovico II. della quale niuno ha mai parlato innanzi del Pigna, non vi sia mai stata: e che quantunque ancora vi fosse stata (il che però non si ammette in guisa veruna) o non abbia ella mai avuto alcuno effetto, o sia stata necessariamente rivocata dalle posteriori costituzioni, e dichiarazioni fatte alla Chiesa per debito dell' Auvocazia e col mezzo di solennissimi giuramenti, non solo da Ottone il Grande, come si è detto, ma dagli altri Cesari successori. Ma se negli Archivj Estensi vi è realmente quell' insigne diploma, e perchè mai prima d'ora in tante occasioni non se n'è veduta fuori la copia?

Il

XXXIX.

Segue l'esame del preteso Ottone da Este, Conte di Comacchio, e della Storia del Pigna.

Il Padre Abate Bacchini, celebre letterato Benedettino, nella sua Storia del Monistero di Polirone, stampata gli anni addietro in Modana, non inclinando a riporre la gloria della Serenissima Casa d'Este in titoli favolosi, quando ne ha di certissimi, non si è sentito in istato d'abbracciare l'opinione del Pigna circa la genealogia Estense da quell'immaginario Ottone. Laonde con destrezza abbandonatala, come insussistente, ha pensato piuttosto, che ella possa derivare da Sigefredo da Lucca, antenato della Contessa Matilda: de' cui maggiori però non se ne sà altro, e che visse al principio del decimo secolo, cioè a dire da cinquanta anni dopo Ottone, nato dal cervello del Pigna: le cui finzioni passarono ancora più innanzi. Imperciocchè s'immaginò di far credere, che il Castello d'Este fosse stato eretto in Marchesato da Ottone II. Imperadore nell'anno 970. quando non sarà forse molto facile il mostrare, che quella Serenissima Casa abbia avuto tal titolo innanzi che i Papi le avessero dato il governo del Marchesato d' Ancona, o d'altrove; dachè allora i Marchesati non erano già municipali, ma di provincie limitanee, significate col nome Gotico di *Marca*, o *Marchia* (che è il medesimo) a cui corrisponde la voce latina *limes*; onde *Marchese* era lo stesso, che Prefetto di contrada limitanea, quali fuori d'Italia erano la Marca Austriaca, l'Ispanica, e la Tolosana. Nell'Italia in que' tempi erano famosi i nove Marchesati seguenti, alcuni de' quali furono detti ancora Ducati e Contee: cioè quelli dell'*Istria*, e del *Friuli*, il *Trivigiano*, e il *Veronese* (questi trè furono talvolta in governo di un sol Marchese) quelli di *Ancona*, di *Spoleti*, di *Toscana*, d'*Ivrea*, e poi quello di *Monferrato*, che non è più antico dell'Imperadore Ottone II. Laonde il Castello d'Este essendo compreso entro la Marca, o Marchesato Trivigiano, non era egli Marchesato da sè medesimo, nè capo di provincia limitanea. Ciò ben conobbe anche il Pigna, il quale trovò spediente di dire, che Este fu *capo* della provincia chiamata Venezia; ma Lorenzo

Lib. 1. pag. 58.

Thomas Mareschallus in notis ad Euangel. Gothicum pag. 428.
Lovis Chantereau Considerations liv. 2. pag. 310.
Petrus de Marca in Marca Hispanica lib. 3. c. 19. p. 298.
Cangius in Glossario.

Antonius Faber in Consultat. de Ducatu Montisferrati p. 1.

Lib. 1. pag. 1.

renzo Pignoria gli rispose, che *potea far di meno di dirlo*, perchè questo pregio fù d'Aquileja, e la Città principale di quelle parti era Padova, e non Este. Quel Sigefredo nominato di sopra è stato da alcuni scambiato in Segeberto: e il Pigna allontanandosi da Donnizone, scrittore dell'undecimo secolo, e quasi contemporaneo, il quale tacque il padre di Sigefredo, lo ha fatto figliuolo del suo finto Ottone, preteso Conte di Comacchio. E per salvare, che fosse da Este, e non da Lucca, ha detto, che di quì non uscisse nativo, ma che tornasse a ripatriare a Este, donde prima era ito a Lucca: dal qual ritrovamento si è lasciato sedurre Carlo Sigonio, vassallo di Casa d'Este. E pure lo stesso Donnizone chiaramente afferma, che Sigefredo era nativo e originario della Contea Lucchese, e non già del Castello d'Este, mentre parlando di Attone suo figliuolo, dice:

Origini di Padova pag.104.

De Regno Ital.lib.6. anno 896.

Nobiliter vero fuit ortus de Sigefredo,
Principe præclaro, LUCENSI DE COMITATU.

Vita Comitissæ Mathildis lib.1.c.2.

E perchè non si creda, che scrivesse così Donnizone per le strettezze del verso, ciò si trova anche in prosa nella Vita della Contessa Matilda, pubblicata di fresco dal Signor Leibnizio, ove si legge: *Sigefredus Princeps quidam illustris de Tusciæ partibus*, COMITATU LUCENSI ORTUS. Nella guisa stessa è egli ancora chiamato in certi diplomi pubblicati da Felice Contelori, e poi dal Padre Bacchini. Però con ragione il medesimo Contelori ragionando di quell'innesto di Sigefredo sopra Ottone, fattovi dal Pigna, scrive queste parole: *Sed quia non aperit, unde hanc Ottonis paternitatem acceperit, & Sigebertum pro Sigefredo supponat, remittam eum ad judices, qui testes, rationem sui dicti in re* TAM ANTIQUA *non reddentes, explodunt a judicio*. Questi assurdi non furono punto dissimulati da Francesco Maria Fiorentini nelle Memorie della Contessa Matilda: e il Conte Alfonso Loschi,

Scriptores Brunsuicenses pag.689.

Genealogia Comitissæ Mathildis pag.91.
Storia del Monistero di Polirone pag. 3. in fine.
Contelor. ibid. p.40.

Lib.3. pag.4.

Compendj Storici pagina 418. ediz. IV.

benchè si professi dipendente dalla Casa d'Este, tessendone la genealogia non volle passare Sigefredo: la qual cosa però, come hò detto, è pure, a dir poco, dubbiosa ed incerta.

XL.

Antichità della Badìa della Pomposa nel Comacchiese, di ragione della Sede Apostolica.

Ora perchè da un' inconveniente facilmente ne nasce un' altro, in questo luogo io stimo ben fatto di scoprire un nuovo artificio del Pigna intorno all'origine della Badìa della Pomposa, situata entro'l territorio di Comacchio: il quale artificio ha fatti traviar molti, e da cui ha tratto gran vantaggio la Serenissima Casa d'Este, mentre nell'Articolo VII. dell'Accordo di Faenza, le ne fu conceduto il Juspatronato: e poi essendo ella vacata *in Curia* per la morte di Alessandro Cardinal d'Este, nel già accennato Trattato di Pisa sotto l'Articolo II. ottenne, che il *Juspatronato di detta Badìa le fosse conceduto in perpetuo con le medesime prerogative, come se fosse di dotazione, erezione, e fondazione sua, derogando a questo effetto* il Papa *ad ogni costituzione, privilegio, e consuetudine*. Il simile fu accordato della Pieve del Bondeno, della quale ora tralascio di parlare, avendone parlato abbastanza Giambatista Coccino, Decano della sagra Ruota Romana. Scrive dunque il Pigna, che un'Ugo da Este fondò e dotò il Monistero della Pomposa, e che venuto a morte nell' anno 953. ivi ne fu sepellito. Sopra questo fondamento ha sempre la Serenissima Casa d'Este preteso di godere quella Badìa, come suo proprio Juspatronato, *e antico patrimonio con titoli di fondazioni, e dotazioni*. Il Sardi nella Storia di Ferrara fu della stessa opinione. Il Rossi nella Storia di Ravenna la fa sempre anticamente soggetta prima del mille a quegli Arcivescovi: il qual parere abbraccia il moderno Storico di Comacchio. Ma tutto questo è falsissimo, perchè Giovanni VIII. in una lettera scritta nell'indizione VII. che corrisponde agli anni di Cristo 874. diretta a Lodovico II. Imperadore, nomina *Monasterium Sanctæ Mariæ in Comaclo, quod Pomposia dicitur*, insieme con altri Monisteri e luoghi: e dice, che essendo stati posseduti da' suoi antecessori, egli

Tom. 4. Decis. 1784.

Lib. 1. pag. 52.

Lib. 3. p. 71. ediz. I. del 1556.

Lib. 5. pag. 277. perperam 273.

Lib. 3. pag. 385.

egli allora gli ritenea con propria ragione: *sed ea Monasteria & loca ab* ANTECESSORIBUS NOSTRIS *possessa reperientes, possedimus, hactenusque* JURE PROPRIO *retinemus*. Questa lettera è stata pubblicata dal Baluzio. Come dunque la Badía della Pomposa potette fondarsi da quell'Ugo preteso da Este verso l'anno 950. se era già in essere, e di ragione della Sede Apostolica molto prima dell'874. nel qual'anno Giovanni VIII. dice, che l'ha trovata posseduta da' suoi antecessori?

Miscellan. tom. 5. pag. 489.

XLI.

Estensi cercano, che il Ducato di Ferrara non si devolva alla Chiesa.

Ecco ruinata la strepitosa macchina de' *novecento anni*, alla quale stanno appoggiati i romori, che si spargono, intorno alla pretesa investitura di Comacchio, data agli Estensi fino da sì remoto spazio di tempo, cominciando dal finto Ottone da Este; cioè a dire da trecento anni innanzi, che si trovi memoria autentica e sicura, ove sia nominata la Casa d'Este. Da questi due fatti ognuno può facilmente raccorre quanta fede meriti il Pigna nella sua Storia. Io credo, che veggendo egli prossima la devoluzione del Ducato di Ferrara alla Sede Apostolica, come poi accadde per la morte di Alfonso II. suo Signore, s'ingegnasse con le dette finzioni di far credere, che Comacchio non appartenesse alla Chiesa, accioc-chè l'altra linea illegittima di Cesare d'Este non ne fosse esclusa in virtù della Bolla di Pio V. contra l'infeudazione delle Città devolute alla Chiesa: e che per la stessa cagione ancora scrivesse tante cose di suo capriccio, e trà le altre anche questa assai singolare, cioè, che Ferrara fosse stata fondata dai Principi Estensi. Allora premea sommamente al Duca Alfonso, che Don Cesare, suo cugino per lato di padre, gli succedesse in quei Principati; onde per tal fine venne egli stesso in Roma a trattarne, come si trae da una lettera di Arnaldo Cardinale d'Ossat, e dalle Storie del Tuano. Comunque si sia, le cose pajono chiare, e sopra esse io aspetto il sentimento di V. E. la quale io non ho dubbio, che meco non dica esser tempo oggimai di dar fine a sì fatte novelle, mentre siamo in un secolo, in cui si discerne il bianco dal nero.

Bullar. Roman. to. 2. in Pio V. Const. xxxv.

Lib. 2. epist. 43.

To. 3. lib. 100. p. 129.

G ij E pure,

XLII.

Esame delle pretese Investiture Estensi di Comacchio.

E pure, a dire la verità, tanti ritrovamenti del Pigna sono quasi un nulla a fronte di ciò, che si è inventato dopo di lui, quantunque il seme di tutto giaccia nella sua Storia. Egli, che rivoltò tutta l'antichità per decorare i suoi Principi: che maneggiò tutti i codici, e tutte le carte degli archivj Estensi, non seppe trovare, nè produrre alcuno strumento individuale, e a parte, in cui si leggesse, che Comacchio fosse feudo Imperiale, oltre al supposto diploma dell'anno 854. Di questo solo, a tutti prima incognito, fà egli menzione nel gran volume della sua Storia. Ma che dopo ne auvenne? Se ne sono trovati molt'altri, e quello, che reca stupore, di tempi al Pigna più prossimi; onde non si sà comprendere per qual cagione a lui sieno stati tutti nascosti, e non così agli altri, che vennero dopo lui; imperciocchè nel Ristretto delle ragioni di Casa d'Este, altre volte accennato, si allegano ben otto investiture Imperiali di Comacchio, a lei date. La *prima* capitalissima si è quella, che si pretende conceduta nell'anno 854. di cui si è ragionato abbastanza. La *seconda* è dell' Imperadore Ridolfo I. dell'anno 1256. ad Obizo VI. cioè diciassette anni prima, che Ridolfo salisse all'Impero. Questa si dice da lui data in Ferrara, e poi confermata in Norimberga *due volte* negli anni 1282. e 1285. ladove Ridolfo non è mai stato in Italia, e con più atti e ambascerie solennissime non solo egli, ma tutto il corpo degli Elettori dell'Impero insieme, e poi anche ciascun di loro separatamente, riconobber Comacchio per Signoria della Chiesa, secondochè si è già dimostrato. La *quinta* non si adduce per investitura, ma per dedizione di Comacchio fatta agli Estensi nell'anno 1325. Ma se possedeano Comacchio per investiture Imperiali, come si pretende, e perchè mai aveano essi bisogno della volontaria dedizione della Città stessa? Il vero si è, che i Signori Estensi, ribellatisi dalla Chiesa, seguirono il partito di Lodovico il Bavaro, dichiarato scismatico, eretico, ed illegittimo Imperadore, mentre ve n'era anche un'altro, cioè Federigo l'Austriaco;

Pag. 8. ediz. II.

Apud Raynald. anno 1324. §. 19.

ſtriaco; onde allora prevalendoſi della lontananza della Corte Pontificia traſportata in Avignone, invaſero molti luoghi della Sede Apoſtolica, e trà gli altri Comacchio, imponendo agli abitanti *tallias, collectas, aliaque diverſa onera & ſervitutes*: che ſono gli atti di chi ſi uſurpa tirannica autorità ſopra le coſe altrui; e per tale ed altri misfatti graviſſimi ne furono proceſſati da Giovanni XXII. il quale pubblicò ancora la Crociata contro di loro. Ma poi rauveduti, cercarono di riconciliarſi alla Chieſa con lo ſpedire due Ambaſciadori co' lacci al collo in Avignone a' piè del Pontefice per ottenerne il perdono, confeſſando e dichiarando pubblicamente, che quanto aveano uſurpato, era tutto della Sede Apoſtolica, e che Argenta appartenea alla Chieſa di Ravenna. La *ſeſta* inveſtitura ſi fà data da Carlo IV. nell'anno 1354. Ma come mai può eſſer ciò vero, ſe Carlo IV. dichiarò e riconobbe tutte le Signorie della Chieſa, confermando, e rinovando tutti i privilegj de' ſuoi preceſſori, e in particolare quei di Ridolfo, non una volta ſola, ma trè, cioè negli anni 1347. 1355. e 1367. prima, e dopo queſta preteſa inveſtitura Eſtenſe? La *ſettima* ſi dice conceduta dall' Imperadore Sigiſmondo nell'anno 1433. quando egli in tal anno e per via d'Ambaſciadori ſtraordinarj, e poi anche perſonalmente dichiarò, che Comacchio era Città della Chieſa, confermando nominatamente i diplomi de' ſuoi preceſſori, e in particolare quelli di Ridolfo I. Queſta inveſtitura di Sigiſmondo fù la prima, di cui ſi cominciò a ſuſurrare dopo del Pigna nel Pontificato di Paolo V. Però non comparve mai fuori, onde il Lonigo beffandoſi di eſſa, diſſe *latet in angulo*, ſiccome ove parla di quella prima di Lodovico II. vi ſcriſſe in margine: *mendacium Pignæ*. L'*ottava* ſi attribuiſce a Federigo III. dell'anno 1452. quando egli in quel medeſimo tempo eſſendo incoronato in Roma da Niccolò V. confermò alla Chieſa con giuramento tutti i patti e le conceſſioni de' ſuoi preceſſori nella maniera ſteſſa, che avea fatto Lodovico Pio a Paſquale I. ſiccome

Jo. XXII. in Bulla Cruciata contra Eſtenſes.

Apud Raynald. anno 1328. §. 14.

Chron. pag. 1077.

me fra gli altri attesta Giovanni Nauclero, scrittore contemporaneo, e Tedesco.

XLIII. Segue l'esame di altre pretese Investiture Estensi di Comacchio.

Queste furono le investiture allegate, ma non prodotte, già sessanta anni: dopo il qual tempo in una certa scrittura fatta non molto addietro ne pullularono delle altre più antiche, e più moderne, tutte per lo innanzi incognite al Pigna. La *prima* di queste si fà data da Federigo I. ad Azzo VIII. nell'anno 1177. quando avrebbe dovuto darsi ad Obizo I. suo padre, allora Podestà e principale fra' Nobili di Padova, piuttosto, che a lui, il qual forse era fanciullo. Ma come mai esso Federigo investì Azzo di Comacchio, se nell'anno 1160. con suo Imperial diploma avea dichiarato appartenere *cum ripa & piscariis* alla Chiesa di Ravenna, alla quale n'era stato assegnato il governo da' Sommi Pontefici, Principi supremi e di Ravenna, e di Comacchio? La *seconda* si suppone data da Federigo II. ad Azzo IX. nell'anno 1231. ladove Gregorio IX. nell'anno 1228. avea conferito il governo della Contea di Comacchio alla Chiesa di Ravenna *cum honoribus & pertinentiis suis*: e quando lo stesso Federigo II. negli anni 1213. avea riconosciuto e solennemente dichiarato, che l'Esarcato e conseguentemente Comacchio, appartenea alla Chiesa Romana: e ciò avea fatto *de voluntate, conscientia, consilio, & consensu Principum Imperii*. Onde dopo esser divenuto nemico della Chiesa, non potea egli di suo capriccio fare il contrario, e senza il consentimento de' Principi dell'Impero: e anche facendolo, sarebbe stato il tutto nullo e malfatto. Oltrechè egli stesso morendo rivocò e ritrattò tutto quello, che avea fatto in danno e pregiudicio della Sede Apostolica, per attestato di Manfredi suo figliuolo in una lettera a Corrado IV. Rè de' Romani, a cui ancora ordinò nel suo testamento, che restituisse alla Chiesa Romana quanto iniquamente le avea usurpato. Le due suddette pretese investiture portando gli anni stessi, che i due privilegj conceduti da Federigo I. e II. ai pescatori di Co-

Italia Sacra tom. 2. pag. 371.

Ibid. pag. 380.

Balux. Miscell. to. 1. pag. 476.
Apud Raynald. anno 1250. §. 33.

Comacchio, o non sono diverse da' medesimi privilegj, o sono estratte da essi. La *terza* investitura si pretende di Federigo III. ad Ercole I. dell'anno 1472. nel qual anno stesso il dì 20. di Agosto Sisto IV. con le solite clausole investì Ercole del Principato di Ferrara, che abbracciava Comacchio, con obbligo del censo di 5000. scudi d'oro. La *quarta* si pretende di Massimigliano I. ad Alfonso I. dell'anno 1506. nel qual anno stesso parimente il dì 28. di Giugno Alfonso I. è chiamato Vicario della Chiesa in Ferrara, *e in altre Città*, delle quali una fù Comacchio, come si è detto altrove. La *quinta* si fà di Carlo V. ad Ercole II. del 1535. quando quattro anni dopo, cioè nel 1539. Paolo III. lo investì di Ferrara, *e d'altre Città*, delle quali pure una si fù Comacchio, per quanto si è già mostrato. Questa pretesa investitura di Carlo V. si convince ancora di falso con la gravissima autorità di un testimonio di veduta, che è Giovanni Etropio, il qual nel Giornale della Spedizione di Tunisi fatta da Carlo V. nell'anno stesso 1535. racconta, che il Duca Ercole andato a Napoli ad incontrar l'Imperadore, vi stette per li suoi affari sino a' 20. di Dicembre, riportandovi l'investitura, non già di Comacchio, ma solamente di *Modana*, *Reggio*, *Rubiera*, e *Carpi*. Sono queste le parole dell'Etropio, dato alla luce da Simone Scardio, nemico giurato de' Papi: *posteaquam vero Mutinam*, *Rhegium*, *Ruberam*, & *Carpum mancipio ab Imperatore*, *tanquam patrono*, *accepisset*, *acceptaque clientela*, *in fidem ipsius se contulisset*, *ac sacramento obligasset justa se obsequia Majestati Imperatoriæ præstiturum atque exhibiturum*, *domum reversus est*. La *sesta* si crede di Ferdinando I. ad Alfonso II. nell'anno 1559. quando in que' tempi stessi Paolo IV. Pio IV. e Pio V. esercitarono la sovranità loro in Comacchio con riserbare a se stessi la fabbrica del sale, che è *de regalibus supremi Principis*. La *settima* finalmente si suppone di Ridolfo II. a Don Cesare nell'anno 1594. il che non può essere, perchè allora vivea Alfonso II. e Don Cesare di linea

Apud eundem anno 1472. §.59.

Inter Scriptores Germanicos to.2.p.1379.

linea trasversale non avea ragione alcuna ne' feudi sovrani posseduti dal Duca. In quell'anno il medesimo Alfonso ottenne bensì da Ridolfo II. l'investitura de' feudi Imperiali, come si è detto di sopra (ma non di Comacchio) ed anche la facoltà e l'indulto di nominarsi per successore il medesimo Don Cesare, mancando la discendenza legittima di Casa d'Este. Cesare Campana, allora vivente, nella Vita del Cattolico Rè Filippo II. attesta il medesimo dell'investitura d'Alfonso, ed afferma, che Don Cesare dopo la morte del medesimo Alfonso, a cui egli succedette in virtù della nomina avuta per l'indulto Imperiale, *null'altro* riportò dall'Imperadore, che la semplice conferma di essa investitura data ad Alfonso II. Si aggiunge in detta scrittura, che la Sede Apostolica non hà altro fondamento, che una dichiarazione fatta nell'anno 1229. da Ridolfo I. cioè 44. anni prima che Ridolfo salisse all'Impero. Ma se la Sede Apostolica appoggi i suoi diritti *a una sola* dichiarazione di Ridolfo I. bastevolmente apparisce dalle cose già dette e provate.

Dec. 7. par. 4. lib. 11. pag. 157.

XLIV.

Segue l'esame di altre pretese Investiture e ragioni Estensi sopra Comacchio.

In un'altra scrittura più fresca, dove con ogni accuratezza maggiore sono raunate minutamente tutte le ragioni Imperiali, che in favore della Serenissima Casa d'Este militano sopra Comacchio, si sono candidamente lasciate in disparte molte delle investiture sopraccennate, e da quella famosa del finto Ottone con un gran salto vi si passa a quella di Carlo IV. cioè dall'anno 854. all'anno 1354. senza farvisi caso alcuno di sì vasta laguna di 500. anni. Di Carlo IV. se ne accenna un'altra dell'anno 1361. Quella di Carlo V. si dice data del 1526. Se ne allegano di Ferdinando I. degli anni 1558. e 1560. Di Massimigliano II. del 1565. e di Ridolfo II. del 1577. Da questa stravagantissima diversità e incostanza di cose scritte in un medesimo affare dai medesimi interessati, ognuno di leggieri comprende qual giudicio se ne debba formare, e se è giusto, che tanti sbagli in cose essenzialissime si debbano tutti attribuire ai copisti, e non piut-

piuttosto agli autori. La verità non teme il cospetto degli uomini, nè sfugge di comparire alla pubblica luce. Se le suddette investiture, giaciute per tanti secoli occulte, si lasceranno vedere in pubblico, somministreranno da sè medesime altre armi contra sè stesse; benchè per altro gli addotti argomenti sieno bastanti a screditarle. E se in particolare verrà fuori quella data ad Ottone, vi si scopriranno per entro tanti anacronismi, e formole improprie, che gl'interessati medesimi ne rimarranno persuasi della finzione, senza che ci sia bisogno di supplicargli a produrre gli originali.

XLV.

Segue l'esame delle medesime ragioni Estensi sopra Comacchio.

Che se anche i due Federighi I. e II. in tempo, che erano infesti ai Pontefici avessero conceduti ai pescatori di Comacchio i privilegj, accennati già altrove, ciò non sarebbe, che d'indi si potessero pretendere titoli di sovranità in favore della Camera Imperiale, perchè oltre all'essere stata ogni loro pretesa forza del tutto abolita, e cassata da quegli amplissimi atti, che fecero in contrario gl'Imperadori seguenti, e specialmente Ridolfo I. con tutto il corpo Elettorale, come si è già detto; simili privilegj non deono considerarsi per altro, che per atti ostili e violenti contra le Signorie della Chiesa, mentre in que' tempi essendo miseramente lacerata l'Italia dalle tumultuanti fazioni de' Guelfi, e de' Gibellini, i popoli dell' Esarcato, come accadeva ancora nell'altre parti d'Italia, o di proprio talento, o per forza di quando in quando si levavano dal dominio del Sommo Pontefice, loro supremo e legittimo Principe, secondochè prevaleano i Gibellini sotto la protezione degl'Imperadori, nemici de' Papi. Onde in tale stato di cose per esser favoriti d'immunità, di privilegj e di protezioni, ricorreano a' medesimi Imperadori, i quali vaghi di disporre delle cose altrui, e di fomentar le discordie nel cuor dell'Italia, facilmente loro accordavano il tutto. Così in tali emergenze troviamo varj atti de' due Federighi, de' trè Arrighi III. IV. e VI. d'Ottone IV. e di Lodovico IV. opposti ai diritti della Chiesa, i quali rimasero con ogni loro autorità

H rivo-

rivocati, e del tutto annullati dalle contrarie dichiarazioni e di loro medesimi dopo riconciliati alla Sede Apostolica, e poi anche degl'Imperadori seguenti. Che poi i Sindachi delle Comunità d'Adria, e di Comacchio, come si oppone, restassero mallevadori del censo da pagarsi alla Chiesa da Obizo, e Niccolò d'Este per lo Vicariato di Ferrara, secondochè si legge in una Bolla di Clemente VI. in tal'affare scritta il dì 24. di Marzo 1343. a Beltramino Vescovo di Bologna; di quì non si può argomentare, che Comacchio non fosse della Sede Apostolica, ed entro il Vicariato di Ferrara, come però hanno più volte argomentato, ed argomentano tuttavia i Ministri Estensi. Imperciocchè i sudditi possono obbligarsi per li padroni; nè dall'essere, o non essere mallevadori si prova la libertà, o la soggezione de' popoli: il che nel caso nostro manifestamente apparisce dall'obbligarsi per mallevadori oltre ai Comacchiesi anche un gran numero di cittadini e mercatanti di Ferrara, i quali uno per uno sono espressamente nominati nello strumento dell'investitura data agli Estensi in nome del Papa dal medesimo Beltramino sotto il dì 29. di Luglio 1344. E se valesse l'argomento, che si adduce de' Comacchiesi, que' mallevadori di Ferrara non sarebbono stati nè anch'essi vassalli della Sede Apostolica.

XLVI. Conclusione.

Darò fine al mio ragionamento col dire, che se la Serenissima Casa d'Este avesse prese segretamente non alcune, ma mille investiture di Comacchio dalla Camera Imperiale, tutte insieme non potrebbono apportare, nè aver mai apportato il minimo pregiudicio alle ragioni chiarissime e fondatissime della Sede Apostolica, perchè sempre sarebbono state prese maliziosamente, e con arte clandestina, *invito & irrequisito Domino*, ad unico fine di sottrarre in tal guisa quella Città dal legittimo e sovrano dominio della Chiesa per ogni caso, che mai avesse ella voluto levarla dal loro Vicariato: il che se valesse, questo sarebbe un bel modo, col quale ogni Principe facilmente potrebbe acquistarsi ragione sopra le

altrui

altrui Città. La sola maniera astuta ed occulta d'impetrare le medesime investiture senza notizia pubblica, e saputa della Sede Apostolica le convincerebbe abbastanza di nulle, fraudolente, ed invalide nella lor propria radice, come concedute da chi non avea diritto alcuno sopra quella Città, la quale innanzi che dal Sommo Pontefice Leone III. fosse istituito l'Impero occidentale, appartenea alla Sede Apostolica per titoli antichi, per acclamazione spontanea de' popoli, per donazione e restituzione di Pippino, e di Carlo Magno, e poi per solennissime dichiarazioni, e ricognizioni degl'Imperadori d'occidente: cose tutte autenticate, e corroborate dal consenso degli atti pubblici, e degli Scrittori contemporanei per lo spazio continuato di dieci secoli: e non già per violenta occupazione, per conquista, o per solo favore di prescrizione, appoggiata alle Capitolazioni di Faenza, o al Trattato di Pisa. Quindi con somma ragione il Pontefice Paolo V. nell'anno 1610. dopo già ritornata quella Città in poter della Chiesa, ladove innanzi intendeasi compresa sotto il Principato di Ferrara, la inserì nominatamente nella Bolla *in Cœna Domini*, d'ordine suo pubblicata, con atto notorio e manifesto a tutta la Cristianità. Queste ragioni incontrastabili, per quanto a me pare, le quali a favore della Sede Apostolica mi è accaduto di raccorre in questi fogli, possono senza molta difficoltà verificarsi da V. E. e da chiunque vuol prendersi cura di riguardare addentro le cose nell'origine loro. E non mancandovi nella Corte Imperiale personaggi, e Ministri di sapere, d'integrità, e di giustizia, si può sperare, che sieno per rappresentare ignuda la verità degli affari all'Augustissimo Imperadore, affinchè siccome non solamente Alberto I. confermò e riconobbe le varie amplissime Costituzioni promulgate già da Ridolfo I. suo padre espressamente intorno a Comacchio non meno, che a tutte l'altre Città di ragione antichissima della Sede Apostolica; ma poi fecero ancora il medesimo gli altri Imperadori, Arrigo VII. Carlo IV. Venceslao,

Bullar. Roman. to. 3. in Paulo V. Constitut. lxiij. §. 20.

ceslao, Rupetto, e Sigismondo, i quali non erano dell'Augustissima Stirpe Austriaca; così maggiormente egli lo faccia, che n'è generoso rampollo. E Sua Maestà Cesarea nel medesimo tempo rinovando e imitando i gloriosissimi esempj de' suoi maggiori, dimostri a tutto il mondo, che se vuole mantenere le cose sue, non vuol già per questo, che si tolgano alla Chiesa di Dio i Patrimonj, i quali da tempi antichissimi, e anteriori alla prima istituizione dell' Impero occidentale, fatta da Leone III. appartengono a lei: *quæ sunt Cæsaris Cæsari, & quæ sunt Dei Deo*. E senza più, a V. E. con tutto il rispetto maggiore m'inchino.

DIFESA
DEL DOMINIO
TEMPORALE
DELLA
SEDE APOSTOLICA
Sopra la Città
DI COMACCHIO
Contra le tre Scritture
PUBBLICATE
DA' MINISTRI
DEL SERENISSIMO
DUCA DI MODANA.

I. Scritture divulgate contra la precedente.

Attende V. E. il parer mio intorno alle tre Scritture Estensi, uscite di fresco, una dalle Stampe di Vienna, e l'altre due da quelle di Modana, tutte e tre contra il Dominio della Santa Sede sopra Comacchio, già spiegato da me nella precedente Scrittura: ed io di buon grado la ubbidisco, perchè da lei ciò mi viene ordinato, e perchè mi sembra d'averci che dire in questa materia, pregiandomi oltre modo di esporre il tutto al giudicio di V. E. la quale suol fermarsi sul puro confronto degli affari, senza dare albergo a quelle idee, onde a taluno suole impedirsi il chiaro discernimento della verità. La Scrittura stampata in Vienna ha questo titolo: *Risposta per il diritto Imperiale sopra Comacchio, alla prima e seconda Scrittura della Corte di Roma.* Di quali due Scrit-

Scritture intenda l'Autore, a me non è giunto a notizia, nè sò, che alcuno le abbia vedute. Nè di altro egli c'informa, senonchè l'una comincia così: *Che Comacchio spetti alla Chiesa*; e la seconda: *Anno 1273. Rudolphus*. Egli è ben vero però, che esse Scritture ò vere, o finte, che sieno, gli hanno data occasione di dire delle cose molto particolari, delle quali egli si è tanto invaghito, che solo nel punto, in cui stava nel fine di essa, s'infinge di aver veduta l'antecedente Scrittura, per dispensarsi in tal modo dal bisogno di opporsele. Non però così hanno fatto gli Autori della seconda Scrittura Estense, in fronte di cui si leggono queste parole: *Osservazioni sopra una Lettera intitolata: Il Dominio temporale della Sede Apostolica sopra la Città di Comacchio per lo spazio continuato di dieci secoli, distese in una Lettera a un Prelato della Corte di Roma* 1708. La terza cammina con questo titolo: *Altra Lettera diretta ad un Prelato della Corte di Roma in risposta ad una Scrittura pubblicata nell'Ottobre del* 1708. *e intitolata: Il Dominio temporale &c.*

II. Sistema delle Scritture Estensi, e della presente difesa.

Io per me farò il maggior caso della seconda, per esser ella il fonte della prima e della terza, parendo, che in essa con tutti gli sforzi sia stato raunato tutto quello, che si potea mai dire, e pensare in somigliante materia, onde si rende molto credibile, che gli Autori di essa non abbiano lasciata addietro cosa veruna per qualsisia immaginabil riguardo. Però nel medesimo tempo io andrò ancora accennando i punti più singolari, contenuti nella prima Scrittura, la quale non portando i numeri delle facce, gli segnerò io, per poterci allegare i luoghi precisi. Della terza poi, che è, come un'estratto della grande, cioè della seconda, si vedrà di risolvere ogni nuovo motivo, che ella paja mettere in luce: e di tutte e tre insieme si andranno facendo i necessarj confronti per vedere in quali cose tra loro convengano, e in quali tra se stesse discordino. Ora le suddette Osservazioni, che sono molto prolisse,

ed

ed empiono 168. facce, essendo forse a bello studio disordinate e confuse per imbrogliare la mente di chi legge, possono idearsi in quattro parti; poichè in primo luogo vi si rappresenta il Sommo Pontefice in tutti i suoi Stati, come un semplice Vicario ed Esarco Imperiale, spogliato d'ogni sovrana autorità. In secondo luogo si mette in campo il preteso possesso de' Serenissimi Estensi in Comacchio. In terzo l'antichità loro. E in quarto si taccia gagliardamente la santa memoria di Clemente VIII. ricuperatore del Ducato di Ferrara, il qual si pretende giustamente dovuto ai medesimi Estensi. Io pure fo pensiero di spartire in *quattro Parti* questa Difesa, per aver luogo di separare, e non di confondere le materie, con cercar di ridurre, per quanto si possa, la verità de' fatti a metodo analitico. Nella *prima* di esse Parti verranno le cose, nelle quali gli Autori delle Osservazioni convengono meco, dachè le hanno passate senza veruna opposizione: donde ne nasce, che le confessano e le riconoscono per incapaci di risposta e per vere, altramente non le avrebbono mai dissimulate. Nella *seconda* si vedranno spiegati tutti i fondamenti della Serenissima Casa d'Este sopra Comacchio. Nella *terza* sarà difesa e giustificata l'azione del Pontefice Clemente VIII. nella ricuperazione del Ducato di Ferrara, come di Signoria notoriamente ricaduta al dominio della Santa Sede. E nella *quarta* finalmente si esaminerà quanto gli Autori delle Osservazioni si sono presi piacere di ammassare contro alla temporale sovranità della Chiesa in tutti i suoi Stati; protestandomi io di non voler dire, senon quelle cose sole, le quali necessariamente riguardano la Causa Pontificia, non già perchè mi mancasse materia da empier moltissimi fogli; ma perchè io non hò preso a scrivere per altro fine, senon per difendere le ragioni della Santa Sede sopra i Principati, che a quella appartengono: le quali oggi dopo tanti secoli scopertamente s'impugnano da chi forse non dovrebbe in conto veruno impugnarle. E ciò io vedrò di fare più succintamente, che mi sarà possibile, senza nulla asserire, di che io non abbia le prove alla mano, e senza lasciar passare alcuna delle principali obbiezioni senza risposta. E questi riguardi non mi lasceranno trattenere intorno alle sdegnose espressioni, onde i Ministri Estensi hanno sparse le loro Scritture, volendo io piuttosto ricordarmi dell'auvertimento di Cicerone: *omnis autem & animadversio & castigatio contumelia vacare debet: neque ad ejus, qui punit aliquem aut verbis castigat; sed ad* Reipublicæ utilitatem *referri.*

De Officiis lib. 1.

III.

Arte delle Scritture Estensi.

Nelle Osservazioni, per quanto vuol dire nel corpo di esse, chiaramente si vede, che vi hanno avuta mano persone molto intendenti; imperciocchè elle sono ideate con tutti gli artificj, e gli scampi immaginabili, e con tutta la più fina sagacità, che potesse mai ricercarsi a dar colore di giustizia ad una Causa spogliata di ragioni, quale si è questa di Comacchio per la Serenissima Casa d'Este: le cui parti si propugnano con tutti gli sforzi in detta Scrittura, senza lasciarvisi addietro cosa veruna o remota, o vicina, che abbia relazione vera o apparente alla medesima Causa. Anzi gli Osservatori avendo molto bene scoperto, che mancavano loro i fondamenti legittimi e particolari per torre Comacchio alla Chiesa, hanno rivolto il pensiero a inventarne di universali per levarle tutti i suoi Stati col negare e porre in dubbio i fatti più evidenti, e incontrastabili, come poi si vedrà. Ma per buona ventura delle giuste ragioni della Santa Sede egli è auvenuto, che nel grandissimo numero delle cose, le quali francamente si negano, diversamente si spiegano, ouvero accortamente si sfuggono, se ne sono lasciate passare non poche senza alcuna risposta, quantunque fossero di conseguenza non ordinaria: ilche fa vedere, che la sottigliezza degli Autori delle Osservazioni non si è trovata in istato di poterle contrariare, e che perciò nel riceverle sono essi meco d'accordo. Ora io spero, che queste sole debbano riputarsi bastevoli a far conoscere il peso delle ragioni della Santa Sede sopra

pra Comacchio. E quì non sarà superfluo l'accennare una cosa per altro evidente, cioè, che se di passaggio talvolta mi converrà parlare di Signorie, le quali ai giorni nostri non sono possedute dalla Santa Sede, io il fo per pura necessità della connessione della materia; e non già per fine di pregiudicare a chi oggi le tiene; mentre la medesima Santa Sede non pretende, nè cerca altro, che di mantenersi il dominio del proprio, che attualmente ella gode, come giustificato da tutti i titoli più legittimi ed autentici, l'antichità de' quali si adduce per difendere quanto ella possiede, e non per acquistare ciò che stà in altrui Signoria: il che vaglia per risposta all' esagerazioni de' Ministri Estensi contra l'antichità di titoli somiglianti, giacchè non hanno auvertito, che se i titoli della Chiesa sono troppo antichi, o *rancidi*, come essi dicono, quelli della Serenissima Casa d'Este potrebbono sembrare a taluno forse troppo moderni.

Osservaz. Cap. LXII. pag. 92. Cap. LXIII. p. 93. Cap. LXVI. p. 97.

PARTE PRIMA.

Fondamenti considerabili per lo diritto della Santa Sede sopra Comacchio con le lor conseguenze: i quali nelle Scritture Estensi vengono confessati per veri, mentre si lasciano senza opposizione veruna.

IV.

Varietà de' diritti Estensi sopra Comacchio, addotti in diverse occasioni.

INNANZI d'entrare nella materia, sarà egli ben fatto auvertire, come dopo la ricuperazione di Comacchio, fatta nell'anno 1598. dal Pontefice Clemente VIII. mediante il Cardinale Aldobrandino, nomi cotanto odiosi ai Ministri Estensi, i quali hanno saputo contraffargli con assai strani colori nelle loro Scritture, sono stati per parte de' Duchi di Modana messi fuori in varie occasioni molti loro diritti sopra Comacchio, tutti diversi gli uni dagli altri.

Imperciocchè prima si disse, che lo aveano avuto, non già in Vicariato, nè in feudo, ma in *dono* da Lodovico II. Imperadore solo. II. Che lo aveano avuto in *dono* da Lodovico stesso e da Lotario suo padre insieme. III. Si disse, che tutto Comacchio era loro Signoria *allodiale*, come si può vedere presso il Conte Loschi. IV. Che lo aveano avuto per ispontanea *dedizione* di quegli abitanti. V. In *feudo* per serie continuata d'investiture Imperiali. VI. Che lo teneano per prescrizione. VII. Ristrinsero tutte le loro pretensioni ad *alcune valli*, pretese *allodiali*, che però erano *feudali*, siccome dimostrerò più innanzi. E pure allora si trovavano assistiti dal braccio vittorioso, e potente della Francia, conforme risulta dal Trattato di Pisa; talmentechè, se le ragioni loro sopra tutto Comacchio fossero state certe e sicure, in quel tempo le avrebbono senza dubbio fatte valere: e la Corte Cesarea avrebbe anche saputo richiamare di quell'Accordo, se dell'Imperadore fosse stato l'alto dominio di Comacchio. VIII. Finalmente oggi si sparge, che Comacchio si dee al Serenissimo di Modana per cagione del *diritto Cesareo* sopra tutto lo Stato Ecclesiastico, in virtù delle prove, che a tale effetto si affollano entro il volume delle Osservazioni sopra la precedente Scrittura. Ma del peso, e della sussistenza delle medesime prove io ragionerò nella Parte IV.

Compendj Storici pag. 425. ediz. IV.

V.

Novecento anni d'Investiture Imperiali sopra Comacchio, e diploma di Lodovico II. confessati in parte per favolosi dai Ministri Estensi.

Ora la prima cosa importante, intorno alla quale gli Autori delle Osservazioni entrano nel parer mio col giudicarla insussistente, e favolosa, sono quei *novecento anni* d'Investiture Estensi sopra Comacchio, già sparsi e divulgati in iscritto per cosa vera, anzi tuttavia sostenuti con tutto lo sforzo nella Scrittura stampata in Vienna, non meno che già sessant'anni nel Ristretto delle Ragioni Estensi contra la Camera Apostolica, ove si allegò la pretesa investitura conceduta da Lodovico e Lotario ad Ottone da Este nell'anno 848. e si spacciò anche per indubitata con le seguenti parole: Chiarissime *per lo contrario sono*

Ristretto delle Ragioni Estensi pag. 8. 153. ediz. II.

sono le investiture, che della detta Città (di Comacchio) *diversi Imperadori hanno fatte ai Principi della Casa d'Este; imperocchè dell'anno* 848. *ella fù* DONATA *da Lotario e Lodovico Imperadori ad Ottone da Este*. Ma oggi per gran mercè nè Ottone da Este, regalato, o investito di Comacchio: nè Marino suo figliuolo, Conte pur di Comacchio: nè Lada sua moglie, figliuola di Cadaloco Duca del Friuli, hanno occupate le penne erudite de' Compilatori delle Osservazioni, siccome altre volte occuparono quelle del Pigna, e d'altri Storici a lui somiglianti; poichè loro è paruto meglio di abbandonare tutti quei particolari, come troppo difficili, per non dire impossibili, a sostenersi. Egli è vero, che nella Scrittura di Vienna francamente se ne parla all'opposto, e che anche per buona fortuna si pubblica intero il diploma d'Ottone da Este, tratto fedelmente dall'*originale*, come attestano dieci Notai Modanesi; ma dall'altro canto gli Autori delle Osservazioni sono stati ben molto più accorti in lasciarlo in disparte con graziosa maniera, dicendo, esser *cosa evidente, che la Casa d'Este non ha un bisogno minimo di quell'atto per provare il legittimo jus dell'Imperio, e suo, sopra quella Città*. Ma se così è, e perchè dunque per lo passato, anzi presentemente, ella ha avuto in Vienna grandissimo bisogno di quel medesimo *diploma*, di cui l'Autore ancora della terza Scrittura fa molto caso, perchè *nell'Archivio Estense egli si conserva in carta pergamena ed in caratteri antichi*, avanzandosi anche a dire, che la sola autorità del Pigna con quella di chi ad esso ha creduto, dee prevalere ad ogni ragione, contraria a quel *diploma*, perchè si presume (dice egli) che *abbiano cavati i loro scritti da vere e positive notizie*. Ma se questo cammini, io lascerò giudicarne agli Autori delle Osservazioni, i quali sanno molto bene, se quella *pergamena*, e quei *caratteri antichi*, sieno veramente cosa antica o moderna, e sanno ancora quanto sia grande il valore dell'autorità del Pigna,

Risposta per il diritto Imperiale pag.4.

Osserv. Cap.XLVIII. pag.72.

Altra Lettera pag.7.

ove egli di suo proprio talento, e senza mallevadore entra a ragionare di cose antiche.

VI.
Discordanza tra' Ministri Estensi intorno alla serie delle loro Investiture Imperiali sopra Comacchio.

Osserv. Cap. XLVIII. pag. 72.
Cap. I. pag. 4.

Nella Scrittura di Vienna i *nove* secoli si riducono a *sette* soli; e dall'altro canto nelle Osservazioni non si sale nè meno tant'oltre, nè vi si parla più nè di *sette*, nè di *nove* secoli; ma solamente così alla rinfusa di MOLTE *centinaja d'anni*. E poi nè anche di *molte*; ma solo di *alcuni secoli*, i quali poi è facil cosa, che si riducano ancora a meno. Di più ci si dicono queste stesse parole: *non veggio, che abbia mai preteso la Serenissima Casa d'Este questa* CONTINUAZIONE *d'Investiture*. Dunque se questo è vero, e con qual fondamento può ella pretendere di levar Comacchio alla Chiesa, che mostra la *continuazione* del suo alto dominio per dieci secoli e con l'autorità degli Storici contemporanei, e con le dichiarazioni Imperiali, senza che si sappia nè il modo, nè la cagione, per cui le possa mai essere stato levato da quegli stessi Imperadori, i quali in virtù del debito loro, con solennissimi giuramenti dichiararono, che esso Comacchio era, e dovea essere della Chiesa. Ma se veramente il fatto così è, come pure io vorrei crederlo, che la Serenissima Casa d'Este, *non abbia mai pretesa questa continuazione d'Investiture*, io non so poi intendere la cagione, per cui nella Scrittura di Vienna si è preteso di mostrare tutto il contrario, cominciando dalla Investitura data ad Ottone da Este. Non vorrei già, che si fosse creduto, che l'Augusta Corte Cesarea non sapesse discernere, se un tal documento fosse vero o finto; o pure, che i Ministri Imperiali sopra un tal fondamento spurio volessero senza altro persuadere al loro eccelso Monarca il levare una Città alla Santa Sede Apostolica. Confesso però, che in questa varietà di pareri, i quali raccolgo dalle Scritture pubblicate in un tempo stesso dai medesimi interessati, io non mi ci rinvengo, benchè per altro mi trovi inclinato piuttosto a dar fede agli Autori delle Osservazioni, come ad uomini assai più perspicaci, dai

dai quali confessandosi per falsa ed apocrifa la pretesa Investitura data ad Ottone da Este sopra Comacchio, sarà facile, che si possa tirargli a confessare il medesimo anche delle altre, come di tali, che senza dubbio avranno relazione a quella prima Investitura Ottoniana; cioè a dire, che saranno fondate sopra un supposto totalmente falso e immaginario; tanto più, che oltre a quella medesima, cinque altre ancora per propria lor confessione oggi restano convinte d'aeree, siccome io sono per dimostrare. Egli è vero, che agli Osservatori tanto rincresce la ruina *della strepitosa macchina* di questo loro diploma dell'anno 848. che vorrebbono pure cercar di ripararsene opponendoci per falsa la *donazione di Lodovico Pio*, *benchè abbia servito*, come dicono, *di modello a tante altre susseguenti*, *e se la facessero i Papi confermare dallo stesso Ridolfo I.* Quella di *Costantino*, il diploma di *Papa Vitaliano* ai Ferraresi, il *Breve d'Adriano I. dell'anno 780. ove quel Pontefice nomina nostrum Comitatum Comaclensem*; e una *bolla di Leone VIII.* alla Badía Comacchiese d'Aula regia, ove si legge la formola stessa. Ma se non hanno altro da opporci, a noi sarà molto più facile di quello, che si persuadono, il salvarci da questi assalti; imperciocchè inquanto alla donazione di Lodovico Pio, nella quale è specificato *Comacchio*, io credo, che ella non sia per crollare così di leggieri al soffio delle altrui opposizioni, quando ella rimanga giustificata con l'autorità degli Scrittori contemporanei, prossimi, e susseguenti, e con quella eziandio de' Critici, e Letterati più insigni del secolo preceduto, e del nostro.

Osserv. Cap. XLVIII. pag. 73.

VII.

Difesa della Costituzione di Lodovico Pio in favor della Santa Sede.

Questa Costituzione dunque di Lodovico Pio per essere in sommo grado onorifica, e vantaggiosa alla Sede Apostolica, come quella, a cui sono appoggiate le altre degl'Imperadori seguenti, hà dato da malignare ad alcuni Eretici, trasportati dai pregiudicj delle lor sette contra la grandezza della Chiesa Romana: e da essi poi si è lasciato ingannare troppo facilmente anche qualche moderno Cattolico (cioè il Padre Antonio Pagi, come dirò più innanzi) forse per non aver molto bene considerata la materia: e dietro al Pagi sono poi corsi di buona voglia anche i Ministri Estensi. Carlo Molineo, uomo infetto dell'eresia di Calvino, fù il primo di tutti a rivocare in dubbio la medesima Costituzione, mentre colta la congiuntura de' dispareri tra il Rè Cristianissimo Arrigo II. e il Pontefice Giulio III. per cagione di Ottavio Farnese (di che si è ragionato nella Scrittura sopra gli affari di Parma e Piacenza) sotto pretesto di comentare un regio editto circa i beneficj Ecclesiastici, vi sparse tutto il veleno immaginabile contra i Papi, impugnandovi ancora la suddetta Costituzione di Lodovico Pio. Ma l'opera stessa fu subito allora proscritta dai Teologi della Sorbona, ed egli si salvò con la fuga, uscendo di Francia, al riferire di Tommaso Cormerio. Dopo il Molineo vennero i due furiosi eretici, Giovanni Volfio, e il Goldasto, che recitarono per vere le ragioni del Molineo, il primo nell'esecranda opera, a cui diede il titolo di *Lezioni memorabili e recondite*; e il secondo nel Razionale alle Costituzioni Imperiali, ove però ci sono più inganni, che parole. Dicono essi, e in particolare il Goldasto, che niuno Storico ne fa menzione, il qual sia più antico di Santo Antonino, tranne Leone Ostiense, *qui tamen & ipse* NON MULTUM *antecessit*. L'Ostiense morì più di 400. anni prima di Santo Antonino, e 400. anni io non so, se si possano chiamare *non multum*. Nè fu già solo a parlarne nell'undecimo secolo Leone Ostiense, perchè l' Autore della Cronaca del Monistero di San Vincenzio lungo il Volturno, attesta in tre luoghi, che Pasquale I. da Lodovico Pio ricevette la medesima Costituzione per mezzo di Teodoro Nomenclatore: e Ivone Carnotense in que' tempi ne pubblicò un frammento nel suo Decreto: e dopo l'Ostiense, che la chiama *Pactum Constitutionis & confirmationis beato Petro ejusque Vicario*, a lei si allude nelle

Oper. edit. Parisien. to. 4. 1681. pag. 14. & 357.

De rebus gestis Henrici II. lib. 3. fol. 69. pag. 2.

Lect. memorab. to. 1. pag. 103.

Constit. Imper. to. 1. pag. 386.

Duchesn. to. 3. p. 672. 685. 686.

Par. 5. cap. 51.

nelle capitolazioni tra Pasquale II. e Arrigo I. Anche Graziano allora ne inserì una porzione nel suo Decreto, e Cencio Camerario tutta intera fedelmente la pose nel suo volume *de Censibus Romanae Ecclesiae*, compilato da lui negli anni di Cristo 1192. *secundum antiquorum Patrum regesta & memorialia diversa*; e poscia Rafaello Volterrano ne divulgò una gran parte ne' suoi Comentarj urbani, ma con molti difetti. Il primo a darla fuori tutta intera fù Carlo Sigonio, ma senza le sottoscrizioni, assai guasta, e piena di sbagli notabili, i quali poi con l'ajuto di quattro codici antichi furono emendati dalla diligenza del Cardinal Baronio, che vi pose in margine le varie lezioni. Jacopo Gretsero così emendata la inserì nel suo opuscolo delle Donazioni fatte alla Chiesa Romana, indi Jacopo Sirmondo ne' Concilj di Francia, Stefano Baluzio ne' Capitolari, Filippo Labbe nel corpo de' Concilj generali, e Giovanni Morino la inserì pure voltata in Francese nel suo volume della Grandezza temporale della Chiesa: dopo tutti i quali Carlo Cointe con somma esattezza l'ha posta ne' suoi Annali Ecclesiastici col farvi di essa un accuratissimo esame, ove illustrandola e dividendola fa vedere, che ella per la maggior parte è *confermazione* di cose già date, e restituite, onde in principio ed in fine vien detta *pactum confirmationis*; e che in parte ancora è donazion nuova. E forse per questo riguardo da Leone Ostiense fù detta *pactum constitutionis & confirmationis*. Però ben disse anche il Gretsero, che *donatio Ludovici non tam est nova donatio, quam confirmatio & ratihabitio earum, quae jam a Pippino & Carolo Magno factae fuerant, ut patet ex ipso diplomatis contextu*. Il Goldasto convinto della verità dal Gretsero, si ridusse poi a dire, che la Costituzione di Lodovico Pio era stata finta o da Gregorio VII. o da altri del suo partito: *aut ab ipso Hildebrando, aut ab aliquo ejus supparasitastro conficta fuerit, necesse est*. Ma gli rispose il Gretsero: *si hoc diploma Pontifici Romano tantum*

Baron. an. 1111. §. 4.

Par. 1. Dist. 63. C. 30.

Lib. 3. pag. 21. edit. Frobenii anni 1544.

De Regno Italiae l. 6.

Anno 817. §. 17.

De Principum munificentia pag. 21.

Concilia Galliae to. 2. pag. 443.

Capitularia Francor. to. 1. pag. 591.

Concilia to. 7. p. 1515.

Grandeur temporelle de l'Eglise pag. 625.

To. 7. ann. 817. §. 6.

Chron. Casinen. lib. 1. cap. 16.

Defensio in Goldastum pag. 204.

Apologia Baronii pag. 340.

Replicatio in Gretserum pag. 232.

Defensio in Goldastum pag. 203.

tantum auferret, quantum tribuit; jam non modo authenticum, sed etiam, ut ita loquar, authenticissimum esset, licet Aventinus, aut Illyricus quispiam ante paucos annos illud confinxisset. Ma perchè quando i fatti son veri, sempre si vanno ritrovando ragioni, e fondamenti da confermargli, il Molineo, il Volfio, il Goldasto, ed i loro seguaci rimangono affatto smentiti dall'autorità irrefragabile dell'Anonimo Astronomo, che fiorì in Corte di Lodovico Pio, di cui scrisse la vita, nella quale sotto l'anno 817. egli riferisce, che Pasquale Papa mandò Teodoro Nomenclatore Legato in Aquisgrano, dove allora si trovava Lodovico Pio, *& petitis impetratis*, CONFIRMATIONE *scilicet* PACIS *& amicitiæ, more prædecessorum suorum, reversus est*. Vien riferito lo stesso negli antichissimi Annali Lauresamensi, scritti sotto la stirpe Carolina, e volgarmente attribuiti ad Eginardo, come dimostra il Cointe, ne' quali si leggono queste parole, che sono anche negli Annali Bertiniani: *missa tamen Legatione alia*, PACTUM *quod præcessoribus suis factum erat, etiam secum fieri, &* FIRMARI *rogavit. Hanc Legationem Theodorus Nomenculator ei detulit, & ea, quæ petierat*, IMPETRAVIT. Questa Legazione di Teodoro è mentovata in fine del Diploma stesso di Lodovico Pio. Giovanni VIII. nel Concilio I. Romano, tenuto l'anno 877. parla della medesima Costituzione, dicendo, che Lodovico Pio, padre di Carlo Calvo, allora imperante, emulò Carlo Magno, *ut paterna*, dic' egli, *divini cultus vota & erga prælatam principalem Ecclesiam* LIBERALITATIS *insignia Pius natus æquipararet & roboraret, sed & uberioribus* BENEFICIIS *& dapsilibus* MUNIFICENTIIS, *ut hæres gratissimus, ampliaret*. E nella Lettera CXIX. egli scrive a Carlo Calvo d'avergli spediti i Legati, *ut* PACTUM, *quod avi & patres vestri* (cioè Carlo Magno, e Lodovico Pio) *Sanctæ Romanæ Ecclesiæ* JUREJURANDO *promiserant, adimplere contenderetis*. Nella Lettera CCXVI. gli scrive, che mandi a Roma gli Ambasciadori, acciocchè *unum de* PACTIS *& pri-*

Apud Duchesnium tom. 2. pag. 297.

Anno 874. §. 127.

Apud Duchesnium tom. 3. pag. 672. 681. 686.

Concilior. tom. 9. pag. 296.

Concilior. tom. 9. pag. 89. 156.

& privilegia Sanctæ Romanæ Ecclesiæ MORE *parentum vestrorum renovare & confirmare studeatis.* Oltre a ciò la Costituzione stessa fù espressamente nominata con le altre di Pippino e di Carlo Magno da Guido Imperadore in quella, che egli fece a Stefano V. il dì 21. di Febbrajo nell'anno 891. della quale, come di cosa da se veduta, fa menzione il Sigonio. Di essa pure ne comparisce uno squarcio in quella d'Ottone il Grande, e in quella d'Arrigo il Santo. Ecco dunque prima di Leone Ostiense quali e quanti Autori contemporanei, e prossimi abbiamo, tutti mallevadori della Costituzione di Lodovico Pio, data in Aquisgrano a Teodoro Nomenclatore, di cui si parla nel fine di essa, e che è intitolata *Pactum Confirmationis*, col qual nome la chiamano anche i medesimi Autori. Io non vengo certamente dalla Scuola di chi inclina a porre in dubbio l'antichità; ma nulladimeno parmi di poter dire, che se gl'impugnatori de' diritti della Sede Apostolica fossero astretti a giustificare i loro diplomi con l'autorità di Scrittori contemporanei, o prossimi, si troverebbono in grandissime angustie. Essa Costituzione è nominata pure dagli antichi Autori Tedeschi, come da Geroo Preposito Reicherspergese, sin già sei secoli, e nel tempo stesso dall'Autore della Cronaca Reicherspergese, ove ancora se ne adduce un frammento, donde si vede, che era cosa pubblica da per tutto. Il perchè io non posso maravigliarmi abbastanza della franchezza, con la quale gli Autori delle Osservazioni hanno asserito, che ella sia *cosa finta e suppositizia*, e che *dottissimi Autori Cattolici, e Religiosi sostengano il medesimo*: i quali poi tutti si riducono a un solo, cioè al Padre Antonio Pagi. Quì ci andrebbe quello, che il Gretsero disse al Goldasto in questo particolare: *nullus, ne ex pertinacissimis quidem schismaticis, unquam negavit, Reges Francorum, Pippinum, Carolum & Ludovicum Ecclesiam Romanam plurimis & amplissimis provinciis locupletasse, & patrimonium Sancti Petri ingentibus* incre-

De Regno Italiæ l. 6.

De Investigatione Antichristi apud Gretserum de Munificentia Principum p. 25.

Chron. Reicherspergs. pag. 115.

Osserv. Cap. IX. p. 19. Cap. XXIII. p. 39.

Anno 817. §. 7.

Defensio in Goldastum pag. 204.

incrementis adauxisse. E pure a' dì nostri ciò vien negato da' Cattolici. Le ragioni del Pagi, le quali addurrò più innanzi, sono quelle stesse del Molineo, e furono tenute in tanto disprezzo dal Baronio, che non si curò nè meno di confutarle. Il Gretsero però vedendole risvegliate dal Goldasto, le volle confutar tutte. Ma il Morino, il Sirmondo, il[a] Grozio, il[b] Marca, il Labbe, il[c] Cointe, e[d] Natale Alessandro ne fecero quel conto stesso, che ne avea fatto il Baronio, senza nè meno parlarne: e il[e] Baluzio dopo d'avere inserita la Costituzione stessa, come vera, nella sua edizione de' Capitolari, benchè accenni le opposizioni del Molineo, non mostra di farne conto veruno, siccome nol fece nè anche il Mabillone. E certamente niuno di questi Autori fu capace di tener per vere le cose *finte* e *suppositizie*, in grazia della Corte di Roma. Se poi al Pagi, *religioso Francescano*, io volessi contrapporre un'altro insigne Scrittore dello stesso Ordine, che difese la Costituzione di Lodovico Pio dalle menzogne del Molineo, e del Goldasto, io potrei ricordare agli Autori delle Osservazioni Marcantonio Cappello, le cui sole ragioni sono bastanti a renderla giustificata presso ogni uomo spassionato, e sincero. Non voglio lasciar qui d'accennare, come Antonio Massa attesta d'aver egli avuto un esemplare di quella Costituzione *vetustis Langobardorum literis exaratum*. Quindi in difesa di essa Costituzione, e di tutte le altre seguenti, basti il ridire i due primi Assiomi, preposti dal dottissimo Vescovo Pierdaniello Uezio alla sua Dimostrazione Evangelica: *omnis liber* (qui bisognerebbe dire *donationis libellus*) *est genuinus, qui genuinus habitus est ab omnibus proxime & continuata serie sequentibus ætatibus. Omnis historia* (e qui pure bisognerebbe dir *Constitutio*) *est verax, quæ res gestas* (ouvero *donatas*, o *confirmatas*) *ita narrat, uti narrantur in multis libris coætaneis, vel ætati proximis, quæ res gestæ* (ouvero *donatæ*, o *confirmatæ*) *sunt*; talchè il dubitarne è un opporsi agli

a *De jure belli* l. 1. cap. 3. §. 13.
b *De Concord.* l. 3. cap. 10. §. 6.
c *Anno* 817. §. 6.
d *Sac. IV. Diss.* 24. concl. 5. *Saculo IX. Cap.* 7. *Art.* 2.
e *Capit. to.* 1. p. 591. to. 2. pag. 1104.
De re diplom. lib. 2. cap. 3. §. 13.
De Successione Episcopi Romani p. 285.
De Origine Faliscorum p. 23. edit. 1588.
Demonstratio Euangelica pag. 11. edit. I.

agli Assiomi, cioè a' primi principj, ricevuti da tutti. Nè basta già il dire, come dicono, che il testo della Costituzione di Lodovico Pio presso il Sigonio sia diverso in alcuni luoghi da quello, che è nell'altre edizioni; imperciocchè i codici antichissimi, donde esse son tratte, e ne' quali sta essa Costituzione diversamente dal modo, con cui fu pubblicata o per inauvertenza, o per altro dal Sigonio, sono in essere tuttavia, e si può facilmente chiarire chiunque ne dubitasse, quando mai il senso medesimo dello strumento, e gli squarci interi, che Ottone I. ed Arrigo II. ne inserirono entro le Constituzioni, con le quali ne confermarono il contenuto alla Chiesa Romana, per auventura non fosser bastanti a far conoscere a chichè sia i manifestissimi errori della medesima edizione del Sigonio.

Osserv. Cap. IX. p. 19.

VIII.
Esame delle ragioni del Pagi contra la Costituzione di Lodovico Pio.

Che poi il Padre Antonio Pagi abbia detto, che la medesima Costituzione di Lodovico Pio sia falsa, onde oggi esultano gli Autori delle Osservazioni, questo è provenuto dalla credulità di quel religioso Autore, il quale si è lasciato ingannare dalle fallacie del Molineo, e del Goldasto, come si è dimostrato. Le prove addotte dal Pagi contro di essa sono le seguenti. *Primo*, perchè niuno la nomina innanzi di Leone Ostiense, Scrittore del secolo undecimo: e pure abbiam veduto, che ne fanno menzione l'Anonimo Astronomo, il qual visse in Corte di Lodovico Pio, gli Annalisti Lauresamense, e Bertiniano, Giovanni VIII. e Guido Imperadore in quella, che fece a Stefano VI. e che Ottone I. ed Arrigo II. entro le loro ne recitarono gli squarci interi: tanto è lontano, che niuno l'abbia nominata prima di Leone Ostiense. E poi se anche tra gli Autori arrivati a noi non ne parlasse alcun altro, che l'Ostiense, sarebbe egli forse da disprezzarsi, uno Scrittore dell'undecimo secolo, il quale attesti una cosa del nono? Si vorrebbe pure nelle Osservazioni, che Girolamo Faleti, e il Pigna, Scrittori del secolo decimosesto, fosser degni di fede ove parlano di lor capriccio delle cose del nono secolo, da cui furono assai più lontani, che l'Ostiense! Il *secondo* motivo del Pagi si è, perchè Lodovico dona alla Chiesa la Sicilia, che non fu de' Carolini: quasichè non avesse potuto donarla per

Anno 817. §. 7.

Osserv. Cap. XLVIII. pag. 72.
Cap. CVI. p. 162.

ogni caso, che l'avesse mai conquistata: e ciò tanto più, che i Papi vi aveano molte ragioni per li patrimonj di San Pietro, confiscati nella Sicilia non meno che nella Calabria per ordine di Leone Isaurico, siccome attesta Teofane. Si dona ivi alla Chiesa anche la Calabria, quantunque fosse in mano de' Greci, a' quali, e a' Saracini essendo tolta insieme con la Puglia da Lodovico II. fu poi consegnata alla Santa Sede da Carlo Calvo, secondo l'osservazione di Pier de Marca. Il *terzo* argomento del Pagi si trae dal silenzio d'Ottone I. e d'Arrigo II. i quali parlando delle donazioni di Pippino, e di Carlo Magno, tacciono, secondo lui, di quella di Lodovico Pio. Ma che Arrigo ne taccia, egli è falso, ed è pur falso, che altri ve l'abbia aggiunta nel diploma di esso Arrigo, come crede il Pagi sul vano supposto, che ella sia finta. E se questo dire valesse a convincer per finta la Costituzione di Lodovico Pio, non dovrebbono averne fatta alcuna nè meno gli altri Imperadori innanzi d'Ottone, e di Arrigo, giacchè questi due non fanno alcuna menzione di quelle di Lotario I. di Lodovico II. di Carlo Calvo, e del Crasso, di Guido, di Lamberto, d'Arnolfo, di Lodovico III. e di Berengario I. che pure, secondo il solito stile, in virtù de' primi patti, su' quali fu stabilita la dignità dell'Impero occidentale tra Leone III. e Carlo Magno, fecero alla Chiesa le Costituzioni stesse, che aveano fatte Pippino, Carlo Magno, Lodovico Pio, e che poi fecero Ottone, ed Arrigo: di niuno de' quali ci lascia punto dubitare il Concilio Ravennate dell'anno 904. ove a Capi III. Lamberto dice le seguenti parole: *ut* PRIVILEGIUM *Sanctæ Romanæ Ecclesiæ, quod a* PRISCIS TEMPORIBUS *per piissimos Imperatores* STABILITUM *est atque* FIRMATUM, *ita nunc a* NOBIS FIRMETUR & *diebus nostris, sicut condecet, immutilatum servetur, & Sancta Romana Ecclesia mater nostra exaltetur*, PROTEGATUR, *ac* DEFENDATUR, *quoad Imperii nostri est*. E a Capi VI. vien detto a Lamberto, *ut* PACTUM, *quod a beatæ memoriæ vestro genitore domno Widone & a vobis, piissimis Imperatoribus*, JUXTA PRÆCEDENTEM CONSUETUDINEM FACTUM EST, *nunc* REINTEGRETUR & INVIOLATUM SERVETUR. Di Carlo Calvo,

Chronographia p.343. edit. regiæ.

De Concordia lib.3. Cap.10. §.6.

Anno 1014. §.2.

Concil. to.9. p.508. 509.

Calvo, di Guido, e di Berengario ce ne fanno anche fede le Lettere di Giovanni VIII. il Sigonio, e il Panegirista di Berengario. Inoltre Ottone I. non propose di parlare nel suo diploma senon delle due donazioni di Pippino, e di Carlo Magno, seguendo con poco divario il tenore di quella di Lodovico Pio, senza nominarne altre. Ed Arrigo non ispecificò senon quelle di Carlo Magno, di Lodovico Pio, e le ultime de'tre Ottoni. In *quarto* luogo oppone il Pagi l'asserirsi in essa Costituzione, che dopo morto il Papa si elegga il Successore, e che questi dopo consagrato mandi i Legati all'Imperadore (cioè a dire, come ad Auvocato della Chiesa) *quod merum commentum est*, dice il Pagi, perchè Eugenio II. a richiesta di Lotario collega nell'Impero di suo padre Lodovico Pio, stabilì, che il Papa non fosse consagrato senon in presenza de' Messi Imperiali. Ma non s'auvide il Pagi, che questa determinazione d'Eugenio II. non è antecedente, come egli crede, ma bensì posteriore al diploma di Lodovico: il che fa vedere, che prima non v'era tal obbligo, altramente Eugenio non lo avrebbe egli introdotto: il che egli fece per necessità di levare col mezzo autorevole della presenza de' Messi Imperiali le violenze, che si faceano da' Romani nella creazione de' Papi, *ad vitanda comitiorum dissidia*, come confessa il Pagi stesso. *Anno 825. §. 29.* Quel decreto fu confermato da alcuni Pontefici posteriori, ed è nominato ne' diplomi d'Ottone I. e d'Arrigo II. Or veggasi, se queste sono prove da addursi contra la verità della Costituzione di Lodovico Pio, e se gli Osservatori doveano farsene beffe, cercando anch'essi di screditare quel nobilissimo documento per trionfare della ruina di tutti gli altri, che gli vengono dopo, come di quelli, che sono appoggiati alla Costituzione di Lodovico Pio. L'Abate Fontanini, che da essi vien onorato con l'elogio di *accuratissimo e celebre Critico*, scrisse così di questo inciampo del Pagi: *vir doctissimus hæc hausit, quod nollem, ex turbidis fontibus Goldasti & Molinæi, quorum nomina ideo silentio præteriit*: e lo scrisse in quel libro stesso, che si cita nelle Osservazioni in proposito de' *Podestà*, benchè in quel luogo egli parli dell'anno 1359. e non già del 1177. nel quale au-

De Antiquit. Hortæ Coloniæ Etruscorum pag. 92.

Osservaz. Cap. LXX. pag. 105.

De Antiquit. Horta pag. 418.

auvenne quanto ſi diſſe nella precedente Scrittura con l'autorità dello Scardeone, il cui racconto vien confermato da Giovanni da Naone, o ſia da Noale, il quale vien meſſo in tempo incerto dal Voſſio; ma l'eſemplare, che io allego fu ſcritto l'anno 1366.

MS. de Conſtruct. Urbis Paduæ lib. 6.

De Hiſt. Lat. lib. 3. cap. 11.

IX.

Alcuni Diplomi come ſoſpetti, a torto oppoſti dai Miniſtri Eſtenſi ai Difenſori della Santa Sede.

Intorno allo Strumento della donazione di Coſtantino, mentovato da Arrigo VII. da Carlo IV. e anche da Sigiſmondo nelle loro Coſtituzioni alla Chieſa Romana, ſi riſponde, che non ſi fondarono queſti in eſſo *unicamente*, ma ſopra i diplomi indubitatiſſimi di Pippino, e di Carlo Magno. E quello Strumento, attribuito a Coſtantino, non fu già invenzione de' tempi d'Arrigo VII. o di Carlo IV. ma era da molti ſecoli addietro in poſſeſſo di eſſer tenuto per vero da tutti, eſſendo mentovato ſino da Adone Arciveſcovo di Vienna, che fiorì a mezzo il nono ſecolo. Nè era egli fondato ſul falſo, come lo è interamente il diploma d'Ottone da Eſte, finto ne' tempi del Pigna per levare con tal documento Comacchio alla Santa Sede; eſſendo certo, che Coſtantino Magno fu molto liberale verſo la Chieſa Romana. Della falſità de' due Privilegj di Vitaliano, e d'Adriano I. ſopra le coſe di Ferrara meno di tutti dovrebbono farne motto i Miniſtri Eſtenſi, ſapendo, che i primi a citargli ed a valerſene, furono i loro Scrittori, il Priſciano in una Aringa in materia di confini, fatta alla Signoria di Venezia il dì *19.* d'Aprile 1485.[a] il Giraldi,[b] il Sardi,[c] e il Pigna, i quali gli potettero leggere negli Archivj Ferrareſi. E Don Ceſare d'Eſte quando s'intruſe nella Signoria di Ferrara, facendoſi riconoſcer per Duca da XII. Savj, e dal Giudice di eſſa Città, appoggiò le ſue pretenſioni al diploma del Pontefice Vitaliano; ma per parte di Roma gli fu riſpoſto, che *de iſtis ſic geſtis per Vitalianum Pontificem* NIHIL *docetur per authentica documenta*, quantunque la parte contraria aveſſe citato il Giraldi, il Sardi, ed il Pigna. A che dunque oggi ſi oppone alla Corte di Roma la falſità di queſti diplomi, ſe daltronde non n'è uſcita la prima notizia, che dagli Scrittori Eſtenſi? Che ſe il Contelori, e il Ghini addusſero le ſeguenti parole del diploma d'Adriano I. *noſtrum Comitatum Ferrarienſem & alterum* NOSTRUM *Comitatum Comaclenſem*,

Chron. ætate vj. Biblioth. Patrum to. 16. pag. 793. edit. Lugdunenſis.

MSS. Peregrini Priſciani.

a *De Ferraria & Ateſtinis Principibus fol. 6. pag. 2.*

b *Storia di Ferrara lib. 1. pag. 30. ediz. I. del 1556.*

c *Storie di Caſa d'Eſte p. 161. 162. ediz. I. del 1570.*

Confutationes Allegationum Cæſaris Eſtenſis, Romæ editæ apud Impreſſores Camerales anno 1598. fol. 35. pag. 2.

Riſpoſte alle Scritture Eſtenſi pag. 61.

Defenſio jurium Sedis Apoſtolicæ p. 44. num. 255.

per

per prova, che Comacchio era della Chiesa, ebber molta ragione di addurle, poichè da esse apparisce, che nel tempo, in cui fù composto il diploma, non si dubitava, che Comacchio fosse della Santa Sede. Che se poi questo diploma è finto, egli fù finto in Ferrara, e non in Roma; e fù tenuto per vero dagli Scrittori Estensi, che sono stati i primi a valersene. Per ultimo non sarà male avvertire, che Alfonso Ceccarelli, famoso impostore in materia d'antichità, e di privilegj di Famiglie illustri, per le quali, e per altre sue fraudi fù fatto pubblicamente giustiziare in Roma nel Pontificato di Gregorio XIII. scrisse *de Ferraria & ejus Principatu*, il che certamente non fece per ordine Pontificio. Della Bolla di Leone VIII. a Venerio Abate d'Aula regia, antico Monistero di Comacchio, già allegata dal Contelori, e dal Ghini, non si parlò nella precedente Scrittura, per non essersi veduta; e non già perchè si stimasse falsa, riputandola io presentemente anzi per verissima: e perciò ancor questa serve a provare le antiche ragioni della Santa Sede in Comacchio ne' tempi dell'Imperadore Ottone I. dachè Leone conferma a quel Monistero molti beni, e signorie, situate nel Comacchiese: *quæ in territorio* NOSTRO *Comacli positæ sunt*. La Bolla è data in San Giovanni in Laterano nell' Indizione VII. il dì 13. di Giugno, nell'anno I. di Leone, e nel III. d'Ottone: i quali caratteri cronologici corrispondono agli anni di Cristo 964. in cui correa l'anno primo dell'Antipapa Leone, due anni dopo che Ottone stesso avea riconosciuto Comacchio per Signoria della Chiesa. Ivi appresso l' Arcivescovo Pietro di Ravenna si sottoscrivono quattro Cardinali, ciascun de' quali s' intitola *Episcopus S. R. E.* secondo lo stile osservato anche altrove dal Mabillone: indi il Primicerio, lo Scolastico, e il Cantore della Chiesa Romana, e poi tre Giudici del sagro Palagio: tutte le quali particolarità io hò voluto avvertire per informazione de' Ministri Estensi. Ma che? Diamo, che la Bolla di

Leonis Allatii Animadversio in libros Alphonsi Ceccarelli pagina 293.

X.

De Re Diplom. p. 197.

di Leone VIII. la quale è veriſſima, non ſia tale; forſe per queſto ci mancano altre Bolle indubitatiſſime, nelle quali i Ponteſici dicono eſpreſſamente NOSTRUM *Comitatum Comaclenſem*? Nelle Storie di Ferrara di Pellegrino Priſciano, dedicate al Duca Ercole I. il Pontefice Paſquale II. in una Bolla a Landolfo Veſcovo di quella Città, ſcritta il dì 8. d'Aprile dell'anno 1106. forſe egli non dice NOSTRUM *Comitatum Comaclenſem*? Innocenzo II. in due altre Bolle, la prima delle quali è data al medeſimo Landolfo il dì 11. di Marzo dell'anno 1123. e la ſeconda a Grifone ſucceſſore di eſſo Landolfo ſotto il dì 22. d'Aprile 1139. e ſottoſcritta da 22. Cardinali, non nomina egli NOSTRUM *Comitatum Comaclenſem*? Celeſtino II. in una Bolla al medeſimo Grifone data il dì 6. di Marzo del 1144. e ſottoſcritta da 17. Cardinali, non dice egli NOSTRUM *Comitatum Comaclenſem*? E finalmente Lucio II. in un altra, data pure a Grifone il dì 13. dello ſteſſo meſe ed anno, e ſottoſcritta da 24. Cardinali, non nomina ancor'egli NOSTRUM *Comitatum Comaclenſem*? In ciaſcuna di queſte Bolle, interamente regiſtrate dal Priſciano, ſi tratta de' confini del Ferrareſe, e ſenza alcun dubbio i Miniſtri Eſtenſi le avranno ben lette, giacchè allegano tante volte le opere del Priſciano, Autore a loro non punto ſoſpetto. Abbiamo dunque da quelle Bolle, che Comacchio nell'undecimo, e nel duodecimo ſecolo era notoriamente ſottopposto all'alto dominio della Santa Sede.

Hiſtoria MSS. Ferrarienſes lib. I. c. 46.

X.

Cinque altre Inveſtiture Imperiali di Comacchio confeſſate per favoloſe dai Miniſtri Eſtenſi.

La ſeconda coſa importante, che con una artificioſa diſſimulazione ſi confeſſa in tutte e tre le Scritture, ſi è, che niuno de' due Federighi I. e II. e nè anche Ridolfo I. abbiano mai conceduta alcuna Inveſtitura di *Comacchio* agli Eſtenſi; ancorchè quelle de' due primi ſieno ſtate altre volte allegate per vere, e che di Ridolfo I. ſiaſi preteſo, che ne foſſero, non *una*, ma *tre*, cioè degli anni 1256. 1282. 1285. delle quali ſi parlò eſpreſſamente nel Riſtretto delle Ragioni Eſtenſi, e nel Manifeſto del Duca Franceſco I. di Modana, che ſtà inſe-

Ragioni Eſtenſi p. 8.

inserito nel Mercurio di Vittorio Siri. Laonde sin quì veggiamo per confessione degli Auversarj, esser vane, ed aeree, non *una*, nè *due*, ma *sei Investiture Imperiali di Comacchio*, già per lo passato allegate per vere, e non già per ideali e finte, quali oggidì apertamente si riconoscono. Dicono ora i Ministri Estensi, che la prima di esse non fù data da Ridolfo I. nell'anno 1256. cioè 17. anni prima, che salisse all'Impero, ma nell'anno 1276. da Ridolfo Vicario Imperiale; e che per isbaglio dello Stampatore vi fù riposto l'anno 1256. Doveano anche dire, che per isbaglio dello Stampatore vi fù attribuito il titolo d'*Imperadore* a colui, che altro non era, che *Vicario*. Ma quando ciò fosse accaduto in un sol luogo, potrebbe loro menarsi buono lo scampo; ma trovandosi non solamente nel Ristretto delle Ragioni Estensi; ma ancora nel Manifesto del Duca di Modana, dovrà attribuirsi lo sbaglio ad altri, che allo Stampatore. Oltre a ciò, dicono essi d'avere un diploma, in cui Ridolfo I. nell'anno 1281. confermò ad Obizo Marchese d'Este (e poteano aggiungere anche d'*Ancona*) *varj stati Imperiali*, de' quali ne lo avea investito in Ferrara il suo Vicario Ridolfo nell'anno 1256. ouvero, come oggi correggono, nell'anno 1276. e che *di queste* DUE *investiture fa anche fede Cintio Giraldi*. Lo hanno certo, cred'io, quel diploma, nel quale sono espresse alcune *Castella*; ma però tra esse non vi comparisce la Città di *Comacchio*, nè vi potea comparire per alcuna ragione politica, nè geografica. Noi però non abbiamo cercato, nè cerchiamo, se Ridolfo abbia investito Obizo da Este di *varj stati Imperiali*: ilchè nulla importa ai Ministri Pontificj; ma la quistione è unicamente sopra le Investiture individuali di *Comacchio*. E nel Ristretto e nel Manifesto non si parlò di DUE *Investiture* sopra gli *stati Imperiali*; ma di *tre* altre espressamente intorno a *Comacchio*: le quali oggi si riducono a niente. Sicchè dall'anno 755. in cui Comacchio venne in Signoria della Sede Apostolica, per

Mercurio to.3.p.114.

Osservaz. Cap. L. pag.76.

De Ferraria & Atestinis Principibus pagina 24.

MSS. Peregrini Prisciani.

attestazione d'Anastasio Bibliotecario, sino oltre all'anno 1300. la Serenissima Casa d'Este non pretende più di mostrarci alcuna sua Investitura Imperiale di Comacchio di tante, che ne avea. Nè alle sue pretensioni già punto suffraga, che altri lo abbiano posseduto fra quel tempo: imperciocchè non ha ella alcuna connessione co' Ravennati, co' Polentani, nè con altri vassalli della Santa Sede, i quali vi signoreggiarono per concessioni Pontificie, e non mai per investiture Imperiali. Laonde la medesima Casa d'Este non può oggi entrare nelle ragioni di essi, ancorchè ve ne fossero. Che se poi quel tempo, in cui ella non vi ebbe punto che fare, debba a' dì nostri supplirsi col preteso diritto Cesareo in quella Città non meno, che in tutto lo Stato della Chiesa, se ne discorrerà separatamente nella Parte IV.

XI.

Ministri Estensi confessano, che Giovanni VIII. signoreggiò Comacchio. Conseguenze, che d'indi ne nascono in favore della Santa Sede.

Osservaz. Cap. XIII. pag. 23.

Cap. XIV. p. 24.

Egli è cosa notabile ancora, che gli Autori delle Osservazioni, quantunque sieno molto facili ed inclinati a negare le cose più certe e indubitate; nulladimeno convengono meco, che il Pontefice Giovanni VIII. esercitò giurisdizione in Comacchio, conforme risulta dalla Lettera CLXVII. da lui scritta nell'anno 879. a Berengario Duca del Friuli. Convengono meco eziandio, che Giovanni Participazio Doge di Venezia spedì a Roma suo fratello per impetrare Comacchio dal medesimo Giovanni VIII. in tempo che Marino Conte, cioè Governatore di essa Città, se n'era usurpato il dominio. Ma però veggendo essi, che quel Marino non è più di Casa d'Este, come è stato supposto finora, nè figliuolo del finto Ottone da Este, infeudato di Comacchio da Lodovico II. come si cercava di far credere; tentano oggi con varj scampi di salvarsi dalle conseguenze, che nascono contra loro da questi due fatti, dicendo, che Giovanni VIII. vi esercitò quella giurisdizione, come Vicario Imperiale, e non come Sovrano, cui vogliono essere stato allora l'Imperadore, sul fondamento immaginario de' loro nuovi pensieri, facendosi a credere, che dall'aver esso Pontefice avuta l'autorità *di dare*

la

la Contea o il Ducato di Comacchio ad alcuno, quindi non segue già, che egli, e non l'Imperadore, fosse il Sovrano padrone di quella Città; e che *bastava, che egli fosse solamente Esarco e Vicario dell'Imperadore per poter mandare de' Governatori nelle Città, alla cura di lui commesse*. Così vanno ragionando gl'ingegnosi Autori delle Osservazioni. Ma s'egli è vero, che Giovanni VIII. non ebbe altramente giurisdizione in Comacchio, che come Vicario Imperiale, conforme pretendono, io vorrei ben sapere da loro e per qual cagione il Doge di Venezia fù così inconsiderato e semplice, che non ispedisse il fratello al Sovrano, e non al Vicario per ottenere Comacchio? Era forse la Repubblica di Venezia così al bujo degli affari d'Italia, e in particolar di Comacchio, confinante alle sue Signorie, che non sapesse discernere gli Stati dell'Imperadore da quelli della Santa Sede, tanto più poi, se tutto era di lui? Vorrei anche sapere in quali documenti ritrovino scritto, che il Doge di Venezia volesse chiedere al Papa di esser *Governatore* e *Rettore* di Comacchio; e non piuttosto di esserne assoluto Signore, *ex Romani Pontificis* LARGITATE, come si legge nella Cronaca Veneziana, già allegata nella precedente Scrittura? Che un Doge di una Repubblica Veneziana aspirasse ad esser *Governator* di Comacchio, appena egli pare, che possa cadere in mente di quegli stessi, i quali si vanno sforzando di trasformare il Papa in un Vicario Imperiale. Andrea Dandolo Doge di Venezia, molto bene informato degli affari de' suoi Maggiori, scrive, che il Doge Participazio spedì a Roma il fratello, *ut à Joanne Papa Comitatum Comacli* OBTINERET; cioè, secondo l'Autore della Cronaca Veneziana, *Comaclensem Comitatum ex Romani Pontificis* LARGITATE ACQUIRERE *cupiens*: il che vuol dire in buon linguaggio, per ottenere, non già il governo, ma la Signoria di Comacchio: la quale non potea darsi dal Vicario Imperiale, ma dal solo Sovrano. Ed essendosi cercato di ottenerla dal Papa, e non già dall'Impera-

Vedi pag. 13.

peradore; quindi ne segue, che la Repubblica Veneziana sapea molto bene, che il Papa, e non l'Imperadore, nè altri, era il Principe Sovrano di Comacchio. Il termine *largitas* ne' tempi bassi fù sempre usato per dinotare l'assoluta sovranità. LARGITATES *tam vestræ clementiæ, quam retro Principum* si legge nel Codice Teodosiano; e ne' Capitolari di Carlo Magno: *jubemus, ut in monasteriis, quæ ex nostra* LARGITATE *habent*. Così Gregorio V. concede Comacchio all'Arcivescovo di Ravenna *gratuita* LARGITATE, della qual concessione parlerò più innanzi. Così Benedetto VIII. in una Bolla data nell'anno 1013. a Guido Abate della Pomposa, con la quale da Principe sovrano lo investe di molti beni del Comacchiese col carico del peso annuo di *tre soldi* d'argento, *petistis a nobis*, dic'egli, *quatenus ex* NOSTRA LARGITATE, *nostroque* DONO *concederemus vestræ religiositati in Massarella, quæ vocatur Materaria, in Massa, quæ dicitur Caput Bovis terram & vineam, sicuti modo vos tenetis a* JURE *Beati Petri Apostoli &c.* Marcantonio Sabellico dice, che il Doge di Venezia fece quella spedizione del fratello a Roma, *ut Comacli* DOMINIUM, *illo auctore* (cioè Giovanni VIII.) *Veneto nomini vindicaret*; e Pietro Marcello afferma, che egli ricorse al Papa, *ut Comaclum Venetis concederet*. Laonde non occorre, che gli Autori delle Osservazioni si lusinghino d'infievolire la forza e il peso di questi fatti col giuoco ingegnoso della *podestà Vicariale* di conceder governi, finta da essi nel Papa; imperciocchè è cosa chiara, che il Doge di Venezia non dimandava, nè avea punto bisogno di dimandare il semplice governo di Comacchio, cui avea avuto Marino; ma bensì pretendea la Signoria stessa di Comacchio, la quale non avrebbe potuto ottenere da chi, secondo loro, non vi avea altra podestà, che la Vicariale; ma bensì da chi ne era il Principe Sovrano, cioè dal Sommo Pontefice.

Tit. XX. de Collat. donatarum L.4.

Capitularia Francorum to.2. pag.738. §.8.

Ex Archivo Cœnobii S. Benedicti Ferrariæ, capsula I.lit.A.

Rerum Venetarum Dec.I. lib.3. p.1112. to.2. Operum edit. Basileensis anni 1560.

De Vitis Principum Venetorum Cap.XV.

Non

Non lascerò quì d'auvertire l'astuzia del Pigna, il quale narrando il suddetto particolare del Doge di Venezia, stimò ben fatto d'alterarlo, perchè non era molto favorevole al sistema de' suoi racconti. Quindi egli non disse, che il Doge inviasse a Roma il fratello per ottenere il dominio di Comacchio dal Papa, come da quello, che ne era Sovrano; ma che avendo esso Doge disegnato *di assalire quella Città, e d'avere anche il Pontefice fautore a questo, per tanto inviò Badoaro fratello a Roma*. Ma se a ciò corrisponda la verità stessa del fatto, molto bene apparisce da quanto si è dimostrato. Io non istarò quì a fermarmi sopra quel che si legge nella Scrittura di Vienna, cioè, che gli Estensi erano padroni di Comacchio *prima di Giovanni VIII.* e che questi ricorse a Berengario, come a nemico degli Estensi. Somiglianti racconti si confutano col riferirgli; e ne son meco d'accordo anche gli Autori delle Osservazioni. Essendo perciò Giovanni VIII. Principe assoluto di Comacchio, per quanto risulta dalle accennate ragioni, non può esser discesa e passata in lui tal qualità da altri, che dai Pontefici suoi precessori, i quali già si sa, che ne ebbero il dominio: nè di questo ci lascia dubitare il Bibliotecario Anastasio, Adriano I. e Lodovico Pio, la Costituzione del quale è già stata da me giustificata e difesa. Se dunque abbiamo chiari e indubitati riscontri, che nel Pontificato di Giovanni VIII. Comacchio era della Sede Apostolica, e perchè mai non lo sarà stato ancora negli altri Pontificati, ne' quali gl' Imperadori, come Auvocati della Chiesa, hanno riconosciuto e giurato solennemente co' loro pubblici rescritti, che essa Città appartenea alla Santa Sede, siccome dopo Giovanni VIII. trà gli altri giurarono gl'Imperadori Ottone I. e Arrigo II. le Costituzioni de' quali sono tuttavia in essere?

XII. Narrazione intorno a Giovanni VIII. Principe assoluto di Comacchio, alterata dal Pigna.

Storia di Casa d'Este lib. I. pag. 49.

Risposta per il diritto Imperiale p. 44.

Gli Autori delle Osservazioni convengono meco eziandio, che Onorio II. nell'anno 1125. confermasse a Gualtiero Arcivescovo di Ravenna l'Esarcato, e Comacchio. Che

XIII. Atti di varj Pontefici sopra Comacchio, confessati per veri da' Ministri Estensi.

Oss. C.XXXIX. p. 59.

Che Innocenzo II. facesse il medesimo nell'anno 1133. Onorio III. nell'anno 1224. a Simeone, Gregorio IX. nell'anno 1228. a Teodorico, e Alessandro IV. nell'anno 1225. a Filippo. Questo certamente non è egli un conceder poco, dal che si vede, che non possono essi negare, che tutti questi Pontefici non abbiano esercitata la Sovranità loro in Comacchio, mentre con atti sì autentici di pubbliche Bolle ne hanno confermato il dominio alla Chiesa di Ravenna: il che non avrebbono mai fatto, senon ne fossero stati assoluti padroni. E quì non si tratta già di un solo Pontefice; ma di cinque; e dall'anno 1125. sino all'anno 1255. E questa loro Sovranità non potette essere stata trasmessa in loro da altri, che dai lor precessori, pigliando il principio almeno, almeno da Giovanni VIII. del quale abbiamo i fatti chiarissimi per consentimento della parte contraria. Che poi allora Comacchio non fosse nel distretto di Ferrara; ma in quello di Ravenna, siccome pare agli Autori delle Osservazioni; questa è un altra materia, la quale non fà, che Comacchio stesso allora non fosse sotto la Sovranità della Chiesa. Ma in ciò si vedrà di sciorre le loro difficoltà, giacchè in esso hanno riposte tutte le loro speranze.

XIV.

Comacchio pertinenza del Ferrarese, e in parte soggetto ai Ravennati.

Osserv. Cap. XXXIX. pag. 59. 60. 61.

Ma gli Autori delle Osservazioni mostrano di non saper comprendere, come Comacchio possa mai essere stato nel *distretto* di Ferrara, e poi soggetto nel medesimo tempo agli Arcivescovi Ravennati, come apparisce in atti autentici dall'anno 997. sino al 1472. cioè da Gregorio V. a Sisto IV. nel qual tempo *gli Estensi godeano il Vicariato di Ferrara*: il che, dicono essi, *non avrebbe fatto la Santa Sede, s'ella avesse creduto, che le Investiture del Vicariato Ferrarese portassero inchiusa la Città di Comacchio*. Ora io dico, che la Chiesa di Ravenna sempre o poco o troppo vi ha avuto che fare in Comacchio, non ostantechè fosse pertinenza antichissima del Ferrarese. Che una cosa non toglie l'altra, che le Bolle Pontificie in favore degli Arcivescovi di Ravenna

venna ebbero effetto, quantunque Comacchio stesse sottoposto al distretto di Ferrara; e che il tenore della prima Bolla di Gregorio V. fù riconosciuto per altre Bolle de' Successori, anche in tempo che quella Chiesa non vi possedea tutto Comacchio. Però Sisto IV. dopo riferita interamente quella d'Onorio III. nella sua conferma a Bartolommeo Cardinal Roverella Arcivescovo di Ravenna, fatta il dì 21. di Maggio dell'anno 1472. vi aggiunse la clausola: *per hoc autem nullum jus cuiquam de novo acquiri volumus*: con che fè vedere, che allora Comacchio non era tutto della Chiesa di Ravenna, e che non si dubitava, che fosse della Chiesa Romana; altramente il Roverella sarebbe ricorso all'Imperadore, e non al Papa, trattandosi di feudo e di dominio Imperiale. Nello Strumento di pace concluso tra Ferrara e Ravenna il dì 25. di Settembre dell'anno 1200. si legge questo articolo: *item Commune Ferrariæ debet habere in Civitate Comacli* OMNEM ILLAM JURISDICTIONEM & RATIONEM, *quam* RETRO ANTE *inceptam proximam guerram* HABUERUNT: & *Commune Ravennæ similiter debet habere in Civitate Comacli* TOTAM ILLAM JURISDICTIONEM, *quam* RETRO ANTE *inceptam proximam guerram* HABUERUNT. Di quì si vede, che l'esser Comacchio allora, e prima d'allora, ANTE *inceptam proximam guerram*, sotto la giurisdizione de' Ferraresi, non toglica, che vi avesser che fare anche i Ravennati. E per conto de' Ferraresi, noi vedremo di quì a poco, che Arrigo VI. nell'anno 1191. riconobbe, che Comacchio stesso era già pertinenza del Ferrarese, ed eravi stato assai prima di quel tempo. I Ministri Estensi, i quali hanno letto quello Strumento di pace presso Pellegrino Prisciano, benchè nella terza Scrittura si finga il contrario, ci doveano dire qual cosa si era da noi *taciuta*, *che nuocesse all'intento* nostro; se in proposito di Comacchio, non contiene egli altro articolo, che il già recitato, come essi certamente avranno veduto. Il Cardinal Benedetto Accolti Arcive-

Bulla Sixti IV. lib. X. fol. 192.

Vedi pag. 27.

Osserv. Cap. XXXVII. pag. 56.

Altra Lettera p. 20.

civescovo di Ravenna in virtù delle ragioni antiche della sua Chiesa, il dì 14. di Maggio dell' anno 1547. rinovò per 60. anni alla Badía Pomposiana di Comacchio la concessione di tuttociò, che nel Comacchiese tenea dalla Chiesa di Ravenna, e in particolare dell'Isola, e del porto di Volana con tutte le sue pertinenze, sotto carico di pagare il censo annuo di otto danari, e due sturioni di valuta di due ducati. Prima dell'Accolti avea rinovata la medesima concessione il Cardinal Roverella nell'anno 1487. il dì 7. di Maggio: e prima di tutti l'avea fatta l'Arcivescovo Gebeardo nell'undecimo secolo, e le scritture si conservano nell' Archivio della Chiesa di Ravenna. Ora, che il porto di Volana, situato nel Comacchiese, fosse nel distretto di Ferrara, lo prova il Prisciano con queste parole: *quod portus tam Primarii, Volanæ, quam Gauri, sint in* DISTRICTU FERRARIÆ, *apparet* PLUSQUAM *clare in charta XI. in secunda facie in principio*. Se questa carta, che è negli Archivi Estensi, fosse in man mia, io potrei dire qualche cosa di più. Ma però basta quanto ne dice il Prisciano.

Ex catastico Cancellariæ Archiepiscopalis Ravennæ num. XIII.

Ex Archivo Archiepiscopali Ravennæ capsula E. num. XII.

MSS. Peregrini Prisciani.

XV.

Comacchio nel distretto Ferrarese per documenti allegati dal Pigna, conformi al diploma d'Arrigo VI. malamente interpolato.

Gli Osservatori adoperano ogni arte ed ogni studio per iscansare la forza del diploma d'Arrigo VI. il quale riconobbe per cosa notoria, e indubitata, che nell'anno 1191. Comacchio era già compreso nel distretto di Ferrara, conforme si dimostrò nella precedente Scrittura. E tanto quivi gli Osservatori si dibattono, che non ne sanno uscire senza alterare il diploma, affinchè parli a modo loro. Ma egli è cosa notabile, che non si sieno punto auveduti qualmente, se vogliono alterare il diploma d'Arrigo VI. bisogna, che mettano mano ad alterare anche due Bolle Pontificie, nelle quali si descrive il distretto Ferrarese nel modo stesso, con cui lo descrisse Arrigo in quel suo diploma. E questo fatto non ci viene già egli attestato da uno Scrittore dipendente, o interessato per la Corte di Roma, e che perciò presso i Ministri Estensi patisca eccezione veruna; ma bensì da Giambatista

tista Pigna, attuale Ministro e vassallo della Serenissima Casa d'Este, *Filosofo valente*, *Legista*, *Storico*, *e Segretario*, al dire degli Autori delle Osservazioni: il qual *si presume*, *che abbia cavati i suoi scritti da vere e positive notizie*, come si afferma nella terza Scrittura; *Storico* finalmente *seguitato*, *e canonizzato da tanti del più gran nome*, *e che ha meritato d'esser trasportato in più lingue*, per testimonianza dell'Autore della Scrittura stampata in Vienna. Ora questo Storico sì autorevole presso gli Estensi, lesse le suddette due Bolle Pontificie non meno, che il diploma d'Arrigo VI. senza mai lasciarsi venire in pensiero, che non dicessero a modo suo, e che perciò gli bisognasse alterare o il diploma o le Bolle, affinchè parlassero diversamente dal modo onde parlavano. Quindi se i due Innocenzj, il III. e il IV. autori di quelle Bolle, descrissero, per fede ed attestato del Pigna, il *distretto* di Ferrara nella medesima guisa, con la quale era stato descritto da Arrigo VI. di quì ognuno ben vede, che allora Comacchio stava compreso entro il *distretto*, e la giurisdizione di Ferrara. Laonde svanisce tutto lo sforzo, che usano gli Osservatori per fare, che Comacchio, di parte integrante, che egli era, diventi confine estrinseco dello stato Ferrarese. Il diploma d'Arrigo VI. con le Bolle de' due Innocenzj si conserva negli Archivj Estensi, e il Pigna fedelmente l'allega. Il medesimo diploma in forma autentica ritrovasi pure in Roma, scritto son più di 400. anni addietro, onde non occorre pensar d'alterarlo, o interpolarlo con la speranza, che niuno se ne abbia ad accorgere, e che non si possa convincere il contrario con le Scritture autentiche alla mano. Ma non sarà egli mal fatto rapportare in questo luogo il testo sincero e legittimo del diploma d'Arrigo VI. a fronte del testo alterato insieme con l'interpolazione segnata in caratteri rossi, la quale turba il senso del diploma: e dal riscontro d'entrambi i testi sarà facile a ciascheduno il formar giudicio della verità.

Osserv. Cap. XLVIII. pag. 72.

Altra Lettera pag. 7.

Risposta per il diritto Imperiale p. 45.

Storia di Casa d'Este lib. 2. pag. 127. lib. 3. pag. 162.

Osserv. Cap. XXXVI. pag. 54.

Testo interpolato e tronco del diploma d'Arrigo VI.

Ad hæc concedimus prædicto Communi Ferrarienſi jurisdictionem, ipſos recipientes. Statuentes etiam, ut ſupradictus Bannus *ſeu diſtrictum in Civitate Ferrarienſi & extra Civitatem a mari uſque ad Tartarum. Item uſque ad medium portum Laureti. Item Comaclum cum ſuo Comitatu. Ex alio latere Padi uſque ad foſſam de Boſio. Ex alio latere Athesis a bucha veteri.*

Testo intero e legittimo del diploma d'Arrigo VI.

Ad hæc concedimus prædicto Communi Ferrarienſi jurisdictionem ſeu diſtrictum in Civitate Ferrariæ & extra Civitatem, a mari uſque ad Tartarum. Item uſque ad medium portus Laureti. ITEM COMACLUM CUM SUO COMITATU. *Ex alio latere Padi uſque foſſam de Boſio. Ex alio latere Atheſis a Bocca veteri & Salvaterra deſcendendo per Atheſim uſque ad diſtrictum Venetorum. Et ex alio latere a flumine veteri in tranſverſum uſque ad diſtrictum Bononienſem. Nominatim autem concedimus eis Pontem Ducis cum ſuis pertinentiis. Præterea regalia, quæ habemus vel habuimus inter prædictos terminos, ipſis concedimus, ſalvis appellationibus. Item omnia jura & conſuetudines, quas* HACTENUS INTRA *prænominatos* TERMINOS HABUERUNT, *eis* CONFIRMAMUS.

Quì

XVI.
Diploma d'Arrigo VI. non bene spiegato dai Ministri Estensi.

Quì non si parla di pena, di *multa*, o di *bando*, come vogliono gli Autori delle Osservazioni per dare altro senso a quelle voci *jurisdictionem seu districtum*, la seconda delle quali essendovi messa tre volte nel suo proprio e naturale significato, frequentissimo ne' diplomi, e negli Scrittori di quel tempo, si affaticano indarno per fare, che quella medesima voce abbia un altro senso sforzato, e differente dall' ordinario, pigliandosi poi anche la libertà di alterare i periodi interi del diploma contra l'evidenza di esso, contra l'attestazione del Pigna, e contra due Bolle Pontificie, da lui stesso allegate. Che poi in vece delle parole: ITEM *Comaclum* CUM *suo Comitatu*, si debba leggere: *Item* USQUE *Comaclum cum suo Comitatu*, siccome essi vorrebbono, ed anche l'Autore della terza Scrittura, non occorre, che io ne favelli in contrario, bastando il dire, che bisognerebbe similmente, che vi mettessero un *usque* nelle accennate Bolle de' due Innocenzj, che sono conformi al diploma d'Arrigo VI. e che levassero ancora dal diploma stesso quelle altre parole: CUM *suo Comitatu*; imperciocchè se con l'*usque* si piantasse il confine estrinseco del Ferrarese, e che mai avrebbono a farvi quelle parole CUM *suo Comitatu*? Arrigo in tal caso non avrebbe mai detto *Comaclum* CUM *suo Comitatu*; ma piuttosto USQUE *ad territorium*, ouvero *ad Comitatum Comacli*, affinchè Comacchio, e il suo territorio potessero stare per termine e confine della giurisdizione e del distretto, che egli conferma a Ferrara. Ma le particelle *item*, e *cum* rigettano ben tutti gli sforzi degli Osservatori, contra i quali fin già 60. anni vi aveano posti gli opportuni ripari i due insigni Giureconsulti, Felice Contelori, e Giovanni Ghini nelle loro Risposte alle Scritture Estensi. Per altro di questo diploma non ha bisogno di valersi la Camera Apostolica, senon per quello, che enuncia, come cosa antica, manifesta, e notoria, cioè, che Comacchio in quel tempo, e prima di quel tempo, quantunque avesse Contado proprio, e distinto, nulladimeno

Osserv. Cap. XXXVI. pag. 55.
Altra lettera p. 19.

Risposte alle Scritture Estensi pag. 68.
Defensio jurium Sedis Apostolicæ pag. 40. num. 274.

era soggetto con tutto il medesimo Contado al distretto, e alla giurisdizione Ferrarese, secondochè dinotano quelle parole *hactenus habuerunt*, e quel *confirmamus*, chechè si dica in contrario nelle Osservazioni, contro alle quali di nuovo si ragionerà più innanzi. E di vero egli si potrebbe anche dire, che Comacchio non solo dopo l'undecimo secolo fosse pertinenza del Ferrarese; ma che sempre e da' Pontefici, e dagl'Imperadori sia egli stato riputato per tale, se si riflette ad Anastasio Bibliotecario, il quale scrive, che Stefano II. inviò un suo Messo a ripigliar le Città, che Desiderio avea promesso di restituire: *quas Desiderius* REDDERE *promiserat*, e in particolare UNIVERSUM DUCATUM *Ferrariæ* IN INTEGRUM. Che quelle parole *universum*, e *in integrum*, come dinotanti alquanto di più, che la sola Ferrara, abbraccino anche Comacchio, pare, che lo spieghi il medesimo Autore, ove dice, che Desiderio si era usurpato DUCATUM *Ferrariæ seu* COMACLUM *de Exarchatu Ravennate*. Nella continuazione di Paolo Diacono, pubblicata da Federigo Lindenbrogio, e da altri, si legge il medesimo. Il Sirmondo nelle note a Sidonio osserva una differenza di que' tempi tra i *Ducati*, e le *Contee*, ed è, che i *Duchi* erano direttori di più Città, e i *Conti* di una sola: e che vi era *gradus quidam a Comitatu ad Ducatum*. Sicchè Desiderio nell'essersi usurpato *Ducatum Ferrariæ*, si era usurpato qualche altra Città ancora, e questa potette ben esser Comacchio, ivi espresso da Anastasio. Dunque Comacchio era sotto il Ducato, e il governo di Ferrara. Perciò anche il Rè Aistulfo in un diploma ad Anselmo Abate di Nonantola, già Duca del Friuli, e fratello di sua moglie, accoppia insieme *Ferrariam vel Comaclum*, come due Città connesse tra loro; e nel modo stesso le accoppiarono i Papi, e gl'Imperadori, anche per confessione de' Ministri Estensi, leggendosi mai sempre *Ferrariam, Comaclum* nelle Costituzioni Imperiali, fatte alla Chiesa, incominciando sin da quella di Lodovico Pio, e non mai *Ravennam, Comaclum*,

Osserv. C.XXXVIII. pag. 58.

In Stephano II. pagina 127. edit. Moguntina anni 1602.

In Hadriano I. p. 144.

Lib. 7. epist. 17.

Acta Sanctorum Ordinis S. Benedicti sæculo IV. par. I. pag. 9.

Osservaz. Cap. XLI. pag. 62.

clum, nè anche in tempo, che stavà in Signoria degli Arcivescovi di Ravenna: quantunque a questa Città egli fosse più vicino, che a Ferrara. Che se per caso in qualche altro diploma Cesareo si legge diversamente, si vedrà subito esser fatto per altri motivi. E quando i Papi nominando Ferrara, tralasciaron Comacchio, vi misero la clausola *cum ejus finibus*, come ve la mise Stefano II. nella Lettera VIII. del Codice Carolino.

XVII.

Storici Estensi espressamente asseriscono, che Comacchio è rinchiuso entro il distretto Ferrarese. Arrigo VI. e Federigo I. restituiscono l'usurpato alla Chiesa Romana.

Dunque Comacchio stà immoto e fermo entro il *distretto* Ferrarese per dichiarazione e riconoscimento d'Arrigo VI. nè gli altrui sforzi violenti gli potranno mai far mutar sito. E poi di un tale attentato richiama oltre al Pigna anche l'antico Storico Estense, e Ministro del Duca Ercole I. Pellegrino Prisciano, tante volte citato dagli Osservatori, e canonizzato con l'elogio di *accuratissimo Storico di Casa d'Este*: il quale ne' suoi manoscritti sotto il titolo, *quod portus Gauri sit de territorio & jurisdictione Ferrariæ*, scrive queste parole: *quæ tertio loco satis aperte & declarantur, & fortificantur ex confinibus Civitati & districtui Ferrariæ datis per Serenissimum Imperatorem Henricum VI. per privilegium suum anno Domini* 1192. (dovea dire 1191.) *in quo sic scribitur: a mari usque ad Tartarum. Item usque ad medium portum Laureti. In quo quidem privilegio demonstratur & Adrianum, & COMACLUM SUBESSE DISTRICTUI Ferrariæ*. Sicchè il Prisciano, il quale avea letto il diploma d'Arrigo VI. come stava, conoscea molto bene, che l'aver Comacchio il suo distinto e proprio Contado, non facea, che insieme con esso egli non soggiacesse alla giurisdizione, e al distretto Ferrarese. Gli Autori delle Osservazioni hanno bensì citato il titolo di questo medesimo Capo del Prisciano, adducendovi alcune parole del *numero secondo*; ma io non sò poi per qual cagione abbiano lasciato di dire ciò, che si contiene nel seguente *numero terzo*, da me fedelmente, e interamente recitato, con cui si distrugge la forza

Osserv. Cap. XCVI. pag. 146.

MSS. Peregrini Prisciani.

forza di tutte le loro asserzioni. Dunque il Prisciano, che registra, e cita le più insigni Scritture Estensi, non ebbe notizia, che Comacchio per veruna Investitura Imperiale, data ai suoi Signori, fosse escluso dal distretto Ferrarese, in cui egli lo incluse. Ne richiama in contrario anche Gaspero Sardi, il quale nella Storia di Ferrara, dedicata al Duca Ercole II. chiaramente confessa, che il suddetto diploma rinchiude Comacchio nel Ferrarese: *Enrico VI.* dic'egli, *diedevi per confine il mare, il Tartaro, Loreo,* CHIUDENDOVI *Comacchio, e il Comacchiese fino alla fossa di Bosio, e l'Adige fiume, da Salvaterra alle confini di Vinegia, che erano alla foce delle fossioni.* La medesima verità viene stabilita da Alessandro Sardi ove afferma, che Arrigo VI. con quel diploma INCLUDE *nella giurisdizione di Ferrara Comacchio col suo territorio.* Che questa Città sia nel distretto Ferrarese lo asserisce anche Celio Calcagnini, come vedrassi fra poco. E questi non sono già Autori sospetti, ma tutti interessati per la Casa d'Este, e non certo per la Santa Sede. Noi dunque non chieggiamo, che a noi si creda, ma agli Scrittori Estensi, che hanno parlato di questa materia quando era pura e vergine, e non per anco viziata. Si disse nella precedente Scrittura, che se Arrigo VI. con quel suo diploma si fosse usurpata qualche ragione e superiorità ne' luoghi della Chiesa, egli rivocò tutto nel seguente mese, allorchè fù incoronato in Roma da Celestino III. il che gli Autori delle Osservazioni hanno stimato proprio di tacere per aver campo di pronunciare, che egli *riconobbe Ferrara per Città Imperiale*, volendo far valere in tal guisa gli atti ostili e violenti per indubitate ragioni. Ma oltre alla suddetta ritrattazione d'Arrigo VI. per mezzo del giuramento da lui prestato a Celestino Pontefice, si potrebbe suggerire agli Osservatori stessi anche il suo Testamento, affinchè dovendo essi ragionare altre volte di queste materie, giacchè sono cotanto zelanti della gloria Imperiale quando si tratti di far contra la Chiesa

Lib. I. p. 33. ediz. I. del 1556.

Origine MS. del Ducato di Ferrara num. 32.

Vedi pag. 26.

Osserv. Cap. XXII. pag. 38.

Chiesa Romana, si compiacciano per onorevolezza degl' Imperadori Tedeschi di decantare non solamente gli atti, da lor praticati contro di essa; ma anche le solenni ritrattazioni, con le quali pubblicamente condannarono ed abolirono i medesimi atti con tanto decoro della loro dignità, nell'assumer la quale, in virtù de' patti antichi dell'Auvocazia, aveano giurato di fare l'opposto di quanto poi fecero in danno de' Sommi Pontefici, cioè di difendergli, e non di opprimergli, occupando loro gli Stati. Il Testamento d'Arrigo VI. si trova inserito nella vita d'Innocenzo III. pre- *Gesta Innocentii III.* posta dal Baluzio alla sua edizione delle Lettere di esso Pon- *pag. 10. §. XXVII.* tefice: da cui pure il medesimo Testamento è rammentato in *Lib. I. Epist. 230.* una lettera al Rè d'Inghilterra: e il Baronio lo ha posto ne- *Anno 1199. §. 7.* gli Annali Ecclesiastici. Quando egli fosse mai vero, che Comacchio allora non appartenesse al distretto di Ferrara, ma a quel di Ravenna, e che nè anche Ravenna appartenesse alla Chiesa, siccome gli Osservatori vorrebbono pur far cre- *Osserv. Cap. XXII.* dere altrui; ora per lo Testamento d'Arrigo VI. non si po- *pag. 37.* trebbe più dubitar del contrario, dachè egli ordina ivi, che il Ducato di Ravenna, la Marca d'Ancona, ed altre Signorie da indi in poi CUM SUIS PERTINENTIIS *in dominio Ecclesiæ remaneant*; confessando in tal guisa, che ingiustamente egli, e suo padre Federigo I. se ne aveano usurpato il dominio. Ma non è già questo l'unico attentato, che ci adducono gli Osservatori, senza poi far menzione veruna delle ritrattazioni fatte in contrario: imperciocchè parlano bensì, come *Osserv. Cap. XXII.* Federigo I. fece da padrone assoluto negli Stati Ecclesiastici, *pag. 37. 38.* quando fomentava lo scisma contra la Chiesa; ma poi tralasciano di far motto, qualmente i Pontefici ne richiamarono, siccome attesta uno Scrittore contemporaneo, di lui vassallo e aderente, cioè Guntero nel poema storico, detto *Ligurinus*, in cui tratta delle azioni di esso Imperadore, e che fù comentato, e dedicato alla Maestà di Ferdinando I. da Ja- *Scriptores German.* copo Spiegel. Ivi dunque i Legati del Papa sono introdotti *Justi Reuberi, lib. 9. pag. 422.*

a raa ragionare a Federigo nella ſeguente maniera in propoſito degli Stati da lui tolti alla Santa Sede:

Quicquid ad eximii recte Patrimonia Petri
Pertinuit dudum, poſſeſſio, ſive tributum,
RESTITUATUR *ei, Comitiſſæ terra Mathildis,*
Et Spoletanus ſub eodem jure Ducatus.
Quicquid ab excelſis Romanæ mœnibus urbis
Pendentem ſejungit Aquam, Ferraria, Maſſa.
Et cum Sardois uberrima Corſica campis
Pontifici Summo, PRISCO DE MORE *tributum*
Solvat & ANTIQUAS *juſto ſub canone leges.*

Tralaſciano eziandio gli Oſſervatori di parlare come il medeſimo Federigo giurò, e promiſe nella pace concluſa in Venezia con Aleſſandro III. di reſtituire alla Santa Sede tutto l'uſurpato, deputando Criſtiano Arciveſcovo di Mogonza all'eſecuzione dell'Accordo, come ſi legge negli Atti pubblicati dal Contelori: *pro* RESTITUENDIS *vero prædictis regalibus & ceteris poſſeſſionibus Eccleſiæ, illico eundem Moguntinum Pontifici aſſignavit, præcipiens ei ſub obtentu ſuæ gratiæ, ut* RESTITUTIONEM *ipſam infra tres menſes cum integritate perficeret.*

Concordiæ narratio inter Alexandrū III. & Fridericum I. pagina 192.

XVIII.

Si difende la viſita e deſcrizione di Comacchio, fatta dal Cardinal Anglico, ſiccome di luogo della Santa Sede, ſoggetto al Vicariato di Ferrara.

Ma ora accoſtiamoci alle altre particolarità, nelle quali gli Autori delle Oſſervazioni candidamente confeſſano di eſſer meco d'accordo, non avendo eſſi alcuna coſa da opporvi. Il Cardinale Anglico, deputato dal Pontefice Gregorio XI. per Vicario generale *in temporalibus* dello Stato della Chieſa nell'anno 1371. correndo l'Indizione IX. ne' meſi d'Ottobre e di Novembre preſe la deſcrizione di tutte le Terre, e Città Eccleſiaſtiche della Romagna, e anche di Comacchio, dove, come ho detto, non vi trovò più di cinquanta fuochi. Ma ſarà bene addurre le parole ſteſſe del libro della viſita, fattavi d'ordine ſuo:

Vedi pag. 27.

Civi-

Tenet D. Marchio de Ferraria.

Civitas Comacli sita est in provincia Romandiolæ *ultra Padum in vallibus* juxta *Comitatum Ferrariæ, submersa propter inundationem aquarum dictarum vallium. Est ibi Ecclesia Cathedralis, & aliqui habitant in dicto loco, in quo sunt focularia quinquaginta.*

Queste parole stanno scritte nel Codice Vaticano immediatamente dopo Ravenna: in margine alla cui descrizione si legge della stessa mano: *tenet D. Guido de Polenta*, il quale era vassallo della Chiesa non meno, che il Marchese di Ferrara, siccome apparisce dalle Investiture di quel Vicariato, concedute da' Pontefici a lui, e a' suoi posteri: le quali sono tuttavia in essere. Le parole *tenet D. Marchio de Ferraria*, vogliono dire: *il Marchese Niccolò d'Este, Vicario Pontificio di Ferrara, possiede Comacchio per Investitura della Santa Sede, come luogo compreso nel Vicariato, e nel distretto di Ferrara*. A questo fatto non hanno altro da opporre gli Osservatori, se non certe loro conghietture, o piuttosto indovinamenti, l'uno contrario all'altro; cioè a dire, o che il Cardinale *si rimise alla relazione di qualche altra persona*; *o che la visita fu clandestina*, *cioè senza saputa*, *e consentimento degli Estensi*, *i quali ne erano padroni con le ragioni dell'Imperio*, *e non della Chiesa*. Nella terza Scrittura non si nega il fatto, ma si crede, che auvenisse *inscio Cæsare*. Ma intanto noi abbiamo la visita e la descrizione fatta d'ordine di Gregorio XI. e del Cardinal Anglico, il quale avea il carico di farla: nè ci si mostra alcun documento, che le contrasti: e poco importa, se l'abbia fatta egli stesso, o l'abbia fatta fare da altri suoi Ministri, purchè sia stata fatta. E gli Autori delle Osservazioni troppo tardi oggi, cioè 340.

Osserv. Cap. XXXVII. pag. 56.

Altra Lettera p. 22.

 anni

anni dopo il fatto, si accorgono, *che la visita fu clandestina*. Sì veramente, perchè simili visite si fanno forse di notte, e in poche ore. E che riguardo mai si potette avere per farla *inscio Cæsare*, se Carlo IV. avea quattro anni innanzi giurato e protestato ad Urbano V. che Comacchio non era d'alcun altro, che della Santa Sede, e che egli in virtù de' patti antichi dell'Auvocazia, ne l'avrebbe sempre mantenuta e difesa in possesso reale, sovrano, e indipendente?

XIX. Pubblicità notoria e indubitata della visita di Comacchio, fatta dal Cardinal Anglico.

Il Cardinale Anglico era Legato di Bologna, e amico degli Estensi, i quali egli per ridurre in grazia della Repubblica Veneziana, di loro mal soddisfatta per alcune capitolazioni violate, andò personalmente a Venezia, dove ottenne per un anno la pace, come narra Cherubino Ghirardacci nelle Storie di Bologna. Le lettere, con le quali dal Pontefice egli era stato dichiarato Vicario generale delle Terre, e provincie della Chiesa in Italia, egli volle, che dopo il suo ingresso, e le solite cerimonie, alle quali intervenne il Marchese Niccolò di Ferrara con Ugone il fratello, si leggessero nel Consiglio generale di quella Città, raunato nel Vescovado in numero di quattromila persone. E con esso Marchese il Cardinale stette confederato per tutto il tempo della sua Legazione: tutte le quali cose fanno vedere, che la descrizione e visita di Comacchio del Cardinale Anglico, come di Vicario generale Pontificio, in tempo sincero ed alieno da ogni sospetto, si fece in virtù dell'antica sovranità della Santa Sede in Comacchio, allora posseduto dal Marchese Niccolò d'Este, come luogo soggetto al distretto Ferrarese in coerenza al diploma d'Arrigo VI. e alle due Bolle d'Innocenzo III. e IV. A questo fatto insigne, altre volte addotto dal Contelori, e dal Ghini, non vi fu chi si opponesse: nè mai alcuno con fondamenti legittimi si potrà opporre. E perciò quì ci va la conclusione del medesimo Ghini, appoggiata ai dettami de' Giureconsulti: *descriptio Civitatis Comacli facta inter alias Civitates & loca feudalia, probat, illam quo-*

Lib. 24. pag. 294.

Risposte alle Scritture Estensi pag. 94.
Defensio jurium pag. 45. num. 258.

quoque esse feudalem, cioè della Santa Sede. In principio del Codice Vaticano, ove sta registrata la suddetta visita di Comacchio, si asserisce, che esso libro contiene ordinatamente descritte, OMNES *Civitates Provinciæ* ROMANDIOLÆ appartenenti alla Chiesa Romana, *designatas & confinatas per loca & partes ipsius Provinciæ cum earum territoriis, Comitatibus & districtibus, ac confinibus ipsorum territoriorum & Comitatuum usque ad terminos & confines Tusciæ, Marchiæ Anconitanæ, Massæ Trabariæ, Lombardiæ, & maris Adriatici. Rocchas, castra & fortalitia, sita in dictis Civitatibus, & portas ipsarum Civitatum, quæ custodiuntur, & castra & fortalitia, necnon villas sitas in Comitatibus; & districtibus ipsarum Civitatum tam in plano, quam in montibus & confinibus supradictis & supra stratas magistras, passus & transitus quoscumque &c.* Io attenderò poi, che altri mi spieghi, come mai Carlo IV. nell'anno 1354. possa aver dato in feudo ai Marchesi d'Este Comacchio, mentre poi nell'anno 1370. fu egli riconosciuto, e realmente descritto per antica e indubitata Signoria della Chiesa dal Cardinal Anglico; e mentre dal medesimo Carlo IV. negli anni 1347. 1355. 1367. era stato espressamente nominato, come luogo non già di lui, nè d'altri, ma della Santa Sede: e non già con una semplice carta di Cancelleria, ma con quattro solennissimi diplomi, corroborati da lui stesso con pubblici giuramenti, prestati ai Pontefici.

Osservaz. Cap. XXV. pag. 44.

XX.

Comacchio nominatamente riconosciuto per Signoria della Chiesa sotto Martino V. Costituzioni Imperiali in favor di essa ebbero pienamente il loro effetto.

All'atto reale, e giuridico del Cardinal Anglico sopra Comacchio, se ne può aggiungere un altro, accaduto nel Pontificato di Martino V. in cui Delfino Abate di Casanova, dichiarato collettore *jurium, fructuum & proventuum* della Sede Apostolica nelle Terre e Provincie a lei soggette della Romagna, e dell'Esarcato, ebbe commissione di esequire il suo carico nominatamente in Comacchio *juxta traditam sibi a Sancta Sede Apostolica formam*, come apparisce dall'ordine datogli in Firenze il dì 3. di Agosto

Martini V. l.2. MS. diversor. fol. 133.

Osserv. Cap. XXVIII. pag. 46.

dell'anno 1419. da Lodovico Vescovo Magalonese, Luogotenente di Francesco Arcivescovo di Narbona, Camerlingo del Papa. Da ciò si vegga quanto riesca fortunato lo sforzo degli Autori delle Osservazioni, i quali pur vorrebbono far credere, *che per conto di quella Città* di Comacchio, *erano venute a restar senza effetto le donazioni e conferme fatte dagli antecedenti Imperadori alla detta Chiesa, e che dall'altro canto stimò l'Imperador Carlo IV. di dover continuar l'uso della Cesarea sovranità sopra Comacchio.* Che alcune donazioni private talvolta rimangano senza effetto, forse può darsene il caso; ma che poi tutti gl'Imperadori con tanta pubblicità, e col chiamare in testimonio tutto quello, che di più sagro ha la Religion Cristiana col mezzo di solenni ed autentici giuramenti, prestati a' Sommi Pontefici con animo deliberato di voler mantenere e difendere la Chiesa nel reale possesso, e nell'effettiva sovranità di Comacchio, e di tutti i suoi Stati, volessero di propria scienza, saputa, e volontà in tal guisa tutti schernire e deludere Iddio, e i supremi Capi della propria Religione, per fare un atto, che sapeano e conosceano di certo (per quanto si pretende nelle Osservazioni) non aver mai avuto, nè dover mai avere alcuno effetto, io per me non lo posso comprendere: e non sò con quanta riputazione, non dico di alcuni, ma di tutti gl'Imperadori ciò oggi si possa così liberamente asserire, come si asserisce dagli Autori delle Osservazioni, cotanto zelanti della gloria Imperiale: e ciò senza trarre nè meno da quel numero il religiosissimo Imperadore Ridolfo I. capo ed autore dell'Augustissima Stirpe Austriaca, e celebrato da tutti gli Scrittori nel pregio particolare della pietà, che sempre è stato a cuore a' suoi discendenti: onde con ragione dee parere strano l'udire a' tempi nostri, che chi ha preso a difendere i pretesi diritti Cesarei, faccia, che tutti gl' Imperadori sieno stati rei di sì enormi, ed esecrandi spergiuri, come oggi si divulga nelle Osservazioni.

Nè

XXI.
Costituzioni Imperiali in favore della Chiesa, tutte accompagnate da' giuramenti, e molto diverse dalle Investiture date a' particolari.

Nè io certamente saprei immaginare di qual morale si auvisino essi, che ne' secoli passati si servissero gl'Imperadori in materia di giuramenti, da' quali sempre furono accompagnate le loro Costituzioni e dichiarazioni intorno agli Stati della Santa Sede: le quali finalmente non sono una, nè due; ma sono moltissime, e moltissimi parimente sono gli atti, co' quali la Sede Apostolica ha disposto sovranamente di Comacchio: onde da questa moltitudine si dee necessariamente presumere l'effettuazione reale, siccome dai fonti della ragion civile deduce il Ghini. E in quanto ai giuramenti, egli è noto, che da'Cristiani, e in particolare da' Principi religiosi e difensori della Santa Sede, quale fù Carlo IV. e gli altri Imperadori, non si fanno sopra cose finte ed aeree, o per ischerzo, perchè ne' giuramenti il primo luogo si è quello della verità, cioè, che quanto si asserisce, sia vero, e che per tale sia creduto da chi giura; e ciò non già per conghietture leggieri, ma per certissimi argomenti; ladove per l'opposto le private Investiture, che si davano a'particolari, quali erano i Marchesi Estensi, finalmente non furono mai accompagnate da alcun giuramento nè tacito, nè espresso. Ma le Costituzioni, che gl'Imperadori in virtù della loro dignità d'Auvocati e Difensori della Santa Sede, fecero ai Sommi Pontefici, cioè a Dio, e alla sua Chiesa, furono tutte una per una, come ho detto, accompagnate da' giuramenti solenni, prestati pubblicamente. Laonde non c'è alcuna immaginabile parità tra una semplice Investitura privata, e le solenni Costituzioni Imperiali in beneficio della Chiesa Romana. Ed è cosa mirabile, come i Ministri Estensi non abbiano dubbio di pronunciare, che l'Imperadore dee levarle Comacchio, perchè ha giurato di mantenere le ragioni dell' Impero, quasichè nel ricevere la gran dignità Imperiale non avesse giurato di mantenere, e difender quelle della Chiesa, uficio connesso alla medesima dignità. Ed essi Ministri poi usano tutti gli sforzi per far comparire spergiuri tutti i passati

Defensio jurium pag. 53. num. 300.

Osserv. Cap. LXVIII. pag. 100.

ſati Imperadori, tanto Auſtriaci, che non Auſtriaci, i quali hanno giurato per sè, e per li ſucceſſori (come ſi legge nelle Coſtituzioni di Ridolfo I.) di mantenere Comacchio nel dominio della Chieſa Romana: le quali Coſtituzioni ſono ſempre ſtate intorno agli Stati, non d'altrui, ma già proprj della Santa Sede ſino da' tempi di Pippino, come è notiſſimo, poichè tutte le medeſime Coſtituzioni ſi riferiſcono alla prima di eſſo Pippino. Di più le Inveſtiture Eſtenſi ſono fatte eziandio ſopra coſe affatto aliene, e da più ſecoli in attual ſignoria e potere d'altrui, e non già degl'*Inveſtiti*, conforme ne abbiamo un eſempio molto notabile nelle medeſime Inveſtiture Eſtenſi, nelle quali ſi continua a porre le due Terre d'*Eſte*, e di *Rovigo*, quantunque ſino già da tre ſecoli addietro i Signori Veneziani pacificamente e legittimamente le poſſeggano per li due titoli principaliſſimi, ricevuti dal ſagroſanto diritto delle genti, cioè *jure belli*, & *pactionibus*. Il perchè non ſarebbe gran maraviglia, ſe nella medeſima guiſa vi aveſſero fatto inneſtare anche Comacchio, ſiccome pretendono, che vi ſi legga, quantunque ſino da dieci ſecoli addietro egli ſia ſtato ſempre in ſovrana Signoria della Chieſa per tanti e tanti titoli, ricevuti altresì dal ſagroſanto diritto delle genti: i quali titoli non hanno potuto giammai eſſer eſtinti nè da dedizioni o ribellioni, nè da preſcrizioni o preteſi poſſeſſi Eſtenſi, come ſi moſtrerà eſpreſſamente nella Parte II. E ſiccome alla prudenza e penetrazione de' Signori Veneziani non può mai cadere in penſiero, che dall'inſerimento d'*Eſte*, e di *Rovigo* nelle Inveſtiture Eſtenſi poſſa mai naſcere alcun pregiudicio al giuſto dominio di tre ſecoli, che eſſi ne hanno; così la Sede Apoſtolica non dee temere, che le ſue ragioni autenticate per tutti i verſi per lo ſpazio di dieci ſecoli, poſſano rimaner mai vulnerate, ancorchè nelle medeſime Inveſtiture da qualche tempo addietro, come aſſeriſcono, vi foſſe mai ſtato intruſo Comacchio, ſenza ſua giuridica ſaputa e conſenſo.

H. Grotius de Jure belli & pacis lib. 2. cap. 9. §. II.

Quanto

XXII.

Celio Calcagnini difendendo Alfonso I. contra Giulio II. attesta espressamente, che Comacchio è situato entro il territorio Ferrarese.

Vedi pag. 30.

Quanto ho detto fin quì in conseguenza de' fatti, e de' fondamenti particolari, ne'quali gli Autori delle Scritture Estensi meco sono d'accordo, dachè non gl'impugnano, ma gli dissimulano, e gli lasciano passare senza veruna contradizione, resta auvalorato dalle pubbliche asserzioni di Celio Calcagnini, da me già addotte nella precedente Scrittura, e da essi pure destramente dissimulate, e perciò confessate per incapaci di risposta. Il Calcagnini dunque di patria Ferrarese, e vassallo del Duca Alfonso I. veggendo il suo Signore in disgrazia di Giulio II. che lo avea dichiarato ribelle, e scomunicato, perchè tra le altre cose egli si era arrogata l'autorità di fabbricar sale in Comacchio, e di aggravare tirannicamente i Comacchiesi contra le convenzioni, scrisse una Apologia per lo medesimo Alfonso I. indirizzata a Giulio II. nella quale cercò di giustificarlo, e difenderlo da tutti i delitti, de' quali era stato dichiarato reo dal Pontefice. E nel particolare della fabbrica del sale in Comacchio egli non nega già, ma per lo contrario confessa, manifesta, e dichiara, che Comacchio sta situato entro il distretto, Contado, e territorio di Ferrara; tanto è lontano, che pensasse mai a dire (come però dovea dire, se fosse stato vero) che essendo Comacchio feudo Imperiale, e separato dal distretto di Ferrara, il Pontefice non poteva attribuirgli a delitto il fabbricar sale in quel luogo. Io reciterò quì le parole del Calcagnini, degne di gran riflessione: *an vero quod* IN AGRO FERRARIENSI *legatur* (cioè il sale) *hoc est quod iniquo animo pateris? Quæ, obsecro, invidia est,* POPULUM FERRARIENSEM *ea re fraudari, quæ omnibus animantibus naturæ sponte proposita est? Quod tantum crimen admisit, quod flagitium populus, de Sanctissima Sede perpetuo benemeritus, qui & tibi olim quum ad Petri fastigium nondum esses evectus, & fortunæ injuria vexareris, tutum hospitium tranquillumque secessum præbuit?* Si osservi come il Calcagnini considera Comacchio (dove si fabbricava il sale) non

Operum p. 534. edit. Basileen. anni 1544.

non come Signoria Imperiale, e separata di Casa d'Este, quale oggi si vorrebbe far comparire; ma come parte integrante del Ferrarese, e come dipendenza propria e notoria di quella Città. Questa è una pubblica attestazione di un uomo insigne in letteratura, famigliare, soggetto, e difensore del Duca Alfonso I. e che come Ferrarese sapea ottimamente lo stato politico e geografico di Comacchio, e che scrisse nel fervore stesso della controversia, non con animo di pregiudicare, ma di difendere le ragioni del suo Signore in tempo, che niuno avea per anco pensato a viziare questa materia. Ecco dunque Comacchio entro il territorio, Contado, distretto, e nelle dipendenze di Ferrara, *in agro Ferrariensi*. Quando ancor fosse vero, che ne' secoli addietro quella Città ne fosse stata allevolte separata, forse non basterebbe questa insigne testimonianza a provare, che dopo fu ricongiunta al Vicariato Ferrarese? Certamente il Calcagnini non la collocò egli allora di suo capriccio entro il territorio di Ferrara, nè gliel'avrebbe mai lasciata collocare il Duca Alfonso I. senon vi fosse già stata di natura sua realmente collocata. E dove mai giaceano in quel tempo nascoste le pretese Investiture Imperiali di Comacchio, poichè non si lasciaron vedere? E perchè mai il Calcagnini parlò in senso totalmente contrario al tenore di quelle Investiture, che si ricantano da sessant'anni in quà? Parla ben egli diversamente dal modo, con cui si parla da' Ministri Estensi de' giorni nostri, i quali dicono francamente, che *Comacchio* NON FU MAI *del* DISTRETTO, *e della giurisdizione della Città di Ferrara: e perciò non può dirsi compreso nelle Investiture del Vicariato Ferrarese*. Quando le parole *in agro Ferrariensi* non vogliano dir veramente *nel territorio*, *contado*, *e distretto di Ferrara*, ma qualche altra cosa diversa, egli sarà vero senza altro quanto essi dicono. E già io mi aspetto di udire anche questo da chi oggi ha trovato, che *donatio* non vuol dir *donazione*, e che *restitutio* non vuol dir *restituzione*.

Osserv. Cap. XXXV. pag. 53.

Osservaz. Cap. III. pag. 8.

Ma

XXIII. Fondamenti, e ragioni, che ebbe il Calcagnini di porre Comacchio nel territorio Ferrarese.

Ma perchè non si dica, che l'asserzione del Calcagnini sia stata arbitraria, casuale, o impensata, veggasi poco innanzi a quel luogo, ove mette Comacchio e le sue saline *in agro Ferrariensi*, come egli ragionando delle due Terre di Cento e della Pieve, quantunque fossero anch'esse soggette al Duca Alfonso I. non meno, che Comacchio, non le colloca già egli nel territorio di Ferrara, come vi avea collocato Comacchio; ma bensì in un altro, cioè in quello di Bologna, *in agro Bononiensi*; tanto matura, considerata, e studiata si è la descrizione fattane dal Calcagnini! il quale dachè rammemora più oltre l'Investitura di Ferrara data da Clemente VI. ad Obizo figliuolo d'Aldobrandino da Este, egli viene per conseguenza a supporre per cosa indubitata, che con essa Investitura fossero stati investiti i Maggiori d'Alfonso ancor di Comacchio, situato nel Contado di Ferrara, *in agro Ferrariensi*; giacchè nella medesima Investitura (secondo il tenor della quale camminarono le seguenti) il Papa dichiarò d'investire Obizo, e i suoi successori non solo della Città di Ferrara; ma anche di tutto ciò che allora si riputava compreso entro il suo territorio, distretto e Contado, ouvero che da essa Città era dipendente; confessando Obizo in quella Investitura alla presenza del Vescovo di Bologna, *quod dicta Civitas Ferrariensis, ejusque* COMITATUS & DISTRICTUS CUM PLENO DOMINIO, & OMNIBUS JURIBUS & PERTINENTIIS *eorum, necnon & mero & mixto imperio, jurisdictione omnimoda & potestate:* AB ANTIQUO INTEGRE & PLENE *pertinuerunt &* NUNC *pertinent ad Romanam Ecclesiam*: e di vantaggio confessando eziandio, *quod ipse Dominus Opizo & quondam Dominus Nicolaus frater ejus in jurisdictione & potestate, dominio ac mero & mixto imperio Civitatis &* COMITATUS *ac* DISTRICTUS *prædictorum jus aliquod* NON *habuerunt*, NEC *idem Dominus Opizo habet*, eccettuatene le sole case, e possessioni particolari, che egli vi tenea, come gli altri Cittadini Ferraresi: le quali cose non aveano punto che fare con la

Pag. 533. *Pag. 538.*

giurisdizione, col dominio, e con la Signoria *Civitatis, Comitatus & districtus prædictorum*, come ivi si esprime. Promette in oltre Obizo di reggere e governare la detta Città di Ferrara, il suo Contado, territorio, distretto, e le sue dipendenze, non già con Istatuti, e leggi nuove, dagli Estensi formate, o da formarsi; ma bensì *secundum jura, Statuta, & consuetudines Civitatis ejusdem*, siccome ivi espressamente vien dichiarato. Sicchè trovandosi, che gli abitanti di Comacchio sono stati governati con lo Statuto medesimo di Ferrara, ilche non negano, nè possono negare i Ministri Estensi, egli ne viene per cosa certa, che furono governati, come compresi nel Contado e distretto Ferrarese, *in Comitatu & districtu Ferrariensi*, come cantano le Investiture, ouvero *in agro Ferrariensi*, per usare la formola più latina del Calcagnini. Per la qual cosa non regge la risposta data altre volte da' Ministri Estensi a questo punto rilevantissimo, poichè non potendo essi negare il fatto, come troppo evidente, procurarono di sottrarsene con affermare, che gli Statuti di Ferrara *si osservavano in Comacchio, perchè i Principi voleano, che si osservassero*. Voleano certamente, che *si osservassero*, perchè lo richiedeva il debito, e l'obbligo espresso da essi contratto nelle prime Investiture. Nè *voleano* già, che *si osservassero*, come Statuti lor proprj, e da essi formati; ma bensì come Statuti municipali de' Ferraresi, di già fino da' tempi antichissimi approvati, riformati, e confermati dalla Santa Sede, Sovrana di tutto il Ferrarese, e delle sue dipendenze; imperciocchè Giovanni XXII. in una Bolla data in Avignone il dì 3. di Settembre dell'anno 1317. ordina ai Vescovi d'Arras, e di Bologna, e ad Aimerigo Arcidiacono Turonese, suoi Nuncj, che fattisi consegnare gli *Statuti* e le *Costituzioni* di Ferrara, debbano correggerle, e riformarle: *illa corrigere & reformare, ipsisque addere ac detrahere, prout secundum Deum & justitiam, ac honorem nostrum & Ecclesiæ Romanæ, dictæ Civitatis statui prospero expe-*

Ristretto delle Ragioni Estensi p.161.

Regesta MSS. Joannis XXII. an. I. & II. fol. 241.

expedire videritis. Di questi *Statuti municipali* di Ferrara fa menzione anche Alessandro VI. nella nuova Investitura data ad Ercole I.

Risposte del Contelori alle Scritture Estensi in fine pag. 4.

XXIV.

Statuti di Ferrara stesi in Comacchio dagli Estensi per obbligo espresso di vassallaggio, e non per loro privata elezione.

Osserv. C.XLVI. p. 70. Altra Lettera p. 23.

Dunque gli Autori delle Osservazioni con poco lor frutto ci mettono innanzi le vecchie riflessioni di già 60. anni, come vien fatto anche nella terza Scrittura. Ma giacchè ci dicono, che i suddetti Statuti furono in uso anche nell'altre Signorie de' Duchi di Ferrara, le quali non dipendeano dalla Santa Sede, egli sarà bene auvertirgli a non confondere gli Statuti formati da' Duchi di Ferrara con gli Statuti da loro non formati, ma che erano antichi, municipali, e proprj della sola Città di Ferrara e delle sue pertinenze assai prima, che gli Estensi l'avessero ottenuta in Vicariato con l'obbligo e col carico espresso di governare quella Città e tutto il suo Contado, distretto, e le sue pertinenze secondo i diritti, le consuetudini, e gli Statuti della medesima Città, *secundum jura* STATUTA & CONSUETUDINES *Civitatis ejusdem*. L'aver poi voluto Alfonso II. nell'anno 1561. (e non prima, al riferire de' Ministri Estensi) dilatare questi medesimi Statuti municipali di Ferrara negli altri suoi Stati, non diminuisce punto l'importanza di quello, che ne nasce dall'avergli i suoi Maggiori sempre stesi in Comacchio; perchè questa estensione fu da essi fatta per debito espresso di vassallaggio incaricato loro nelle Investiture Pontificie, e non già di lor propria elezione ed arbitrio; ladove per lo contrario se Alfonso II. distese i medesimi Statuti anche negli altri suoi Stati, che non riconoscea dalla Chiesa, nol fece per obbligo ingiuntogli da' Pontefici, ma per sua elezione privata, e per suo riguardo politico, trovando quegli Statuti adattati al regolamento degli altri suoi sudditi, (se non vi fu altro mistero) dalla qual cosa non v'hà chi pretenda tirarci conseguenza veruna in favore della Santa Sede.

Ristretto delle Ragioni Estensi p. 161.

XXV.

Comacchio compreso nelle Investiture del Vicariato Ferrarese, e soggetto alla giurisdizione di esso.

Storia d'Italia l. 9. p.414. ediz. del Giolito dell'anno 1567.

Osserv. C.XLV. p.67.

Or chi non vede, che Giulio II. con molta ragione disse d'aver *trovata nelle Scritture della Camera Apostolica l'Investitura fatta da' Pontefici alla Casa d'Este della Terra di Comacchio*, come riferisce Francesco Guicciardini, e si ridice nelle Osservazioni con questa chiosa: *ma questa Investitura siccome cosa, che non fu mai in rerum natura, nè potè allora, nè potrà mai prodursi per giustificare la pretensione di Papa Giulio*. Ma se il Guicciardini non dice il falso, certamente Papa Giulio diceva il vero affermando di aver trovata la medesima Investitura, perchè era quella stessa del Vicariato di Ferrara: e per questo egli ebbe ragione di far quello che fece dappoichè ebbe *giustificati i fondamenti*, che avea di farlo: e questa verità non è taciuta dal Guicciardini stesso ove scrive, che *della Sedia Apostolica era il diretto dominio di Ferrara, e di Comacchio*. Il perchè con molta ragione, come si disse, in pubblici strumenti registrati ne' libri Censuali della Camera Apostolica sotto gli anni 1502. e 1506. leggesi, che il Duca Ercole I. e suo figliuolo Alfonso I. pagarono il solito censo, ciascun di loro, *uti Ferrariæ Dux & in* NONNULLIS ALIIS CIVITATIBUS, *Terris & locis pro Sancta Romana Ecclesia Vicarius generalis*. Questa espressione, la quale certamente non è posta a caso, ed abbraccia senza alcun dubbio Comacchio, fu registrata in tempo, che questa materia era ancor vergine e pura, cioè innanzi alle controversie, che poi nacquero tra Giulio II. e Alfonso I. ed ella è registrata per atti e decreti pubblici, e non già per arbitrio di qualche Ministro Camerale, come oggi suppongono gli Autori delle Scritture Estensi. Ma in questo luogo io stimo ben fatto, anzi necessario inserirci i medesimi atti pubblici tutti interi, come stanno registrati ne' libri originali de' Censi pagati alla Camera Apostolica. Ecco dunque il primo atto, che riguarda il Censo pagato da Ercole I. ad Alessandro VI. per mezzo di Beltrando Costabile suo procuratore, essendo Camerlingo di Santa Chiesa il Cardinale Rafaello Riario.

Pag. 403.

Vedi pag. 29.

Risposte del Conteslori pag.63.

Gbinii defensio jurium pag.46. n.262.

Osservaz. Cap.XLII. pag.63.

Altra Lettera p.21.

Liber MS. Censuum Cameræ Apostol. ab anno 1492. ad annum 1518. fol.56. & 68.

RA-

I.

RAPHAEL

Sancti Georgii Diaconus Cardinalis, Domini Papæ Camerarius.

Universis & singulis, ad quos præsentes nostræ literæ pervenerint salutem in Domino.

UNiversitati vestræ notum facimus per præsentes, quod cum Illustrissimus Dominus Hercules Estensis Ferrariæ Dux, in eadem & NONNULLIS ALIIS CIVITATIBUS, Terris & locis pro Sanctissimo Domino Nostro Papa & Sancta Romana Ecclesia in temporalibus Vicarius generalis juxta tenorem & formam literarum Apostolicarum remissionis Census sibi per Sanctissimum Dominum Nostrum Papam auctoritate Apostolica factæ, singulis annis ducatos centum auri in auro de Camera eidem Sanctissimo Domino Nostro, & Sanctæ Romanæ Ecclesiæ, ac Cameræ Apostolicæ pro Censu & recognitione Dominii, Ducatus, ac CIVITATUM, Terrarum, & locorum prædictorum in festo Beatorum Apostolorum Petri & Pauli de mense Junii solvere teneatur, prout in dictis literis sub datum XVI. kalendas Octobris Pontificatus ejusdem Sanctissimi Domini Nostri anno decimo, in dicta Camera registratis, plenius continetur; hinc est, quod præfatus Illustrissimus Dominus Hercules Dux & Vicarius pro solita obedientia & reverentia erga Sanctam Sedem Apostolicam, Sanctamque Romanam Ecclesiam, ac pro Census satisfactione, & recognitione Dominii, Ducatus, CIVITATUM, Terrarum & locorum prædictorum unius anni in festo Beatorum Apostolorum Petri & Pauli proxime præterito præsentis anni 1502. finiti, dictos ducatos centum ipsi Cameræ, Reverendo Patre Do-

Domino Hadriano Castellensi, Electo Herfordensi, Sanctissimi Domini Nostri Papæ Secretario domestico, Cameræ Apostolicæ Clerico, & eorumdem Sanctissimi Domini Nostri & Cameræ Apostolicæ generali Thesaurario pro eis recipiente, per Reverendum Patrem Dominum Beltrandum Costabilem Protonotarium Apostolicum, Oratorem & Procuratorem suum, per manus Domini Stephani de Ghinusiis & Sociorum Mercatorum Senensium, Romanam Curiam sequentium, die datarum præsentium realiter & cum effectu solvi fecit, ut patet ad ordinarium introitum præfatæ Cameræ libro X. *folio* 106. *De quibus quidem centum ducatis, sicut præmittitur solutis & receptis, eundem Dominum Herculem Ducem & Vicarium, ejusque heredes, & successores ac bona de mandato &c. & auctoritate &c. tenore præsentium quietamus, absolvimus, & perpetuo liberamus. In quorum fidem &c. Datum Romæ in Camera Apostolica die* VIII. *Augusti millesimo quingentesimo secundo, Pontificatus Domini Alexandri Papæ VI. anno decimo.*

R. Hadrianus &c. Thesaurarius.

Visa V. Episcopus Interamnensis.

Bo. de Montefalco.

Il secondo atto è parimente del medesimo Cardinal Riario, e riguarda il Censo pagato a Giulio II. nell'anno 1506. da Alfonso I. figliuolo e successore di Ercole I. per mezzo pure di Beltrando Costabile suo procuratore.

R A-

II.

RAPHAEL

Sancti Georgii Diaconus Cardinalis, Domini Papæ Camerarius.

Universis & singulis &c.

UNiversitati vestræ notum facimus per præsentes, quod cum Illustrissimus Dominus Alphonsus Estensis Ferrariæ Dux, in eadem, & NONNULLIS ALIIS CIVITATIBUS, Terris, & locis pro Sanctissimo Domino Nostro, & Sancta Romana Ecclesia in temporalibus Vicarius generalis juxta tenorem & formam literarum Apostolicarum remissionis Census sibi per felicis recordationis Alexandrum Papam VI. auctoritate Apostolica factarum, singulis annis ducatos centum auri in auro de Camera eidem Sanctissimo Domino Nostro, & Sanctæ Romanæ Ecclesiæ, ac Cameræ Apostolicæ pro eo Censu & recognitione Dominii, Ducatus, ac CIVITATUM, Terrarum, & locorum prædictorum in festo Beatorum Apostolorum Petri & Pauli de mense Junii solvere teneatur, prout in dictis literis sub datum XVI. kalendas Octobris, Pontificatus ejusdem felicis recordationis Alexandri Papæ VI. anno decimo, in dicta Camera registratis plenius continetur; hinc est, quod præfatus Illustrissimus Dominus Alphonsus Dux & Vicarius pro solita obedientia & reverentia erga Sanctam Sedem Apostolicam, Sanctamque Romanam Ecclesiam, ac pro Census satisfactione, & recognitione Dominii, Ducatus, CIVITATUM, Terrarum & locorum prædictorum unius anni in festo Beatorum Apostolorum Petri & Pauli proxime præterito præsentis anni 1506. finiti, dictos ducatos centum ipsi Cameræ, Reverendo Patre Domino Henrico Bruno Ar-

Archiepiscopo Tarentino, Sanctissimi Domini Nostri Papæ Secretario & generali Thesaurario pro eis recipienti, per Reverendum Patrem Dominum Beltrandum Costabilem Protonotarium Apostolicum, Oratorem & Procuratorem suum die datarum præsentium realiter cum effectu solvi fecit, prout patet ad ordinarium introitum præfatæ Cameræ libro III. *folio* 85. *De quibus quidem centum ducatis, sicut præmittitur solutis & receptis, eundem Dominum Alphonsum Ducem & Vicarium, ejusque heredes & successores citra præjudicium jurium in spiritualibus & temporalibus dictæ Cameræ super dictis* CIVITATIBUS, *Terris & locis quomodolibet competentium, de mandato &c. & auctoritate &c. tenore præsentium quietamus, absolvimus, & perpetuo liberamus. In quorum &c. Datum Romæ in Camera Apostolica sub anno a Nativitate Domini millesimo quingentesimosexto, Indictione* IX. *die vero* XXVIII. *mensis Junii, Pontificatus Sanctissimi in Christo Patris Domini Julii Papæ II. anno tertio.*

R. Henricus Tarentinus Thesaurarius generalis.

Visa F. Armellinus.

M. de Campania.

Questi due atti sono oltremodo considerabili, perchè vengono da tempi non sospetti, e precedenti a' dispareri, che poi nacquero tra Giulio II. ed Alfonso I. per le saline di Comacchio; e perchè il primo di essi atti fu fatto nel Pontificato d'Alessandro VI. il quale avea data nuova Investitura alla Casa d'Este con tutto il maggior vantaggio della medesima: onde da tali atti apparisce, che in quella Investitura fu compreso Comacchio in quelle parole, che ivi si leggono: *Civitatem Ferrariæ, ac ejus territorium & districtum*. E gli atti pubblici del Censo pagato spiegano abbastanza le voci ed il senso pro-

Risposte del Conteleri alle Scritture Estensi in fine pag. 2. col. 1. lin. 10.

proprio, e naturale della Investitura. Quindi presso a quelle parole *& in nonnullis aliis Civitatibus* ci va l'illazione legale del Ghini: *dispositio generalis habetur pro speciali, immo pro singulari quando ad* UNUM *casum tantum referri potest*. Dunque gli Autori delle Osservazioni si lusingano indarno di scansar questo fatto col dire, che i Papi aveano dichiarato in *tutte* le Investiture sino all'anno 1500. d'investire gli Estensi solamente *in nostra Civitate Ferrariæ*, quando appunto questa sola espressione accoppiata a quell' altra, che indispensabilmente nelle Investiture Pontificie di sua natura le segue, *ejusque* COMITATUS *&* DISTRICTUS *cum pleno dominio & omnibus suis juribus &* PERTINENTIIS; basta senz'altro ad autenticare, e a giustificare quanto apparisce registrato ne' pubblici strumenti inseriti ne' libri Censuali della Camera Apostolica, poichè si è provato, che Comacchio, rinchiuso in que' termini *nonnullis aliis Civitatibus*, era *pertinenza* antica di Ferrara, e sottopposto alla *giurisdizione* Ferrarese, espressa con la voce *districtus*: della quale ragionando gli Autori delle Osservazioni fanno vista di non sapere, che ella significhi la *giurisdizione*, che si esercita nelle Città, e ne' lor territorj e dipendenze materiali, e suppongono, che voglia dire il *territorio* stesso materiale del continente, per poi inferirne, che perciò *sarebbe stato strano* il dire nel diploma d'Arrigo VI. *di concedere il distretto* (cioè secondo essi il territorio materiale) *in Civitate Ferrariensi & extra Civitatem*; talchè per levare alla voce *districtus* il suo proprio e naturale significato vorrebbono concludere col favore dell' interpolazione da me segnata con caratteri rossi, che la medesima voce in quel diploma stesse in vece di *pœna*, e non già di *judicium*, o d'altra simile, che dica il medesimo che *jurisdictio* secondo la mente di Arrigo VI. il quale dicendo *jurisdictionem* SEU *districtum*, con la seconda parola egli intende di spiegare la prima. Già di questo *distretto* si è ragionato di sopra. Ma contuttociò

Defensio jurium pagina 46. n. 263.

Osservaz. Cap. XLII. pag. 63.

Osserv. Cap. XXXVI. pag. 55.

Vedi pag. 25. 86.

tociò essendosi nell' antecedente Scrittura allegato semplicemente il Glossario del Ducange, ora quì si potranno addurre anche gli esempli per torre altrui il comodo di farvi nuove Osservazioni: DISTRICTUS, dice quell'insigne Scrittore, *territorium feudi*, *seu tractus*, *in quo Dominus vassallos & tenentes suos* DISTRINGERE *potest*. Si legge ivi in una Bolla di Benedetto IX. dell'anno 1033. *maneantque ibi sub judicio &* DISTRICTU *vestro*. Nel libro 2. *de Feudis* tit. 54. *qui allodium vendiderit*, DISTRICTUM & JURISDICTIONEM *Imperatoris vendere non præsumat*. Più sopra il Ducange avea detto, che *districtio*, sinonimo di *districtus*, era il medesimo, che *justitia exercendæ facultas*; e *distringere* lo stesso, che *compellere ad aliquod faciendum per multam*, *pœnam*, *vel capto pignore*; ed anche *punire*, *coercere*, *animadvertere*, *judicio & sententia litem dirimere*. Laonde quel tratto di paese, quel territorio e quel Contado, nell' ampiezza del quale si esercitava l'atto del *distringere*, cioè il *punire*, *giudicare*, e *decider* le liti, venne poi nelle Investiture, negli strumenti, e ne' diplomi a chiamarsi *districtus*, e in Italiano *distretto*, per dinotare tutta quella contrada e paese, entro cui si poteva esercitare la giurisdizione, e *distringere*, cioè giudicare, punire, gastigare, e decider le liti. Perciò quel luogo del diploma d'Arrigo VI. in cui si legge, che i Ferraresi hanno JURISDICTIONEM *seu* DISTRICTUM *in Civitate Ferrariæ & extra Civitatem*, s'illustra, e si spiega col libro *de Feudis*, e con ciò che sta scritto nelle Investiture di Ferrara, date da' Sommi Pontefici a' Signori Estensi.

Cangius in Glossario.

XXVI. Giustificazione degli atti sovrani esercitati da Giulio II. in Comacchio.

Le cose da me dette sin quì dietro alla scorta degli strumenti pubblici, e degli Scrittori Estensi per far vedere, che Comacchio fu sempre riputato del distretto Ferrarese al tempo de' Vicarj e de' Duchi, ora mi chiamano a considerare la maniera onde si cerca sfuggire il peso degli atti sovrani praticati da Giulio II. contra Alfonso I. per cagion delle

delle saline da lui fabbricatevi, giacchè i Ministri Estensi non si oppongono alla verità de' medesimi atti, ma solo cercano di sfigurargli con varie loro spiegazioni e racconti. Dicono dunque essi, che il fatto fu vero, ma che Alfonso *protestò* SEMPRE, *che Comacchio era feudo Imperiale, ed esserne stata la sua Casa* SEMPRE *investita da' Cesari soli, e non aver egli obbligazione alcuna con la Santa Sede di astenersi dal fabbricar ivi il sale.* Aggiungono di più, *che questa sua protesta per buona ventura fu anche registrata da Giulio II. nella Bolla fatta contro di lui.* Ricorrono anche all'autorità del Guicciardini, che scrisse, avere Alfonso risposto a' suoi amici quando il confortavano a ubbidire a' comandamenti del Papa, che egli non potea farlo *per non pregiudicare alle ragioni dell'Impero, al quale appartenea il dominio diretto di Comacchio.* Ora egli è da sapere, che i delitti, che mossero Giulio a dichiarare Alfonso I. ribelle e scomunicato, furono molti, e che tutti stanno espressi nella Bolla, come motivi reali, e non pretesti. Nè io voglio quì farne un catalogo per non uscire in cose lontane da Comacchio, come hanno voluto uscirvi gli Autori delle Osservazioni. Dirò bensì, che egli era un *pretesto*, e una mera invenzione il dirsi da Alfonso di non potere ubbidire al Papa *per non pregiudicare alle ragioni dell'Impero*, il quale niuna affatto ve ne avea in Comacchio, nè alcuna allor se ne vide comparire alla notizia del mondo nè per parte del Duca Alfonso, nè per parte dell'Imperadore Massimigliano. Non volea Alfonso desistere dal farvi il sale, perchè non gli tornava a conto il desistervi: e per non trovar egli espresso Comacchio nominatamente nelle Investiture Pontificie de' suoi Maggiori, si lusingava di dover uscirne vittorioso col dire, che non lo avea da' Sommi Pontefici. Ma intanto non seppe mai mostrare da chi altro lo avesse. Una dunque delle cose rinfacciate da Giulio II. ad Alfonso si fu questa, che avesse ardito col braccio della protezione del Re di Francia *in grave*

Osservaz. Cap. XLV. pag. 66.

Storia d'Italia lib. 9. pag. 414.

Osservaz. Cap. XLV. pag. 67.

damnum ejusdem Romanæ Ecclesiæ ſal in Comitatu Comaclenſi, ad dictam Eccleſiam LEGITIME PERTINENTE, *quod ipſe* IMPUDENTER NEGARE NON ERUBESCIT, *fabricari facere, gabellas & angarias, ſive portoria augere, & nova pedagia & angarias imponere & exigere.* Queſto, diſſi, faceva Alfonſo, prevalendoſi della protezione del Rè di Francia, allora nemico del Papa. Che ſe poi quel Rè lo proteggeſſe per zelo di mantenere le ragioni dell'Impero, io laſcio che altri lo giudichi. Io leggo in tanto nelle Lettere di Pietro Martire Anglerio, ſcritte in quel tempo ſteſſo, la confermazione di quanto ho narrato, ſenza però vedervi alcun motto intorno alle ragioni dell'Impero, nè alle Inveſtiture Imperiali, nè alle ricantate proteſte Ceſaree contra gli atti Sovrani del Pontefice, nè intorno ad altre coſe immaginate dopo quel tempo. In una di eſſe Lettere ſcritta il dì 13. di Agoſto 1510. tra le altre reità d'Alfonſo egli mette la ſeguente: *ſalinas præterea* NOVAS *in Pontificis* IGNOMINIAM, *ipſo* INVITO, MONENTEQUE, *ne* JUS PONTIFICII FISCI *labefactaret, ne jacturam ejus in ſui commodum quæreret, conſtruxiſſe conqueritur.* PER TERMINOS CITATUS JURIDICOS *coram Cardineo Senatu, niſi ad Pontificium, Cardineumque tribunal de ſe* RATIONEM REDDITURUS *acceſſerit, in* CONTUMACEM *agetur.* Di quì ſi vegga, ſe Alfonſo fu citato, o nò, a dir ſue ragioni, e ſe vi fu alcun ſognato *preteſto* per la lega di Cambrai. Nella Lettera ſeguente dell'ultimo Agoſto ridice il medeſimo: *& ſtructas ſalinas in Pontificis* IGNOMINIAM *& Eccleſiæ* DETRIMENTUM CONTRA JUS FEUDI, *ſtatuat exercere.* Gli atti del Pontefice furono pubblici a tutta la Criſtianità, nè ſe ne vide alcuno dell'Imperadore in contrario: nè Alfonſo ſteſſo vi ſeppe trovar fondamento immaginabile per farvene alcuno, che aveſſe colore di ragione. E ſe Comacchio foſſe ſtato veramente feudo Imperiale per la ſerie continuata di tanti ſecoli addietro, come ſi pretende da 60. anni in quà, io non credo certo, che tal coſa aveſſe dovuto eſſere allora naſcoſta, non dico ad Al-

Petrus Martyr Anglerius l.23. ep.442. 443.

Oſſervaz. Cap.XLV. pag.67.

Alfonso, ma nè anche a tutta Roma, talchè si avesse voluto entrare in una risoluzione somigliante contro di lui per un feudo manifestamente Imperiale, e non Pontificio: il che si potea subito chiarire tanto per parte del Duca, che dell'Imperadore. Nè a Celio Calcagnini, il quale, come si è detto, divulgò in tal congiuntura la difesa di Alfonso, cadde mai nel pensiero di salvare la disubbidienza del suo Signore con allegare le ragioni dell'Impero, come però in tutti i modi avrebbe dovuto allegarle, se in realtà Comacchio fosse stato feudo Imperiale, e non della Chiesa, di cui egli chiaramente lo tenne quando disse, che stava situato *in agro Ferrariensi*: alla quale asserzione in niuna delle tre Scritture Estensi viene opposta cosa veruna; ma ella si dissimula, e si trapassa col non darle alcuna risposta, perchè si riconosce incapace di averla.

XXVII.
Sovranità esercitata da Giulio II. in Comacchio riconosciuta da Alfonso I. per giusta e legittima.

Paolo Giovio, che fu famigliare d'Alfonso, di cui anche scrisse la Vita, come dirassi, in quella del gran Gonsalvo di Cordova parlando di questo fatto, dice le seguenti parole: *Ceterum ab Alphonso Julius,* TANQUAM *a* BENEFICIARIO *Pontificii imperii, salinarum jura, quæ sunt in Padusis ad Comaclum, repetebat. Ejus salis vectigal Alphonsus, quod sibi magno esset emolumento, armis defendendum existimavit, fretusque Gallorum auxiliis, non uno in loco Pontificis copias cæcidit: qua injuria permotus Pontifex, Alphonsum diris interdictoque persequitur.* Quì io non ci veggo alcun motto nè di ragioni, nè d'Investiture Imperiali, nè certamente il Giovio era uomo da tacerle, quando mai vi fossero state. Nella Vita d'Alfonso egli annovera i gravami, che Giulio avea ricevuti da lui, tra'quali uno si era, *quod* CONTRA LEGES *inter Pontifices & Atestinos Principes ex concessione* BENEFICIARII JURIS RITE *latas & constitutas, salis legendi facultatem* USURPARET *ad Comaclum, quod est opidum inter Padusas, salinis opportunum, magno quidem Pontificii vectigalis detrimento.* Nella Vita di Leon X. dice, che Giulio si staccò

Lib.3. pag.264.

Pag. 16. edit. Florentinæ anni 1550. apud Torrentinum.

Lib.2. pag.36.

si staccò dalla lega di Luigi XII. *quod Alphonsum Atestinum, qui a Romanis Pontificibus Ferrariam beneficiario jure obtinebat, adversus se tuendum, defendendumque suscepisset, quum ille, terra Gallis, & Pado amne ab se profligatis Venetis, in Padusa salinas maximi proventus* USURPASSET, *neque in his rebus voluntati Pontificis* OBTEMPERARET. Così il Giovio non una, ma *tre volte* racconta il fatto stesso, non mai parlando di ragioni Imperiali. Che se poi Giulio in far queste sue risoluzioni contro di Alfonso, ebbe altri pensieri in capo, ciò non pregiudica al caso nostro, poichè in tanto sappiamo, che gli atti suoi auvennero in faccia di tutto il Mondo. Il medesimo Giovio riferisce, che Alfonso in sua difesa adducea, che i Pontefici non gli avessero totalmente vietato il far saline in Comacchio, e che esibiva di rimettersi al giudicio de' Ministri Camerali del Papa: *de Comaclensibus autem salinis*, QUIBUS NON PLANE *esset* INTERDICTUM, *diserte & cumulate ita satisfaciebat, ut se staturum judicio collegii quæstorum Pontificii ærarii polliceretur*. Queste parole furono volgarizzate nella seguente maniera da Giambatista Gelli, il quale tradusse quella Vita ad istanza del Giovio, dedicandola a' tre legittimi figliuoli d'Alfonso: *del sale fatto in Comacchio non essendogli stato interdetto il farlo, se ne giustificava gagliardamente con offerire un certo dazio, ed oltre a questo, promettere di starne ad ogni giudicio de' Cherici di Camera*.

Vita Alphonsi pag. 17.

Vita d'Alfonso p. 45. ediz. di Venezia del 1597.

XXVIII.

Alfonso I. non addusse alcuna ragione Imperiale sopra Comacchio contra gli atti Sovrani di Giulio II.

Osservaz. Cap. XLV. pag. 67.

Dunque la ragione, con cui si difendeva Alfonso, secondo il Giovio, era che non gli fosse stato interamente vietato da' Papi il far saline in Comacchio; e non già, che Comacchio fosse feudo Imperiale. E pure gli Autori delle Osservazioni dopo addotte le ultime parole del Giovio, recitate quì sopra, come favorevoli a' loro divisamenti, vi pongono questa coda: *dal che si può facilmente conoscere quanto fosse certo il Duca della forza del diritto Imperiale, e della debolezza della pretensione Pontificia ſopra Comacchio*. Dio buono! E dove mai ha parlato il Giovio *della forza del diritto Imperiale*? Coſa mai ſi può eſtrarre dalle ſue parole, che non ſia totalmente contraria al preteſo *diritto Imperiale*? La forza di tutte le ragioni d'Alfonſo I. conſiſteva in dire, che non gli foſſe ſtato eſpreſſamente vietato il far ſaline in Comacchio, *quibus non plane eſſet interdictum*, o come volgarizza il Gelli, *non eſſendogli ſtato interdetto il farlo*, cioè il ſale; ma non mai, che Comacchio foſſe dell'Imperadore: il che apparirà maggiormente dalle coſe, che ſi diranno appreſſo. E tal ragione del Duca era in riſpoſta a quella del Papa, riferita dal Guicciardini: *comandò imperioſamente ad Alfonſo, che deſiſteſſe da fare lavorar ſali a Comacchio, perchè non era conveniente, che quel che non gli era lecito fare quando i Viniziani poſſedeano Cervia, gli fuſſe lecito, poſſedendola la Sedia Apoſtolica, di cui era il diretto dominio di Ferrara, e di Comacchio*. Ora a queſti detti del Papa altro non ſi riſpondea da Alfonſo I. ſenonchè gli era *lecito*, e non *del tutto proibito* il far ſale in Comacchio. Nè dicea già, che foſſe feudo Imperiale, comechè il Guicciardini racconti, che il diceſſe a' ſuoi amici, a' quali potea dire e queſte ed altre coſe; ma non perciò ne ſegue, che foſſero vere. E ſe fu vero queſto ſuo detto, (che da niun altro è narrato, fuorchè dal Guicciardini) altro fondamento certamente non ebbe, che il non ritrovarſi Comacchio *eſpreſſamente* nominato nelle Inveſtiture Pontificie di Ferrara: la debolezza del qual motivo già ſi è da noi manifeſtata abbaſtanza. E non ſolamente il Cardinale Ippolito fratello del Duca, per la cui lontananza reggeva il Ducato di Ferrara, ubbidì agli ordini Pontificj, facendo *a Comacchio ruinare que' luoghi, dove faceano quegli uomini il ſale*, *così* COMANDANDO IL PAPA, come atteſta Gaſpero Sardi; ma il Duca ſteſſo ancora riconobbe poſcia ancor egli il ſuo torto, *offerendo di dare* al Papa *i ſali fatti a Comacchio, e d'obbligarſi, che non vi ſe ne lavoraſſe in futuro*, allo ſcrivere

Storia d'Italia lib. 9. pag. 325. ediz. I. dell'anno 1561. in Firenze per Lorenzo Torrentino in-foglio.

Pag. 403. ediz. del Giolito.

Storie Ferrareſi l. 11. pag. 215. ediz. III. dell'anno 1646.

vere

vere del Guicciardini: il qual dice ancora, che non avea il Pontefice Giulio *altri amici certi, che i Viniziani*, e che *la diligenza e fatiche usate* da lui *con Cesare per alienarlo dall' amicizia del Rè di Francia, e indurlo a concordia co'* VINIZIANI, *appariano del continuo più inutili, perchè Cesare quando l'esercito del Pontefice si mosse contra il Duca di Ferrara*, VI AVEA MANDATO (cioè a Venezia) *un Araldo a protestare, che non lo* MOLESTASSERO (cioè i Veneziani): *ed essendo andato in nome del Pontefice Costantino di Macedonia per trattare tra lui, e i* VINIZIANI, *avea ricusato udirlo*. Quì taluno avrebbe ragione di maravigliarsi oltremodo, come mai nelle Osservazioni si sia potuto affermare, che *non mancò lo stesso Imperadore Massimiliano di sostenere il suo proprio diritto* (sopra Comacchio) *avendo mandato* A ROMA *un Araldo a protestare, che non molestassero il Duca di Ferrara, siccome attesta* (dicono essi) *il Guicciardini*. Queste parole ci son pure nelle Osservazioni? E pure il Guicciardini chiaramente attesta, che quell'Araldo fu mandato a' Signori Veneziani, e non mai al Papa, nè *a Roma*; tanto egli è certo, che quella spedizione non potette riguardare in guisa veruna le pretese ragioni Imperiali sopra Comacchio! Se poi in tal maniera debbano informarsi *i Prelati della Corte di Roma*, e il pubblico delle ragioni Estensi, io ne rimetto ad altri il giudicio. Intanto della Storia del Guicciardini per buona ventura ci sono varie impressioni e nell' originale Italiano, e in altri linguaggi, e non sarà egli mal fatto, se io reciterò quì la traduzione latina delle suddette parole nel modo, che l'hà fatta Celio Secondo Curione, per vedere, se mai questo interprete le avesse intese per avventura, come sono state intese nelle Osservazioni: *Pontificis diligentia laboresque in Cæsare a Galliæ Regis amicitia alienando & ad concordiam* CUM VENETIS *adducendo, positi, in dies inutiliores apparebant: quippe Cæsar cum Pontificius exercitus in Ferrariensem profectus est, fecialem, qui*,

Storia d'Italia lib.9. pag.335.341. ediz.I. di Firenze. Pag.415.423. ediz. del Giolito.

Osserv. Cap. XXV. pag.67.

Lib.9. pag.860. edit. Basileensis anni 1567

qui, ne ei ESSENT MOLESTI *denunciaret, miserat, & Constantinum Macedonem Pontificis nomine ad pacem inter Cæsarem &* VENETOS *tractandam missum, Cæsar audire noluit*. Ora senza molta difficoltà ognuno ben vede, se la *protesta* di Massimigliano intorno a Comacchio possa mai trarsi dalle Storie del Guicciardini: e perciò giustamente si dee credere, che queste pretese ragioni Estensi e Imperiali sieno nate dopo le controversie tra Giulio II. e Alfonso I. Certo è, che Paolo III. nella Bolla, con la quale nel 1538. dichiarò di rintegrare Ercole II. del Ducato di Ferrara, già ricaduto alla Santa Sede per la sentenza pubblicata da Giulio II. contra Alfonso I. suo padre, la quale fu poi rinovata sotto Clemente VII. per aver Alfonso contrauvenuto al giuramento di fedeltà, apertamente asserisce, che Giulio dichiarò devoluto *Vicariatum Ferrariensem cum omnibus & singulis* CIVITATIBUS, *castris, opidis, terris & feudis*, che apparteneano *ad dictam Romanam Ecclesiam*: nelle quali parole che si comprenda Comacchio, io non credo, che niuno lo metta in dubbio. Lascio ora giudicare ad altri, se Massimigliano nell'anno 1509. precedente agli atti praticati da Giulio II. potette avere investito di Comacchio Alfonso I. ed anche Ercole I. nell'anno 1494. come si legge in tutte e tre le Scritture Estensi, benchè in quella di Vienna si dica fatta l'Investitura d'Alfonso I. nell'anno 1506. e non già nel 1509. come si legge nelle altre: onde io non so come gli Autori tra loro si accordino, senon ricorrono agli errori di stampa, come sono ricorsi per salvare le altre pretese Investiture di Ridolfo I. sopra Comacchio. Intanto noi sappiamo, che tre anni prima che Alfonso movesse contro di Giulio II. collegandosi col Rè di Francia a'danni della Sede Apostolica, il Pontefice essendo allora di esso ben soddisfatto per essere stato da lui assistito, secondo il suo debito di vassallo, nella liberazione di Bologna dalla tirannia de' Bentivogli, s'interpose alle preghiere d'Alfonso presso l'Imperadore Massimigliano,

Risposte del Conteleri alle Scritture Estensi in fine pag. 15. col. 2.

Osserv. Cap. XXX. pag. 49.
Altra Lettera p. 13.
Risposta per il diritto Imperiale pag. 55.

Brevia MSS. Julii II. anno IV. fol. 469. 470.

gliano, affinchè gli confermasse l'Investitura de' feudi di Modana e Reggio, che tenea dall'Impero, la qual conferma gli venìa negata: e ne fece efficacissima istanza a Massimigliano con un Breve de' 5. di Ottobre 1507. senza però mai dire una sola parola di Comacchio: *desideramus*, dic'egli, *ut nostra commendatione exaudiatur, & quod de Investitura Civitatis Mutinensis & Regiensis petit a tua Celsitudine & citius & facilius consequatur. Hortamur igitur Majestatem tuam & toto cordis affectu requirimus, ut eundem Ducem Majestati tuæ & sacro Romano Imperio deditissimum & fidelissimum nostra contemplatione voti compotem reddere velis & eidem ostendere officium, & obsequium, quod in Nos & Sanctam Romanam Ecclesiam contulit, tibi quoque, qui es ejusdem Ecclesiæ Advocatus, jucundissimum esse. Nam si de censu & aliis rebus suis aliqua ambiguitas esset, nostro vel Legati nostri judicio stare paratus est & quicquid judicatum fuerit, usque ad minimum, benignè persolvere.* Nel medesimo tenore egli scrisse al Cardinal Bernardino di Carvajal suo Legato Apostolico presso Massimigliano, ricordandogli d'avergli raccomandato prima della sua dipartita il negozio della conferma per Alfonso dell' Investitura *Civitatum Mutinensis & Regiensis, quas Romani Imperii obtinet censu*. Se allora si pretendea, che Comacchio ancor egli fosse feudo Imperiale non meno, che Modana e Reggio, e perchè mai Giulio II. non fu supplicato dal Duca Alfonso a scrivere all'Imperadore anche per esso, in quella guisa, che fu supplicato a scrivere per le altre due Città, che tenea dall' Impero? Era pure Comacchio una *Città*, che avea il suo *Contado, e distretto*, conforme si esagera nelle Osservazioni? E perchè dunque il Papa non prega l'Imperadore, che confermi ad Alfonso anche l'Investitura di Comacchio? Non per altro sicuramente, senon perchè nè a lui, nè ad alcuno in quel tempo cadea nel pensiero, che Comacchio non appartenesse alla Santa Sede, come dipendenza del Ferrarese.

Osservaz. Cap. XLI. pag. 61.

Per

Per maggior conferma della verità di questi fatti, egli è bene aggiungere, che il Duca Alfonso dopo seguita la morte di Leon X. pubblicò un Manifesto latino (il quale comparve poi anche stampato in Italiano) diretto all'Imperador Carlo V. e agli altri Principi Cristiani, del qual Manifesto fa menzione Bonaventura Pistofilo Segretario d'Alfonso nella sua Vita. Con esso intese il Duca d'informare il Mondo de' pretesi aggravj fattigli da quel Pontefice, e tra gli altri di quello d'averlo obbligato a non far sale in Comacchio; però senza mai far motto veruno, che fosse feudo Imperiale. Bensì egli protesta, che le due Castella, del Finale e di San Felice, sieno di sua ragione, *come appare*, dic'egli, *per l'Investitura, che ne ho dal prefato Imperadore Massimiliano*. Ora, dico io, se protestò Alfonso d'avere l'Investitura Imperiale di quelle due Castella, e perchè mai si dimenticò egli di parlare anche di quelle di Comacchio, se veramente le avea, mentre di essa Città principalmente vi si trattava, il cui affare per sua confessione era il maggiore, che avesse con Roma, poichè il non far sale in Comacchio gli *fu di molto peso, e d'inestimabil danno*, se vogliamo dar fede a lui stesso nel suo Manifesto, il quale fu subito pubblicato in Roma in Italiano insieme con la Risposta de' 6. Gennajo 1522. Questa poi col Manifesto stesso fu allora stampata in Firenze da' Giunti, ed anch'ella fu indirizzata all'Imperador Carlo V. Nella medesima si dicono ad Alfonso queste parole: *andaste a toglier protezione di Principi estranei, della quale insuperbito accresceste dazj e gabelle, pubblicaste leggi ed editti* CONTRA LA GIURISDIZIONE *del* VOSTRO SUPREMO SIGNORE. *Presumeste voler fare il sale, che mai essi Signori Veneziani non vi aveano permesso, a' quali non eravate suddito, e contra il* DIRITTO *del vostro natural Principe in tanto pregiudicio della Camera Apostolica voleste quelle* REGALIE, *che sono riservate a'* SUPREMI *Signori in tutti i Regni, e parti del mondo*, con quel che segue, il tutto ben degno

XXIX. Sovranità della Chiesa in Comacchio pubblicata senza opposizione veruna nella Risposta al Manifesto d'Alfonso I. diretta a Carlo V. *Vita MS. d'Alfonso I. Cap. 50.*

Manifesto d'Alfonso I. contra Leon X.

Risposta al Manifesto d'Alfonso I.

gno di esser veduto da chi nella Scrittura Estense di Vienna è stato vago di ridire per veri gli strani racconti del Manifesto d'Alfonso, dissimulandovi, io non so per qual fine, la Risposta fatta in contrario: nel che se vi sia la buona fede, io lascio, che altri ne giudichi. Più oltre si asserisce in essa Risposta al Manifesto d'Alfonso, che i Signori Estensi al tempo dello scisma del Bavaro non sazj d'aver usurpata Argenta, USURPARONO *ancor Comacchio e Lugo*: e poi si torna a dire, che *Alfonso, il qual si obbligò di non far sale a Comacchio, non fece obbligazione di cosa, che fosse in sua libertà; che nè di* RAGIONE, *nè per* CONSUETUDINE *ve lo potea fare, nè mai per l'avanti l'avea fatto egli, o i suoi Maggiori, oltra l'esser Comacchio Terra della* CHIESA, COME FERRARA, *ed il far sale non meno, che il distribuirlo*, REGALIE *riservate a'* SUPREMI SIGNORI. Io non sò certo, se si possa parlare più chiaro.

Risposta per il diritto Imperiale p.48.

XXX.

Badìa della Pomposa nel Comacchiese giustamente levata ad Alfonso I.

Osserv. Cap. XLVI. pag.68.

Lettera sopra le ragioni del Duca di Parma contra la presa di Castro pagina 207.

Gli Autori delle Osservazioni hanno veduto citarsi questa Risposta in una Lettera (l'Autor della quale fu il Contelori) sopra le ragioni del Duca di Parma contro alla presa di Castro, ed hanno attribuita la medesima Risposta a Leon X. quando però fu scritta in sua difesa dopo la sua morte, ed ivi in quella Lettera del Contelori ella non è nè anco stampata, come essi però dicono, ma solamente allegata. Questo però poco importa. Alfonso in quel suo Manifesto tra gli altri aggravj, che pretendea essergli stati fatti, vi avea noverato anche quello d'essergli stata tolta dal Pontefice *una ricca Prepositura* (cioè la Pomposa) *che era* (secondo lui) *ed è juspatronato di Casa mia*. Ma gli fu ivi risposto, *che mai per Casa sua fu nè fondata, nè amplificata, perchè la possa dir esso suo juspatronato*: la qual cosa è verissima per quanto si è dimostrato nella precedente Scrittura, senzachè in alcuna delle tre Estensi se ne parli in contrario. Onde il Pigna, che avea facilmente veduta la suddetta Risposta, potea far di meno di scrivere, che ne fosse stato l'autore Ugone da Este verso l'anno 950. Ciò egli credette, perchè in

Vedi pag. 50.

Storia di Casa d'Este lib.I. pag.52.

in un diploma d'Arrigo III. alla Badía della Pomposa dato in Potfelt il dì 16. di Settembre dell'anno 1045. avea letto, che *Ugone Marchese* l'avea arricchita, supponendo egli per certo, che non pochi personaggi del decimo e dell'undecimo secolo, che nell'Italia si trovano aver avuto il titolo di *Marchio*, benchè senza cognome alcuno, dovessero esser senza altro dell'inclita Casa Estense, come si potrebbe mostrare aver egli supposto di molti altri: la qual cosa non occorrerebbe accennare, quando si fosse tralasciato di trarre fondamenti per li Serenissimi Estensi da questi fonti, come sempre si è fatto. Quell'Ugone fu Marchese di Toscana, fondò molte Badíe, e tra le altre anche quella della Vangadiccia. Fu figliuolo d'Oberto bastardo d'Ugone Rè d'Italia, già Conte di Provenza, e perciò ne' suoi diplomi egli dice di vivere secondo la *legge Salica* della sua nazione Francese: e di lui, del padre, e dell'avo parla San Pier Damiano.

Cronaca della Badia Fiorentina di Placido Puccinelli pag. 210. 212. 214. 239.

De Principis officio opusc. LVII. Dissert. 2. cap. 3. tom. 3. Operum pag. 381. edit. Parisiensis anni 1664.

XXXI.

Sovranità Pontificia in Comacchio riconosciuta e approvata da Carlo V. e poi mantenuta per un secolo, cioè da Alfonso I. fino ad Alfonso II.

Ora alla Risposta di Roma contra il Manifesto del Duca Alfonso I. non vi fu chi opponesse cosa veruna nè per parte del Duca, nè per parte dell'Imperadore, a cui ella fu indirizzata. E il Duca stesso, comechè fosse feudatario maggiore, conobbe, che il far sale, e l'estrarlo, era uno de' diritti riserbati *al supremo Principe*, ed ubbidì al Pontefice, come egli medesimo attesta nel suo Manifesto, ove dice, che il desistere *gli fu di molto peso, e d'inestimabil danno*. Sicchè il Papa si dichiarò e mostrò sovrano Signore di Comacchio, e lo consentì l'Imperadore, ed Alfonso, il quale dimandò anche la grazia, e la liberazione dalle pene incorse, e la ottenne da Giulio II. e venne poi anche in concordia con Leon X. e con Adriano VI. siccome già fè vedere il Contelori co' pubblici documenti, i quali senza dubbio si custodiranno anche negli Archivj Estensi. Ma quale opportunità più favorevole si offerse mai ad Alfonso I. di far valere le sue pretese ragioni Imperiali sopra Comacchio, che quando egli, e Clemente VII. nell'anno 1530. il dì 21. di Marzo in Bologna, presenti

Risposte alle Scritture Estensi pag. 63.

senti Niccolò Perenoto Signor di Granuela, Consigliere di Carlo V. Michel Maggio Ambasciador Cesareo al Pontefice, Gianfrancesco Pico de' Conti della Mirandola, e Roberto Conte di Gajaco, fecero il Compromesso nell'Imperadore di tutte le differenze, che tra loro passavano, con queste parole: *quod partes ipsæ compromittunt in ipsum Carolum Cæsarem, tanquam arbitrum, arbitratorem seu amicabilem compositorem*, OMNES *&* SINGULAS *eorum* CONTROVERSIAS *&* DIFFERENTIAS HACTENUS *inter eos* ORTAS, *seu quæ oriri possent, specialiter & expresse* DE *&* SUPER QUIBUSCUNQUE CIVITATIBUS, *etiam Ducalibus, opidis, castris, fortalitiis, locis & juribus*, CUJUSCUNQUE *generis sint, tam per Sedem Apostolicam, quam per ipsum Illustrissimum Dominum Ducem aliquando quovis modo* POSSESSIS, *vel in quibus* UTILE *vel* DIRECTUM *dominium habuerint seu habeant, exceptis his, quæ ad præsens per Sanctissimum Dominum Nostrum possidentur: ac de & super quibuscunque* DAMNIS *& interesse per ipsum Sanctissimum Dominum Nostrum, & Ducem prætensis*. Se Comacchio era dell'Impero, e se Alfonso dal non farvi il sale ricevette *inestimabil* DANNO, egli doveva entrare sicuramente in questo Compromesso, in cui sono clausole tali, che doveano assolutamente farvelo entrare. E pure esso Carlo nel famoso Laudo, che pronunciò in Colonia il giorno 21. di Dicembre dell'anno 1530. senza punto parlar di Comacchio decise tutte le controversie, che passavano tra Clemente ed Alfonso, e sentenziò, che il Pontefice desse al Duca *Investituram Ducatus Ferrariæ* CUM SUIS PERTINENTIIS UNIVERSIS, e che Modana, Reggio, e Rubiera si levassero dalla soggezione della Santa Sede: dal che con atti pubblici dichiarossi aggravato il Pontefice, tanto egli è vero, che il Laudo fu in vantaggio d'Alfonso, e in pregiudicio della Chiesa Romana! E perchè mai Carlo V. nel medesimo Laudo non aggiudicò Comacchio all'Impero in virtù della Investitura, che egli, come si pretende, avea data

Storia del Guicciardini lib.19. pag.154. 159, 175. ediz. del Giolito.

Storia MS. di Firenze di Benedetto Varchi lib.X.XI.XII.

Jovius in Vita Alphonsi Atestini p.53. 54.

Vida de Carlos V. por Prudencio Sandoval tom.2. pag.82. 134. 167.

Historia Pontifical por Gonzalo Yllescas to.2.fol.327.pag.2.

Osserv.C.XXX.p.49.

data nell'anno 1526. ad Alfonso I. tanto più poi, che i termini ampliffimi del Compromesso certamente non ve l'eccettuavano? Non per altro al sicuro nol fece, senon perchè era dominio indubitatissimo della Santa Sede, compreso nel Ducato di Ferrara sotto quelle parole del Laudo, *cum suis* PERTINENTIIS UNIVERSIS. Quindi esso Carlo col medesimo Laudo riconobbe, che quella Città era dell'alto dominio della Chiesa, mentre dichiarò, che i Capitoli già stipulati tra Adriano VI. ed Alfonso I. *in reliquis* OMNIBUS, *in quibus per premissa non est immutatum*, OBSERVABUNTUR. Il terzo di que' Capitoli d'Adriano conclusi il dì 30. di Ottobre dell'anno 1522. fu il seguente: *Item in recompensam ejusdem reductionis* (cioè del censo) *convenerunt, quod prædictus Dominus Dux, aut sui heredes & successores, vassalli seu subditi quicunque* NULLO UNQUAM TEMPORE *possint per se, vel alium seu alios, quovis modo, in* CIVITATE, COMITATU, *seu* VALLE COMACLI, *aut alio loco in* TERRITORIO *vel* DOMINIO *per eum ad præsens possesso, vel imposterum quomodocunque possidendo*, SAL *cujuscunque generis* FABRICARE *aut* FABRICARI FACERE, *vel permittere* ABSQUE *Suæ Sanctitatis &* SUCCESSORUM *suorum* EXPRESSA LICENTIA & MANDATO, *sub* POENA PERDITIONIS DUCATUS FERRARIENSIS & ALIORUM FEUDORUM, *quæ a Romana & aliis Ecclesiis quomodolibet obtinet, & imposterum obtinebit, ipso facto, si contrafecerit, incurrenda, etiam absque aliqua declaratione desuper facienda. Sed* SOLUS *Romanus Pontifex illud ibi* FABRICARE *seu* FABRICARI *facere, si, & quando sibi* PLACUERIT, *libere possit*. Atto più assoluto e sovrano di questo io non credo, che possa mai desiderarsi. Il Papa non vuole, che il Duca Alfonso possa fabbricar sale in Comacchio, nè in altro degli Stati, che avea dalla Chiesa, senza permissione ed ordine suo; imperciocchè in Modana e in Reggio non potea cader tal divieto, essendo allora in Signoria della Chiesa, oltre all'esser poi Città mediterranee, e per-

Osserv. Cap. XLVI. pag.68.

e perciò incapaci di saline marittime. Alla trasgressione prescrive il Pontefice quella medesima pena, che s'incorre nel delitto della ribellione, cioè l'immediata privazione del Ducato. Lo accorda il Duca, e nell'amplissimo Compromesso fatto in Carlo V. egli non chiede la liberazione ed assoluzione da un tale aggravio, quantunque dell' *inestimabil* DANNO, che gli veniva dal non far sale in Comacchio egli si fosse querelato otto anni prima nel Manifesto indirizzato a Carlo V. contra Leon X. Nè in ciò l'Imperadore vi s'ingerisce per nulla; ma anzi conferma i Capitoli d'Adriano, dichiarando, che il Duca debba osservargli. Dunque egli è evidentissimo, che Carlo V. riconobbe Comacchio per membro e pertinenza del Ducato Ferrarese, e per compreso in quelle parole *cum suis* PERTINENTIIS UNIVERSIS, e che non mai lo tenne per feudo Imperiale, altramente egli se ne sarebbe aggiudicata la sovranità, siccome si aggiudicò quella di Modana e Reggio. Le medesime Capitolazioni d'Adriano intorno a Comacchio furono poi rinovate nell'Accordo, che nel giorno 21. di Gennajo 1539. si concluse tra Paolo III. ed Ercole II. a preghiere di Carlo V. particolarmente, e degli altri Principi Cristiani, dappoicchè nè Clemente VII. nè esso Paolo aveano voluto approvare il Laudo Imperiale per esser lesivo delle ragioni Pontificie sopra Modana e Reggio. Indi esse Capitolazioni furono sempre osservate da' Principi Estensi fino all'ultimo Duca Alfonso II. Quindi in uno Accordo tra Giulio III. ed Ercole II. stabilito il dì 2. di Gennajo del 1554. e sottoscritto in nome del Duca da Girolamo Faleto, Ministro, e Storico Estense, vi si leggono queste parole: *quod dicta fabrica salis deberet fieri in præsentia & cum interventu Commissarii Apostolici, & in ejus absentia quod idem Dux deberet tenere computum & illud reddere eidem Commissario in loco ubi adesset.* Pio IV. in un Breve de' 7. di Settembre del 1560. deputa Paolo Ranuccio da Tarano Vicelegato di Romagna per suo Commissario sopra

Risposte del Conteleri alle Scritture Estensi in fine pag. 10. num. 6. 7. 8.

sopra il sale di Comacchio, con la facoltà di sostituire *unum vel plures loco tuo Commissarios, quos tibi visum fuerit, cum pari vel limitata potestate* FERRARIÆ *&* COMACLI *substituendi, & utrobique vel alterutra earum urbium relinquendi sive cognoscendæ rei causa, sive ut ibi maneant ad* JURA *Cameræ Apostolicæ tuenda & conservanda*. Di quì si vede, che Pio IV. dà la facoltà al suo Commissario di alzar tribunale di giurisdizione del pari in Ferrara, che in Comacchio, come in Città ugualmente soggette alla Chiesa. Perciò ben considera il Ghini l'importanza di fatti simili con le seguenti parole: *posito quod Dux Comaclum non recognosceret ab Ecclesia, sed ab Imperio, Papa non potuisset, nec tentasset hujusmodi salis fabricationem impedire in terris Imperii, nec pro illa aliquam dare recompensam, cum præsertim Imperatores in suis Investituris consueverint dictam facultatem sal fabricandi suis vassallis concedere*: la qual facoltà però non potette allora mostrare Alfonso d'aver avuta dagl'Imperadori. E se l'avea, egli era necessario, che la mostrasse, perchè agli Elettori stessi dell'Impero per grazia speciale si concedono le saline nell'aurea Bolla di Carlo IV. e l'Imperadore solo è intitolato *salinarum dominus*, in riguardo a' suoi Stati. Perciò le saline scoperte nel fondo allodiale o feudale non appartengono al padrone del fondo *absque Principis concessione*, quantunque il vassallo fosse stato investito di tutte le utilità del feudo.

Defensio jurium pag. 47. num. 267.

Bulla aurea Caroli IV. cap. 9.

Petri Heigii Quæstiones Juris tom. 1. q. 13. n. 30.

XXXII.

Atti esercitati in Comacchio da Giulio II. diversi da quelli, che esercitarono i Signori Veneziani contra gli Estensi per cagione del sale.

Osservaz. Cap. XLVI. pag. 68.

Viene opposto nelle Osservazioni, che anche i Signori Veneziani nell'anno 1399. e poi nell'anno 1405. obbligarono gli Estensi a non far sale in Comacchio, quantunque non ne fossero Sovrani, e che perciò nè anche dagli atti di Giulio II. i quali si vorrebbono fare apparire per novità, si possa inferire, che egli fosse il Principe supremo di Comacchio. Ma si risponde, che le pretensioni de' Signori Veneziani furono di natura diversissima dagli atti praticati da Giulio II. innanzi al quale non si potettero praticare dagli altri Pontefici, perchè prima di Giulio oltre all'esser gran parte dello Stato Ecclesiastico in altrui mano, gli Estensi mai non alzarono fabbriche di sale in Comacchio, essendo in obbligo di pigliarlo da' Signori Veneziani; e perciò quando tentarono di farne, gli ebbero contra. Ma sarà bene, che io rischiari anche questi fatti delle Capitolazioni Estensi co' Signori Veneziani, giacchè nelle Osservazioni non si è stimato convenevole il farlo. Or dunque i Veneziani sino dal tempo, che i Ferraresi per liberarsi dalla tirannia di Frisco bastardo d'Azzo X. d'Este (secondo la computazione del Pigna) ricorsero al loro ajuto sotto Clemente V. acquistarono il diritto di tenere in Ferrara un Magistrato, detto il *Visdomino*: il qual diritto poi si rinovò nelle Capitolazioni, che fecero col Marchese Niccolò da Este Vicario di Ferrara nell'anno 1399. quando lo assalirono, come aderente a' Carraresi di Padova, loro nemici, al riferir del Sabellico. Gli Autori delle Osservazioni asseriscono, essere state rinovate queste Capitolazioni anche nell' anno 1405. e ne riportano alcune parole tronche, senza però far motto del *Visdomino*, ma solamente dell'obbligo ingiunto al Marchese Niccolò di non far sale in Comacchio, quantunque in esse Capitolazioni, già mentovate anche da Vittorio Siri, vi sieno diversi altri particolari, come ben sanno gli Autori, e lo dimostrerò io con le Storie di Niccolò Machiavelli, e di Giammichel Bruto, dachè ora io non hò sotto gli occhi lo strumento intero, il quale per altro non solo si trova negli Archivi Estensi, ma anche in quelli della Serenissima Repubblica Veneziana, donde ne giunse la notizia al Siri. Scrive il Machiavelli (giacchè a simili Autori dobbiamo ricorrere per difender le ragioni della Santa Sede) e anche il Bruto, che nell'anno 1475. Ercole I. Duca di Ferrara pretese di non esser più tenuto a ricevere il Visdomino, e il sale da' Signori Veneziani giusta le convenzioni stipulate da' suoi Maggiori settant' anni innanzi, cioè nell'anno 1405. A questo risposero essi, che, se riteneva egli il Pole-

Sabellicus Histor. Veneta Dec.II. lib.1. pag.1216.

Storie del Guicciardini lib.8. pag.391. ediz. del Giolito, dove per isbaglio si legge VI. invece di V.

Regesta MSS. Joannis XXII. anno II. fol.238.

Enneade IX. lib.9. pag.840.

Mercurio to.4.par.2. pag.452.

Storie Fiorentine lib.8. fogl.213. pag.2. ediz. di Firenze dell' anno 1532. presso i Giunti.

Florent. histor. lib.8. pag.397.

Polesine, *Senatus beneficio*, come dice il Bruto, doveva anche ricevere il Visdomino, e il sale. Da ciò si vede, che le convenzioni fatte co' Veneziani di non fabbricar sale in Comacchio, erano cagionate da un contratto ed obbligo antico, che gli Estensi aveano di pigliarlo da' medesimi Veneziani, e non d'altronde: e questa era la cagione, per la quale non voleano, che ne facessero fabbricare in Comacchio. Il perchè questo auvenimento nulla ha che fare con l'atto sovrano di Giulio II. Perciò i Signori Veneziani veggendosi rotta la fede, e tolti i loro diritti antichi, si ripigliarono il Polesine, e Rovigo, avendo seco unito Sisto IV. e s'impadronirono ancor di Comacchio. Ma poi il Papa fece, che lo restituissero al Duca, non già come feudo Imperiale, ma come pertinenza del Ferrarese, non meno, che Ariano, Melara, Figaruolo ed altri luoghi, conforme apparisce dallo strumento di pace seguita il dì 7. d'Agosto dell'anno 1484. tra Sisto IV. Giangaleazzo Duca di Milano, Alfonso Duca di Calabria per lo Rè Ferdinando, ed Ercole Duca di Ferrara da una parte; e dall'altra la Signoria di Venezia: le condizioni della qual pace son recitate in succinto da Pier Giustiniano, e dal Bruto. Quindi il Sabellico parlando di questi affari ben disse: NEC *id bellum* UNA *ex causa natum videri potest*: e tutte le cagioni insieme, come quelle, che aveano la radice in *antiquo foedere*, son raccontate da Pier Marcello. Sicchè questi fatti di Niccolò, e di Ercole, Vicarj di Ferrara, non hanno alcuna immaginabile rassomiglianza con quelli di Giulio II. E se nelle Osservazioni fossero stati narrati, come realmente furono, io non avrei avuto l'impaccio di raccontargli. Dunque egli par chiaro, e manifesto, che indarno si cerchi d'intorbidare co' pretesi diritti Imperiali la sovranità della Chiesa in Comacchio, e potrei anche ridire quello, che parve strano, che io avessi detto, cioè, che *non si può ragionevolmente dubitare, che i Duchi di Ferrara non tenessero Comacchio dalla Sede Apostolica, come compreso nel Vicariato di Ferrara, e che*

Histor. Venet. lib. 9. pag. 180. 182. 187. edit. Argentoratensis anni 1611.

Enneade X. lib. 7. pag. 987.

Vitæ Principum Venetorum Cap. LXXII.

Osserv. Cap. XLVI. pag. 70.

sono tante, sì grandi, e sì forti le ragioni Pontificie, che non dee temersi, che possano restare abbattute da niuna arte contraria.

XXXIII.

Pretese ragioni Imperiali sopra Comacchio nate dopo le controversie tra Giulio II. e Alfonso I.

Che dopo le accennate controversie con Giulio II. si pensasse a far nascere diritti Imperiali sopra Comacchio per ispogliarne la Chiesa, io lo raccolgo dalla serie de' fatti, e dalla Relazione o sia Storia della ricuperazione di Ferrara, scritta dal Cardinal Piero Aldobrandini, che ne fu il ministro, dalla quale, scritta di sua propria mano, io apprendo, che nel tempo, che in Faenza si stavano stipulando le Capitolazioni, i Ministri di Don Cesare d'Este *tentarono di non restituire Comacchio alla Sedia Apostolica sotto* VANO *pretesto, che non fosse feudo Ecclesiastico, ma Imperiale, allegando, che il Duca Alfonso, e* ALCUNI *de' suoi antecessori con* OCCASIONE DELL'ULTIMA GUERRA *avuta con la Sedia Apostolica, aveano presa l'Investitura di detto luogo dall'Imperadore, e così rinovatala di mano in mano, come se l'Impero fosse stato il diretto padrone di quel luogo. E nello stesso tempo continuando a prendere l'Investitura di detta Città, come* SEMPRE *aveano fatto, dalla Sedia Apostolica, riconoscendola per Superiora, Don Cesare si trovava costretto di* RENDERE *alla Chiesa il* SUO; *ma a farlo di maniera, che pretendendo l'Imperadore, che egli perciò desse quel luogo, che all'Impero appartenea, non potesse, dichiarandolo ribelle, e che avesse contrauvenuto agli ordini Imperiali, o pregiudicato alle sue ragioni, privarlo, o dichiararlo decaduto degli Stati di Modana e Reggio, che da lui* PRETENDEA *riconoscere.* Auvertasi che i Ministri Estensi non esibirono già quelle loro pretese Investiture, nè il Cardinale (a cui ne giunse la notizia affatto nuova, e impensata) si curò di vederle, essendogli bastata la convenzione, che Comacchio *s'intendesse comprendersi sotto la generalità del Ducato di Ferrara con parole poste a questo effetto, che virtualmente ciò significassero, senzache se ne facesse alcuna menzione ne' Capitoli dell' Accordo.* Queste parole

Storia MS. della ricuperazione del Ducato di Ferrara, composta da Pier Cardinale Aldobrandini.

role con altre si leggono pure con poco divario in principio della Scrittura del Ghini; e Francesco Angeloni porta l'estratto di quella Relazione nella Storia di Terni. Gli Autori delle Osservazioni hanno ben letto quanto adduce il Ghini dalla Storia dell'Angeloni; ma poi hanno dissimulato quanto egli riferisce più distesamente dalla Storia originale dell'Aldobrandini nella prefazione di essa Scrittura. Or chi non vede la qualità dell'origine di tutte le pretese Investiture Imperiali, che si dissero prese da *alcuni* degli Estensi, se però le aveano anche prese, il che quando pur fosse vero, elle non avrebbono avuto altro appoggio, che il falso diploma, dato al preteso Ottone da Este; e perciò sarebbono da riputarsi del medesimo valore del diploma: il quale non sarebbe mai stato finto a' tempi del Pigna, quando allora vi fossero stati veri e legittimi titoli per la Serenissima Casa Estense? Perciò quelle Investiture, quando pur anche vi fossero, sarebbono di quella conseguenza, che se qualche Feudatario Imperiale prendesse da' Papi le Investiture de' feudi Cesarei nel tempo stesso di prenderle dagl' Imperadori, suoi veri Sovrani. Dunque per confessione di Don Cesare, e de' suoi Ministri, prima dell' ULTIMA *guerra avuta con la Sedia Apostolica* (cioè prima di Clemente VII.) i suoi Maggiori non ebbero alcuna Investitura Imperiale di Comacchio: e dopo quel tempo non si pretese nè meno, che tutti ne avessero prese, ma solamente *alcuni*. E nè meno esso Don Cesare l'avea presa, e per conseguente nè anche Alfonso II. perchè l'Investitura di Don Cesare non fu altro, che una mera confermazione di quella *nuova*, che ottenne Alfonso II. con l'indulto speciale di nominarsi il Successore, ancorchè, per derivare da *radice infetta*, non fosse egli compreso nelle passate Investiture, come dirò nella Parte III. Oltre a ciò, nel tempo stesso que' medesimi *alcuni* tuttavia *continuarono a prender l'Investitura di detta Città*, *come* SEMPRE *aveano fatto*, *dalla Sedia Apostolica* ancora, cioè dopo la convenzione stipulata tra Paolo III. ed Ercole II. il

Storia di Terni Par. II. pag. 203.
Osservaz. Cap. LV. pag. 82.
Defensio jurium pag. 41. & in præfat. pag. 6.

Confutationes allegationum Cæsaris Estensis in fine §. 3.
Risposte del Contelori alle Scritture Estensi, in fine pag. 9. §. 3. col. 2.

il dì 29. di Gennajo dell'anno 1539. in cui si concluse, che *idem Sanctissimus Dominus Noster* INVESTIAT *solemniter & consistorialiter præfatum Ducem* (cioè Ercole II.) *de* TOTO *Ducatu cum* OMNIBUS SUIS PERTINENTIIS *& omnibus locis aliis, terris & castris contentis in Investitura Alexandri VI. & de* OMNIBUS JURIBUS *præfatæ Sedi Apostolicæ competentibus, & non aliter,* IN QUIBUSCUMQUE CIVITATIBUS *&* LOCIS *per eumdem Dominum Ducem possessis, seu* QUOVIS *modo tentis*. In queste parole (certamente non poste a caso) Comacchio, pertinenza antica del Ferrarese, si comprende o sotto que' termini TOTO *Ducatu Ferrariæ*, o sotto quegli altri *in quibuscunque* CIVITATIBUS *& locis*. Scelgano i Ministri Estensi ciò che lor piace.

PARTE SECONDA.

Si esaminano in particolare le pretese ragioni dell'Impero, e della Serenissima Casa d'Este sopra Comacchio, pubblicate nelle tre Scritture de' Ministri di essa.

XXXIV.
Cominciamento delle pretese ragioni Imperiali, ed Estensi sopra Comacchio.

FIN quì si sono distese le conseguenze de' fatti, che nelle Scritture Estensi sono confessati per incontrastabili, mentre si passano senza opposizione e risposta veruna. Or mi resta a considerare la serie, e il valore delle ragioni e de' fondamenti particolari, che si producono per la Serenissima Casa d'Este in Comacchio contra la Sovranità della Santa Sede; quantunque dalle sole cose da me dette sinora si potesse abbastanza comprendere quali sieno, ancorchè io non entrassi a ragionarne di vantaggio. Già si è detto, che oggi non si arrischiano gli Autori delle Osservazioni ad appoggiare i diritti Estensi, come altre volte si è fatto, al diploma suppositizio dato al preteso Ottone da Este nell'anno 854. ma che si dichiarano di abbandonarlo, dando cominciamen-

to

to alle loro Investiture non più dall'anno 854. ma solamente dall'anno 1354. quantunque in fine delle Osservazioni, quasi pentiti d'avere abbandonato quel documento, poscia vel mettano in conto, dicendo, che *ebbero effetto le Investiture di Comacchio, date agli Estensi*, OLTRE *all'* ANTICA, *citata prima del Pigna dal Faleti.* Ma se dal citarsi modernamente Scritture, che si fingono date già novecento anni, si debba concludere, che sieno vere, io ne voglio rimettere il giudicio a chi ha fatte le Osservazioni, nelle quali si dice, che la Costituzione di Lodovico Pio, data nel nono secolo, sia falsa, quantunque citata da Leone Ostiense nell'undecimo secolo. Che io non voglio quì mettere in conto l'esser ella citata dagli Autori contemporanei e prossimi. Egli è vero, che si asserisce non potersi *pretendere, che non ci* POSSA *essere stato Ottone da Este*, e di questi fatti possibili parlasi anche altrove; ma in tanto non si può, nè si sa mostrare, che quell'Ottone vi sia mai stato: il che a noi dee bastare, perchè non si tratta presentemente di cose *possibili*: ma di cose, che realmente sieno state. Si vuole ancora, che quella falsa Investitura non fosse *una invenzione, nè una menzogna del Pigna*, e dicesi, che egli pubblicò la sua Storia ventisette anni prima della morte d'Alfonso II. avendola estratta *dalle fatiche del Conte Girolamo Faleti*, e che non avea egli *necessità di mendicare dalle finzioni una prova, che Comacchio non appartenesse alla Chiesa Romana, quando i documenti, e le Investiture il provano troppo chiaramente a chi volesse oggidì dubitarne.* Così nelle Osservazioni si va scaltramente sfuggendo il peso degli argomenti per non mostrar di cedere alla forza del vero: e frattanto ci si confessa apertamente, che l'Investitura d'Ottone Estense è favolosa; sia poi ella *una invenzione, e menzogna del Pigna*, sia del Faleti, del Ceccarelli, o d'altri, poco importa, purchè si confessi per *invenzione, e menzogna* di qualcheduno, come in realtà si confessa. E si può dir, che sia nata dopo l'anno 1555. nel quale con privilegio di Paolo IV.

Osserv. Cap. XXV. pag. 44.

Osserv. Cap. LXXV. pag. 113.

Osserv. Cap. XLVIII. pag. 72.

lo IV. da Francesco Rossi Stampator Ducale fu impresso in Ferrara l'Albero de' Principi Estensi, intitolato: *Discendenti dell'Illustrissima Casa d'Este*, senza però, che in esso Albero vi comparisca Ottone da Este, poichè comincia solamente da un Obizo, che si mette nell'anno 916. E questo Albero, di cui tornerò a parlare nella Parte III. suol ritrovarsi appiè delle Storie del Sardi della prima impressione.

XXXV. Peso dell'autorità del Faleti, e del Pigna presso gravi Scrittori.

Egli è vero, che il Faleti nella sua Genealogia Estense fu il primiero a inserirvelo, se si vuol riguardare al tempo della pubblicazione della Storia del Pigna, che fu poco dopo, cioè nell'anno 1570. e questi nell'anno 1561. in cui dedicò al Duca Alfonso II. il suo libro degli Eroici, stampato in Venezia dal Giolito, disse, che il *Conte Girolamo Faleti farà tosto conoscere a ciascuno con l'Arbore della Casa &c.* Ma è vero ancora, che entrambi questi Scrittori furono contemporanei, entrambi amici e colleghi nella Corte di Ferrara, entrambi interessati ne' medesimi affari, ed entrambi dedicarono que' loro Scritti ad Alfonso II. Anzi il Faleti nella sua lettera dedicatoria asserisce di essere stato animato a far quanto fece dagli eccitamenti del Pigna, e che essendo ammalato consegnò a lui tutti i suoi scritti: *cui postea vi morbi gravatus omnes lucubrationes meas omnino credidi*. Però da Giovanni Beslio furono anche entrambi accoppiati insieme, come complici di un medesimo fatto nell'alterazione della verità, cagionata, come egli dice, *malis artibus Faleti & Pignæ*: e poco prima gli avea chiamati amendue *fere similes in hoc mendaciorum negocio*. Io non so, se questi possano essere gli Storici di Casa d'Este, che nelle Osservazioni s'insegna, e si ordina, che si debbano *rispettare alquanto più*. So bene, che il Beslio vi aggiunge loro per terzo anche Carlo Sigonio, il quale in questo proposito, che si sia potuto *lasciar sedurre* a scrivere cose insussistenti, come *vassallo di Casa d'Este*, non si vuol passare nelle Osservazioni. Ma il Beslio è ben egli d'altra opinione in tal affare ove lo rassomiglia al

Vera origo Hugonis Regis Italiæ pag. 74. 75.

Osserv. Cap. LXXIV. pag. 111.

Osserv. Cap. LXXIV. pag. 112.

al Faleti, e al Pigna *in hoc mendaciorum negocio*. Amendue però, secondo lui, deono cedere a Gaspero Scioppio, il quale con pari felicità adottò nella Casa Gonzaga molti di coloro, che essi vi aveano inseriti nell'Estense. Ma del solo Sigonio udiamo, se il parere del Beslio sia diverso dal nostro: *Sigonium*, dic' egli, *in* ERROREM TRAXIT AFFECTUS *in Hippolytum II. Cardinalem Estensem: qui* ALIBI *etiam* PLURIBUS LOCIS *se* PRODIT. E dopo aver detto candidamente il fatto suo, così conclude: *ecce quam præstat, Principes Historicis nec injuria, neque beneficio esse notos!* Or vegga chi ha fatte le Osservazioni, *se quell'incomparabile ingegno del Sigonio fosse uomo da lasciarsi sedurre* in questo particolare di piacere a' suoi Principi. L'accennata Genealogia del Faleti fu poi anche divulgata da Reinero Reineccio appiè della sua edizione della Cronaca d'Elmoldo, ove però egli in una Lettera a Corrado Suichel Consigliere de' Duchi di Brunsuic, asserisce, che *neque ipsa* ERRATIS *iisque* CRASSISSIMIS *caret*; il che non ostante Elia Reusnero pochi anni dopo rimise fuori tutta quella medesima Genealogia, avendola tratta dal Reineccio, senza far motto del giudicio, che questi ne avea dato: e lo stesso fece poi anche Girolamo Enninges, amendue d'un medesimo carattere. Ma il Reineccio favellando in particolare di que' documenti, che nelle Osservazioni si chiamano *degnissimi di venerazione e di rispetto*, egli dice liberamente di stimargli materia PRORSUS *commenticiam & fabulosam*, e vi porta le sue ragioni in consonanza al giudicio, che poi ne fu fatto dal Pignoria, dal Beslio, ed anche poco fa dal famoso Signor Leibnizio Consigliere della Corte d'Annover, in quella Lettera stessa, che si allega nelle Osservazioni. Dice il Signor Leibnizio, che negli Alberi del Faleti e del Pigna vi è *un gran numero d'errori. La Storia del Pigna*, dice egli, *in riguardo degli affari vicini de' suoi tempi, merita stima e fede; ma non tanta per le cose lontane ed antiche, nelle quali è caduto in molti* er-

Osserv. Cap. LXXIV. pag. 112.

Chronica Slavorum pag. 212. 225. edit. Francof. apud Vvechelium anni 1581.

Opus genealogicum pag. 391.

Theatrum genealogicum to. 2. pag. 112.

Osserv. Cap. LXXIV. pag. 113.

Osserv. Cap. LXXIV. pag. 112.

Lettera sulla connessione delle due Case di Brunsuic, & d'Este. In Anover per Samuello Ammone Stampator Ducale 1695. pag. 8. 9.

errori, come l'hanno osservato alcuni eccellenti Storici, tanto ne' libri dati in luce, come in diverse lettere a me scritte, nelle quali mi esortano di non istar troppo attaccato a questo Autore, in ordine a che non hanno punto prevenuto il mio pensiero. Segue indi a mostrare alcuni grossi sbagli del Pigna in cose essenzialissime toccanti la genealogia de' suoi Principi. Or dunque e come mai ci è chi pretende, che *s'impari a rispettare alquanto più* Storici somiglianti ove dicono il falso? E perchè mai non sarà lecito rifiutare i loro racconti, già rifiutati dagli altri, e poi da Scrittori interessati per le glorie Estensi, come è il Signor Leibnizio? Ma oltre al disapprovargli ove gli altri non gli approvano, egli non resta già, che debbano seguitarsi o approvarsi nel rimanente in materia di diritti sovrani, senza prima considerare, che avendo essi scritto per piacere a' lor Principi, le lor narrazioni non possono aver forza di documenti autentici per ispogliare altrui degli Stati posseduti per tanti secoli in virtù di una lunga serie di titoli incontrastabili, e certi. Il Reineccio poi non ha dubbio d'affermare più volte, che del resto della Genealogia del Faleti NUNQUAM *Annalium monumentis proditum est*. Che vi sono cose *ubi aqua hærere videtur*, e che circa l'esposto in essa non convengono fra loro *Annales & recentes Historiarum Scriptores*: il che in buon linguaggio vuol dire, che non vi apparisce fondamento di verità: e il Reineccio in dir questo riguarda sicuramente le cose de' secoli precedenti all'undecimo. Questo Scrittore non meno, che il Signor Leibnizio, era Tedesco, dedicò quell' opera a un Principe di Brunsuic, nè lo mosse certamente a così scrivere altro spirito, che quello della verità, da cui son mosso ancor io, e non da *altro segreto fine* sognato nelle Osservazioni. E se egli per semplice studio erudito potette scrivere in tal guisa in un libro dedicato ad un Principe, da lui creduto di una medesima origine con gli Estensi, io non so perchè altri nol possa fare ove si tratti di necessaria difesa in

Osserv. Cap. LXXIV. pag. 111.

Osserv. Cap. LXIX. pag. 101.

in materia così importante, come sono le sovrane ragioni della Santa Sede intorno alle sue Città, per dimostrare, che i Marchesi d'Este dall'anno 854. non possono mai essere stati Signori e Principi di Comacchio, come si pretende in iscritture antiche e moderne, a penna e in istampa. Gli Autori, che da me furono addotti, non sono mai (che io sappia) stati ripresi *d'avere incontrata o cercata ogni occasione di far comparire la Serenissima Casa d'Este diversa da quello, ch' essa da tanti secoli è stata, ed è nella opinione del mondo*, siccome senza alcun fondamento si reputa essere stato il fine dell'altra Scrittura, ladove evidentemente tutto il contrario ne risulta, cioè a dire, che non si è voluta *far comparire*, senon per quell'antica e gloriosa Famiglia, che la *fecero comparire* gli antichi e famosi Scrittori [a] Giovanni da Naone, e il [b] Monaco Anonimo di Santa Giustina; e poi [c] Bernardino Scardeone, e ciò che più importa, Giambatista Giraldi, vassallo, e Segretario del Duca Ercole II. il qual Giraldi scrisse il medesimo, che da me, e dagli accennati Autori fu scritto. E lo scrisse in un libro impresso in Ferrara nella Stamperia Ducale di Francesco Rossi, e dedicato al suo Principe stesso: in cui dopo aver noverate le varie opinioni intorno all'origine de' Principi Estensi, come quella di chi gli trae da Noè, di chi gli deriva da' Trojani, e di chi ne fa autore un Azzo Tedesco, egli poi con le seguenti parole vi mette in quarto luogo la mentovata opinione, tenuta dallo Scardeone, e da altri: ALII *in Italia ipsos apud* EUGANEOS PRIMUM ORTUM *accepisse affirmant*. Laonde in chi ha scritte le Osservazioni forse non dovea cagionare segni di sì gran maraviglia il rammemorarsi una opinione già vecchia, pubblica, e approvata da' medesimi Scrittori Estensi; tanto è lontano, che essi non la riputassero gloriosa, e onorifica per quella Serenissima Casa, e che *de' moltissimi Scrittori, che di essa hanno trattato*, NIUNO *avesse prima d'ora* SCOPERTO *il pregio di questa sua Cittadinanza di Padova*: il qual pregio non era certamente ordinario, consistendo nell'

Osserv. Cap. LXIX. pag. 101.

a *MS. De Constructione urbis Paduæ libro 6. qui est de generatione aliquorum Civium.*

b *Scriptores Germanici Urstisii pag. 583.*

c *Antiquit. Patavii pag. 270. 272.*

De Ferraria & Atestinis Principibus pagina 8.

Osservaz. Cap. LXX. pag. 102.

 es-

Vedi pag.40. essere una delle *quattro famiglie più segnalate, e potenti* di essa Città, due delle quali, cioè la Carrarese, e quella da Onara oltre all'Estense, furono Signore di Città e di Stati: e quando poi questa medesima cosa era stata già, come ho detto, divulgata per lo addietro da Giovanni da Naone, dal Monaco di Santa Giustina, dallo Scardeone, dal Giraldi, e poi anche a' dì nostri dal Cavalier Sertorio Orsato nel Catalogo, che si legge appiè della sua Storia di Padova, quivi stampata nell'anno 1678. e dedicata alla Serenissima Repubblica Veneziana; benchè nel resto egli segua i racconti del Pigna. Or lascio pensare ad altri, se il valersi della concorde testimonianza di tali, e tanti Scrittori sia *un prorompere in pellegrine proposizioni*, e un essere *precipitoso giudice*. E quì dirò con le parole usate fuor di luogo e tempo nelle Osservazioni: altri pur *vegga, se sarebbe ingiusta qualche indignazione contra la compiacenza di chi* oggi scrivendo in favore di un Principe, il quale si pregia di essere ascritto all'eccelsa Nobiltà Veneziana, ha voluto rinovare contro a quella gloriosa Repubblica la taccia famosa e capitale dell' Autore dello Squittinio con asserirla fondata da' Padovani, per *isminuire* (quì ci và la frase delle Osservazioni) *col mezzo delle stampe, e senza necessità il lustro* della sua libertà originaria, non ostantechè la medesima taccia fosse stata pienamente repressa dall' insigne Scrittor Veneziano Niccolò Crasso. Dalle cose dette si può riconoscere, se *niuno* prima di noi abbia parlato di quella *Cittadinanza Padovana*, come si asserisce nelle Osservazioni, dove con tutte quelle gagliarde espressioni, che vi si gittano in mezzo, non si è poi nè anche potuto mostrare, che prima dell'anno 1195. vi sieno stati tutti quei *sette* Azzi Estensi, pubblicati dal Faleti, e dal Pigna. I sopraccitati Autori, tranne il primo di essi, son tutti stampati; onde qual bisogno ci era di consigliarsi ben *con le Storie, e di sapere ciò, che esista negli Archivi altrui* innanzi di scrivere dietro a tali testimonianze le cose già

Osserv. Cap.LXXIV. pag.111.

Cap.LXXV.p.114.

Osservaz. Cap.LXX. pag.102.

Squittinio della Libertà Veneta Cap.1.

Osserv. Cap.LXXIV. pag.111.

Nota in Rempublicam Venetam Donati Jannotii pag. 338. edit. Elzevirii.

Vedi pag. 42.

Osserv. Cap. LXXI. pag.105.

già scritte? alle quali a torto si dà il nome di *decisioni troppo nuove e pellegrine*, quando sono cose già divulgate più, e più volte con le pubbliche stampe da varie penne, non punto sospette, nè mai sinora, in questo particolare, da alcuno biasimate, o riprese. Il perchè ragionevolmente dee parere assai strano, che si voglia tacciare chi non *senza* grave *necessità* ha stimato convenevole seguitar la storica opinione già divulgata da' suddetti Scrittori, i quali in ciò furono lontanissimi da qualunque fine degno di riprensione. Nè senza dubbio ci sarebbe stato bisogno veruno di parlare di questa materia per lo passato, e presentemente assai meno, quando gli altri avessero voluto astenersi, conforme doveano, dal porre in campo que' loro titoli della più remota antichità Estense, come fondamenti, e ragioni di gran forza per ispogliare la Sede Apostolica de' suoi Stati, il legittimo dominio de' quali ella mostra giustificato di secolo in secolo, quantunque non fosse punto obbligata a mostrarlo. Per altro non mai si negò, che la Serenissima Casa d'Este non avesse quanta antichità può avere ogni altra gran Casa d'Europa; anzi ciò chiaramente affermossi nel chiamarla PRINCIPALISSIMA *nell'Italia già da sei secoli addietro*. Ed è molto ben noto agl'intendenti di queste materie, che *sei secoli* di continuata grandezza, e antichità signorile non sono già cosa ordinaria, non dico fra gl'Italiani, ma in qualunque altro paese. E poi nè anche nelle Osservazioni si è potuto con le memorie certe, e sicure andare più là dell'undecimo secolo, nè passare i *sei secoli*, da me accennati; siccome nè anche ha potuto passarvi il Signor Leibnizio, ivi nelle Osservazioni allegato: il quale di vantaggio discordando nelle cose dell'undecimo e del duodecimo secolo dagli Storici Estensi, viene senza altro a condannargli d'aver fondati i loro racconti in documenti favolosi; ed a concludere, che da quel tempo in sù le iscrizioni, i diplomi, e gli Autori, che si allegano nella Genealogia del Faleti, non sono prove da farne caso. Che quando poi

Osserv. Cap. LXXIV. pag. 111.

Vedi pag. 40.

Lettera sulla connessione delle Case di Brunsuic, e d'Este pag. 9. 10. 14. 15.

Præfatio ad Scriptores Brunsuicenses pag. 3. in fine.

poi si voglia salirvi per via di conghietture, ognuno ben sà quanto elle vagliano in questi affari. Nè di vero dovrebbe parere *strano* a coloro, i quali a' documenti della Santa Sede danno il nome di *rancidi*, e *logorati*, di *vecchie erudizioni*, di *anticaglie*, e *pretensioni scadute*, che poi altri ancora per indispensabil bisogno di difendergli contra le Scritture Estensi antiche, e moderne, fosse appunto entrato in ragionamento di simili cose *rancide*, e *logorate*, dalle quali si vuol trarre argomenti da impugnare i diritti Romani, senza far caso, che elle sormontino la notizia de' fondamenti più certi a noi pervenuti. E tanto meno ciò dovrebbe parere *strano* a chi può conoscere, che somiglianti dispute non *isminuiscono il lustro* altrui, e che ancora senza una tale necessità, qual fu la nostra, ciò accade giornalmente nella Repubblica Letteraria per semplice controversia erudita, senza scandalo di chichè sia. Così fece gli anni addietro Gianluigi Scenleben, vassallo Austriaco, Annalista, e Arcidiacono della Carniolia inferiore, mentre nel suo volume dell' Augustissima Casa d'Austria, che pure è la maggiore del Mondo, per aver prodotti sedici tra Imperadori, e Rè de' Romani, egli raccoglie ed esamina venti opinioni intorno alla sua origine, tutte diverse fra loro, senza guardarsi dal confutarle tutte con lo stabilirne una nuova, e con dedicar l'Opera stessa al glorioso Imperador Leopoldo; tanto fu egli alieno dal riputare di doverne, o poterne esser ripreso! Ed altrettante ancora, se non più opinioni sarebbe facile il raccorre intorno alla Serenissima Famiglia Estense, portando seco tal pregio le Case grandi d'aver incerta l'origine, e di lasciare altrui largo campo di favoleggiarvi: *conduntur remotiora Familiarum insignium capita intra nubes* INCOMPERTÆ *vetustatis*, dice il Signor Leibnizio in questo stesso proposito nostro. Anzi lo Scenleben ha rigettata anche la discendenza dell'inclito Sangue Austriaco dalla celebratissima schiatta Anicia di Roma per via de' Pierleoni: della qual discendenza pregiavasi

Osservaz. Cap. LXII. pag. 92. 93. Cap. LXIII. p. 93. Cap. LXV. p. 96.

Osservaz. Cap. LXX. pag. 102.

Jo. Ludovici Schönleben Dissertatio de prima Origine Augustissimæ Domus Austriacæ, edita Labaci anno 1680.

In præfatione ad Scriptores Brunsuicenses pag. 3.

vasi l'Imperadore Massimigliano I. al riferire del Giovio, e intorno a cui scrisse un intero volume Giovanni Seifrido, dedicandolo a Ridolfo II. E quantunque Pier Lambecio Bibliotecario Imperiale avesse ripreso lo Scioppio, come di grave delitto per essersele opposto, nulladimeno lo Scenleben non ebbe riguardo veruno di confutarla espressamente. Anzi attesta, che avendo mostrato il sistema dell'opera sua all'Arciduca Leopoldo Guglielmo, ne ottenne l'approvazione: *cujus quidem*, dic'egli, *titulos probavit, & ut opus prosequerer hortatus est, quod etiam spero non displiciturum Augustissimo nostro Cæsari Leopoldo*. Ma passiamo a cose di maggiore importanza.

Elogia virorum bellica virtute illustrium lib. 5. p. 237. edit. Basileensis anni 1575. apud Pernam.

Bibliotheca Cæsarea to. 1. pag. 50.

Schönleben Dissertatio pag. 41.

XXXVI.

Comacchio non mai appartenente al Reame d'Italia, ma sempre compreso nell'Esarcato; e perciò proprio della Santa Sede.

Si vorrebbe far credere nelle Osservazioni, che Comacchio nell'anno 809. in cui tentarono i Greci di torlo alla Chiesa, come si disse nella precedente Scrittura, fosse Città del Reame d'Italia, e non già dell'Esarcato; e si crede di provarlo con l'asserire, che i Greci aveano allora guerra contra i Franchi, e contra Pippino Rè d'Italia, e non già contra i Papi: quasichè i Greci in quel tempo non fossero ugualmente nemici de' Papi, che de' Franchi e di Pippino, a cui Carlo Magno suo padre nel dare il Reame d'Italia, avea imposto il carico di protegger la Santa Sede; talchè in virtù de' patti stipulati e giurati da entrambe le parti, di che ragionerò in fine, Pippino era in debito di difender la Chiesa e i Pontefici; tanto più poi, che si trattava del comune pericolo. E quantunque il presidio di Comacchio fosse stato eziandio di Pippino, come suppongono gli Osservatori, di quì non ne verrebbe nulla in prò loro, perchè il semplice presidio non è indizio di sovranità, come si è mostrato nella Scrittura sopra gli affari di Parma e Piacenza. E non solamente in questo secolo nono, ma nè anche nel decimo vi ebbe Comacchio punto che fare col Reame d'Italia, il che si prova con un diploma estratto dall'Archivio della Chiesa di Modana, e pubblicato dall'Ughelli. Quivi nell'anno 947. il Rè

Osservaz. Cap. X. pag. 21.

Vedi pag. 7.

Ital. Sacr. tom. 2. pag. 128.

Rè Lotario dona a Guido Vescovo di Modana, allora suo partigiano, tutto quello, che esso Rè tenea di sua ragione entro il Contado di Comacchio: RES JURIS NOSTRI *positas in Comaclensi Comitatu*. Ora queste cose non le avea già egli, come Principe sovrano di Comacchio, nè come Rè d'Italia; ma bensì come privato, e come cose allodiali, venutegli per eredità; poichè dianzi erano state di una certa Vitaliana: *quæ* FUERUNT JURIS QUONDAM *Vitalianæ, relictæ quondam Joannis Archidiaconi*. E le medesime cose non consisteano già elle in tutto il Comacchiese; ma solamente in alcuni terreni, e saline particolari: SCILICET *mansionem & curtem & salinas & quicquid illius* JURIS *fuit*, & PROPRIETARIO *ordine diebus vitæ suæ* POSSEDIT. Laonde Lotario non avea maggior diritto sopra que' beni, di quello, che ne avesse avuto Vitaliana. Quindi egli protesta di donargli a Guido nella guisa stessa, che erano stati di quella donna: *prædictas res igitur* JURIS NOSTRI, *in Comaclensibus finibus positas*, SICUT FUERUNT JURIS *quondam Vitalianæ*, *a* NOSTRO JURE & DOMINIO *in præfati Vidonis venerabilis episcopi* JUS & DOMINIUM *omnino transfundimus & delegamus*. Se dunque il Rè Lotario non ebbe nel Comacchiese altro, che alcuni beni allodiali, ne viene per conseguenza, che quella Città col suo contado non apparteneva al Reame d'Italia, ma ad un altro Principato: e che d'altri non era, che della Sede Apostolica. E di fatto essa Città fu riputata maisempre dell'Esarcato, col territorio della cui capitale, cioè di Ravenna, fu, ed è tuttavia confinante. Quindi Agnello nelle Vite di quegli Arcivescovi, ultimamente uscite in luce dalla Biblioteca Estense, racconta, che Sergio, il qual visse a'tempi di Stefano II. JUDICAVIT *a finibus Perticæ totam Pentapolim: & usque ad Tusciam: & usque ad mensam Walani* VELUTI *Exarchus sic omnia disponebat, ut soliti* SUNT MODO *Romani facere*. Il porto di Volana quì mentovato, sta di là di Comacchio, a cui egli appartiene; onde chiaramente

Liber Pontificalis par. 2. pag. 430.

mente

mente si vede, che la Città stessa, situata di quà dal porto, era inclusa nell'Esarcato, e nelle contrade, che Sergio governò, come Vicario ed Esarco: JUDICAVIT *veluti Exarchus*. Il verbo *judicavit* non significa altro, che un semplice governo, poichè in que' secoli barbari le voci *Judex*, *Comes*, e *Consul* erano sinonimi dinotanti coloro, che aveano l'uficio personale di *governatori*. Chiama Agnello il porto di Volana *mensam*, che vuol dir *patrimonio*, perchè nel secolo nono, in cui egli visse, e ne' seguenti ancora, si pretendea, che quel porto appartenesse alla Chiesa di Ravenna, come si trae da varj strumenti, co' quali da quegli Arcivescovi ne furono investiti gli Abati della Pomposa: gli uni e gli altri soggetti all'alto dominio della Santa Sede. E dice Agnello, che Sergio governò l'Esarcato nella guisa, che nel tempo di esso Agnello il governavano i Romani, *ut soliti* SUNT MODO *Romani facere*; perchè allora l'Esarcato non era più in governo di quegli Arcivescovi, ma de' Romani, deputati da' Sommi Pontefici. Per la qual cosa da questo passo d'Agnello non possono ritrarre alcun frutto gli Osservatori, comechè cerchino di spiegarlo a lor modo; imperciocchè se l'Arcivescovo Sergio governò l'Esarcato, ei governollo come Vicario, e per indulto e concessione del Sommo Pontefice: *id ab initio indulgente Romano Pontifice factum non dubito*, scrive il Padre Abate Bacchini sopra quel luogo d'Agnello. E benchè questo Autore scismatico, e pien d'odio contra la Santa Sede abbia ciò maliziosamente taciuto, ne parla però quanto basta Adriano I. nella Lettera LIV. del Codice Carolino, scritta a Carlo Magno contra Leone successore di Sergio, in occasione, che egli si era usurpate varie Città dell' Esarcato, e Comacchio ancora, pretendendo di ritenersi il tutto, come avea fatto Sergio: al quale però ne fu poscia levato il governo da Stefano II. come da supremo Signore dell'Esarcato. Quindi si duole Adriano della baldanza di Leone, perchè ritenga *in sua potestate* quelle Città della Chie-

Cangius in Glossario.

Cangius ibidem.

Osservaz. Cap. VI. pag. 15.

Pag. 437.

Chiesa, le quali al tempo di Desiderio esso Pontefice sovranamente signoreggiava: *ea, quæ* POTESTATIVE *temporibus Langobardorum detinentes*, ORDINARE, *ac* DISPONERE *videbamur, nunc temporibus vestris* (cioè di Carlo Magno) *a* NOSTRA POTESTATE, *impii atque perversi* (cioè Leone) *qui vestri, nostrique existunt æmuli*, AUFERRE *conantur. Et ecce improperatur nobis a pluribus nostris inimicis, exprobrantes nos & dicentes: quid vobis profuit quod Langobardorum gens est abolita & Regno Francorum subjugata? Et ecce jam nihil de his, quæ promissa sunt, adimpletum est. Insuper & ea, quæ* ANTEA *beato Petro* CONCESSA *sunt a sanctæ recordationis Pippino Rege, nunc ablata esse noscuntur*. Mentre dice il Papa, che tenea Comacchio, e l'altre Città dell'Esarcato *potestative*, prima dell'Arcivescovo Leone, vuol dire, che le tenea *cum omni potestate, ac imperio, jurisdictione & dominio*, siccome con molti esempj spiega quella voce il Ducange. Indi protesta Adriano di voler sovranamente disporre del medesimo Esarcato in quella guisa, che ne avea notoriamente disposto il Pontefice Stefano, a cui era egli stato dato da Pippino: *cui & ipse Exarchatus traditus est; ita & nostris temporibus eum* SUB NOSTRA POTESTATE DISPONERE, *atque* ORDINARE VOLUMUS. *Et* OMNES *in hoc cognoscere possunt qualem* POTESTATEM *ejus Beatitudo in eandem Ravennatium urbem &* CUNCTUM *Exarchatum habuit: qui etiam Archiepiscopum Sergium exinde* ABSTULIT, *dum contra ejus voluntatem spiritu superbiæ nitebatur*. Segue a dire Adriano, che esso Stefano disponea con sovrana indipendenza degli affari dell'Esarcato con l'inviarvi i governatori, e i giudici, e con lo spedirvi gli ordini necessarj: *etenim ipse noster prædecessor* CUNCTAS *actiones ejusdem Exarchatus ad peragendum* DISTRIBUEBAT, *&* OMNES ACTORES *ab hac Romana urbe* PRÆCEPTA *earundem actionum* ACCIPIEBANT. *Nam &* JUDICES *ad* FACIENDAS JUSTITIAS *omnibus vim patientibus, in eadem Ravennatium urbe residentes, ab hac Romana urbe*

Cangius in Glossario.

urbe direxit: i quali poi esso Adriano va nominando, e termina finalmente con inculcare a Carlo Magno, che a lui sottopponga l'Arcivescovo Leone: *ut a nobis*, dic'egli, CUNCTUS *Exarchatus* DISPONATUR, *sicut sæpefatus domnus Stephanus Beatissimus Papa temporibus sanctæ memoriæ genitoris vestri domni Pippini* DISPONERE *visus est*. Dell'ampiezza e de' termini dell'Esarcato io non parlerò in questo luogo per non ridire quanto ho già detto altrove intorno agli affari di Parma, e Piacenza. Dico bensì, che questo parlar d'Adriano egli è un parlare con gran franchezza, e con gran sicurezza delle proprie ragioni, massimamentechè non si trattava già egli di cose *rancide* e oscure; ma di fatti recenti, e allora notorj ad ognuno, come dinotano quelle parole *omnes in hoc cognoscere possunt*: il che non è altro, che un allegare le attestazioni di tutti quelli, che in quel tempo viveano. E per provar di vantaggio, che Comacchio sia stato maisempre riputato per Città dell'Esarcato, basti auvertire, che Anastasio narrando le usurpazioni fatte alla Chiesa da Desiderio Rè de' Longobardi, asserisce, che egli avea occupato *Ducatum Ferrariæ seu Comaclum* DE EXARCHATU *Ravennate*. E che altro mai vuol dir questo, senonchè Comacchio era dell' Esarcato, DE *Exarchatu Ravennate*? Lodovico Pio nella sua Costituzione, che dianzi si è giustificata, e difesa, dice di confermare a Pasquale *Exarchatum Ravennatensem sub integritate* CUM URBIBUS, *civitatibus*, *opidis*, *castellis*, *quæ piæ recordationis domnus Pippinus Rex ac bonæ memoriæ genitor noster Carolus Imperator Beato Petro Apostolo & prædecessoribus vestris jamdudum per donationis paginam* RESTITUERUNT; e poi immediatamente spiegando con la particola, *hoc est*, quali erano quelle Città dell'Esarcato, vi mette *Ferrariam*, *Comaclum*: il che appunto con le medesime parole fu poi ridetto anche da Ottone il Grande nell' anno 962. e da Arrigo il Santo nell'anno 1014. Onde è cosa indubitata, che chi dice *Esarcato*, dice anche

In Hadriano I. pagina 144.

Comacchio. Nella descrizione del Cardinal Anglico si annovera Comacchio fra le Città della *Romagna*, detta anticamente *Romania*, poi *Romandiola*: il qual nome ne' tempi bassi rimase alla provincia, di cui fu capo Ravenna, residenza degli Esarchi; imperciocchè allora i Greci davano il titolo di *Romania* all'Esarcato, come il davano alle dipendenze dell' Impero d'Oriente per cagione di Costantinopoli, detta da lor *Nuova Roma*. Quindi con molta ragione Lodovico Vescovo Magalonese, Luogotenente di Francesco Arcivescovo di Narbona, Camerlingo di Martino V. nella già mentovata Commissione, data a Delfino Abate di Casanova per la collezione de' diritti, frutti, e rendite delle Città della Romagna, e dell'Esarcato, gli nomina diverse Città, e tra queste *Comacchio*, le quali avea trovato, che ne' registri Camerali erano incluse nell'Esarcato: *sub Exarchatu prædicto existentes comperimus*. E poco dopo, Flavio Biondo Segretario d'Eugenio IV. annovera pure Comacchio fra le Città dell'Esarcato; e poi anche Enea Silvio Compendiatore delle Deche del Biondo. Resta dunque fuor d'ogni dubbio, che Comacchio fu sempre tenuto per Città dell'Esarcato, e che nelle Osservazioni non si è avuta ragione di dire, *non essere cosa tanto certa, che Comacchio fosse Città o Terra dell'Esarcato*; ma che era *piuttosto parte del Regno d'Italia, che Città dell' Esarcato*. Nelle medesime Osservazioni in proposito d'Agnello sopraccitato si leggono queste parole: *se le vite degli Arcivescovi di Ravenna non fossero state mutilate alcuni secoli sono (non saprei dire per ordine di chi) ci farebbono sapere altre particolarità intorno al dominio dell'Esarcato sotto i Carolingi*. Il Padre Abate Bacchini divulgator di quel libro scrive in tal guisa nella prefazione: *codex ab indocto amanuensi ex apographo alicubi mutilo circa initia sæculi XV. descriptus est*. Sicchè non il codice della Libreria Estense, ma l'antico esemplare, donde già 300. anni fu copiato quel codice, già era *mutilato*. Perciò è vana quella misteriosa pa-

Cangius in Glossariis Latino & Græco.

Dec. II. lib. I. p. 152. edit. Basileensis Frobenianæ anni 1559. Operum pag. 188. edit. Basileensis Henricpetrina ann. 1571.

Osservaz. Cap. IV. pag. 11.

Cap. X. pag. 21.

Cap. XXIII. p. 41.

Cap. VI. pag. 15.

Pag. 19.

parentesi: *non saprei dire per ordine di chi*, mentre quella *mutilazione* potette accadere senza *ordine* altrui in quella guisa, che frequentemente s'incontrano i codici *mutilati* per qualche accidente: imperciocchè anticamente riducendosi gli esemplari ad un solo, tutte le copie, che da questo vi si traeano, necessariamente portavano il difetto del medesimo primo esemplare, dal quale erano tratte. E chi mai potea dar *ordine*, che il libro d'Agnello si mutilasse *alcuni secoli sono*, in tempo, che le ragioni della Chiesa sull'Esarcato eran chiarissime? e che vi si lasciassero poi tante altre cose empie, e bugiarde contra i Pontefici, quante son quelle, che vi riconosce la sincerità religiosa del dotto Padre Abate Bacchini? Nella Biblioteca Vaticana si trova un esemplare d'Agnello, scritto da Giampier Ferretti Ravennate, Vescovo di Lavello; ma, per quanto intendo, assai più *mutilato* e mancante, che non è il codice Estense. E non potrebbe già darsi il caso, che il libro fosse stato *mutilato* da'nemici di Roma nelle cose favorevoli alla Santa Sede, e contrarie alle altrui pretensioni in materia dell'Esarcato, nate dopo i tempi d'Agnello; giacchè finalmente quel libro è a noi pervenuto daltronde, che da Roma, e giacchè in esso vi si leggono tante cose contro di Roma, pienamente confutate dall'Abate Bacchini?

XXXVII. Testamento d'Almerigo Marchese, favorevole a' diritti della Santa Sede, e non agli Estensi.

Dopo essersi condannate parte per *nulle*, ed *invalide*, e parte per *false* tutte le restituzioni, donazioni e dichiarazioni fatte alla Santa Sede da Pippino, da Carlo Magno, da Lodovico Pio, e da' seguenti Imperadori fino all'anno 947. si vien poscia nelle Osservazioni a concludere, che innanzi a quel tempo i Pontefici non furono padroni dello Stato, che ora posseggono, ma che furono sempre meri Vicarj Imperiali. Nè hanno pensato gli Autori in dir questo, se si debba a simili divisamenti il nome, che essi hanno voluto dare agli altrui, cioè di *decisioni troppo nuove, e pellegrine*. Questa materia, la quale da essi è stata posta in primo luogo della loro Scrittura, come se fosse la più importante al loro affa-

Osserv. Cap. LXXI. pag. 105.

affare, sarà posta da me nell'ultimo, come la meno importante di tutte le altre, se si riflette alla insussistenza di essa. Ora intanto andrò considerando quello, che ivi si va dicendo del solo Comacchio dopo i tempi del Sommo Pontefice Giovanni VIII. la cui reale ed assoluta Sovranità in quel luogo, già è stata da me ristabilita, e difesa contra le cavillazioni contrarie. Dunque nelle Osservazioni lasciatosi a parte Giovanni VIII. si adducono alcune parole tronche del Testamento di un certo Almerigo Marchese, il qual vi nomina *res nostras, quas in nostro territorio Comaclo habere visi sumus*: e poi soggiungono, che Almerigo *riconosce per cosa propria il territorio, o sia il contado di Comacchio*. Io non so per verità, come mai ad uomini cotanto eruditi e versati nelle cose loro, sieno cadute in pensiero illazioni sì violente e sforzate, e per valermi de' loro termini, come abbiano potuto *prorompere in così pellegrine e strane proposizioni*. Nomina Almerigo *res nostras*, le quali ha ne' suoi terreni di Comacchio, *in* NOSTRO *territorio Comaclo*: dunque tutto il territorio, e il contado della Città di Comacchio era suo proprio! Dunque non lo avea dalla Sede Apostolica! L'Autore della terza Scrittura vi dice assai più; cioè, che quell'Almerigo era Marchese d'*Este*, e che non già il solo territorio e contado, ma che Comacchio stesso era suo. Nella Scrittura di Vienna questo Almerigo Marchese si chiama pure *di Casa d'Este*, e si afferma con gran sicurezza, che il *territorio di Comacchio era suo*. E pure son questi gli Autori, che ci hanno detto, che nell' intendimento de' vocaboli de' tempi bassi *facilmente si prendono degli abbagli*. Che non bisogna *prendere tutte le parole in rigore*. Che l'espressioni *concepite in barbaro latino* deono avere diverso significato da quello, che hanno. Che *donatio* non vuol dir *donazione*, e che *restitutio* non vuol dir *restituzione*? Se così è, poteano ben riflettere, che *territorium* nel Testamento del Marchese Almerigo potrebbe non esser lo stesso, che *universitas agrorum intra fines cujus-*

Osservaz. Cap. XV. pag. 28.

Osserv. Cap. LXXIV. pag. 111. in fine. Cap. LXXV. p. 113. in fine.

Altra Lettera pag. 7.

Risposta per il diritto Imperiale pag. 14.

Osservaz. Cap. VII. pag. 16. Cap. XIII. p. 23. Altra Lettera p. 19.

Osservaz. Cap. III. pag. 8.

cujusque Civitatis, come Pomponio Giureconsulto disinisce il territorio delle Città: ouvero *quæ patet judicis cujusque jurisdictio*, secondo Antonio Goveano. Ma ivi potrebbe essere *ager*, *possessio*, *prædium*: tanto più, che in tal senso quella voce vien presa sovente ne' tempi bassi, come si può vedere nel Glossario del Ducange. Ma basta leggere quelle sole parole, che ci hanno riferite del Testamento d'Almerigo, per comprender subito, che ivi non si parla d'altro, che de' poderi proprietarj, che egli avea nelle contrade di Comacchio.

De verbor. signific. L.239. § 8.
Lib.2. de Jurisdict. ad L. 20. Operum pag.46.

XXXVIII

Sovranità della Chiesa in Comacchio, mostrata col Testamento d'Almerigo Marchese, e anche poco dopo il medesimo Testamento.

Nulladimeno però, diamo, che Almerigo abbia parlato di tutto il territorio, e della Città stessa: e qual fondamento si avrebbe mai per mostrare, che egli non fosse stato Governatore della Santa Sede, ma dell'Impero, quando noi abbiamo, che innanzi e dopo il tempo, in cui fu rogato quel Testamento, i Pontefici ne sono stati riconosciuti per assoluti e diretti Signori? Ma quello, che è più importante, e come si prova egli, che Almerigo fosse di Casa d'Este, se il Testamento nol dice? Anzi in esso vien detto il contrario, chiamandosi egli: *ego bonæ memoriæ Almericus Marchio de Civitate Mantua*: se era di Mantova, non era d'Este. Ora in quel Testamento, che per buona ventura ho letto ancor io, ma tutto intero, Almerigo con Franca sua moglie lascia la maggior parte del suo al Vescovado di Ferrara, e fa menzione delle masse, *quæ a Sancta Romana Ecclesia sunt emancipatæ*; segno evidente, che la Chiesa Romana vi avea dominio nel rimanente di quelle contrade. Ma che Comacchio non fosse proprio del Marchese Almerigo, si trae chiaramente dalla serie del Testamento, nel quale disponendo egli di tutti i suoi beni proprj, ivi da lui espressamente nominati, col lasciarne erede principale la Chiesa di San Giorgio di Ferrara, non dice poi di lasciar ad alcuno la Città di Comacchio, ma solamente *res* NOSTRAS, *quas in territorio nostro Comaclo habere visi sumus*, segno pure evidente, che Comacchio non era suo proprio, e che egli non per altra cagione chiama

MSS. Peregrini Prisciani.

chiama *nostro* il territorio, se non perchè vi avea i suoi beni allodiali, mentre per quanto risulta dal medesimo Testamento, egli tenea Comacchio non meno, che il rimanente di quelle contrade limitanee non altramente, che come *Governatore* della Santa Sede, secondo la nozione affissa in que' tempi alla barbara voce *Marchio*. Egli dice ancora di lasciare *omnes Insulas maris Adriatici ad monasterium Sancti Apollinaris*: le quali Isole, giusta l'osservazione di Pellegrino Prisciano, erano tra il mare, il Pò vecchio, e Massa Fiscaglia: nel qual tratto egli nota, *Comacli oram omnem Insulis repletam tunc temporis etiam fuisse, mari liberiori accessu loca ea omnia aggrediente*. Indi segue a mostrare, che Leone VIII. nella Bolla al monistero d'Aula regia nomina alcune di queste Isole *maris Adriatici*. Altre ne nomina pure Girolamo Rossi, ed altre Alessandro Sardi, il quale osserva, essere state comunemente appellate *Masse*. Io ho voluto ciò avvertire, affinchè queste Isole *maris Adriatici* lasciate da Almerigo Marchese al monistero di Santo Apollinare, non si prendano per le Isole Veneziane, le quali non sono mai state in governo di alcun Marchese. Nè somiglianti lasci, e disposizioni testamentarie del suddetto Almerigo toglieano già in guisa veruna l'alto dominio della Santa Sede. Quatordici anni dopo questo Testamento d'Almerigo, Ottone I. non riconosce egli, che Comacchio è della Chiesa? E due anni dopo il riconoscimento d'Ottone I. non dice Leone VIII. ancor egli *in territorio*, NOSTRO *Comacli*? Il Testamento si dice dato *anno Pontificatus Domno nostro Agapito summo & universali Papa in Apostolica sacratissima beati Petri Apostoli Domini Sede II*. (ne' MSS. del Prisciano si legge per errore XII.), *sicque imperante Domno nostro Ugo & Lothario filio ejus anno vicesimosecundo, octavodecimo, die mensis Julii Indictione sexta. Ferrariæ*; i quali caratteri cronologici corrispondono all'anno volgare 948.

Historia MSS. Ferrarienses lib. I. c. 22.

Histor. Ravennates lib. V. pag. 253. 273. edit. II.

Origine MS. del Ducato di Ferrara num. 26. 27. 32.

Gli

Gli Autori delle Osservazioni sono stati più sinceri del [a] Pigna e degli altri Ministri Estensi loro colleghi in non chiamare questo Almerigo di Casa d'*Este*, siccome non lo chiamò nè anche il Prisciano: quando però esso [b] Pigna in un altra sua Opera, da lui scritta poco prima della Storia, avea detto e confessato, che *Azzo da Este fu il* PRIMO *Marchese di Ferrara* sotto Federigo II. Imperadore, cioè dopo l'anno 1200. e non già Almerigo prima del 948. La medesima cosa si afferma dal [c] Prisciano con queste parole: *Azzo hic Ferrariæ fuit Dominus* PRIMUS *& Anconitanus Marchio*; come pure nella [d] Risposta del Duca Alfonso II. al Manifesto di Cosimo I. Duca di Firenze per la controversia della precedenza, dicendovisi: *Azzo da Este* CAPO *del Principato di Ferrara, da cui per linea continuata è disceso Alfonso*. Ma se anche nol dicesse il Pigna, nè il Prisciano, nè colui, che distese quella Risposta, ci basterebbe, che lo dicesse Gervasio Ricobaldo Ferrarese nella sua Cronaca, intitolata *Pomerium*, da lui finita nell'anno 1297. dove sotto l'anno 1212. a Capi 97. si leggono queste parole: *moritur Azo Estensis, qui sepultus est in monasterio Vangadiciæ, pago, qui dicitur Abbatia, diœcesis Adriensis. Hic Azo fuit* PRIMUS *Marchionum Estensium, qui* VI PRINCIPATUM *Ferrariæ* HABUIT. A un capo delle Osservazioni si legge affisso questo titolo: *Estensi non mai Tiranni di Ferrara*. Quando *vi habuit* non voglia dire, che Azzo vi fu intruso per forza, e per tirannia, senza altro avrassi ivi ragione. La Cronaca di Ricobaldo, che si serba a penna in varie Librerie Italiane, ed anche in Leida presso il celebre Letterato Jacopo Perizonio, si troverà facilmente nella Libreria Estense, poichè è citata dal Pigna. Egli è dunque certo, che dalle ragioni di quell'Almerigo Marchese non può trarsi alcun vantaggio per la Casa d'Este sopra Comacchio, sì perchè non si prova, che egli ne fosse Signore, sì perchè quantunque vi fosse anche stato, ciò sarebbe accaduto per concedimento Apostolico:

XXXIX. Estensi non signoreggiarono Ferrara prima del secolo decimoterzo. Luogo della Cronaca Vingartese interpolato. Confusione dell' undecimo secolo ne'nomi delle Famiglie.

a *Storia di Casa d'Este lib. I. pag. 50. 51.*
b *Il Principe lib. 2. fogl. 44. pag. 2.*
c *Historia MSS. Ferrarienses lib. 7.*
d *Ragioni di precedenza pag. 34.*

Osserv. CLXXVIII. pag. 119.

lico: e perchè non si sa di qual famiglia egli si fosse, non avendo cognome alcuno, secondo il costume di quell'età: siccome non lo ha nè anche quell'*Azo Marchio*, che nelle Osservazioni si dice esser cognominato *Estensis* dal Monaco Vingartese fra gli Scrittori Brunsvicensi del Signor Leibnizio, benchè questo Letterato sinceramente attesti, che nel Codice conservato in Augusta la voce *Estensis* non si trovi nel primo testo originale, ma vi sia stata aggiunta da altra mano posteriore: *vox* ESTENSIS, dic'egli, *glossema est in Codice manuscripto Augustano*. E lo ridice anche nella prefazione, come cosa importante, con queste parole: *cum Codicem Augustanum inspexissem (ex quo Chronicon hoc ediderat & Canisius) comperi, quod ex connexione ipsa verborum facile suspicatus fueram, vocem* ESTENSIS *esse glossema alia manu adscriptum*. E pure il Monaco Vingartese scrisse in tempo, che in Italia fioriva ed era già celebre Casa d'Este, cioè nel fine del duodecimo secolo; onde a taluno potrebbe recar maraviglia, come egli abbia taciuto quel cognome, ed abbiano fatto il medesimo anche l'Urspergese, Lamberto Scafnaburgese, e Bertoldo di Costanza ove parlano del medesimo Azzo. Che se poi nulladimeno egli debba riputarsi per tale, io per me ne son pago, purchè non si faccia egli discendere nè dal preteso Ottone da Este, nè da Marino Conte di Comacchio nel nono, nè da Almerigo Marchese nel decimo secolo: nè di quì si traggano ragioni contro alla Santa Sede. Intanto nelle Osservazioni per combattere la precedente Scrittura, si è voluta citare una cosa, la quale non v'è. Io non cerco chi abbia aggiunta quella voce al Codice Augustano, *non sapendo dire per ordine di chi* sia stata aggiunta, per valermi delle parole usate nelle Osservazioni in proposito della *mutilazione* del Libro d'Agnello, custodito negli Archivi Estensi. Solo dico, che Girolamo Faletti fu spedito in Germania a raccorre simili documenti, come attesta il Pigna nella Lettera ad Alfonso II. preposta alla sua

Osserv. Cap. LXXI. pag. 106.

Scriptores Brunsvicenses pag. 784. & in praefatione §. 58.

Antiquae Lectionis tom. 1. pag. 183.

Osservaz. Cap. VI. pag. 15.

sua Storia. Nel tempo stesso, che fiorì quell'Azzo mentovato dal Monaco Vingartese, io trovo *diversi* altri Azzi in Italia col titolo solitario di *Marchesi*, perchè siccome allora i Marchesati erano governi e prefetture personali, e non già dominj ereditarj, poichè i Marchesi vi andavano, e ci veniano; così dopo finita la carica, essi tuttavia per cagion d'onoranza vi riteneano quel nome, che poi cominciò a discendere anche ne' posteri. Il *primo* Azzo, parente di un tal Guido Marchese, vien rammemorato nelle Lettere di Gregorio VII. ed è famoso per le nozze incestuose con una Matilda sorella di Guglielmo Vescovo di Pavia, la quale altrevolte per la somiglianza del nome è stata malamente confusa con la gran Contessa d'Italia, ed Azzo stesso creduto di Casa d'Este: il quale io non so, se possa essere il medesimo, che quell'altro, di cui pur fa menzione Gregorio VII. in una Lettera al Duca d'Ungheria. Il *secondo* Azzo si è quegli, che con Fulcone si nomina in uno strumento pubblicato da Piermaria Campi: dal quale Azzo nacque Obizo, padre de' Marchesi Oberto ed Obizo, da cui nacque Alberto. Il *terzo* Azzo è quegli, di cui ragiona il Monaco Vingartese ed altri Autori, il quale essendo morto *centenario major*, secondo Bertoldo di Costanza continuatore della Cronaca d'Ermanno Contratto, io non saprei, se egli potesse esser diverso da quell'Azzo, il quale con Bonifacio, Alberto, ed Ugone Marchesi d'Italia comparisce in uno strumento d'intorno all'anno 1030. pubblicato da Giovanni Beslio. Aspetteremo, che ci si dica, se egli potesse mai essere stato per auventura Marchese di Toscana, giacchè da Bertoldo vien detto *Azzo Marchio Langobardiæ*, e nella Vita di San Remaclo si trova, che Goffredo Marchese di Toscana vien detto pure *Godefridus Marchio Langobardiæ* in riguardo, che la Toscana, dove era il Marchesato, si dicea *Tuscia Langobardorum*: al che si potrebbe aggiungere l'aver questo Azzo avuta in dote *Valdelsa* tra Pisa e Firen-

Epist.57. lib. 1.
Epist.9.35.36.lib.2.

Epist.58. lib.1.

Storia di Piacenza tom.1.pag.510.513.

Annales Lamberti Schafnaburgensis anno 1071. pag.479.

Chron. apud Urstisium to.1.pag.376.

Vera origo Hugonis Regis Italiæ pag.76.

Scriptores Leodienses Jo. Chapeavilli tom.2.pag.532.

Memorie della Contessa Matilda del Fiorentini lib.3.pag.5.

ze per quel che si trae da Corrado Urspergese: e lo ha notato anche il Signor Leibnizio. Se alcuno volesse crederlo di nazione Tedesco, e non già Italiano, potrebbe appoggiarsi all'autorità del medesimo Urspergese, dal quale Guelfo Duca di Baviera, che nacque dal medesimo Azzo, e che morì in Cipri nel ritorno di Terra Santa, vien detto di *nazione* Suevo, NATU *Suevus*, quando pare, che avrebbe dovuto dirsi *Italus*, ouvero *Langobardus*, se Azzo il padre fosse stato Italiano, e una persona stessa con Azzo padre d'Ugone e di Fulcone: i quali in quel medesimo strumento, di cui nelle Osservazioni si citano alcune parole, professano di essere di nazione Italiani, NATIONE *mea, lege vivere Langobardorum*, ladove avrebbono detto *Alamannorum*, se fossero stati fratelli di Guelfo, di *nazione Suevo*. Tralascio di dire, che Giovanni Tritemio, uomo Tedesco, e molto versato nell'antichità della sua nazione, francamente ha negato, che esso Guelfo fosse figliuolo d'alcun Marchese Italiano: *nec sum nescius*, dic'egli, *quosdam inter Scriptores hunc ducem Welf*, NATIONE *Suevum, nonnullos vero Italum, filium Marchionis, fuisse* AUSOS *contendere*. CONSTAT *autem, filium eum fuisse Conradi Comitis Bavariæ, filii Arnolphi Bavari Ducis & Imperatoris Romanorum. Nec refert ubi natus sit, modo generationis serie, Bavariæ Ducibus legitimis constet descendisse*. Il Signor Leibnizio attesta ancor egli, che il Ducange, il Giustello ed altri Letterati Francesi si mostrarono con lui dubbiosi, che il medesimo Guelfo venisse di razza Italiana. Che poi da Ottone IV. in un diploma dell'anno 1210. il Marchese Azzo d'Este sia detto *cognatus noster*, questa cosa sola non fa, che Azzo fosse della schiatta d'Ottone, perchè anche Don Cesare d'Este fu detto *consanguineus noster* da Ridolfo II. nell'Investitura datagli in Praga il dì 13. di Gennajo 1598. e pur egli non era di Casa d'Austria. Il *quarto* si è *Azzo Marchio Liguriæ*, padre di Ugone e di Fulcone presso Orderigo Vitale: e *Marchio Liguriæ* vien detto uno della famiglia

Scriptores Brunsuicenses pag. 783. 784.

Chron. anno 1701. pag. 169. 210. edit. Argentor. anni 1609. Alberti Aquensis Histor. Hierosolym. lib. 8. cap. 34. 44.

Osserv. Cap. LXXIII. pag. 109.

Chronicon Ducum Bavariæ tom. 1. Operum Historicorum pagina 107. edit. Freberi.

Præfatio ad Scriptores Brunsuicenses §. 53.

Osserv. Cap. LXXV. pag. 115.

Histor. lib. 8. anno 1090. inter Scriptores Normannicos Duchesnii pag. 532. 683.

glia Malaspina da Pier Diacono continuatore della Cronaca di Leone Ostiense. Io crederò di meritarmi la grazia di chi ha scritte le Osservazioni, accennando, che gli Atti antichi de' Vescovi Cenomannesi, pubblicati dal Mabillone, chiamano quell'Azzo *Athonem quendam Marchisum*, e vi si dice, che i Cenomannesi per darsi in signoria di lui ve lo invitassero con Ugone il figliuolo, e con la moglie Gersende, figliuola d'Erberto Conte Cenomannese, già ripudiata da Teobaldo Duca Sciampagna. Ma poi Atone ritornossene in Italia, lasciatavi la moglie col figliuolo in custodia di Goffredo di Meduana: il quale poco dopo veggendosi malsicuro, e dubbioso della fede de' Cennomanesi, rimandò il fanciullo Ugone in Italia: *Hugonem quidem puerum ad patrem in Italiam dimisit*. E si soggiunge, che il Vescovo Cenomannese Arnaldo nel venire a Roma, passando per le signorie d'Atone, vi fu arrestato, ma poi messo in libertà: *dum per terram Hugonis Marchisi revertitur, ab eodem Athone captus &c.* il che potrebbe servir di traccia per indagare di quai terre questo Marchese fosse governatore. Una figliuola di questo Azzo, o Attone, vien detta da Guglielmo Gemmeticense *filia cujusdam Comitis Langobardiæ*: e Ugone di lui figliuolo è detto *Allobrox*, e *Ligur* da Orderigo Vitale, che mette la sua gita in Francia nell'anno 1090. dopo il qual tempo gli Atti lo chiamano *puerum*, ladove nelle Osservazioni si legge, che circa l'anno 1075. egli sposò la figliuola di Roberto Guiscardo: la quale fu poscia da lui ripudiata. Ora, se tutti i suddetti Azzi, viventi verso il fine dell'undecimo secolo, sieno stati una sola o più persone, di una sola o di più famiglie, e di una sola o di diverse nazioni, le quali in quel tempo si distingueano con la varietà delle leggi, che da ciascuno si professavano, io per me lascerò, che il decida quel valentuomo, che nelle Osservazioni promette di rischiarare questa materia *con documenti incontrastabili ed autentici*: i quali in questo proposito stesso desiderò di ve-

Lib.4. cap.109.

*Analect. to.3. p.*314. 285.286.*

Scriptores Normannici Duchesnii p.294.

Lib.8. pag.683.684.

Osserv. Cap. LXXV. pag.108.

Osserv. Cap. LXXI. pag.106.

Serie de' Marchesi di Toscana pag. 185.

vedere anche Cosimo della Rena, non essendo forse nè meno egli assai pago di quanto in tal materia leggea ne' libri stampati. E di vero chi osserva attentamente sì gran confusione nelle cose dell'undecimo secolo, senza alcun distintivo di cognomi, non sarà tanto facile, quanto fu chi scrisse le Osservazioni, in riprendere chi formando il giudicio sulle memorie stampate, non si trova in istato di correre a prestar fede alle narrazioni de' moderni Storici Estensi in cose sì oscure e lontane, e non per anco giustificate con autentici documenti; anzi per lo contrario rendute molto sospette con favolose invenzioni, già pubblicate per tali da tanti Letterati insigni, e ultimamente dal Signor Leibnizio: il che dovrà fare chiunque vorrà trattare con man pure questa materia. Comunque si sia, se la gran controversia presente non avrà cagionato altro di bene, almeno dovrassi aver qualche grado alla precedente Scrittura per aver ella data altrui occasione d'illustrare questa parte confusa della Storia Italiana, appartenente ad una delle principalissime Famiglie di essa: il che non si potrà mai fare accuratamente, senza che si condanni di falsità gran parte di que' documenti, i quali allegarono per veri il Faleti ed il Pigna. E certamente si ha ragione di poter credere, che dovrassi lasciare in disparte oltre al diploma del preteso Ottone da Este, come suppositizio, anche il Testamento d'Almerigo Marchese, come non punto favorevole alla Causa Estense in questo proposito di Comacchio. Per ogni bisogno si potrebbe ricordare in questo luogo l'avviso dello Scenleben nella prefazione all'Opera sua dell'Augustissima Casa d'Austria: *non enim satis est pro libitu adferre nomina undecunque congesta; sed singula requirunt suam probationem per originalia vel authentica instrumenta; & in eorum defectu, saltem per authorum, nequaquam de* ADULATIONE *vel* FIGMENTIS *suspectorum, præsertim veterum, clara testimonia. Ubi hæc desiderantur, laborat fides, vacillat legentium assensus. Et erit aliquando tempus, quo nonnullorum etatis*

tis

tis nostræ Geneographorum labores ad examen revocabuntur, quibus consultius fuisset abstinere ab omni opere, quam in vanum laborare.

XL.

Costituzioni Imperiali in favore della Chiesa, e Bolla di Gregorio V. intorno a Comacchio, non bene spiegate nelle Osservazioni.

Osservaz. Cap. XVI. pag. 29.

Dopo le ragioni tratte dal Testamento d'Almerigo Marchese, nelle Osservazioni si passa a spiegare le Costituzioni degl'Imperadori Ottone I. ed Arrigo II. fatte a'Sommi Pontefici sopra tutto lo Stato della Chiesa. E particolarmente sopra Comacchio si dice, che *bisogna vedere, che gius portassero quegli atti al Sommo Pontefice; e se erano contratti irrevocabili, e non più bisognosi di conferma; e se gl'Imperadori susseguenti erano esclusi dall'esercitarvi più l'alto dominio, nonchè dal poterne più disporre in favore altrui*. Io rispondo, che il jus, il quale quegli atti portavano a' Pontefici, era quello di poter questi pretendere giustamente di esser difesi e mantenuti dagl'Imperadori, come da Auvocati della Chiesa, in sovrana ed assoluta Signoria di tutti gli Stati espressi e nominati in quelle Costituzioni, senzachè nè essi Imperadori, nè altri vi potessero mai esercitare nè alto, nè basso dominio; nè fare, nè disporre in essi senza permissione, e consentimento de' medesimi Pontefici. Ma di questo ragionerassi nella Parte IV. Nelle Osservazioni si tenta poi con varj artificj di sfuggire la forza della Bolla, con la quale Gregorio V. dopo aver conceduta la Signoria di Ravenna a Gerberto Arcivescovo *gratuita largitate*, vi soggiunge queste parole: *donamus tibi tuæque Ecclesiæ Sanctæ* COMACLENSEM *Comitatum post mortem Adelaidæ Imperatricis Augustæ, ut tu, tuaque Sanctæ Ecclesia, tuique Successores illum cum omnibus inibi pertinentibus libere teneant & ordinent in perpetuum.* Primieramente vi si dice, che quì si ritrova un DONAMUS ritondo, *e un dono fatto a quell'Arcivescovo e a tutti i suoi Successori, e in perpetuo, e senza alcuna riserva di dominio*, argomentandosi di quì con certe formole vittoriose, che da indi in poi la Santa Sede non potea continuare

Osservaz. Cap. XVII. pag. 30.

Ital. Sacr. tom. 2. pag. 360.

Rubeus Histor. Ravenn. lib. 5. pag. 273.

ad

ad averne il dominio, e a ritenere per se una cosa donata *in perpetuo*, come non si dica, che *le donazioni di que' tempi fossero una sola concessione di governo, che non facea la sovranità al donante quando l'avea*. Vi si dimanda appresso, *e perchè solamente dopo la morte dell'Imperadrice Adelaida dona il Pontefice Comacchio all'Arcivescovo* di Ravenna? Vi si fanno altre gentili interrogazioni, e si viene poi finalmente a dubitare della verità della Bolla; ma però con quella fatta di prove, onde le Osservazioni sono ricolme.

XLI. Qualità della donazione di Comacchio, fatta da Gregorio V. alla Chiesa di Ravenna.

Io per verità non so cosa mai si pretenda inferire con quel *donamus ritondo*. Dirò bene, che egli non ha punto che fare con quel *donamus* di Pippino e di Carlo Magno, a cui si vuol forse alludere; perchè questo *donamus* non fu già egli *ritondo*, nè *ex gratuita largitate*, come fu quello di Gregorio V. mentre que' Principi non erano antecedentemente nè in tutto, nè in parte Signori di quegli Stati, cui liberarono da' Longobardi, per restituirgli alla Chiesa Romana in virtù di patti e di convenzioni stipulate fra loro e i Papi, come dirò nella Parte IV. Il perchè essi non donarono il proprio, ma sforzarono i Longobardi a *restituire* l'altrui alla Santa Sede e alla Repubblica di Roma, di cui i Pontefici erano Principi e Capi, come apparisce dalle Lettere di Stefano II. e di Paolo I. scritte non già ad un terzo, ma a Pippino stesso, primo autore del fatto. E per questo sempre i Papi accoppiarono insieme gl'interessi della Santa Sede con quelli de' Romani, essendo in sostanza una cosa sola *Sanctus Petrus & Respublica Romanorum* sotto il dominio de' Papi e la protezione de' Rè Franchi, decorati per mercè loro del titolo di Patrizj, che era una dignità temporale, giusta la nozione già affissa al nome di *Patrizio*; ben lungi, che i Papi stessi vi riconoscessero nella minima cosa gl'Imperadori Greci, già dichiarati lor fieri nemici, secondo quello, che osserva un gran Letterato Oltramontano, il quale non ha difficoltà di dire, che i Papi

Abbas de Longuerüe in epist. MS. ad Antonium Pagium diei 25. Januarii 1697.

i Papi furono allor da Pippino *rintegrati dell'antico diritto*, che pretendeano sopra Roma, e le sue dipendenze. Ora dall'altro canto e che *patti*, che convenzioni, che obblighi avea egli Gregorio V. di fare un *donamus ritondo* alla Chiesa di Ravenna, talchè non le possa aver fatto piuttosto un ordinario *donamus*, il quale benchè fosse *perpetuo*, non restava però d'aver la relazione dovuta all'alto dominio, e all'assoluta Sovranità del Pontefice, espressa ivi nella formola *ritonda*, e chiarissima, *ex gratuita largitate*? E questo alto dominio perchè durò sempre da indi innanzi nella Chiesa Romana, per questo ancora sempre ella volle, che fosse rammemorato, e solennemente manifestato nelle Costituzioni pubbliche, e ne' Rescritti, che dopo Lodovico Pio (da cui ricevettero l'ultimo adempimento gli atti di Pippino e di Carlo Magno) le fecero gl'Imperadori intorno all'Auvocazia, e al debito da essi contratto per mezzo dell'assunzione all'Impero di dover sempre difenderla, e mantenerla nella medesima Sovranità; senza però, che dopo Lodovico Pio niuno di essi Imperadori le abbia mai fatto alcun *donamus* nè *ritondo*, nè quadrato; siccome parimente niuno di quegl'Imperadori, i quali in occasione di occupar l'Esarcato diedero diplomi agli Arcivescovi di Ravenna intorno a Comacchio, si trova aver mai detto *donamus*, ma sempre *confirmamus*, o al più *concedimus*, supponendo in tal guisa per indubitata e reale quella prima donazione di Gregorio V.

XLII.
Comacchio dopo essere stato donato alla Chiesa di Ravenna, torna in Signoria della Santa Sede.

Che se poi la Chiesa di Ravenna col girare de' secoli non godette più la Signoria totale ed intera di Comacchio, non per questo ne segue, che la *donazione* di Gregorio V. dal canto suo non fosse *perpetua*; ma perchè gli Arcivescovi ne lasciarono il governo a' Tribuni di Ravenna, siccome fecero anche di Ravenna stessa, essi nelle rivoluzioni degli anni posteriori ne vennero a restar privi in gran parte, talchè Comacchio rimase in balía de' Ferraresi; ma sotto la sovranità Pontificia, continuando però quegli Arcivescovi ad esercitare le proprie ragioni sopra qualche parte del Comacchiese fino a mezzo il secolo decimosesto, come sopra si è dimostrato a Capi XIV. E per altro la ribellione ancora, e lo scisma de' Ravennati dovette movere i Pontefici ad acconsentire, che Comacchio soggiacesse piuttosto a' Ferraresi, tanto più, che sin dall'ottavo secolo in giù era stato sempre da essi Pontefici considerato come annesso a Ferrara, quantunque fosse più vicino a Ravenna. Perciò nel nominarlo sempre dissero *Ferrariam, Comaclum*, e non mai *Ravennam, Comaclum*, come si è osservato. Gl'Imperadori stessi anticamente hanno fatte somiglianti donazioni *piene e perpetue* di varie Città, e Principati a Chiese insigni: i quali Principati poscia col girar de' tempi sono tornati in signoria degl'Imperadori, come potrei mostrare con atti autentici, se il bisogno lo richiedesse. E tra gli altri esempj, che potrei addurci, uno sarebbe questo, che la Città di Trieste fu donata dagl'Imperadori anticamente a' Vescovi di essa Città, e pure oggi è in signoria degl'Imperadori: onde nella guisa stessa e perchè mai Comacchio non potrà essere stato donato da' Pontefici agli Arcivescovi di Ravenna, e poi esser tornato in signoria de' Sommi Pontefici?

XLIII. Come Adelaide Imperadrice godesse Comacchio primachè Gregorio V. lo donasse alla Chiesa di Ravenna.

La richiesta, che ci vien fatta, come Adelaide godesse Comacchio, si risolve con dire, che non lo potette ella godere insieme con Ravenna per altro titolo legittimo, che per quello del consenso, e concedimento della Santa Sede, che n'era padrona. Le strane avventure e disgrazie di quella santa Imperadrice son molto note; onde non si può aver fondamento di dubitare, che i Papi a fin di soccorrerla non le avessero assegnate le rendite di Ravenna e di Comacchio: il che fassi palese dal leggersi nella Bolla di Gregorio V. che egli non vuole, che abbia effetto la sua donazione a Gerberto, senon dopo seguita la morte dell'Imperadrice: *gratuita largitate nostra post mortem prædilectæ Imperatricis*

Au-

Augustæ donamus tibi, tuæque Ecclesiæ districtum Ravennatis urbis. E poco dopo torna a dire: *donamus tibi, tuæque Ecclesiæ Sanctæ Comaclensem Comitatum post mortem Adelaidæ Imperatricis Augustæ.* Ottone I. suo marito ne avea già riconosciuta la Chiesa per Sovrana nell'anno 962. L'Imperadrice stessa morì il dì 16. di Dicembre dell'anno 999. e Gregorio morì il dì 18. di Febbrajo dello stesso anno, avendo per successore quello stesso Gerberto, a cui avea donato Comacchio: ed Adelaide era matrigna di Luidgarda, che fu madre di Gregorio V. e figliuola di Edita prima moglie d'Ottone I. il qual poi fu marito d'Adelaide. Onde Gregorio potette averle dato Comacchio per queste considerazioni. E benchè tra i diplomi del Monistero di San Salvador di Pavia, già dotato dalla medesima Adelaide; ella doni a que' Monaci la Pomposa, *& omnia, quæ in Comaclio sunt, quæ intra castrum sunt &c. salinas &c.* di quì non ne segue già egli, che Comacchio da indi in poi appartenesse a que' Monaci, come pare, che si dieno a credere i Ministri Estensi; ma solamente si trae, che ella donò il Monistero della Pomposa con tutti i suoi beni a quel di Pavia, il che ci fanno vedere i privilegj de' tempi seguenti in conferma di quel primo d'Adelaide: il qual però in certi luoghi avrebbe bisogno di esser confrontato con l'originale. Nè potette ella aver avuto quel Monistero da altri, che dalla Santa Sede, che n'era assoluta padrona molto tempo innanzi a Giovanni VIII. secondochè si è mostrato nella precedente Scrittura. E in quel secolo correa questo costume di donare i Monisteri anche alle Principesse, siccome ha dimostrato uno Scrittor di gran fama de' tempi nostri in una sua Opera non per anco stampata, la quale sta nella Libreria dimestica del Sommo Pontefice Nostro Signore.

Pagius anno 996. §.IV.
Anno 999. §.I.
Anno 1000. §.IV.

Privilegia monasterii Sancti Salvatoris Papiæ pag. 5.

Osserv. Cap. XVIII. pag. 31.

Storia MS. delle Investiture delle dignità Ecclesiastiche, composta dal Cardinal Noris.

XLIV.

Difesa della Bolla, con cui Gregorio V. dona Comacchio alla Chiesa di Ravenna.

Ma non contenti gli Autori delle Osservazioni di tante lor chiose a questa Bolla Gregoriana, vi gittano poi qualche dubbio contra la sua sincerità: il che non si potea non aspet-

aspettare da loro. Le ragioni son queste. I. *perchè in que' tempi non si troverà, che i Sommi Pontefici donassero delle Città ad altri, e in perpetuo. II. perchè un dono di tanto rilievo non si potè fare senza licenza dell' Imperadore.* Chieggono poi anche per giuoco, se l'Imperadrice *avea avuto Comacchio in* FEUDO *dal Sommo Pontefice, come con troppa facilità immaginò un Apologista Pontificio nella Risposta latina al Ristretto delle Ragioni di Casa d'Este*? Fu questi il Ghini, ove scrisse, che fu quel *feudo aperto per obitum Adelaidæ Augustæ*. Ma ci vuol ben altro, che il peso di simili conghietture per atterrare la verità de' diplomi antichi qualora non favoriscono i proprj disegni. *Non si troverà, che in que' tempi i Pontefici donassero le Città*. E che? Forse doveano donarne una al giorno? Forse non basta egli, che si trovi, aver essi donato Comacchio, e che la donazione fosse confermata alla Chiesa di Ravenna da Onorio II. da Innocenzo II. da Gregorio IX. e da Alessandro IV. alle Costituzioni de' quali Pontefici i Ministri Estensi non hanno saputo che opporre? Forse essi non veggono, che la Bolla di Gregorio V. vien sostenuta da tante altre, che immediatamente le seguono? Ma se si trovi, che allora i Pontefici *donassero le Città*, veggano il diploma, con cui Benedetto III. nell'anno 857. dona la Città di Terni a' suoi Cittadini, che l'aveano ristorata dopo essere stata distrutta da' Duchi di Spoleti? E perchè mai *un dono di tanto rilievo non si potè fare senza licenza dell' Imperadore*? Credette ben altramente la Repubblica Veneziana quando il suo Doge spedì a Roma Badoaro il fratello per ottener Comacchio *ex Pontificis largitate*, auvisandosi, che lo potesse dare *senza licenza dell' Imperadore*? Ma se i Pontefici abbiano potuto investire gl'Imperadori, e anche le Imperadrici di Principati, e di *feudi* Ecclesiastici con patto e condizione espressa, che dopo la morte loro ricadessero alla Santa Sede, di che si ridono gli Osservatori, come di cosa, a parer loro, senza esempio,

Osservaz. Cap. XVII. pag. 30.

Defensio jurium pag. 45. num. 258.

Italia Sacra tom. 1. pag. 814.

pio, e perciò favolosa, poteano facilmente informarsene aprendo gli Annali del Cardinal Baronio, dove avrebbono ritrovata l'Investitura, da lui tratta dal Codice di Cencio Camerario, con cui Innocenzo II. nell'anno 1133. con atto il più solenne, che si possa mai dire entro la Basilica di San Giovanni in Laterano in presenza degli Arcivescovi, de' Vescovi, degli Abati, de' Principi, e de' Baroni, investì *per annulum* l'Imperador Lotario II. ed Agnese sua moglie *ex Apostolicæ Sedis dispensatione*, del grande *Allodio* della Contessa Matilda con l'obbligo del censo annuo di cento libre d'argento, e con questo, che dopo la morte loro *proprietas & jus ad* DOMINIUM *Sanctæ Romanæ Ecclesiæ cum integritate absque diminutione & molestia* REVERTATUR; e che i Castellani dovessero prestare il giuramento di fedeltà al Pontefice, e a' suoi Successori, condescendendo in riguardo di esso Imperadore ad ampliare sotto le medesime condizioni l'Investitura stessa ad Arrigo Duca di Baviera, e a sua moglie, figliuola di esso Lotario. E questo *Allodio* della Contessa Matilda, cioè *tutto*, così detto perchè *pleno jure retineatur*, come spiegano i Giureconsulti, era ben egli assai più, che Comacchio, perchè abbracciava gran parte del Mantovano, del Parmigiano, del Reggiano, del Modanese, e in particolare tutta la Garfagnana. Or quindi si vegga, se il Ghini *troppo facilmente immaginò*, che le Imperadrici fossero state investite di *feudi* da' Sommi Pontefici. Si finge ancora nelle Osservazioni di non intendere queste parole della Bolla di Gregorio V. *præceptum de Regiensi episcopatu cum omnibus sibi adjacentibus, a venerabili Othone Augusto tibi tuæque Ecclesiæ tuisque successoribus attributum, confirmamus, stabilimus*; e si mostra di pensare, che quì si sottopponga il Vescovado di Reggio alla Metropoli di Ravenna, cui già era sottopposto; quando ognun vede, che non si fa altro, che *confermare* un certo privilegio dato da Ottone Imperadore alla Chiesa di Ravenna intorno alle cose del Vescovado di Reg-

Annal. Eccles. to. 12. anno 1133. §. 5.

Petrus Gregor. in Syntagm. juris lib. 6. cap. 6. §. 5.

MS. Michaelis Leonici de donatione Comitissæ Mathildis.

Reggio, qualunque poi si fosse il medesimo privilegio. Ma per me io tengo per certo, che gli Autori delle Osservazioni conoscano molto bene, che la Bolla Gregoriana è indubitata; ma che quel, che gli cuoce, sieno le seguenti parole, che in quella si leggono: *si vero alia privilegia aliquibus facta apparuerint, Sanctæ Ecclesiæ obnoxia & huic nostro privilegio contraria, auctoritate Dei & Sancti Petri ad nihilum redigenda illa dijudicamus: & hoc, quod facimus, stabilimus & intactum permanendum jubemus*. Questo annullare, e questo cassare i privilegj contrarj in virtù della temporale Sovranità Pontificia, non va a genio a' Ministri Estensi, e perciò bramerebbono, che la Bolla non fosse vera, e vorrebbono levarle il credito. Ma quanto in ciò riescano auventurosi, ognuno sel vede. Quindi quel documento con tutti gli altri, che a quello han relazione, serve a dimostrare il dominio Sovrano della Santa Sede in Comacchio, e ad escludere ogni pretensione contraria.

XLV.

Marchesato d'Ancona tenuto dagli Estensi in virtù d'Investiture Pontificie, e non Imperiali.

Osserv. Cap. XVIII. a pag. 31. ad p. 43. Cap. LXXVI. p. 115.

Si segue nelle Osservazioni a ragionare della pretesa Sovranità d'Ottone III. e d'altri Imperadori seguenti in tutte le Signorie della Chiesa, dissimulandovisi con un alto silenzio gli atti contrarj de' Sommi Pontefici, e le solenni ritrattazioni de' medesimi Imperadori: e sopra ciò vi si spendono gran parole, alle quali risponderassi nella Parte IV. Si dice ancora, che Ottone IV. nell'anno 1210. il giorno 20. di Gennajo trovandosi in Chiusi investì Azzo Marchese da Este della Marca d'Ancona. Ma quando mai Azzo, o i suoi discendenti si valsero di questo diploma d'Ottone IV? Quando mai furono intitolati *Dei &* Imperiali *gratia Estenses & Anconitani Marchiones*? Chi ha scritte le Osservazioni sa molto bene, che gli Estensi negli Atti pubblici, sempre furono detti *Dei &* Apostolica *gratia Estenses & Anconitani Marchiones*, e non mai *Imperiali*, ouvero *Cesarea*. E sanno, che gli Storici, tra' quali il contemporaneo Rolandino, adoperarono il medesimo stile, perchè il fatto

era

erà pubblico, notorio, e da niun controverso. E quantunque Rolandino fosse stato anche *Archivista de' Marchesi Estensi*, non avrebbe favellato altramente per non opporsi alla verità manifestissima, massimamente essendo cosa nota e palese, che gli Storici ragionano degli affari pubblici, e già divulgati, e non degli atti incogniti, clandestini, e nascosti entro gli Archivi altrui. Il perchè si dee dire, che quel diploma d'Ottone IV. non fu propriamente Investitura; imperciocchè quell' Imperadore non potea investire Azzo da Este de' feudi non suoi; ma al più si può chiamare un atto *protezionale* di quella fatta, che gl'Italiani, anche non vassalli Imperiali, gli Abati, le Badesse, e i Vescovi per sicurezza de' loro beni si faceano fare dagl'Imperadori allorchè calavano armati in Italia, senza aver punto riguardo, che i medesimi diplomi fossero poi concepiti con formole pregiudiciali o alla lor propria indipendenza, o all'altrui sovranità: donde però a' giorni nostri non può ritrarsi diritto alcuno, che levi il sovrano dominio di chi n'è in possesso. E più oltre si mostrerà, che non tutti i diplomi Cesarei sono Investiture qualora ne' medesimi non si esprima la qualità del feudo, la cerimonia dell' infeudazione *per annulum*, ouvero *per vexillum*, il pagamento del censo, il giuramento di fedeltà, la ricognizione dell'alto dominio, il possesso attuale, o altra delle molte formalità solite usarsi da chi investe altrui de' suoi proprj dominj: il che si vede espresso nella mentovata Investitura d'Innocenzo II. a Lotario Imperadore, e ad Agnese sua moglie. E in quanto alla Marca d'Ancona, Giovanni XXII. il dì 5. di Dicembre dell'anno 1330. scrivendo a Bertrando Cardinale Ostiense Legato Apostolico, dichiara di ricevere in grazia i Marchesi Estensi, e di dar loro il Vicariato Ferrarese con patto, che promettano, e si obblighino, *quod de cetero se Marchiones Anconitanos non intitulent seu appellent, cum Anconitana Marchia* PLENO JURE *spectet ad Romanam Ecclesiam*, e non alla Casa d'Este, comechè ne'

Osserv. Cap. LXXV. pag. 115.

Regesta MSS. Joannis XXII. anno XVI. Secr. fol. 293. pag. 2.

ne' tempi andati ella ne fosse stata investita dalla Santa Sede; e in virtù di tal atto ne avesse avuto anche il possesso reale; e non giammai in virtù del diploma d'Ottone: il quale perciò si dee riputare per ingiusto, clandestino, e nullo, quando pure non si voglia tenere per un atto *protezionale*; altramente avrebbe avuto il suo effetto; e se ne sarebbe avuta contezza pubblica prima del Prisciano, e del Pigna; e gli Estensi avrebbono ben saputo farlo valere. Oltre a ciò noi sappiamo, che Ottone nell'anno 1209. dopo essere stato incoronato da Innocenzo III. e aver prestato secondo l'obbligo antico il solito giuramento di difender la Santa Sede, e di non usurparle i suoi Stati, *peragratis partibus Tusciæ, & Marchiæ*, CONTRA JURAMENTUM, *quod fecerat Domino Papæ, manu hostili cœpit invadere Terras* SANCTI PETRI, *ad Ecclesiam* ROMANAM PERTINENTES, come attesta Corrado Urspergese, Scrittore Tedesco, e di que' tempi. Laonde Ottone stesso fu poi anche scomunicato dal Papa; e i Principi dell'Impero vennero all'elezione di Federigo Rè di Sicilia. E di qual valore potette dunque mai essere quell'atto d'Ottone IV. in favor del Marchese Azzo sopra la Marca d'Ancona? Dice egli di concedergli quella Marca nel modo, che la tenne Marquardo, o sia Marcualdo in tempo d'Arrigo VI. quasichè Arrigo VI. non l'avesse nel suo ultimo Testamento appieno restituita alla Santa Sede; e questa con atto reale non ne fosse allora entrata in possesso, cacciatone Marcualdo, come si legge nella Vita d'Innocenzo III. scritta da Autore contemporaneo e sicuro. Ma che? Forse Pellegrino Prisciano, Ministro e Storico Estense ove rapporta il diploma d'Ottone non recita egli alcune Lettere d'Innocenzo III. scritte allora al figliuolo d'Azzo, cioè ad Aldobrandino da Este Marchese d'Ancona, contra gli atti ostili d'Ottone IV? E in una di esse non dice egli d'averlo investito di quella Marca *solemniter per vexillum*? Io non saprei la cagione, per cui nelle Osservazioni non si sia voluto far motto di queste Lettere

Chronicon pag. 239.

Gesta Innocentii III. to. 1. Epistolar. edit. Baluzii pag. 3. col. 1.

Historia MSS. Ferrarienses lib. 7.

tere d'Innocenzo III. le quali si leggono appresso al diploma d'Ottone IV. nelle Storie del Prisciano. Di qui si consideri, s'egli è vero, che i Marchesi Estensi non abbiano mai avute Investiture clandestine dagl' Imperadori intorno agli Stati della Santa Sede, quando pur si voglia, che quel diploma d'Ottone IV. sia una Investitura, e non piuttosto un atto di protezione: e di qui parimente si vegga in quante cose il Pigna traviò nel parlare di esso diploma. I. egli dice, che Azzo fu investito della Marca d'Ancona dall'Imperadore *di consenso del Pontefice*. Sì veramente, perchè il Pontefice (e il Pontefice Innocenzo III.) voleva acconsentire alle usurpazioni degli stati della Santa Sede, quando poi Ottone in quel tempo era nemico giurato di essa, e del Papa, il quale richiamò degli atti ostili del medesimo Ottone, e contro di lui venne anco alle scomuniche. II. che Azzo sopra la Marca d'Ancona *per rispetto della Contessa Matelda vi avea non leggera pretensione*; di che però non vi apparisce fondamento veruno: e di ciò nel diploma vi è un alto silenzio. III. che *di tutte le giurisdizioni* ivi nel diploma nominate *Azzo prese il possesso*, cioè in virtù di esso diploma; ladove dalle Bolle Pontificie antecedenti e seguenti risulta tutto il contrario, cioè, che la Casa d'Este *prese il possesso* della Marca d'Ancona in virtù delle Investiture della Santa Sede mentovate da Rolandino, e registrate dal Prisciano: il quale innanzi di addurre il diploma d'Ottone, dice, che il Papa *Marchiam Anconitanam eidem* (cioè ad Azzo) *gratiose & heredibus suis munitissimo concessit privilegio*. E poi vi registra anche le rinovazioni e conferme d'Onorio III. a' figliuoli d'Azzo, sottoscritte da' Cardinali. Quando anche realmente vi fossero le pretese Investiture Imperiali di Comacchio, senza alcun dubbio elle sarebbono della fatta e della conseguenza medesima di questa d'Ottone: e se ci fosse bisogno si potrebbe mostrare, che tali appunto furono alcune altre, nominate nelle Osservazioni. Ed è certo una gran maraviglia, che

Osservaz. Cap. LVI. pag. 85.

Storia di Casa d'Este lib. II. pag. 133.

Osservaz. Cap. XXII. pag. 38.

Osserv. Cap. XLIV. pag. 64.

oggi oltre a Comacchio non si pretenda levare alla Santa Sede anche la Marca d'Ancona in virtù de' diplomi d'Ottone IV. Nelle Osservazioni non si vuole, che la Casa d'Este abbia ricevuto il titolo di *Marchese* dalla Santa Sede, perchè solamente *verso il 1210. i Papi diedero il governo del Marchesato d'Ancona agli Estensi*. Or dunque per qual cagione Guglielmo Arcivescovo di Ravenna in una Investitura della decima di Santo Apollinare data al suddetto Azzo in Argenta il dì 29. di Gennajo 1196. il chiama genericamente *excelsum virum Dominum Azzonem Dei & APOSTOLICA gratia Marchionem Estensem*? Non dice già egli *Cæsarea*, ouvero *Imperiali*, ma *Apostolica gratia*: il che vuol dire, che in que' tempi la Casa d'Este riconoscea pubblicamente il titolo di *Marchese* dalla Santa Sede per aver avuto da essa il governo, e la prefettura di qualche contrada limitanea, qualunque poi ella si fosse. E da quel titolo s'inferisce, che allora la medesima Casa era assai grande, talmentechè Obizo I. il padre d'Azzo nell'anno 1177. fu Podestà e Gonfaloniere di Padova, *Paduanorum Potestas & Confalonerius*, per dirlo con le parole dell'antico Scrittore Giovanni da Naone. E Azzo stesso nell'anno 1207. fu fatto Podestà di Verona per testimonianza di Rolandino, e d'altri: la qual prefettura personale si dava dalle Città stesse a gran Signori. Io non so poi, se così l'avrebbono conferita a' Principi con pericolo di essere oppresse e di perder la libertà. Certo per tal riguardo esse Podesterie si conferivano *ad tempus*, e con alcuni patti scambievoli. Nel principio della loro istituzione si diedero a' proprj Cittadini, come si può vedere ne' Cataloghi posti dietro alla Cronaca di Rolandino. Indi per iscansare le dimestiche prepotenze, e i disordini civili, che si cagionavano dal porre tutta la somma del governo in mano di un sol Cittadino, esse Podesterie si conferirono a personaggi forestieri, acciocchè non avessero aderenze entro le Città, nelle quali aveano tal carica.

Osserv. Cap. LXXIV. pag. 111. in fine.

Vedi pag. 40.

De Factis in Marchia Tarvisina lib. I. cap. 9. pag. 13.

Storia di Verona di Girolamo dalla Corte to. 1. lib. 6. pag. 324.

Ma

XLVI.

Comacchio non compreso in un diploma di Federigo II. inserito nella prima Investitura Estense di Carlo IV. la quale segue il tenore di esso diploma.

Osserv. Cap. XXV. pag. 44.

Ma finalmente veniamo alla pretesa, e non mai prodotta Investitura Imperiale di Comacchio data da Carlo IV. a' Marchesi d'Este in Mantova il giorno 16. di Dicembre dell'anno 1354. e rinovata poi, come dicono, il giorno 19. di Gennajo dell'anno 1361. Io per me non la so intendere. So ben di buon luogo, che in quel diploma stesso, ove dicono leggersi quelle parole tronche in materia di Comacchio, le quali si veggono portate nelle Osservazioni, vi si trova interamente inserito un altro diploma di Federigo II. dato in Brindisi nell'anno 1221. ad Azzo, e ad Aldobrandino d'Este Marchesi di Ancona, figliuoli dell'altro Azzo: nel qual diploma non si trova certamente Comacchio tra gli altri luoghi ivi nominati, altramente i Ministri Estensi non avrebbono mai lasciato d'allegarlo. Ed esso diploma non è ivi stato inserito per altra cagione, senon perchè Carlo IV. intende di confermare il contenuto di quel solo, e nulla di più: e che Carlo IV. vi confermi il diploma di Federigo II. si asserisce espressamente anche nella Scrittura di Vienna. Il perchè se il privilegio, che si rinova e si conferma, non contiene Comacchio, io non so per qual cagione lo abbia da contenere la medesima conferma: la quale segue il tenore di quel primo diploma, secondo lo stile antico e moderno praticato in tutte le Cancellerie, e nella Cesarea specialmente, in somiglianti materie d'Investiture feudali, siccome avverte anco Gianguglielmo Ittero, asserendo, che *communibus feudarii juris placitis Investitura* PRIMA, *radix & norma sit omnium sequentium: cujus etiam forma atque tenor in renovatione feudi* OMNINO *observari debet*. Si asserisce il medesimo da' più famosi Giureconsulti, i quali insegnano, in materia d'Investiture, *radicem primam semper spectandam esse*. Se dunque la prima Investitura di Federigo II. inserita in quella di Carlo IV. non contiene Comacchio, e perchè mai lo ha da contenere quella stessa di Carlo IV? Se allora gli Estensi avessero cominciato ad avere in feudo Imperiale Comacchio,

Risposta per il diritto Imperiale pag. 7.

De Feudis Imperii Cap. XI. §. IX. p. 597.

Flaminius de Rubeis Consil. XX. n. 21.

lo avrebbono avuto in una Investitura a parte, e separata, e non mescolatamente in quella degli altri feudi, nella quale non era lecito inserirvi più di quello, che contenea la Investitura *primordiale*, ivi a tal effetto inserita. In oltre quella di Federigo II. altro non contiene, che i luoghi espressi in quella, che poi Ridolfo I. diede nell'anno 1281. ad Obizo Marchese d'Este e d'Ancona, che fù la *prima* avuta dagli Estensi, per testimonianza di Pellegrino Prisciano, che la riporta, premettendovi queste parole: *anno autem* 1281. *habuerunt* PRIMUM *privilegium &* PRIMAM *Investituram ab Rodulpho dicente &c.* il che essendo vero, com'è verissimo, e lo attesta un Autore dimestico degli Estensi, loro Storico, e Ministro, i cui scritti si allegano più e più volte nelle Osservazioni; io non so per qual cagione francamente in quelle si asserisca, esser *certissimo*, che Ridolfo I. in quella Investitura dell'anno 1281. ne confermasse ad Obizo d'Este un altra, data, non più da *Ridolfo Imperadore* nell'anno 1256. sopra Comacchio, ma da *Ridolfo Vicario Imperiale* nell'anno 1276. sopra *varj Stati Imperiali*; quando, come ho detto, nella Investitura portata dal Prisciano non se ne parla per niente, anzi egli due volte la chiama *prima*, e in ciò concorda anche Cintio Giraldi: il che vuol dire, che innanzi a quella non ne fu nè *una*, nè *due*, come però altre volte hanno divulgato i Ministri Estensi in pubblici Manifesti, e ne' Ristretti delle loro ragioni contro alla Camera Apostolica. Per testimonianza di chi ha scritte le Osservazioni *Carlo IV. fu un Principe giusto, savio e amico grande della Sede Apostolica*, e ricordandosi egli, che come Avvocato e difensore di essa, avea promesso e giurato a Clemente VI. sette anni innanzi con atti pubblici e notorj, secondo il tenore delle Costituzioni amplissime di Ridolfo I. di mantenere e difendere la Santa Sede nel possesso, e nel dominio antico e legittimo delle sue Signorie, e in particolar di Comacchio, non già per via di *generali conferme*, come si sparge nelle Osser-

MSS. Peregrini Prisciani.

Osservaz. Cap. L. pag. 76.

De Ferraria & Atestinis Principibus pagina 20.

Vedi pag. 80. 81.

Osserv. Cap. XXVIII. pag. 47.

Osservazioni; ma bensì di specifiche, e individualissime dichiarazioni, auvalorate da' giuramenti solenni; io non saprei, se esso Carlo IV. avesse mai potuto essere stato capace di fare senza motivo alcuno un atto contrario per torre con esso a sangue freddo una Città alla Chiesa dimorando in Mantova; per darla poi egli così allora, non si sa il perchè, come suo dono, a' Marchesi di Ferrara, vassalli della Chiesa; quando egli stesso il dì 27. di Aprile nell'anno 1347. stando in Trento avea fatta una pubblica rivocazione di tutti gli atti divulgati da Arrigo VII. e da Lodovico il Bavaro in pregiudicio della Santa Sede: il che poi esso Carlo rinovò in Roma il dì 5. di Aprile dell'anno 1355. tanto è lontano dal vero, che egli volesse spogliare del suo la medesima Santa Sede.

Osserv. Cap. XXVIII. pag. 47.

XLVII.

Sovranità della Chiesa in Comacchio non mai spenta da alcun atto contrario. Esame de' diplomi dati a' Comacchiesi da' due Federighi I. e II. Polentani vassalli della Santa Sede.

Ma sia egli pur certo quell'atto di Mantova (nel particolare di Comacchio) dell'anno 1354. il medesimo Carlo IV. lo avrebbe in tutto e per tutto poi rivocato e annullato nell'anno seguente col dichiarare per via di *giuramento* solenne, come fece, al Sommo Pontefice Innocenzo VI. che Comacchio era proprio della Chiesa, e che per lui sarebbe sempre stato difeso, e mantenuto in signoria di lei, come in fatti fu mantenuto: e perciò nell'anno 1371. il Cardinal Anglico esercitò in Comacchio l'atto signorile, facendone la descrizione e la visita. Diamo ancora, che fosse vero il secondo atto di Carlo IV. in favor degli Estensi dell'anno 1361. il quale oggi ci vien messo fuori; questo pure sarebbe stato rivocato e cassato da Carlo IV. con l'altro atto contrario da lui fatto a Urbano V. nell'anno 1367. col medesimo tenore del primo. Il perchè di quella pretesa Investitura di Carlo IV. ancorchè nell'originale di essa vi fossero veramente le parole recitate nelle Osservazioni, non si potrebbe fare alcuno immaginabile fondamento, essendovi in contrario gli atti prossimi antecedenti e seguenti in favor della Santa Sede; tra la quale, e altri personaggi, non si può dare alcuna uggualianza. Nè è da credersi, nè da supporsi, che gl'Imperadori vo-

volessero spogliar lei delle sue Città proprie per investirne chiunque si sia. Si vorrebbe legittimare questo preteso atto di Carlo IV. con gli antecedenti, che si dicono fatti da Federigo I. e II. sopra Comacchio, quasichè essendo anche veri, non si dovessero prendere per semplici atti di protezione verso i Comacchiesi, se pur non furono effetti delle ostili violenze di quegl'Imperadori contra la Chiesa, e non giammai autentiche ragioni, mentre sino essi medesimi gli riconobbero per ingiusti, e gli ritrattarono dopo essersi riconciliati alla Chiesa, il primo in Venezia, e il secondo nel suo Testamento, come si è mostrato, oltre poi a tanti altri atti opposti de' lor successori. Ma degli atti de' due Federighi sopra Comacchio sarà bene discorrerci alquanto, giacchè nelle Scritture Estensi ne vien fatto un gran caso, pretendendosi, che amendue riconoscessero quella Città come Imperiale, il primo quando la prese sotto il suo *mundiburdio* o sia *protezione* stando in Ravenna il dì 27. di Maggio dell'anno 1177. e il secondo nel mese di Gennajo del 1231. stando pure in Ravenna. Ma oltrechè il *mundiburdio* non portava seco alcun diritto di sovranità in chi lo donava, nè di vassallaggio in chi lo ricevea, essendo semplice *protezione*, e *difesa*: il qual uficio era proprio degl'Imperadori non meno sopra Comacchio, che sopra tutto lo Stato della Chiesa, per aver essi giurato di proteggere e difendere le sue ragioni; si risponde, che la narrativa di questi due diplomi pubblicati dal Ferro, è molto affettata nella minuta espressione de' confini, e del contenuto del Comacchiese, in particolare nel primiero di essi: nel cui fine si leggono queste parole: *Ego Fillipus Can. Italiæ recognovi*. L'Arcicancellierato dell'Impero per gli affari d'Italia era, come è tuttavia, affisso all'Arcivescovo di Colonia, che in quel tempo era Filippo, il quale, secondo il solito stile, avrebbe dovuto intitolarsi *Archicancellarius* e non *Cancellarius*, che era un altro uficio a lui subordinato. Nè meno egli s'intitola *Arcivescovo di Colonia*, come dovea: oltrechè si

Vedi pag. 95. 96.

Osserv. Cap. XXVI. pag. 44.

Cangius in Glossario.

Storia di Comacchio pag. 267.

Gallia Christiana tom. 1. pag. 263.

si trovano diplomi dati prima e dopo quel tempo, a' quali sottoscrisse *Godefridus Imperialis Aulæ Cancellarius vice Philippi Coloniensis Archiepiscopi & Italiæ Archicancellarii*; e in due altri dati nel Luglio e nell'Agosto seguenti si legge nella medesima guisa dopo le consuete sottoscrizioni di varj personaggi Ecclesiastici e secolari. Appresso alla suddetta sottoscrizione di *Filippo*, si legge: *Ego Protonot. hanc paginam scribere jussi*; ladove dopo la sottoscrizione dell' Arcicancelliere, o del Cancelliere non si trova in diplomi di Federigo sottoscritto il Protonotajo: il cui nome in questo luogo nè meno si esprime, come però avrebbe dovuto esprimersi. Di vantaggio secondo il formolario degli altri diplomi oltre all'anno dell'Impero non ci si vede annoverato quello del Regno, che era il XXVI. Ma diamo, che questi sbagli delle sottoscrizioni provengano da' Copisti, come potrebbe essere, e che il diploma sia vero; egli, come ho detto, non rappresenterebbe alcun diritto di sovranità, ma un semplice atto di protezione, conforme dinota la voce barbara *mundiburdium*. E poi sarebbe fatto in tempo, che Federigo avea usurpate molte altre Signorie della Chiesa, le quali accordò di restituire in quest'anno stesso nella pace conclusa in Venezia: onde è chiaro, che il diploma fu rivocato da chi lo diede, e riconosciuto per nullo ed invalido. Nell'altro di Federigo II. le sottoscrizioni presso il Ferro sono molto diverse da quelle, che l'Autore della Scrittura di Vienna ha pubblicate dagli Archivj Estensi: e questa varietà somministra giusta occasione di sospettare della sincerità di tal atto, per altro (ancorchè fosse vero) nullo ed invalido per cento capi, siccome risulta da quanto si è detto e nella precedente, e nella presente Scrittura. Ma sarà bene il porre quì uno a fronte dell'altro i due latercoli delle medesime sottoscrizioni del diploma di Federigo II. con tutte le loro sconciature.

Italia Sacra tom. 3. pag. 482. 484.

Ibid. to. 5. pag. 63. 751.

Storia di Comacchio pag. 269.

Risposta per il diritto Imperiale pag. 6.

Sotto-

I.

Sottoscrizioni del diploma di Federigo II. tratte dalla Storia di Comacchio del Ferro.

Hujus vero rei testes sunt B. Patriarca Aquiliejensis Magne deburgen. Ravennas; & Patormitanus Arciepiscopi Papibergen. S. Ratispen. Imperialis aulæ Cancellarius; Grisien. Reginus & Imolen. Episcop. Dux Saxoniæ, Dux Maraniæ; Dux Trinitb. Langravius Turingiæ Comes, Dux Horteberdi, Comes &c. da Nasome, Comes S. de Spaneimo. ( ) de Belandia Junzulinus & Izitardus Imperialis, aut camerarius & alii quamplures.

Ego Sifridus Dei gratia Ratisponensis Episcopus, Imperialis aulæ Cancellarius Vice Domini Coloniensis Archiepiscopi & totius Italiæ arci Cancellarius recognovi.

Acta sunt hæc anno Dominicæ Incarnationis millesimo

II.

Sottoscrizioni del diploma di Federigo II. tratte dalla Scrittura Estense stampata in Vienna.

Hujus vero rei testes sunt B. Patriarcha Aquilejensis & Panormitanus, Archiepiscopus Bambergensis, S. Ratisbonens. Imperialis Aulæ Cancellarius, Brixiens. Cusiens. Mutinens. Regiens. & Imolen. Episcopi, Dux Saxoniæ, Dux Meraniæ, Dux Carinthiæ, Landgravius Thuringiæ, Comes. N. de Noremberg, Comes &c. & Nassoviæ Comes, S. de Spanheim Gunradinus, & Riccardus Imperialis Aulæ Camerarius & alii quamplures &c.

Ego Sifridus Dei gratia Ratisbonensis Episcopus, Imperialis Aulæ Cancellarius vice Domini Coloniensis Archiepiscopi & totius Italiæ Archi-Cancellari recognovi.

Acta sunt hæc anno Dominicæ Incarnationis millesimo, ducentesimo trigesimo primo, mense Januarii quintæ

I.

lesimo ducentesimo trigesimo primo, mense Jannuar. quintæ Indict. Imperante Domino nostro Friderico Secundo Dei gratia invictissimo Romanorum Imperatore semper Augusto, Jerusalem & Ciciliæ Rege, anno Imperii ejus Romani duodecimo, Regni Jerusalem septimo & Regni Ciciliæ trigesimoquarto feliciter. Amen.

Datum Ravennæ anno mense & indictione præscriptis &c.

II.

quintæ Indictionis, imperante Domino nostro Friderico Secundo, Dei gratia invictissimo Romanorum Imperatore semper Augusto & Siciliæ Rege, anno Imperii ejus Romani duodecimo, Regni septimo & Regni Siciliæ trigesimoquarto feliciter amen.

Datum Ravennæ anno mense & indictione præscriptis.

Ora in quanto al primo testimonio, che è Bertoldo de' Duchi di Merania Patriarca d'Aquileja, dinotato con la lettera iniziale B. egli allora si ritrovava nell'Istria, e non in Ravenna: nè egli si è mai sognato di essere Arcivescovo di Palermo, come si fa esser nel secondo latercolo. Fu ben egli Arcivescovo Colocense nell'Ungheria, ma innanzi di passare al Patriarcato d'Aquileja. Era in quel tempo Arcivescovo di Palermo Berardo, e si ritrovava in Sicilia. Nel primo latercolo vi sono innanzi al Palermitano i due Arcivescovi di Maddeburgo e di Ravenna, i quali non son nel secondo: e nel secondo vi sono i Vescovi di Brescia e di Modana, che non sono nel primo; ma tutti senza nome contra lo stile di que' tempi: e ben si vede, che il facitor del diploma non gli ha espressi, perchè non gli sapea. L'Arcivescovo di Maddeburgo era Alberto, e si trovava in Lamagna, e non in Ravenna. Sifrido Vescovo di Ratisbona pur contra il solito stile

Vite MSS. de' Patriarchi d'Aquileja, composte da Marcantonio Nicoletti.

Rocchi Pirri Notitia Ecclesiarum Siciliensium to. 1. p. 147.

Chronicon Magdeburgense inter Scriptores Germanicos Henrici Meibomii to. 2. pag. 330.

ſtile compariſce e come teſtimonio, e come Cancelliere, quando baſtava, che ſi foſſe ſottoſcritto, come Cancelliere. Egli poi dice di ſottoſcriverſi *vice Domini Colonienſis Archiepiſcopi*, ſervendoſi della voce *domini* ſecondo l'uſo noſtro volgare, perchè l'autor del diploma non ſapea il nome dell'Arciveſcovo allora vivente, il quale fu *Arrigo*. Molto ſmemorato ſi vuol, che foſſe il medeſimo Cancelliere, mentre ſi finge, che ignoraſſe in qual giorno preciſo del meſe di Gennajo egli ſcriveſſe il diploma, *menſe Januarii*: la qual maniera ſi trova uſata in atti d'altri tempi, ma non in quelli di Federigo II. Quello poi, che più importa, l'Imperador Federigo nel meſe di Gennajo di queſto anno 1231. non ſi trovava in Ravenna, ma nel Reame di Napoli, come ſi ha dalla Cronaca di Riccardo da San Germano, Scrittor di quel tempo. Si fa ſcritto il diploma nell'anno *duodecimo* dell'Impero, e nell'Indizione *quinta*, ladove allora correa l'indizione *quarta*, e l'anno *undecimo* di Federigo, calcolando da'22. di Novembre dell'anno 1220. nel qual giorno fu egli incoronato Imperadore da Onorio III. Tralaſcio di ricercare, ſe gli altri Veſcovi quivi nominati foſſero in quel tempo in Ravenna, baſtando queſti pochi sbagli a far vedere la finzione del diploma, il quale facilmente ſarà ſtato compoſto dopo ſuſcitate da' Principi Eſtenſi le pretenſioni Imperiali ſopra Comacchio; e per quanto ſi vede all'aria, nel tempo ſteſſo, che fu finta la donazione di Comacchio fatta a Ottone da Eſte da Lodovico II. Della medeſima forza e valore dee riputarſi l'altro atto, che nelle Oſſervazioni ſi adduce dell'anno 1275. nel quale ſi aſſeriſce eſſere ſtato eletto da' Comacchieſi per Governatore Guido da Polenta: dal che io non ſo coſa ſi voglia inferire, perchè eleggerſi il Governatore non leva la ſovranità al Principe: il che ſe mai foſſe, ne ſeguirebbe, che Comacchio non ſarebbe ſtato nè della Santa Sede, nè dell'Impero. Ma perche ciò non potette egli accadere di conſenſo e concedimento de' Papi ſteſſi, e degli Arciveſcovi

Italia Sacra tom.3. pag.1013.

Oſſerv. Cap. XXVI. pag.45.

vescovi di Ravenna, ouvero anche de'Ferraresi, che vi aveano che fare? E i Polentani stessi non erano forse vassalli della Chiesa, e non già dell'Impero? Certamente quando essi vollero fare altramente, che come vassalli di essa, non furono considerati, che per tiranni. Qualche tempo dopo questo fatto de' Comacchiesi il Legato Apostolico diede il mero, e misto impero di Ravenna a Ostasio da Polenta: e questi quando scacciò i Catalani, fautori della Chiesa, ne fu dichiarato *ribelle*: e perciò anche Desiderio Spreti gli dà il nome di *tiranno*. Onde questi e simili atti quando anche fossero veri non si potrebbono in alcun tribunale addurre per buone ragioni, nè per titoli giusti: nè anche hanno relazione, o appicco veruno a' pretesi diritti Imperiali, e molto meno agli Estensi intorno a Comacchio.

Cortusiorum Hist. l. 5. cap. 3. pag. 54.

De urbe Ravenna lib. 2. pag. 33.

XLVIII.

Ribellione de' Comacchiesi non ha mai potuto abolire la loro soggezione alla Sovranità della Chiesa. Comacchio soggetto alla giurisdizione di Ferrara poco dopo la medesima ribellione. Nullità d'altri atti de'Comacchiesi.

Che poi questa Città si desse loro in potere nell'anno 1297. per testimonianza del Rossi, come si accenna nelle Osservazioni, nulla indi ne segue; perchè il [a] Rossi dice, che in quel tempo di ragione ella era soggetta a Ravenna, e per conseguenza alla Santa Sede. E a quell'atto si dà il nome di *ribellione* dal medesimo Rossi: *ad Estensem Ferrariæ regulum* DEFECERE. Che se poi le ribellioni, come tali, possano mai distruggere i titoli di sovranità ne'Principi legittimi, se ne rimette la decisione al tribunale del diritto comune. Ma perchè gli atti posteriori derogano a' primi, sarà bene auvertire, che questa ribellione, qualunque ella si fosse, ebbe molto poca durata, perchè nell'anno 1309. Comacchio come annesso a Ferrara, dipendea da' Magistrati di questa Città, il che apparisce da uno strumento, con cui Salinguerra Torelli il dì 14. di Marzo del medesimo anno per mezzo di Pier della Fava suo procuratore entrò al possesso de' beni di Piero ed Ubertino di Traversara, situati nel Comacchiese: ed Antonio da Cesena Giudice ed assessore del Podestà di Ferrara glie ne fece dare il possesso, *imponens cuilibet præconi Communis Ferrariæ, ut vadat & inducat di-*

Osserv. Cap. XXVII. pag. 45.

[a] *Histor. Ravennat. lib. 6. pag. 498.*

MSS. Peregrini Prisciani.

 ctum

ctum dominum Petrum dicto nomine in possessionem dictarum terrarum & possessionum, & ut faciat omnia & singula precepta &c. Vi si ordina ancora *sub pœna decem librarum Ferrarinorum omnibus & singulis laboratoribus & detentoribus dictarum possessionum, ut sibi perlecto presenti instrumento, vel habito precepto* debbano manifestare al suddetto procuratore i medesimi beni: e il Giudice asserisce di far tutto ciò *secundum formam Statuti Communis Ferrariæ.* Alcune di esse terre e possessioni sono così specificate; *medietas quondam Petri Ducis majoris in toto Comitatu Comaclensi: cum medietate fluvii Miliarolo usque in campum Comacli, & toto Canale, quod vocatur Rupta de Lungula, & totum Canale, quod vocatur Vulpione descendens in campum Comacli cum tertia parte de fluvio de Miliarolo: cum tertia parte vallis a suprascripto Miliarolo usque in campum Comacli &c.* Or di quì si vede assai chiaro, che allora Comacchio era sottopposto al distretto, e alla giurisdizione Ferrarese, altramente la Comunità di Ferrara non avrebbe mai dati questi ordini da eseguirsi in una Signoria separata, e da lei non dipendente, secondo quello, che or si pretende. Sarebbe poi egli bisogno d'aver in mano le carte originali per considerare quell'altro atto, che i Comacchiesi furono sforzati a fare nell'anno 1325. benchè la nullità di esso, come fatto in tempo di scisma, e col braccio nemico alla Chiesa di Lodovico il Bavaro, competitore di Federigo l'Austriaco, apparisca abbondantemente da se medesima, e l'abbia anche fatta allora apparire il Pontefice Giovanni XXII. come si disse. Quindi nella Risposta di Roma al Manifesto d'Alfonso I. indirizzata a Carlo V. quell'atto stesso degli Estensi sopra Comacchio vien chiamato *usurpazione*, e non già *dedizione*, come oggi lo chiamano: al che nulla vi fu replicato in contrario: oltrachè il Bavaro stesso si ritrattò di tutte le sue violenze, e furono poi anche annullate da Carlo IV. suo successore. Nè i Comacchiesi erano liberi e in-

Vedi pag. 53.

Risposta al Manifesto d'Alfonso I. contra Leon X.

Vedi pag. 21. 22.

e indipendenti, talchè potessero di lor talento soggettarsi a chi loro tornava in grado: nè erano oppressi, tiranneggiati, o abbandonati dal Pontefice, loro Sovrano e proprietario, di cui Comacchio era Signoria patrimoniale, talchè avessero avuto alcuno de' titoli ammessi dalla ragion delle genti, per poter mettersi in signoria d'altri validamente. E se questa fatta di ragioni, contrarie al diritto comune, si volesse oggidì far valere, bisognerebbe sconvolgere tutti i Principati. Laonde quella pretesa *dedizione* di Comacchio, qualunque ella si fosse, non diede alcun diritto nè proprietario, nè usufruttuario, nè precario agli Estensi, allora dichiarati rei di lesa maestà da Giovanni XXII. la cui Bolla dicono gli Autori delle Osservazioni, che vorrebbono aver *sotto gli occhi*. Ma potranno facilmente restarne soddisfatti, dachè l'Autore della terza Scrittura confessa d'avervi vedute *le Bolle*, e *i documenti* negli Archivi Estensi, pretendendo egli, che concernano solamente *Ferrara ed Argenta*. Se potesse però rileggergli vi troverebbe anche Comacchio, connesso a Ferrara: e questa è cosa, che facilmente si può chiarire, perchè Giovanni XXII. mandò quella sua Bolla a' maggiori Metropolitani entro e fuori d'Italia, affinchè la pubblicassero essi, e la facessero pubblicare da' lor Suffraganei, e perciò ancor da quello di Modana. Ma nelle Osservazioni vien detto, che *gli Annalisti Pontificj si gloriano, che allora Giovanni XXII. facesse da Papa insieme, e da Imperadore, perciocchè* PRETENDEA, *che vacante l'Impero Romano (e questo si contava per vacante a' tempi di Lodovico il Bavaro) ad Summum Pontificem devoluta esset jurisdictio & dispositio & regimen Imperii*. Questa però non è dottrina de' soli *Annalisti Pontificj*, come si persuade chi ha fatte le Osservazioni; ma bensì del diritto comune, siccome insegna Ugone Grozio, che non fu *Annalista Pontificio*. Nè v'era alcun bisogno d'entrare in questi discorsi, perchè la presente controversia non riguarda Città venute in signoria della Chiesa

Osservaz. Cap. LXI. pag. 91.

Altra Lettera p. 18. in fine.

Osservaz. Cap. LXI. pag. 91.

De Jure belli & pacis lib. 2. cap. 9. §. 11. in fine.

Chiesa per la vacanza dell'Impero; ma che erano già proprie della Santa Sede innanzichè da Leone III. fosse istituita la dignità dell'Impero occidentale in persona di Carlo Magno. Io non so poi come quella pretesa *dedizione* di Comacchio si ugguagli all'acclamazione, che prima di Stefano II. fu fatta alla Sovranità Pontificia, quando è cosa notoria, che questa fu assistita da tutti i titoli più legittimi; poichè la fecero i popoli, e i Pontefici condescesero ad accettarla in tempo, che essi popoli erano malmenati ed oppressi da' Longobardi, tiranneggiati dagli Esarchi Imperiali, e minacciati d'essere astretti ad apostatare dalla propria Religione. Ma ciò ammettendosi per vero, io non so poi, come i Ministri Estensi sieno d'opinione, che i Papi fossero Vicarj Imperiali. Questo è bene un parlar con sentimenti tra se contrarj.

Osserv. Cap. XXVIII. pag. 45.

XLIX.

Altre difficoltà contra la pretesa Investitura Estense di Carlo IV. sopra Comacchio.

Si allega per l'Investitura di Carlo IV.[a] Gaspero Sardi nelle Storie Ferraresi ove scrive, che l'Imperadore (e non dice il suo nome) diede agli Estensi varie Castella, tutte però della Chiesa, e anche Comacchio; *cose tutte*, dic'egli, *confermate da Carlo IV*. Ma se nelle Osservazioni si confessa, che prima di Carlo IV. non v'ha niuna Investitura Imperiale di Comacchio; dunque il Sardi erra, e non vi sarà nè meno la conferma di Carlo IV. la quale dovrebbe supporre la donazione o Investitura antecedente d'altro Imperadore, se si vuole, che debbasi credere al Sardi. Ma queste Investiture di Carlo IV. (nel particolare di Comacchio) non sarebbono già elle fondate in quella famosa del preteso Ottone da Este dell'anno 854. e non prima scritte, che quella fosse inventata? Io avea detto, che il Pigna non ebbe notizia d'alcuna Imperiale Investitura di Comacchio, cioè *individuale*, *speciale*, e *a parte*, salvo che dell'accennata dell'anno 854. ed ora si dice, che egli ne nomina una di Carlo IV. non però *individuale* del solo Comacchio, ma d'altri feudi insieme (non tutti però dell'Impero) tra' quali vogliono, che

Osservaz. Cap. LIV. pag. 81.

Altra Lettera p. 12.

a *Lib. 5. p. 18. edizione I.*

Vedi pag. 52.

Storia di Casa d'Este lib. 4. pag. 305.

che senza sospetto di fresca o di non molto antica interpolazione vi si legga Comacchio. Se così è, bisognerà, che ci si dica per qual cagione il Pigna volle nominare solamente quella dell'anno 1354. e tacer di quell'altra dell'anno 1361.? Il Doglioni, posteriore al Pigna, non doveva allegarsi nelle Osservazioni, perchè avendo egli preso il suo racconto dal Pigna, la sua autorità non vale più di quello, che vale quella del medesimo Pigna. Non debbo quì lasciar d'auvertire, che nelle opere del Prisciano io leggo le seguenti parole: *quod Castrum Manegii sit in* DISTRICTU *Ferrariæ apparet primo ex privilegio Imperatoris Caroli, quod incipit: Carolus Dei gratia Romanorum Rex semper Augustus & Boemiæ Rex &c. Omnibus in perpetuum &c. & finit. Datum Mantuæ anno Domini* 1354. *Indict.* VII. XVI. *kal. Decemb. Regnorum nostrorum anno nono: in quo hæc inseruntur verba: in* COMITATU *Ferrariensi Manezo, Baniolo, Sanctum Martinum, villam Comeola, Arquadam*. Ora io tengo una copia del diploma di Carlo IV. ma per entro non ci ritrovo le parole notate dal Prisciano: e non ci ritrovo nè meno il diploma di Federigo II. dato in Brindisi, e già inserito nell'originale di quello di Carlo IV. da cui fu estratto in forma autentica un sunto fedele, che io serbo di esso diploma di Federigo. Quindi io raccolgo, che quella copia del diploma di Carlo IV. sia interpolata, e che il vero diploma non fosse altro, che una protezione delle Signorie, che gli Estensi allor possedeano ancor dalla Chiesa, come si vede da quel nominarvisi i luoghi del *distretto* di Ferrara, per attestato del Prisciano: il quale Autore non ammette eccezione. E chi dice *distretto di Ferrara*, dice feudo della Chiesa, se vogliamo stare alle Investiture Pontificie date a' Vicarj Estensi: il che io non accenno per altro fine, senon per mettere altrui in considerazione, che non sarebbe *precipitoso giudice* chi dicesse, che il diploma di Carlo IV. ha bisogno di esser letto in fonte, mentre le copie sono in diverso tenore.

MSS. Peregrini Prisciani.

Osserv. Cap. LXXIV. pag. 111.

Nelle

L.

Discontinuazione delle pretese Investiture Estensi sopra Comacchio per lo spazio di LXXII. anni da Carlo IV. a Sigismondo: nel quale spazio la Chiesa vi esercita la sua Sovranità.

Osserv. Cap. XXXIX. pag. 59.

Bzovius anno 1378. §. 13.

Raynald. ann. 1403. §. 8.

Nelle Osservazioni già si era detto, esservi le Investiture Imperiali di Comacchio, solamente da ALCUNI *secoli* addietro; e poi si asserisce, che gl'*Imperadori con l'investir di Comacchio* CONTINUATAMENTE *la Casa d'Este, l'hanno* SEMPRE *considerato e dichiarato per contado e distretto particolare*, *e per Città sottopposta non a Ferrara, nè a' Sommi Pontefici, ma solo al sagro Romano Impero*. E intanto con un salto si passa da Carlo IV. a Sigismondo, dall'anno 1361. all'anno 1433. senza, che vi si mostri alcuna Investitura nè di Venceslao, nè di Ruperto, il primo de' quali fece a Urbano VI. gli atti consueti intorno all'Auvocazia degli Stati della Chiesa, praticati da' suoi antecessori, e il secondo a Bonifacio IX. per mezzo di Rabano Vescovo di Spira, e di Matteo di Cracovia. Ma quanto si è detto delle pretese Investiture di Carlo IV. (nel particolare di Comacchio) si dee dire anche di quella, che si attribuisce a Sigismondo, il quale nell'anno 1433. riconobbe e giurò, che Comacchio non era d'altri, che della Chiesa per le ragioni addotte nella precedente Scrittura, e che si addurranno quì appresso. E qualche tempo innanzi, cioè nell'anno 1415. nella Sessione XIX. del Concilio di Costanza, tenuto alla presenza di esso Imperador Sigismondo, fu fatto un decreto intorno alle Signorie e Città usurpate alla Chiesa Romana principalmente, in tempo del grande scisma: *a tempore Gregorii XI.* da qualunque persona, *etiamsi* IMPERIALI *dignitate præfulgeret*. Onde se anche dopo Gregorio XI. sotto il quale Comacchio era tuttavia in Sovranità della Santa Sede per quanto si ha dalla visita del Cardinal Anglico, egli le fosse stato usurpato (il che però non si mostra con fondamento veruno) poscia in virtù del Concilio di Costanza ella ne sarebbe stata rintegrata: e la commissione data sopra Comacchio per ordine del Camerlingo di Santa Chiesa all'Abate di Casanova nell'anno 1419. ci servirebbe di prova. Io lascio poi considerare ad altri, se Sigismondo, che fu presente al Concilio, avrebbe mai diciotto anni dopo contrauvenuto vali-

Vedi pag. 21.

Concilia tom. 12. pag. 170. 277.

Vedi pag. 99.

validamente al decreto di esso in tempo, che egli era venuto a ratificarlo con le solenni Costituzioni da lui fatte in Roma ad Eugenio IV. sopra tutti gli Stati della Chiesa, e sopra Comacchio ancora nell'anno stesso, in cui si pretende, che ne abbia investiti gli Estensi.

LI.

Giustificazione del giuramento prestato da Federigo III. à Niccolò V. intorno alla Costituzione di Lodovico Pio. Si ricerca se egli abbia investito il Duca Borso di Comacchio.

Intanto siamo giunti alla Investitura di Federigo III. data in Ferrara nel giorno 18. del mese di Maggio dell'anno 1452. dove con molte altre Terre si trova inserito confusamente anche Comacchio in quelle poche parole, che ci vengono addotte nelle Osservazioni, quantunque allora di fresco esso Federigo avesse giurato in Roma di riconoscere Comacchio tra le Signorie della Chiesa, che si leggeano nella Costituzione di Lodovico Pio: il qual fatto, benchè sia narrato da un Autore contemporaneo e Tedesco, cioè da Giovanni Nauclero, nulladimeno si vorrebbe farlo passare per falso, a cagione che non ne parla Agostino Patrizj Cerimoniere di Paolo II. Così i Ministri Estensi forse s'infingono di non sapere, che niuno ha detto, che il fatto accadesse sotto Paolo II. ma bensì tre Pontificati innanzi, sotto quello di Niccolò V. onde a fronte dell'asserzione del Nauclero nulla affatto conclude il silenzio del Patrizj, il quale non professa di parlar della *prima* venuta a Roma di Federigo III. sotto Niccolò V. ma solamente della *seconda* in tempo di Paolo II. tra' quali due Papi vi furono di mezzo Callisto III. e Pio II. Ma giacchè essi vogliono comparire cotanto vaghi di porre in dubbio gli atti più certi, quando si scoprono vantaggiosi alla Santa Sede, io ne addurrò loro prove tali, che da quì innanzi non dovranno più arrischiarsi a negargli. Enea Silvio Consigliere ed intimo famigliare dell'Imperador Federigo III. attesta la verità di quanto scrisse il Nauclero: e certamente potea ben egli attestarla, perchè vi era presente. Così dunque egli dice nella sua Storia di Federigo, pubblicata nell'anno 1685. in Argentina da Giangiorgio Kulpisio con le note di Giovanni Arrigo Be-

Osservaz. Cap. XXX. pag. 48.

Cap. LII. pag. 78.

Vedi pag. 53. 54.

Museum Italicum Mabilloni to. 1. par. 2. pag. 256.

Histor. Friderici III. pag. 80.

clero: *Fridericus per aliquos Cardinales ad Capellam ductus, quæ intra Turres dicitur, ibi* JUSJURANDUM *beato Petro & Nicolao Pontifici, ſuisque Succeſſoribus in ea forma præſtitit, qua Ludovicum Magni Karoli filium* JURASSE *Pontificum decreta confirmant. Ibi quoque & alba indutus in Canonicum ſancti Petri receptus, Canonicis oſculum dedit.* Il Signor Muratori Bibliotecario del Sereniſſimo di Modana,

Anecdota tom. 2. pag. 185.

e benemerito delle Lettere per le opere proprie ed altrui, che ha date alle ſtampe, atteſta, che nella Biblioteca Ambrogiana vi è un orazione recitata in tal congiuntura da Enea Silvio, con queſto titolo: *de coronatione Cæſaris oratio habita Romæ coram Nicolao V. Pontifice Maximo*, e che comincia così: *fateor Maxime Pontifex*. Enea ſteſſo racconta, che l'Imperadore, con cui egli viaggiò ſempre in quella occaſione, nel ſuo ritorno in Lamagna fu trattenuto in Ferrara dal Marcheſe Borſo, e ſupplicato a dichiararlo Duca delle Città, che pretendea eſſere di ragion dell'Impe-

Hiſtor. Friderici III. pag. 94.

ro, cioè di Modana e Reggio ſolamente: *Mutinam atque Rhegium in Ducatum ut erigat*. Soggiunge, che la *prima* di eſſe due Città, *harum* ALTERAM, i ſuoi Maggiori l'aveano avuta in Vicariato dall'Impero; e la *ſeconda*, ALTERAM, in feudo da' Duchi di Milano: e che dopo varie difficoltà, ivi accennate da Enea, le quali di buona voglia io tralaſcio di riferire, finalmente l'Imperadore condeſceſe a dare a Borſo la dignità Ducale: *quibus rebus victus Cæſar Ducatum ex* DUABUS CIVITATIBUS, *Rhodigiumque cum territorio adjacenti in Comitatum erexit*, e che ne infeudò Borſo, e i ſuoi Succeſſori, *reſervato quatuor millium aureorum cenſu*. Quì io non ci veggo la *terza* Città, cioè Comacchio, *Città Imperiale* da tanti ſecoli addietro, ſe diamo fede a' Miniſtri Eſtenſi, i quali affermano, che era *Città* non meno, che Mo-

Oſſervaz. Cap. XLI. pag. 62.

dana e Reggio. Che *godea un territorio e diſtretto ampio e particolare*. Che *era Città Imperiale e con la ſua dioceſi propria, e con moniſteri nobili*. Che *ſi governava con ſuo*

Po-

Podestà e ministri proprj, senza dipendenza dal Comune di Ferrara. Ora dunque se così è, come essi voglion, che fosse, e perchè mai Enea Silvio, il quale di questa materia non parla già di passaggio, ma di proposito, come si vede, non vi nomina Comacchio insieme con le altre due Città, delle quali in sua presenza vi fu infeudato il Duca Borso da Federigo III? L'originale della Storia d'Enea Silvio si trova nella Biblioteca Cesarea di Vienna, ed ella serbasi anche in un codice dell'Ambrogiana di Milano, donde il Signor Muratori attesta d'averla trascritta prima di sapere, che fosse stata stampata in Argentina. E perchè mai dunque nella erezione del Ducato di Modana e Reggio non si comprese la Città di Comacchio, giacchè anch'ella non meno, che le altre due, era feudo Imperiale, e da tanti secoli n'erano investiti gli Estensi? Sicuramente non vi fu compresa per altra cagione, senon perchè era Signoria della Santa Sede, connessa ed appartenente a Ferrara, e non mai feudo Imperiale: la qual cosa nuovamente vien manifestata da Enea Silvio, ove annovera le Città, che il Duca Borso signoreggiava: *Ferrariam, Mutinam, Rhegium Borsus habet.* Non fa motto alcuno di Comacchio, quantunque fosse Città non meno, che le altre, perchè secondo lo stile antico, s'intendea compresa sotto il nome di *Ferraria*; e non già certamente sotto quelli nè di *Mutina*, nè di *Rhegium*. Pare, che non si possa favellar più chiaro da un personaggio autorevole, informato, e che fu presente all'affare. Enea stesso altrove ridice le medesime cose, scrivendo, che Borso *super Mutina & Rhegio Ducatus honorem habuit*; e con Enea Silvio si accorda il suo Segretario Giovanni Gobellino, ove dice, che Federigo III. da' suoi Consiglieri *præsertim ab Enea, rationibus suasus, ex agro Mutinæ & Rhegii Ducatum erexit*, e che Enea stesso ebbe il carico di recitarvi una orazione *de Cæsaris beneficentia, de laudibus Domus Estensis, de virtute Borsii, deque dignitatis eminentia.* Il medesimo Enea in una ora-

Anecdota tom. 2. pag. 179.

Histor. Friderici III. pag. 95. in fine.

Historia Europæ cap. 52. pag. 450. Operum edit. Basileen.

Commentarii Pii II. lib. 1. pag. 21. edit. Francofurti an. 1614.

Anecdota tom. 2. pag. 147.

zione da lui detta in quell'anno stesso in Vienna d'Austria, e pubblicata dal Signor Muratori, parlando di Federigo, scrive in tal guisa; *apud Ferrariam totius Lombardiæ conventus Cæsari cum muneribus occurrit. Princeps illius urbis in reditu Dux Mutinæ Rhegiique creatus: quod bene factum, bene locatum omnis Italia dixit.* Or perchè mai in tante volte, che Enea Silvio parla di questo fatto, non rammenta egli mai la Città di Comacchio? Ma non ostanti sì grandi testimonianze, pur nulladimeno io voglio dire anche di più. Melchiorre Goldatto, le cui opere sogliono essere l'arsenale de' nemici della Santa Sede Apostolica, nella Parte sesta della sua Politica Imperiale ove tratta *de Investituris Principum Imperii*, rapporta tutta intera la gran cerimonia di quella solennissima funzione, già descritta da Francesco Modio, il quale non ci racconta già egli il fatto diversamente da quello, che lo avea raccontato Enea Silvio; imperciocchè dice, che Federigo dopo terminato il suo affare di Roma, venne in deliberazione *Ferrariensem Principem revisere, ejusque ditioni Modonam & Rhegium adjicere, Ducatus justo ex hinc titulo ab eo administranda*; e che sopra un gran palco eretto nella piazza di Ferrara diede a Borso l'Investitura: *Borsum auxit solemniter Ducatibus Modonæ & Rhegii cum Comitatu Rovigensi.* Questo atto di Federigo fu pubblico e notorio in Ferrara quanto mai possa essere stato alcun altro. Egli è descritto minutissimamente dal Modio, il quale vi nomina anche coloro, che vi furon presenti, dicendo insino, che Venceslao Rangoni portava le insegne di Modana e Reggio; e Francesco Forzatello quella di Rovigo. Avrebbe pur egli dovuto nominarvi ancora colui, che portava l'insegna della Città di Comacchio, se in quella funzione ella fosse stata data in feudo al Duca Borso, giacchè non si trattava d'un villaggio delle pertinenze di Modana, di Reggio, o di Rovigo; ma d'una Città, che era *considerata e dichiarata per contado e distretto particolare,*

Politica Imperialia pag. 360. 361.

lare, e per Città sottoposta non a Ferrara, nè a' Sommi Pontefici, ma solo al sagro Romano Impero, come esagerano e pretendono i Ministri Estensi: il che se è vero, io non so certamente per qual cagione anche il Modio non meno, che Enea Silvio, abbia dovuto tralasciare di nominarvi la Città di Comacchio, e che nulladimeno il Duca Borso ne sia stato allora investito da Federigo III. in quella medesima funzione, e in quel medesimo diploma, con cui rimase investito di *Modana*, *Reggio*, e *Rovigo*. Ma perchè gli Scrittori, che raccontano questo fatto, potranno facilmente ricever qualche eccezione da chi rigetta le testimonianze più autorevoli, quando non sono a modo suo, adduciamone una, che riesca accettissima. Questa è del Pigna, il quale descrisse il fatto nella medesima guisa, con cui lo descrissero Enea, ed il Modio: *creò*, dic'egli, *Borso Duca di Modana e di Reggio, e Conte di Rovigo con amplissimi privilegj, e con la bolla aurea*. Indi ci rappresenta la funzione con le parole seguenti: *la cerimonia, che fu sontuosissima, passò di questa maniera. Il Marchese vestito di broccato d'oro con adornamenti di gioje di gran prezzo, tra le quali però tre erano preziosissime, due nella berretta ed una alla spalla sinistra; camminò verso l'Imperadore, precedendogli innanzi Cristino Bevilacqua suo Luogotenente con la spada nuda*, e TRE STENDARDI. *Portava l'*UNO *Francesco Forzatello, che avea l'arma della Contea di Rovigo: l'*ALTRO *Vincislao Rangone, che avea* QUELLO *de' Ducati di Modona, e Reggio: il* TERZO *Pietro Marocello, che era in tutto rosso, e dinotava la podestà Imperiale*. Le medesime particolarità senza parlare di Comacchio racconta Gaspero Sardi. E quello, che scrissero Enea Silvio, il Modio, il Pigna, e il Sardi, fu scritto anche da Simon Fornari nella Sposizione dell' Orlando dell' Ariosto: il qual Fornari, al dire de' Ministri Estensi, *era Reggiano*, *era persona nobile*, *cioè potea*, e *dovea essere informato della Corte del suo Principe*, e confessa

Osserv. Cap. XXXIX. pag. 59.

Storia di Casa d'Este lib. 7. pag. 544.

Storie Ferraresi lib. 8. pag. 271. ediz. I.

Sposizione dell' Orlando Furioso tom. 1. pag. 176.

Osserv. Cap. XCVII. pag. 148.

fessa d'essere stato a Ferrara; il perchè egli non può cadere in sospetto di dire il falso in pregiudicio degli Estensi, de' quali era vassallo. Or quì io chieggo: Comacchio era egli *Terra*, o era *Città*? Se era *Città*, dovea nominarsi da Enea Silvio, dal Modio, dal Pigna, dal Sardi, e dal Fornari, non meno, che le altre *due* Modana e Reggio. Se era *Terra*, dovea pur nominarsi, come quell'altra di Rovigo, che da loro si nomina: e non nominandovisi nè in uno, nè in altro modo, naturalmente ne segue, che Comacchio non entrasse per niente in quella Investitura di Federigo III. e il silenzio universale di tutti gli Storici, che erano espressamente obbligati a parlarne, certamente non pare, che debba esser tenuto in dispregio; tanto più poi, che abbiamo nel medesimo tempo la positiva testimonianza di Federigo III. il quale nel giurar l'osservanza della Costituzione di Lodovico Pio, riconobbe Comacchio, ivi inserito, per Signoria soggetta all'alto dominio della Chiesa, e non giammai dell'Impero.

LII.

Si ricerca se Massimigliano I. possa avere investiti gli Estensi di Comacchio.

Dopo l'Investitura di Federigo III. la quale da quì innanzi sino a Carlo V. che ne fece una nuova ad Alfonso I. per includervi Carpi, si dee considerare come *primordiale*, e radice di tutte le altre (non essendosi più fatto caso veruno delle antecedenti, date agli Estensi da' Duchi di Milano, e dagl' Imperadori) vengono quelle, che Massimigliano I. si dice aver concedute negli anni 1494. e 1509. ad Ercole I. e ad Alfonso I. Già fu auvertito, che le tre Scritture Estensi non si accordano fra loro nella data della seconda di esse Investiture, poichè nella Scrittura Estense di Vienna si dice data nell'anno 1506. e nell'altre due nell'anno 1509. Io so per prova, che è facile agli Stampatori lo scambiare i numeri Arabici; ma so ancora, che gli sbagli sopra la sostanza delle materie, che si dibattono, e che si tengono fra le mani, facilmente danno nell'occhio, talchè l'Autore di essa Scrittura di Vienna, il quale è tanto accurato nelle cose sue, avrebbe dovuto auvedersi di quell'errore, quan-

Osservaz. Cap. XXX. pag. 49.
Altra Lettera p. 13.
Risposta per il diritto Imperiale p. 55.
Vedi pag. 121.

quando vi fosse stato. Ma sopra questo io non ci farò caso. Solamente dirò, che se Federigo III. non investì Borso di Comacchio, nè anche Massimigliano può averne investiti i suoi Successori. E se vi fossero mai state queste Investiture, Alfonso I. le avrebbe prodotte, e messe fuori nella controversia, che ebbe con Giulio II. nell'anno seguente 1510. Le avrebbe nominate indispensabilmente nel Manifesto contra Leon X. dove parlò delle pretese violenze fattegli sopra le saline di Comacchio: la qual Città avrebbe nominata anche Giulio II. quando scrisse all'Imperador Massimigliano, e al Cardinale di Carvajal per impetrare ad Alfonso la rinovazione dell'Investitura de' feudi Imperiali, che gli venia negata, come si disse di sopra. E poi Don Cesare d'Este non avrebbe dato ordine al Conte Cammillo Gualengo suo Plenipotenziario nelle Capitolazioni di Faenza, che dicesse al Cardinale Aldobrandini, che *alcuni* de' suoi Maggiori aveano presa l'Investitura di Comacchio dagl'Imperadori, solamente DOPO *le ultime guerre* contra la Santa Sede. Ma per lo contrario gli avrebbe francamente ordinato a protestare, che fino da' tempi, almeno almeno di Carlo IV. tutti gli Estensi, e non *alcuni*, sempre l'aveano presa. E avrebbe saputo ben egli valersene presso l'Imperadore per trarlo in suo ajuto contra la Santa Sede, come allora si procurò con tutti gli sforzi. Finalmente si risponde con una ragione, che abbiamo appresa da' Ministri Estensi, cioè, che queste pretese Investiture, quando anche vi fossero, sarebbono *tutte invalide*, *tutte nulle*, perchè essendosi già acquistata ragione dalla Santa Sede per tante Costituzioni, per tanti atti, e per tanti secoli, *non potrebbono aver loro pregiudicato queste nuove concessioni*, *fatte alla Casa d'Este*, perchè niuno ha autorità di spogliare de' suoi patrimonj la Santa Sede: e perchè gl'Imperadori per istipulazione di contratto ereditario, e innato, e per giuramento sono obbligati a difenderla, e a mantenerla nel dominio de' suoi antichi dominj, in virtù della

Vedi pag. 122.

Vedi pag. 132.

Ristretto delle ragioni Estensi pag. 153.

della ſovrana dignità Imperiale, conferita a Carlo Magno e a' Succeſſori col patto ſcambievole dell'Auvocazia, e difeſa della Santa Sede, di che parleraſſi nella Parte IV.

LIII.

Eſame delle preteſe Inveſtiture di Comacchio, date agli Eſtenſi da Carlo V. e difeſa dell' autorità di Giovanni Etropio.

Come poi Carlo V. nell'anno 1526. abbia potuto inveſtire Alfonſo I. di Comacchio, dappoichè nella Riſpoſta pubblicata in Roma contra il Manifeſto del medeſimo Alfonſo nell'anno 1522. ſi era detto francamente a Carlo ſteſſo, a cui fu diretta, che Comacchio ſempre era ſtato, ed era tuttavia della Chieſa; come, dico io, Carlo V. che non ſi era oppoſto a quell'atto pubblico, abbia potuto poco dopo inveſtire Alfonſo di Comacchio ſtando in Granata, allorchè gli diede una Inveſtitura nuova, e da quì innanzi *primordiale* per includervi Carpi, levato ad Alberto Pio; io non ſaprei dichiararlo: tanto meno poi, che quattro anni dopo il tempo di queſta preteſa Inveſtitura Carlo non ne fece alcun motto nel famoſo Laudo ſopra Modana e Reggio; anzi dichiarò, che Alfonſo doveſſe oſſervare le Capitolazioni d'Adriano VI. intorno al non fabbricar ſale in Comacchio. So bene, che Alfonſo, e i ſuoi Succeſſori ſempre hanno riconoſciuto Comacchio per Città della Chieſa dall'anno 1512. ſino all'anno 1597. non avendo mai ardito di farvi fabbricare il ſale, ſenon con l'eſpreſſa licenza de' Sommi Pontefici, con l'intervento d'un Commiſſario Apoſtolico, e con l'obbligo di darne la metà alla Camera di Roma, conforme già ſi è fatto vedere: alla qual coſa non avrebbono mai acconſentito gli Eſtenſi, ſe ſi foſſero fidati delle loro Inveſtiture Ceſaree; ma avrebbono ben eſſi ſaputo trovare il modo di liberarſi da un tanto aggravio col braccio ſupremo dell' Imperadore nelle occaſioni d'aver favorevole la potenza dell'invittiſſimo Carlo V. nel modo, che ſe ne valſero per levare alla Santa Sede Modana e Reggio, come ſi è detto altrove. Che poi Giovanni Etropio, Scrittore di coſe da ſe vedute, quando atteſta, che il Duca Ercole II. fu inveſtito da Carlo V. di *Modana*, *Reggio*, *Rubiera*, e *Carpi* ſolamente, e non

Vedi pag. 127.

Oſſerv. Cap. LIII. pag. 79.

Diarium expeditionis Tunetanæ inter Scriptores Germanicos Simonis Schardii tom. 2. pag. 1379.

e non già di *Comacchio*, abbia egli creduto, che gli bastasse di nominare ALCUNI *luoghi principali di quella Investitura, come ordinariamente fanno gli Storici in tali congiunture*, io ne rimetto il giudicio a chi ha tanto esagerato, che Comacchio era *Città*, e Città Vescovale con *proprio distretto* e *contado*. Laonde non saprei per qual cagione ora si debbano chiamar *luoghi principali Rubiera*, e *Carpi* a fronte di Comacchio; ouvero *membri principali contenuti nella petizione*, come risponde l'Autore della terza Scrittura. L'Etropio, che fece menzione di *due Castella*, dovea poi tacere di *una Città*? Egli, che non iscrivea una Storia, ma un *Giornale* di cose minutissime? Dicono ancora gli Autori delle Osservazioni queste parole: *come mai di grazia far tanto caso delle parole d'un Autore, che di passaggio parla di quella Investitura*? L'Etropio ne *parla di passaggio*? Egli professa di fare un accurato *Giornale* di cose da se vedute, e *parla di passaggio*? E non si dovrà fare gran caso della sua testimonianza, come di Scrittore oculare, e da esser preferito a cento altri, che parlino di cose da se non vedute? Dicono, che non vi nomina nè anche Bressello; quasichè non si sapesse, che gli Estensi lo aveano in feudo da' Duchi di Mantova con l'obbligo di pagare il censo annuo di due sproni d'oro. Se poi egli è vero, che le *Investiture Imperiali non sono arcani di gabinetto, ma una delle più pubbliche funzioni, che si faccia dagl'Imperadori sedendo nel trono con l'assistenza de' primi Principi dell'Imperial sua Corona*, e con qual fondamento si afferma, che l'Etropio *probabilmente non vide mai lo stesso diploma di Carlo V*? Se vide la funzione, e qual bisogno avea egli di vedervi il diploma; il quale, secondo il costume della Cancelleria Imperiale, non si spedisce prima, bensì dopo la funzione? E sapranno ben forse i Ministri Estensi quanto tempo vi corse dalla funzione fatta da Ridolfo II. in persona del Marchese di Scandiano procurator di Don Cesare, sino alla spedizione del diploma.

Osservaz. Cap. XLI. pag. 62.

Altra Lettera p. 24.

Osservaz. Cap. LIII. pag. 78.

Thesaurus Rerum publicarum Philippi Andreae Oldenburgeri tom. 2. pag. 929.

Osservaz. Cap. LIV. pag. 80.

Registri MSS. della Nunciatura dell'Impero sotto Clemente VIII.

Dunque altra cosa è il diploma, e altra cosa la funzione dell' Investitura. Ma gli Osservatori, i quali mostrano d'apprezzar così poco una tale assertiva testimonianza, quale si è quella dell'Etropio, sono poi essi cotanto facili a lasciarsi trasportare, non dalla testimonianza, ma dal silenzio d'Agostino Patrizj ad asserire, che Federigo III. non giurasse a Niccolò V. di riconoscere, e mantenere la Chiesa nel dominio de' suoi patrimonj, e ancor di Comacchio, secondo la Costituzione di Lodovico Pio, quantunque lo attesti il Nauclero, Scrittore contemporaneo? E ciò non con altro fondamento asseriscono, senon per aver trovato, che il Patrizj non ne fa motto in un opuscolo, dove professa di parlare di cose accadute sotto Paolo II. e non sotto Niccolò V? Ed essi poi anche ci spacciano per falsa, e suppositizia la Costituzione di Lodovico Pio, perchè disavvedutamente lo ha detto il Padre Pagi, novecento anni dopo Lodovico Pio? Fanno caso del silenzio degli Scrittori, che non erano obbligati a parlare, e non vogliono, che dagli altri si faccia caso della positiva ed espressa asserzione di chi ne ha parlato! Sprezzano chi cita gli Autori contemporanei, e poi vogliono essi appigliarsi a quelli, che hanno scritto centinaja, e centinaja d'anni dopo gli avvenimenti!

Vedi pag. 185.

Vedi pag. 75.

LIV.

Esame delle pretese Investiture Imperiali di Comacchio date ad Alfonso II. e a Don Cesare d'Este.

Osservaz. Cap. LIII. pag. 79.

Ora passerò da Ercole II. ad Alfonso II. suo figliuolo, il quale nell'anno 1594. ottenne l'Investitura da Ridolfo II. de' feudi pretesi Imperiali, e per quello che si suppone, ancor di Comacchio, in tempo che ebbe l'indulto e la grazia di nominarsi per Successore un di sua Casa, ancorchè venisse da radice infetta. Ma io in quella Investitura, la quale or tengo quì sotto gli occhi, non ci veggo, nè ci trovo Comacchio: e non vel vide, nè vel trovò nè anche Felice Contelori, poichè nelle sue Risposte alle Scritture Estensi disse, che *fu sempre negato da' Ministri dell'Imperadore sotto Clemente VIII. che nell'Investitura fatta da Ridolfo II. a Don Cesare del Ducato di Modena e Reggio, si contenga Comacchio*. E che

Risposte alle Scritture Estensi. pag. 72. col. 2.

anzi

anzi nella copia dell' Investitura mandata a Roma dalla Corte dell' Imperadore non si legge Comacchio. Giovanni Ghini scrisse la medesima cosa con questi termini: *Imperator, qui alias infeudavit Civitates Duci Cæsari, de Civitate Comacli nec quidem cogitavit, minusque post restitutam illius possessionem Sedi Apostolicæ reclamavit. Et quod plus est, Dux Alphonsus II. qui, ut ex præcedentibus apparet, manibus pedibusque fecit, ut eundem Cæsarem haberet Successorem in omnibus feudis a se possessis, nec Investituram ab eodem Imperatore petere præsumpsit: signum evidens, quod scivit, infeudationem ad Sedem Apostolicam pertinere; quia valet argumentum: Civitas non est de jurisdictione Imperatoris, ergo est de jurisdictione Sedis Apostolicæ & Romanæ Ecclesiæ: ex quo illa ejusque habitatores debeant alicui subesse, ne alias sint acephali.* Queste parole si leggono in iscritture pubblicate già sessant' anni, alle quali niuno nè allora, nè dopo potette opporre nulla in contrario. L'Investitura di Don Cesare d'Este non fu altro che pura, semplice, e nuda confermazione ed estensione in lui per indulto sanatorio, e per grazia singolare, di quella stessa, che era stata data a tal fine ad Alfonso II. di che io tornerò a discorrere nella Parte III. Sicchè se Comacchio non fu inserito nella Investitura di Don Cesare, segno è, che non era stato inserito nè meno in quella d' Alfonso II.

Defensio jurium pag. 42. n. 242. 243.

LV.

Diritti della Santa Sede in Comacchio superiori a qualunque pretesa Investitura ed atto contrario.

Ma sia egli verissimo, come già dissi di sopra, che in tutte le suddette Investiture, cominciando anche da' secoli più remoti, secondo il parere de' Ministri Estensi, vi si legga mescolatamente con gli altri feudi anche Comacchio, ciò nulla affatto potrebbe pregiudicare alle ragioni della Santa Sede, perchè quelle Investiture Estensi non hanno mai avuto effetto veruno: e non solo elle sono state sempre, e sono tuttavia nascoste; ma sino anche la notizia incerta, che ve ne potessero esser alcune, non si è mai penetrata prima dell' anno 1598. e niuno Scrittore contemporaneo, nè prossimo ne ha mai parlato prima della metà del secolo decimosesto: nel qual tempo scrissero il Sardi, il Faleti, ed il Pigna; ladove per lo contrario i Sommi Pontefici hanno in tutti i tempi pubblicamente e notoriamente esercitata la Sovranità loro in Comacchio con tutti quegli atti pubblici, che si sono espressi. Gl' Imperadori nelle loro Costituzioni, con le quali per via di pubblici giuramenti si sono sempre obbligati in virtù de' patti antichi di difendere la Santa Sede, e i suoi Stati, ve lo hanno sempre inserito o espressamente col suo nome proprio *Comaclum*, ouvero col generico d'*Exarchatus*. E di questo Esarcato con atti pubblici e manifesti i Pontefici si sono sempre chiamati assoluti padroni anche ne' tempi meno lontani; onde il Cardinale Gabbriello Condulmiero, che fu poi Eugenio IV. in un suo privilegio dell'anno 1424. s'intitola in questa guisa: *Gabriel miseratione divina Tituli sancti Clementis presbyter Cardinalis Senensis, Bononiæ, Romandiolæ,* EXARCHATUS *Ravennatensis, Marchiæ Anconitanæ &c. Apostolicæ Sedis Legatus, & in* TEMPORALIBUS *pro sancta Romana Ecclesia & Domino Nostro Papa Vicarius generalis*. I Pontefici stessi hanno sempre investiti di Comacchio gli Estensi dall'anno 1332. in giù sotto il nome di appendice, e *pertinenza*, posta nel *distretto* del Vicariato Ferrarese. Vi hanno fatte far le visite e le descrizioni: e vi hanno trasmessi proprj Ministri per assistere alla fabbrica del sale; ladove gl'Imperadori non vi hanno mai esercitato alcun atto immaginabile dappoichè Federigo II. nel suo ultimo Testamento cassò e ritrattò tutte quelle ostilità e violenze, che avea praticate sopra lo Stato della Chiesa. Il perchè queste e simili nomine, che mai vi potessero essere state fatte per auventura nella Cancelleria Imperiale a richiesta degli Estensi nell'atto dello stender le Investiture degli altri loro dominj, sarebbono state mere cerimonie, che *non servono ad altro, che ad empier*

Jacobi Philippi Tomasini Annales Canonicorum Secularium sancti Georgii in Alga pag. 111.

Vedi pag. 97. 127. 128.

Vedi pag. 94.

empier le carte, come appunto fu scritto dalla Corte Cesarea al Cardinale Aldobrandini il dì 9. Marzo 1598. in occasione, che si disse qualmente si faceano investire ancor di Verona. La Maestà dell'Imperadore s'intitola in tutti i diplomi Rè, Duca, e Signore di Regni, Provincie, e Città, le quali non possiede: nè già per questo ne nasce alcun pregiudicio a' Sovrani e veri Signori di quegli Stati. I Rè d'Inghilterra parimente s'intitolano Rè di *Francia*, e quei di Francia Rè di *Navarra*; nè però mai si è creduto, che somiglianti titoli rechino alcun danno nè alla Francia, nè alla Spagna. Laonde e che mai ne dovrebbe venire contra la Santa Sede quando pur anche gli Estensi nelle Investiture Imperiali si fossero fatti chiamare Signori di *Comacchio*, di cui non lo sono mai stati indipendentemente dalla Sede Apostolica? Intorno a somiglianti diplomi Cesarei, a' quali oggi indistintamente danno il nome d'*Investiture*, dee sapersi (come anche fu toccato di sopra) che non tutti sono già Investiture feudali; imperciocchè ne' secoli andati venendo spesso gl'Imperadori in Italia co' loro eserciti, e mandandoci i loro ministri, le Chiese, i monisteri, e quegli, che aveano beni e signorie, per non ricever molestie ed aggravj nelle turbolenze comuni, cercavano premunirsi di quei diplomi, ne' quali si descriveano i loro dominj con intimazione di pene e gastighi a chiunque avesse tentato di molestargli, con quella formola usitata: *nullus Dux*, *Marchio*, *Comes*, *Vicecomes &c.* di che simili carte son piene. Laonde questi diplomi non erano altro, che franchigie, protezioni, e assicuramenti de' beni contra le altrui violenze, non obbligando a pagamento di censo, che è il segno del vassallaggio. E que' beni delle Chiese particolari, anche dello Stato Ecclesiastico, intorno a' quali si trovano in oggi tanti e tanti diplomi, per questo non erano già feudali; ma proprietarj di quelle Chiese. In tal numero vengono i diplomi dati agli Arcivescovi di Ravenna, e a' Ferraresi in tempi di

Registri MSS. della Nunciatura dell'Impero sotto Clemente VIII.

Vedi pag. 167.

di scismi, e da Imperadori auversi alla Santa Sede; onde non è maraviglia, che si servissero di formole pregiudiciali a' diritti sovrani de' Sommi Pontefici, come tra gli altri fecero i due Federighi, ed Ottone IV. gli atti de' quali potea far di meno di allegare chi ha scritte le Osservazioni, convincendosi di niun valore per gli atti contrarj. Gli Estensi aveano avuto il Castello d'Ariano in feudo da Isacco Vescovo d'Adria nell'anno 1195. come appare dalla Investitura addotta dal Prisciano: e pure anch'essi vel fecero inserire nell'anno 1221. nel diploma di Federigo II. e nell'anno 1281. in quello di Ridolfo I. Argenta fu data in pegno da Obizo Sanvitale Arcivescovo di Ravenna ad Azzo d'Este verso l'anno 1300. come narra Paolo Scordilla Continuatore d'Agnello, e si confessa eziandio nelle Osservazioni. Ma ella fu dapoi restituita, indi usurpata alla Chiesa di Ravenna, la qual finalmente la diede in feudo a censo annuo a' Marchesi di Ferrara, che poi di tempo in tempo ne presero l'Investitura da quegli Arcivescovi sino all'anno 1536. come si può riconoscere dalla serie addotta dal Contelori. Ma se vogliamo dar fede al Pigna, e alla copia interpolata dell'Investitura di Carlo IV. gli Estensi ebbero in feudo *Argenta* da questo Imperadore non meno, che *Ariano*, e *Comacchio*. Or qual maraviglia dunque sarebbe, se vi fosse nel diploma questa ultima Città, benche non appartenente all'Impero, quando si vuol, che vi sieno anche Argenta, e Ariano, che nè allora, nè mai sono stati feudi Imperiali, ma della Chiesa: a cui non lasciavano perciò di appartenere, non ostante il preteso diploma di Carlo IV? Per la qual cosa dal medesimo diploma oggi non può trarsi alcuna ragione contra la Santa Sede: e quando anche egli fosse indubitato, non sarebbe altro, che un semplice atto *protezionale*. Acciocchè poi non paja cosa nuova il negarsi da me, che nelle originali Investiture Estensi di Carlo IV. di Sigismondo, e di Federigo III. vi fosse inserito Comacchio, sappiasi, che ciò fu negato anche dal

Osserv. Cap. XXII. pag. 38.

MSS. Peregrini Prisciani.

Liber Pontificalis in Appendice pag. 110.

Osservaz. Cap. LXI. pag. 90.

Risposte alle Scritture Estensi pag. 33. 34.

Storia di Casa d'Este lib. 4. pag. 305.

dal Contelori nella Risposta al Manifesto del Duca di Modana, stampata nel Mercurio del Siri, avendone egli lette *alcune* di esse, come ivi attesta. Di quelle di Lodovico II. e di Ridolfo I. oggi non c'è più controversia, essendo confessate per favolose.

Mercurio to.3.p.131.

Vedi pag.66. 80.

LVI.

Sincerità delle ragioni della Chiesa sopra Comacchio, invulnerabile da qualunque atto contrario. Funzione dell' investire fatta dagl' Imperadori prima che si spediscano, e si stendano i diplomi a parte.

Io non passerò più oltre ad esaminare le pretese Investiture Imperiali dall'anno 1598. sino al 1709. perchè essendo allora Comacchio ritornato sotto il legittimo e supremo dominio della Chiesa, da indi in giù più che mai deono tutte riputarsi nulle ed invalide, perchè sono clandestine, cioè a dire, date, e ricevute senza giuridica saputa, approvazione, e consenso della Santa Sede, che n'è padrona diretta, e legittima, e con ragioni a tutti manifeste, e notorie ha posseduta quella Città, situata in mezzo di luoghi tutti spettanti alla Santa Sede, che la circondano; e perchè niuno ha diritto di dare, nè di ricevere Investiture di ciò, che sovranamente e con giusti titoli è posseduto da altri, se questi non vi concorrono con l'approvazione, e con l'assenso. Nè fa forza, che le Investiture si dieno dall'Imperadore assiso in sul trono, e assistito da' suoi Palatini, come viene opposto nelle Osservazioni; perchè le cerimonie generali si fanno certo in tal guisa, nè v'ha chi lo nieghi; ma però le Scritture contenenti la cosa, per cui si fanno le medesime cerimonie, dapoi si spediscono a parte, senzachè gl'Imperadori vadano a leggerle. Nè i Ministri Estensi pretendono, che l'Investitura di Comacchio si conceda separatamente da sè sola: nel qual caso avrebbe forza quanto ci dicono della funzione; ma pretendono, che la medesima Investitura si faccia insieme, e confusamente con quella degli altri feudi. Nè il Pontefice, nè il suo Nuncio Apostolico ne sono fatti consapevoli con veruno atto giuridico, siccome ricercasi alla validità di somiglianti materie per levare il sospetto di mala fede. Altramente se questo valesse, i Principi Estensi avrebbono potuto farsi investire nella medesima guisa anche d'altri luoghi, che non pos-

Osservaz. Cap. LVI. pag.85.

Vedi pag. 193.

posseggono in oggi, giacchè pretendono d'avergli posseduti ne' tempi antichissimi. E in particolare avrebbono potuto, e potrebbono tuttavia farsi investire di tutte quelle contrade, delle quali si dice essere stato padrone Azzo il Marchese, *a Mintio* USQUE AD *Venetiam*: quantunque io non creda, potersi così di leggieri mostrare, che dopo il libero nascimento della Repubblica Veneziana vi sia stata persona, la quale abbia signoreggiato USQUE AD *Venetiam*, se quì però si vuole intendere di dominj sovrani, e non di poderi allodiali: nel che pur ci sarebbe che dire; tanto più poi trattandosi di tempi, ne' quali in Italia i Marchesi erano Governatori, e non Principi assoluti. Anzi potrebbe andarsi anche più oltre, giacchè si dice nelle Osservazioni, che i Marchesi Estensi ebbero in feudo Genova, e Milano, e che dominarono dal mar Baltico sino all'Adriatico, ed al Tirreno. E chi volesse restituire agli Osservatori le proprie lor frasi, avrebbe occasione di dire, che in *simili anticaglie potrebbe stendersi l'erudizion* loro, e *quì farsi largo*, piuttosto che entrare in Comacchio, dove non hanno alcuna ragione d'entrarvi. E di vero egli è un gran miracolo, che dagl'Imperadori non si sia avuta l'Investitura ancor di Ferrara, mentre oggi si è ritrovato, che nè anch'ella sia della Chiesa, ma dell'Impero, non meno, che tutto lo Stato, oggi detto Ecclesiastico. E in quanto a Ferrara, forse io farò cosa grata a' medesimi Osservatori, accennando loro una certa Lettera dell'Imperador Venceslao al Marchese Niccolò d'Este, scritta in Praga il dì ultimo di Ottobre dell'anno 1379. con queste parole nel titolo: *Nobili Nicolao Marchioni Estensi, pro* NOSTRA *Majestate*, FERRARIENSI *&* *Mutinensi generali Vicario* SUO. Ma da quando in quà il Marchese Niccolò tenea Ferrara in Vicariato dall'Imperadore? Di quì si raccolga, se da somiglianti espressioni, che facilmente escono dalla Cancelleria Imperiale, debba mai nascervi pregiudicio alcuno a' diritti altrui, e in particolare a quelli della Santa Sede.

Osserv. Cap. LXXIII. pag. 109. 110. 111.

Osserv. Cap. LXIV. pag. 94. Cap. LXV. pag. 95. 96.

Osservaz. Cap. XXII. pag. 38.

Memorie di Pescia del Puccinelli p. 388.

Dalle

LVII. Insussistenza del preteso richiamo dell' Imperadore Ridolfo II. contra la ricuperazione Pontificia di Comacchio, il qual fu compreso negli atti pubblici di Clemente VIII.

Dalle cose dette si scopre qual caso debba farsi del richiamo, che si sparge aver fatto Ridolfo II. contra la ricuperazione di Comacchio, messa in opera da Clemente VIII. quando non si può addurre nè atto, nè documento veruno più autorevole ed antico di quello, che consiste nelle parole di Giovanni Palazzi, Scrittore di questi medesimi tempi nostri, e di quel credito, che tutti sanno, comechè egli sia in gran pregio presso gli Autori di tutte e tre le Scritture Estensi. Oltrachè egli dice una falsità manifesta asserendo, che il *Cardinal Bandini occupasse* Comacchio, quando Orazio Giraldi Vescovo di essa Città, e non altri, andò a pigliarne *il possesso per la Camera* d'ordine del Cardinale Aldobrandini, Legato Pontificio, come attesta Agostino Faustini Continuatore delle Storie del Sardi. Il Ghini ancor egli avea detto ben tutto il contrario a quello, che poi disse il Palazzi: *Imperator* (sono parole del Ghini) *qui alias Civitates infeudavit, de Civitate Comacli nequidem cogitavit, minusque post restitutam illius possessionem Sedi Apostolicæ, reclamavit*. Nè sussiste in guisa veruna quello, che si asserisce nelle Osservazioni, cioè, che *Roma* diede parte a tutti i Principi della presa di Comacchio; ma non già all'Imperadore: *Imperatore excepto*. Imperciocchè il Ghini, ivi allegato, parla delle convenzioni segrete, accordate a Don Cesare a sua richiesta; e non parla già della partecipazione della ricupera di Comacchio. Ed io in prova della verità voglio divulgare appiè di questi fogli le Lettere stesse, con le quali fu data parte a ciaschedun Principe *de Civitate Ferrariæ, ejusque* DITIONE, ritornate alla Santa Sede: con la qual frase fu scritto a tutti i Principi Cattolici, all'Imperadore, e a' quattro Arciduchi d'Austria, due de' quali furono poscia Imperadori: e ciò fu fatto ottimamente, perchè sotto la formola generale di *Ferrariæ ditio* ognuno intendea esservi anche Comacchio; e perciò Giuseppe Castalione in un suo opuscolo intitolato *Expeditio Ferrariensis & Ferraria recepta*,

Osservaz. Cap. LIV. pag. 82.

Risposta per il diritto Imperiale pag. 18.

Altra Lettera p. 14.

Storie Ferraresi lib. 4. pag. 147.

Defensio jurium p. 42. post num. 242.

Osservaz. Cap. LV. pag. 82.

Defensio jurium pag. 41. col. 1.

cepta, dedicato allora a Pier Cardinale Aldobrandini, dice, che egli con incredibil prestezza avea messo in ordine *quæcunque ad recuperandam Ferrariensem* DITIONEM, *a Cæsare Estense occupatam, pertinerent*. Non vi nomina Comacchio, perchè si comprendea sotto la formola *Ferrariensem* DITIONEM; e a tutti era notissimo, che il Cardinale lo avea ricuperato non meno che Ferrara. Clemente VIII. nella Dichiarazione contra Don Cesare non vi nominò altro, che *la Città, e Ducato di Ferrara, e il suo contado e distretto, e le* ALTRE CITTA', *Terre, Castelli e luoghi, insieme co' loro territorj, distretti, giurisdizioni, fortezze, membri, pertinenze, ed altre ragioni, le quali da' Romani Pontefici nostri predecessori furono concessi in feudo agli antecessori di esso Alfonso*: con le quali parole se Comacchio *non sia stato nè nominato, nè compreso*, come si lusingano i Ministri Estensi, io lascerò, che vi riflettano un poco meglio. Nella Bolla della devoluzion del Ducato si dice, esser allora tornato alla Chiesa *per obitum Alphonsi Estensis Ferrariæ Ducis, Ducatus & Status Ferrariæ cum omnibus* CIVITATIBUS, *Terris, Castris, fortalitiis, portubus, locis, membris, jurisdictionibus, juribus, ac aliis annexis & connexis, de quibus a Sede Apostolica & suis prædecessoribus Romanis Pontificibus idem Alphonsus, sive ejus antecessores investiti fuerunt*. Un Giubileo pubblicato in Ferrara il dì 20. del mese di Febbrajo dell'anno 1598. ed ivi stampato da Vittorio Baldini, si fa steso nelle CITTA', *terre, e luoghi del Ducato*: e nella Bolla dell'erezione della Ruota di Ferrara dice il Pontefice d'istituire quel tribunale, affinchè decida *omnes & singulas Ferrariensis &* COMACLENSIS CIVITATUM *& quarumcumque Terrarum, Castrorum & locorum Ducatus nostri Ferrariensis lites & controversias*. Egli pure nella Bolla *in Cœna Domini* pubblicata in quell'anno 1598. v'inserì Comacchio: e il Conte Girolamo Giglioli Inviato di Don Cesare al Pontefice ne diede parte ad esso

Osservaz. Cap. CVI. pag. 163.

Bullar. Rom. to. 3. in Clem. VIII. Constitut. LII. §. I.

Constitut. LIX. §. I.

esso Don Cesare il dì 21. di Marzo con le seguenti parole: *nella Bolla in Cœna Domini, che fu letta Giovedì mattina, vi fu nominato e compreso il Ducato di Ferrara, e Comacchio*: che poi comparve in istampa nell'edizione fattane da Paolo V. E nel primo articolo delle Capitolazioni di Faenza tra Clemente VIII. e Don Cesare, si comprende parimente Comacchio in quelle parole ove si dice, che egli rilasci *il possesso del* DUCATO *di Ferrara con* TUTTE *le sue* PERTINENZE, *di Cento e della Pieve*, *e de'* LUOGHI DI ROMAGNA. Che Comacchio fosse *pertinenza* del Ducato Ferrarese, e situato nella *Romagna* si è provato con tali e tante ragioni, che non dovrebbe più dubitarsene. Che in quanto al dirsi nelle Osservazioni, che ivi *si trattò di rilasciare il solo* POSSESSO *di Ferrara*, come pur fu detto altre volte, si risponde ciò che fu allora risposto dal Contelori, cioè, che *Don Cesare rilasciò il possesso e il dominio del Ducato di Ferrara, ed altri luoghi alla Sede Apostolica, padrona diretta*. Che *se il Signor Duca di Modana vivente ne pretende la proprietà, dovrà dichiarare in che cosa consista questa proprietà, e di quai beni sia*. Che *potrà farvi le sue istanze, giacchè finora nè egli, nè i suoi Antenati l'han fatte*. Per le cose dette il preteso richiamo di Ridolfo II. Imperadore contro a questa ricuperazione Pontificia di Comacchio, si potrà egli accoppiare con quell'altra protesta, che per mezzo della spedizione di un Araldo si dice aver fatta Massimigliano I. contra gli atti praticati da Giulio II. in Comacchio; ladove però la medesima spedizione, la quale non riguardò Comacchio nè anche per sogno, non fu altrimenti fatta a Papa Giulio, ma a' Signori Veneziani, seco allora collegati contra Alfonso I. Duca di Ferrara per distorgli dalla lega col Papa, e non per altro, come si può vedere dal racconto del Guicciardini, le cui parole nelle Osservazioni si adducono a bello studio troncate: il che da me fu già di sopra auvertito a Capi XXVIII. E pure questi due fondamenti, tratti dalle testimonianze del

MSS. originali e minute del Conte Giglioli.

Osservaz. Cap. CV. pag. 160.

Risposta alle Scritture Estensi pag. 38. col. 2.

Vedi pag. 120.

Palaggi, e del *Guicciardini*, la prima delle quali è fondata sul falso, e l'altra è falsamente interpretata ed intesa, sono gli unici atti notorj, che ci si adducano dagli Estensi per parte dell'Imperadore contra la Sovranità Pontificia dall'anno 1332. in cui ne furono investiti dalla Santa Sede, insino a quest'anno 1709. E' egli mai possibile, che di un feudo Imperiale così certo e indubitato (come si pretende) per tutti i secoli; di una Sovranità così chiara, e *continuata* non si trovino ne' Registri Imperiali, e negli Archivi Estensi altri atti più autentici, che non son questi? Che niuno Autore ne parli prima della metà del secolo decimosesto, nel qual tempo cominciò a viziarsi questa materia dal Faleti, e dal Pigna?

LVIII. Incostanza de' Ministri Estensi nel numerare la serie delle loro pretese Investiture Imperiali di Comacchio. Dipendenza di questa Città da' Magistrati Ferraresi.

Mercurio di Vittorio Siri pag. 114.

Ristretto delle ragioni Estensi pag. 8. 147. 156. 157.

Ora intanto si sappia, che nel Ristretto delle ragioni Estensi pubblicato nell'anno 1643. e nel Manifesto del Duca Francesco I. si allegò *una* sola Investitura di Carlo IV. ed oggi se ne allegano *due*. Che prima si nominarono *sette* Investiture Imperiali di Comacchio: poi si disse, che n'erano *più di dieci*: indi si affermò, che n'erano *quatordici*, tutte concedute dagl'Imperadori agli Estensi PRIMA *e* DOPO *le concessioni di Ferrara*, compresavi quella suppositizia di Lodovico II. dell'anno 854. e le tre ideali di Ridolfo I. che oggi più non si allegano. Nè anche più si asserisce quello, che allora si asserì, cioè, che *i Principi Estensi aveano molto prima del Bavaro avuti dall'Imperio i loro titoli sopra Comacchio*. Oggi però benchè si rammemori una Investitura di Carlo IV. che (nel particolar di Comacchio) non si è udita più rammemorare, nulladimeno da Carlo IV. a Ridolfo II. se ne contano tuttavia *tredici*. Erano prima *quatordici*, oggi se ne levano via *quattro* immaginarie, e ne rimangono tuttavia *tredici*, compresavi quella dell'anno 1594. che consiste in un indulto dato ad Alfonso II. di nominarsi il Successore ne' feudi Imperiali. Sicchè tutte insieme oggi ascendono al numero di *ventidue*. Nell'anno 1643. non erano più di *quatordici*, computandole sino all'anno 1597. dal qual tempo

in

in giù se ne adducono *quattro* sole, e oggi nulladimeno tutte insieme vengono ad essere *ventidue*, benchè di quelle prime *quatordici* se ne sieno levate via *quattro*, onde oggi non dovrebbono essere più di *quatordici*, anche messavi in conto quella di Carlo IV. e quella di Ridolfo II. a Don Cesare; la prima delle quali allora non fu nominata, e la seconda non si mise in conto: senza le quali però in quel tempo avrebbono dovuto essere *ventuna*, e non sole *quatordici*. Questo conto nol fo io, ma egli risulta dalle Scritture Estensi, pubblicate per mezzo delle stampe. L'Autore della terza Scrittura pretende, che la Casa d'Este *conti almeno ducento quarantaquattro anni di possesso continuato e non interrotto dalla prima Investitura di Carlo IV. fino al Duca Alfonso II. o sia d'anni 273. se computiamo dall'anno 1325. in cui Comacchio ritornò alla Casa d'Este; senza necessità di ricorrere alla donazione fatta ad Ottone da Este; non già per abbandonarla; ma per non pescare nell'antichità*. Per lo contrario l'Autore di quella di Vienna riduce il possesso Estense ad anni 860. con un calcolo molto esatto, cioè a' nove secoli non interi. Si afferma poi nella terza Scrittura Estense, che *la Comunità di Comacchio* SEMPRE *si è regolata indipendentemente da' Magistrati della Comunità Ferrarese*, NE' SI PUÒ *mostrare, che la Città di Ferrara lo abbia comandato*, NE' *l'abbia quotizata in alcun comparto o occasione, come dovrebbe esser seguito se fosse di suo distretto*. Se parliamo de' tempi antichi, si raccoglie tutto il contrario dagli Statuti di Ferrara stesi in Comacchio, come si disse a Capi XXIV. e dalla giurisdizione di quei Magistrati esercitata pure in Comacchio, per quanto si è dimostrato a Capi XLVIII. Se parliamo poi de' tempi moderni, io trovo negli atti autentici, che ho fra le mani, che la Comunità di Ferrara nel *comparto* delle spese d'utensili, fattesi dal giorno primo di Luglio dell'anno 1641. a tutto il Settembre dell'anno 1645. ne' carati 24. che si formarono, fu considerata la Comunità di

Altra Lettera p.13.

Risposta per il diritto Imperiale p.57.

Altra Lettera p.17.

Vedi pag.107. 179.

di Comacchio dovervi concorrere per carato *uno e due terzi*, come anche al presente si pratica: e ciò apparisce dal comparto in istampa del Legato Cardinal Donghi, inserito nella filza seconda del reggimento del Conte Ottavio Estense Mosti Giudice de' Savj degli anni 1645. 1646. in filo al numero 352. nella Cancelleria della Comunità di Ferrara. E se vi si fosse tenuto conto de' registri più antichi del 1641. si troverebbe praticato il medesimo per lo innanzi.

LIX. Comacchio tenuto dagli Estensi per Signoria non mai separata dal Ferrarese e in atti pubblici, e nel titolario di documenti autentici, e delle Investiture Imperiali.

Ristretto delle ragioni Estensi p.9.161. Osserv. C. XXXVIII. pag.57. Altra Lettera p.17. Ex Tabulario Vaticano.

Ora che si sono considerate le pretese Investiture Imperiali di Comacchio, donde spicca la forza e il valore delle ragioni Estensi, veniamo alle altre prove. Opposero altre volte, e oppongono tuttavia, che i Signori Estensi s'intitolavano *Duchi di Ferrara e Signori di Comacchio*, onde ne nasce, secondo loro, che si riputavano due Principati diversi l'uno dall'altro. Chi ode cose tali senza penetrare più oltre nella distinzione de' tempi, e nell'esame de' fatti, al certo non avrà difficoltà di darsi per vinto in favor degli Estensi. Ma io trovo per lo contrario, che in una Lega conclusa il dì 29. d'Agosto dell'anno 1368. tra gli Estensi, i Carraresi, i Gonzaghi, i Visconti, e gli Scaligeri alla presenza del Cardinale Anglico, Vicario generale dello Stato della Chiesa, Niccolò, Ugone, e Alberto Marchesi d'Este sono intitolati *in Ferrariensi pro dicta Ecclesia, & in Mutinensi pro dicto Imperio, Civitatibus Vicarii*. E perchè mai non ci si nomina Comacchio? Il possedeano pur essi, e lo acconsentono i Ministri Estensi! Non ci si nomina, perchè era compreso nel Vicariato di Ferrara. Non ci si nomina Reggio, perchè allora lo aveano in Vicariato i Gonzaghi, come ivi si legge nello strumento. In un altra Lega de' 5. Maggio 1384. tra Urbano VI. Francesco da Carrara Signor di Padova, e i già mentovati fratelli Estensi, questi son detti figliuoli *illustris Domini Obizonis Estensis Marchionis*, *Ferrariæ* ETC. *pro* SANCTA ROMANA *Ecclesia Vicarii*. Da quella clausola ETC. che s'incontra eziandio in altri strumenti, si viene in chiaro, che

che allora in quel Vicariato si comprendeano altre Città oltre a Ferrara: e tale era Comacchio; mentre con quella abbreviazione non si può intendere nè Argenta, nè Lugo, nè Cento, nè la Pieve; poichè Argenta gli Estensi l'aveano in feudo dalla Chiesa di Ravenna, e gli altri luoghi gli ebbero ne' tempi seguenti. La suddetta clausola ETC. fu poi stesa, e spiegata con le parole *in nonnullis* ALIIS CIVITATIBUS negli atti del censo pagato da Ercole I. e da Alfonso I. ad Alessandro VI. e a Giulio II. come dimostrossi a Capi XXV. A questa formola corrisponde quell'altra della nuova concessione di Paolo III. fatta ad Ercole II. ove si legge *quod dictus Dux & sui Successores solvant omni & singulo anno pro censu & annuo canone dicti Ducatus &* CIVITATUM, *locorum & jurium, de quibus supra, ducatos septem mille auri in auro de Camera &c.* Col numero *Civitatibus*, e *Civitatum* non potendosi intendere Ferrara solamente, dee tenersi per espresso Comacchio, mentre nella restituzione fatta da Don Cesare d'Este non vi fu con Ferrara altra Città, che questa: il che si legge parimente espresso nella sentenza pubblicata contra il medesimo Don Cesare da Clemente VIII. come si è detto. In un altra Lega conclusa il dì 10. di Maggio 1392. tra gli Estensi, i Carraresi, gli Alidosj, i Polentani, i Bolognesi, e i Fiorentini, si esprime, che Alberto Vicario di Ferrara entra in quella Lega *nominatim pro Civitatibus Ferrariæ & Mutinæ, earumque* TERRITORIIS, *villis, castris & locis, & pro Castris Bazani, Nonantulæ, Rhodigii, Lendenariæ & Abbatiæ, ac Lugi, Bagnacavalli, Cutignolæ & Consilicis, eorumque territoriis, videlicet locis*: segno evidentissimo, che la Città di Comacchio era compresa nel *territorio* della Città di Ferrara, altramente si sarebbe nominata ancor ella a parte non meno, che le suddette Castella. E se pur ciò si volesse negare, bisognerebbe poi dir, che Comacchio allora non fosse in Signoria degli Estensi: il che non può dirsi. Onde ciò fa ve-

Risposte del Contelori alle Scritture Estensi pag. 33. 35.

Vedi pag. 108.

Ivi in fine pag. 10. col. 2. num. 5.

vedere e toccar con mano, che nelle Investiture Pontificie Comacchio è compreso in quelle parole *Civitas Ferrariensis ejusque Comitatus & districtus cum omnibus juribus & pertinentiis*, già addotte a Capi XXIV. della prima Scrittura, e a Capi XXIII. di questa seconda. Per la medesima ragione Comacchio non si trova mai nominato nelle Capitolazioni tra' Ferraresi e Veneziani degli anni 1250. 1258. 1278. e 1313. riferite dal Prisciano, e ricordate nelle Osservazioni: e ciò sapea molto bene il Prisciano, poichè lasciò scritto, che Comacchio era soggetto *districtui Ferrariæ*, e per conseguenza lo tenne per feudo della Chiesa, e non già per dominio Imperiale, e separato, come notossi a Capi XVII. In varj editti inseriti nelle opere del medesimo Prisciano il Duca Borso s'intitola *Dux Mutinæ & Rhegii, Marchio Estensis, Rhodigiique Comes*. Quì si nominano i soli feudi, de' quali egli era stato investito da Federigo III. e che costituivano in lui la dignità Ducale; imperciocchè allora Paolo II. non lo avea per anco creato Duca di Ferrara: il che auvenne solamente il giorno di Pasqua dell'anno 1471. che fu a' 14. d'Aprile. Laonde Borso non essendo Duca di Ferrara, piuttosto che porla co' suoi titoli Ducali dopo Modana e Reggio, il che non convenia per essere il principal feudo, che avesse, allora negli atti pubblici tralasciava affatto di nominarla. Il Conte Matteomaria Bojardo Ministro e vassallo del Duca Ercole I. dedicandogli il suo volgarizzamento scritto a penna di una Cronaca tratta in gran parte da quella di Ricobaldo, si vale di questi titoli: *All'Illustrissimo ed Eccellentissimo Signore, Messer Ercole Duca di Ferrara, Modena e Reggio, Conte di Rovigo, Marchese di Esti*. I medesimi titoli per lo appunto si leggono in varj strumenti autentici, scritti in que' tempi da Notai Ferraresi, come in uno degli 8. di Ottobre 1472. di mano di Pier de Caligis intorno a certa permutazione di beni tra Giovanni del Bondeno e la Camera Ducale,

Vedi pag. 27. 105.

Osserv. C. XXXVIII. pag. 57.

MSS. Peregirin Prisciani.

Vedi pag. 93.

MSS. Peregrini Prisciani.

Storia del Pigna lib. 8. pag. 617.

dove

dove così sta scritto: *Spectabili & generoso viro Bartholomæo a Caris, factore & procuratore generali Illustrissimi & Excellentissimi Principis, Domini nostri, Domini Herculis Ducis Ferrariæ, Mutinæ & Rhegii, Marchionis Estensis, Comitisque Rhodigii*. Così pure si legge in uno de' 5. Dicembre 1488. in un de' 24. Novembre 1489. in due de' 22. Aprile, e degli 11. Maggio 1490. e in un altro de' 2. Aprile 1492. tutti strumenti autentici, scritti dal Notajo Matteo Caprillo. Ercole stesso essendo Luogotenente della Lega tra Ferrante Rè di Napoli, Giangaleazzo Maria Duca di Milano, e la Repubblica Fiorentina, in una sua patente scritta il dì 16. di Maggio 1483. ad Antonio Montecatini suo Commissario e Ambasciadore presso i Fiorentini, in questa guisa s'intitola: *Hercules Dux Ferrariæ, Mutinæ & Rhegii, Marchio Estensis, Rhodigiique Comes, Serenissimæ Ligæ Locumtenens generalis*, siccome leggiamo nel Manifesto di Cosimo I. Duca di Firenze contra Alfonso II. Duca di Ferrara. Dalla serie di questi titoli si vede, che la Città di Comacchio, benchè si pretenda essere stata Signoria a parte, e da sè, non vi comparisce (come però in tal caso avrebbe dovuto comparirvi) nè tra' feudi Imperiali, nè tra gli Ecclesiastici, perchè in que' tempi non correa lo stile di farne menzione. Quando però non si voglia negare, che fosse in signoria degli Estensi, il che non credo, bisogna necessariamente affermare, che ella s'intendesse compresa o ne' titoli, che riguardavano i feudi Imperiali, o in quelli, che riguardavano gli Ecclesiastici. Sotto i primi non poteva in guisa veruna comprendersi, perchè i Ministri Ducali non son giunti per anco a pretendere, che Comacchio fosse dipendenza nè di Modana, nè di Reggio, nè d'Este, nè di Rovigo, talchè perciò non fosse mestieri il nominarvelo. Adunque ne viene, che si comprendea sotto la generale denominazione di *Ferrara*, per esser del suo distretto e Contado, secondo il tenore antico delle Investiture Pontificie di quel Vicariato.

Informazione sopra le ragioni della precedenza pag. 3.

Ma per ridurre questa verità a dimostrazione io inserirò quì tre atti pubblici intorno al censo pagato alla Santa Sede dal Duca Borso, essendo Camerlingo di Santa Chiesa Marco Barbo: i quali atti portando espressi tutti i titoli, che Borso assumea tanto da' feudi Imperiali, quanto da quelli della Chiesa Romana, servono a dar l'ultima prova al nostro discorso.

Liber MS. Censuum Cameræ Apostolicæ ab annò 1464. ad ann. 1471. fol. 16. 26. 33.

I.

Universis &c. Vienesius &c. & Marcus &c. salutem &c. Universitati &c.

CUm Illustrissimus Dominus Borsius Estensis Dux Mutinæ & Rhegii, & Comes Rhodigii, & in Civitate Ferrariæ, ejusque COMITATU, TERRITORIO, & DISTRICTU *pro Sanctissimo Domino Nostro Papa & Sancta Romana Ecclesia, in temporalibus Vicarius, pro annuo censu Civitatis,* COMITATUS, TERRITORII & DISTRICTUS *prædictorum, Cameræ Apostolicæ in festo Apostolorum Petri & Pauli de mense Junii florenos auri de Camera quatuor millia singulis annis solvere teneatur; hinc est quod ipse Illustris Dominus Borsius Dux pro dicto censu anni* MCCCCLXVI. *proxime præteriti, & in festo Beatorum Petri & Pauli prædicto, finito jam elapso termino, florenos auri similes quatuor mille ipsi Cameræ, Reverendo in Christo Patri Domino Laurentio Dei gratia Archiepiscopo Spalatensi, Sanctissimi Domini Nostri Papæ præfati generali Thesaurario, pro ipsa Camera recipienti, die datarum præsentium, per manus honorabilium virorum Francisci, & Bernardi de Cambiis, & sociorum mercatorum Florentinorum de Romana Curia, solvi fecit efficaciter, & cum effectu: de quibus quidem quatuor millibus florenis, sicut premittitur, solutis, præfatum Illustrissimum Dominum Ducem & Vicarium, ejusque heredes &c. quietamus, absolvimus & perpetuo liberamus. In quorum*

rum &c. Datum Romæ apud Sanctum Marcum in Camera Apostolica die 30. mensis Januarii M CCCC LXVII. *Indictione.* XV. *Pontificatus Sanctissimi Domini Nostri Domini Pauli Papæ Secundi anno tertio.*

Laurentius Archiepisc. Spalatensis Sanctiss. Domini Nostri Papæ Thesaurarius generalis.

Gaspar Blondus.

II.

Universis &c. Marcus Dei gratia Episcopus Vicentinus, Sanctissimi Domini Nostri Papæ Camerarius ad hæc specialiter deputatus salutem &c. Universitati &c.

Cum Illustrissimus Dominus Borsius Dux Mutinæ & Rhegii, & Comes Rhodigii, & in Civitate Ferrariæ, ejusque Comitatu, territorio, *&* districtu *pro Sanctissimo Domino Nostro Papa & Sancta Romana Ecclesia in temporalibus Vicarius generalis, pro annuo censu* Civitatis, Comitatus, territorii, *&* districtus *ejusmodi, annis singulis in festo Beatorum Petri & Pauli Apostolorum de mense Julii solvere teneatur certam summam florenorum; hinc est quod ipse Illustrissimus Dominus Dux Vicarius hodie florenos auri de Camera in auro quatuor millia in deductionem ejusmodi census ad bonum computum, Reverendissimo in Christo Patri & Domino Laurentio Archiepiscopo Spalatensi, Sanctissimi Domini Nostri Papæ generali Thesaurario pro Camera Apostolica recipienti per manus spectabilis viri Domini Jacobi de Trottis ejus in Romana Curia oratoris, honorabilibus viris Guillelmo de Pazzis, & ejus sociis in Romana Curia mercatoribus,* *realiter & cum effectu solvit, & numeravit: de quibus quidem &c. In quorum &c. Datum Romæ in Cameræ Apostolica* M CCCC LXVIII. *die* VI. *Martii, Pontificatus Domini Pauli Papæ Secundi anno quarto.*

Laurentius Archiepisc. Spalatensis Sanctiss. Domini Nostri Papæ Thesaurarius generalis.

Visa. Falco.

Gaspar Blondus.

III.

Universis &c. Marcus miseratione divina Tituli Sancti Marci Sacrosanctæ Romanæ Ecclesiæ presbyter Cardinalis Episcopus Vicentinus salutem &c. Universitati &c.

C*Um Illustrissimus Dominus Borsius Estensis, Dux Mutinæ & Rhegii, & Comes Rhodigii, & in Civitate Ferrariensi, ejusque* COMITATU, TERRITORIO, & DISTRICTU *pro Sanctissimo Domino Nostro Papa & Sanctæ Romana Ecclesia in temporalibus Vicarius, pro annuo censu* CIVITATIS, COMITATUS, TERRITORII & DISTRICTUS *prædictorum, Cameræ Apostolicæ in festo Beatorum Apostolorum Petri & Pauli de mense Junii florenos auri de Camera quatuor mille singulis annis solvere teneatur; hinc est quod ipse Illustrissimus Dominus Borsius Dux pro dicto censu unius anni in festo Apostolorum de mense Junii anni Domini* M CCCC LXVIII. *proxime præteriti, finito termino jam elapso, florenos similes quatuor mille ipsi Cameræ, Venerabili viro Domino Bartholomæo de Maraschis Præposito Mantuanensi, pecuniarum Sanctissimi Domini Nostri Papæ & Cameræ Apostolicæ depo-*

sita-

ſitario, pro ipſa Camera recipienti per manus ſpectabilis viri Domini Jacobi de Trottis, ejus in Romana Curia Oratoris honorabilibus viris, Guillelmo de Pazzis, & ejus ſociis de Romana Curia mercatoribus realiter & cum effectu ſolvit & numeravit. De quibus quidem quatuor millibus florenis, ſicut præmittitur, ſolutis, eumdem Dominum Borſium, ejusque heredes & bona quietamus, abſolvimus, & in perpetuum liberamus. In quorum &c. Datum Romæ in Camera Apoſtolica apud Sanctum Petrum anno Domini MCCCCLXIX. *die vero* XVII. *menſis Februarii, Pontificatus Sanctiſſimi in Chriſto Patris & Domini Noſtri; Domini Pauli divina providentia Secundi anno quinto.*

An. Epiſcopus Feltran.

Viſa A. de *Forlivio.*

Gaſpar Blondus.

In niuno di queſti tre atti pubblici ſi vede eſpreſſo Comacchio nè fra' titoli de' feudi, che Borſo tenea dall'Impero, nè tra quelli de' feudi, che riconoſcea dalla Chieſa. Che ſe da tal ſilenzio ſi voleſſero trarre argomenti, come ne han tratti i Miniſtri Ducali dal non veder Comacchio nominatamente eſpreſſo nelle Inveſtiture Pontificie, biſognerebbe concludere, che allora queſta Città non foſſe in ſignoria degli Eſtenſi, e che non apparteneſſe nè alla Chieſa, nè all'Impero: il quale troppo ſtrano diſcorſo io non crederei, che doveſſe venire in mente di alcuno; imperciocchè ſi rende aſſai chiaro, che la medeſima Città apparteneva alla Chieſa per quella formola generale *in Civitate Ferrariæ, ejusque comitatu, territorio, & diſtrictu*: le quali parole, non poſte certamente a caſo, abbracciano Comacchio, e fanno vedere, che non

non vi era necessità alcuna di nominarlo, siccome però ve ne sarebbe stata grandissima, quando egli non fosse appartenuto al Ferrarese, ma fosse stato dominio Imperiale a parte, e da sè. Ma perchè in questo punto si sono fermati assai gli Autori delle Osservazioni, sarà bene, che mi ci fermi ancor io per mostrarne il processo, insino a tanto, che ne nacque l'alterazione. Il Padre Bartolommeo Ferro Teatino, Autore della Storia di Comacchio, pubblicata sotto nome del *Dottor Gianfrancesco Ferro*, della quale si fa gran caso da' Ministri Estensi per essere stampata in Ferrara, e dedicata al Santissimo Pontefice CLEMENTE XI. che oggi siede, recita un atto del Duca Alfonso I. a Giuliano Mosto, e ad Alfonso Trotti, procuratori *Illustrissimi & Excellentissimi Principis Domini Alphonsi, Ducis Ferrariæ, Mutinæ, Rhegii, Marchionis Estensis, Rhodigiique Comitis*. L'atto è dell'anno 1520. in favore de' Comacchiesi: segno evidente, che *Comacchio* s'intendea compreso sotto la generalità delle parole: *Ducis Ferrariæ*. E giacchè i Ministri Estensi ricorrono all'autorità delle Gride, ci possiamo ricorrere ancora noi con dire, che il dì 16. di Giugno dell'anno 1522. si trova pubblicata in Comacchio una Grida, la quale comincia così: *di commissione dell'Illustrissimo ed Eccellentissimo Signor nostro, Don Alfonso Duca di Ferrara, di Modena e Reggio, Marchese da Este, di Rovigo Conte, si notifica &c.* Nello strumento, col quale il medesimo Alfonso I. deputò Gilino Gilini Vescovo di Comacchio, e Jacopo Alvarotto suoi procuratori a Clemente VII. il dì 24. di Maggio 1531. per supplicarlo ad accettare il Laudo di Carlo V. egli è chiamato *Illustrissimus & Excellentissimus Princeps & Dominus, Dominus Alphonsus Estensis, Dux Ferrariæ, Mutinæ & Rhegii, Marchio Estensis, Rhodigiique Comes, & Carpi Dominus*. Il medesimo Alfonso I. nel suo Testamento, scritto in Ferrara il dì 28. di Agosto dell'anno 1533. vien chiamato dal Notajo Giambatista Saracchi, *l'Illustrissimo ed*

Storia di Comacchio pag. 450.

Osserv. C.XXXVIII. pag. 57. 58.

Ordini vecchi MSS. delle valli di Comacchio fogl. 15. pag. 2.

ed Eccellentissimo Principe, Signor Don Alfonso Estense Duca di Ferrara, di Modana e di Reggio, Marchese d'Este, Conte di Rovigo, Signore di Carpi, figliuolo della felice memoria del Signor Duca Ercole Estense. Nel modo stesso è nominato Alfonso II. da Ridolfo II. Imperadore nell'Investitura datagli il dì 8. di Agosto dell'anno 1594. in Ratisbona con l'indulto d'eleggersi il Successore, ove l'Imperadore dice così: *cum igitur Illustrissimus Alphonsus Secundus, Ferrariæ, Mutinæ ac Rhegii Dux, Marchio Estensis, Rhodigii ac Carpi Comes, consanguineus, affinis & Princeps noster charissimus*: ed altresì co' medesimi titoli in tutto e per tutto è nominato Don Cesare dal medesimo Ridolfo II. nella conferma della medesima Investitura, datagli in Praga il dì 13. di Gennajo dell'anno 1598. ove l'Imperadore parla nella seguente maniera: *cum igitur Illustrissimus Cæsar Dux Mutinæ & Rhegii, Marchio Estensis, Rhodigii & Carpi Comes, consanguineus & Princeps noster charissimus*: e nel nominare Alfonso II. gli dà pure i medesimi titoli. Laonde si vede, che l'antico titolario solito usarsi dalla Cancelleria Imperiale co' Principi Estensi non facea veruna menzione di Comacchio: e tali osservanze non sono facili ad alterarsi. Perciò nè anche l'Imperador Venceslao nella sopraccennata lettera al Marchese Niccolò d'Este, gli dà il titolo di *Signor di Comacchio*, ma gli scrive come a Vicario *Ferrariensi, & Mutinensi*. Non vi nomina Reggio, perchè non era in suo Vicariato. Non vi nomina Comacchio, perchè si comprendea in quel di Ferrara. Ma per l'opposto se nel testo delle originali Investiture date agli Estensi dalla Camera Cesarea vi fosse mai stato espresso il feudo di Comacchio di saputa degl'Imperadori, egli avrebbe dovuto necessariamente esprimersi anche nel titolario di esse, nella guisa, che si esprimeano Este, Rovigo, e Carpi, che non erano luoghi da ugguagliarsi a Comacchio, se vogliamo stare alla confessione degli stessi Ministri Estensi. Gli atti addotti sin quì sono *Vedi pag.* 200.

ben

ben essi tali, per mio auviso, da doversi preporre senza molta difficoltà a' Bandi, e alle Gride, che si sono allegate nelle Osservazioni, e nella terza Scrittura, senza punto auvertire, che cose tali son fatte dopo viziata questa materia di Comacchio, e che tutte son molto posteriori al Duca Alfonso I. la qual sola considerazione basta per dover rigettarle. Degna cosa è ancora di riflessione particolare, che nel rarissimo Albero di Casa d'Este, uscito dalla Stamperia Ducale di Ferrara con privilegio di Paolo IV. nell'anno 1555. dove sotto il nome di ciascun Marchese o Duca nominatamente un per uno si annoverano i feudi, che tennero, mai non si vede Comacchio, perchè allora durava tuttavia l'antica e vera persuasione, che egli s'intendesse compreso sotto il nome di *Ferrara*. Quindi vi si legge, per cagione d'esempio: *Azzo Marchese d'Esti, e di Ancona, Signor di Ferrara, Modana e Reggio*. Niccolò Zoppo *Marchese d'Esti, Signor di Ferrara, Modana, Bagnacavallo, Cotignuola, Conselice, Faenza, e Lugo*. Niccolò II. *Marchese d'Esti, Signor di Ferrara, di Modana, Reggio, di Parma, e di Massa*. Borso I. *Duca di Ferrara, di Modana e di Reggio, e Conte di Rovigo*. Alfonso I. *Duca di Ferrara, Modana e Reggio, Marchese d'Esti, Conte di Rovigo e di Carpi*. E finalmente Ercole II. *Duca di Ferrara, Modana e Reggio, e di Ciartres, Prence di Carpi, Marchese d'Esti, Conte di Rovigo, e di Gisors*. Il Conte Girolamo Faleti, Ministro di Stato e Genealogista d'Ercole II. e d'Alfonso II. nel suo grand'Albero Estense, pubblicato tra l'anno 1561. e il 1570. come si disse (imperciocchè non porta notato l'anno dell'impressione) fu il primo a specificarvi il titolo di *Signor di Comacchio*; ma non vel pose però innanzi al secolo decimosesto; poichè il primo, che da lui venga intitolato *Cimacli Dominus*, si è Alfonso I. e pure anche i suoi Maggiori erano stati Signori di Comacchio! Il medesimo stile fu tenuto dal Pigna nell'Albero posto appiè della sua Storia della prima impressione di Fer-

Osserv. C. XXXVIII. pag. 57. 58. Altra Lettera p. 17.

Vedi pag. 136.

Ferrara: il qual titolo vien dato ad Alfonso I. anche in un epitafio riferito da Marcantonio Guarini. Ma tanto gli Alberi del Faleti e del Pigna, quanto l'epitafio sono cose composte assai dopo il Duca Alfonso I. il quale nè da sè, nè da altri in vita fu mai intitolato *Signor di Comacchio*, perchè questo titolo si comprendea sotto quello di *Duca di Ferrara*; e così l'intesero anche gli Storici. Quindi Enea Silvio scrisse, che Borso signoreggiava Ferrara, Modana, e Reggio, senza parlar di Comacchio: *Ferrariam*, *Mutinam*, *Rhegium Borsus habet*: e il Machiavelli parlando delle varie smembrazioni delle Terre e Città dell'Italia nel secolo decimoquinto, dice, che *parte erano da' loro Vicarj o Tiranni occupate*, *come Ferrara*, *Modana*, *e Reggio da quelli da Esti*. E tanto Enea Silvio, quanto il Machiavelli intesero, che sotto il nome di *Ferrara* si comprendesse *Comacchio*, altramente non aveano alcun motivo di passarlo in silenzio. Il primo però, che si ritrovi avere usato il titolo speciale di *Comacli Dominus*, fu Ercole II. ma questa sua novità, fatta d'autorità propria, non potette aver forza di separar Comacchio dal distretto Ferrarese, e di ruinare tanti fondamenti contrarj fin quì riportati: e la novità stessa introdotta dopo l'inveterata costumanza contraria di tanti secoli, reca un giusto sospetto di qualche malizioso mistero allora nato. I Papi hanno voluto, che Comacchio resti compreso nel Vicariato di Ferrara, come sua pertinenza, e che sia soggetto alla giurisdizione di quella Città: ed hanno potuto volerlo con quell' autorità dispotica, con la quale potetter volere altre volte, che fosse soggetto a' Ravennati. La verità di tutte queste cose fu molto ben conosciuta da Alfonso II. nella cui Risposta al Manifesto di Cosimo I. Duca di Firenze, uscita nell'anno 1562. quantunque per far contrapposizione alle Città, e a'Principati, donde Cosimo traea le sue ragioni di precedenza contro ad Alfonso, vi si adducano un per uno tutti i feudi, e tutte le Signorie date agli Estensi *dalle due principali gran-*

Compendio Storico delle Chiese di Ferrara pag. 286.

Vedi pag. 187.

Storie Fiorentine lib. 1. pag. 33. ediz. del Giunti.

Ragioni di precedenza pag. 31. 33.

dezze (come ivi si dice) *de' Cristiani, che sono la Pontificia, e l'Imperiale*; però mai non vi si adduce il Principato di Comacchio: e pure vi si nominano un per uno tutti i dominj d'Alfonso II. e sino quello di Ciartres, che egli avea in Francia. Laonde io non credo, che si possa dubitare, che egli non conoscesse, comprendersi Comacchio nel primo de' tre Ducati, che ivi si annoverano, cioè in quello di Ferrara.

LX. Bolla di Bonifacio IX., intorno a' beni enfiteotici non estesa in Comacchio, perchè fu data a' soli abitanti di Ferrara, e non a quei del distretto.

Osserv. C. XXXVIII. pag. 57. Altra Lettera p. 15. Risposte alle Scritture Estensi pag. 68.

Un altro argomento oppongono, per cui vorrebbon far credere, che Comacchio fosse distinto, e separato dal distretto di Ferrara, e questo vien tratto dal non essersi *stesa giammai a Comacchio la Bolla Bonifaciana, che è un privilegio conceduto da Bonifacio IX. alla Città, e* AL CONTADO *di Ferrara*. Gran franchezza nell'aggiungere queste ultime voci *e al Contado*: le quali sono un ritrovamento moderno! Ma chi ha fatte le Osservazioni s'infinge della risposta data altre volte dal Contelori a questa obbiezione, oramai inferma, e decrepita; perciò sarà egli ben fatto, che io quì la rammemori. Bonifacio IX. agli *unici e soli abitanti* della Città di Ferrara fece la grazia, che i beni enfiteotici, da lor posseduti, non ricadessero alle Chiese per linea finita. Ma non la fece già egli per quei del *Contado*, del distretto, e delle pertinenze di Ferrara. Le parole della Bolla son queste: *per* PARTICULARES *personas seu* INCOLAS *ex eisdem* POPULO & COMMUNI di Ferrara: e così anche fu risoluto dal sagro tribunale della Ruota Romana il dì 3. di Giugno dell'anno 1629. innanzi a Monsignor Remboldo, Uditore di Ruota della nazione Tedesca. Ecco dunque la cagione, per cui la Bolla non *si è stesa giammai a Comacchio*, e nè anche ad altri luoghi indisputabili del distretto di Ferrara; cioè non per altro, senon per non esser ella stata conceduta a quelli del *distretto*, ma a' soli *Cittadini* Ferraresi, i quali ne aveano supplicato il Pontefice per li lor beni. Io crederei perciò, che in auvenire si potesse lasciar di più addurre questo argomento della pretesa separazione di Comacchio dal distretto

Fer-

Ferrarese, per esser egli omai troppo frale e caduco, e già come tale pienamente confutato altre volte.

LXI.

Luoghi nominati nella Investitura Estense d'Alessandro VI. per non esser del distretto Ferrarese, e per essersi allora lasciato di nominargli con Investiture a parte.

Del medesimo pregio dee riputarsi quell'altra considerazione, la quale si adduce per prova di gran peso contra i diritti della Santa Sede; cioè, che nelle Investiture Pontificie *dovea nominarsi espressamente Comacchio, se si volea comprenderlo nel Vicariato di Ferrara, siccome Alessandro VI. nella sua Bolla dell'anno* 1501. vi nominò oltre al suo Contado e distretto, anche *Massa de' Lombardi, Conselice, Roncadella, Zeppe, ed altre terre, e ville senza far menzione di Comacchio, che pure era un luogo e territorio ben più riguardevole, che non erano quegli altri.*

Osservaz. Cap. XLI. pag. 61.

Il Contelori già sessant'anni addietro avea del tutto repressa l'illusione di questo argomento, mostrando, che fu necessario, che que' luoghi si nominassero nella Investitura d'Alessandro VI. e anche in quell'altra di Paolo III. perchè allora si lasciò stare di più nominargli con Investitura distinta, e a parte, come prima erasi praticato, per non esser que' luoghi di lor natura compresi nel Vicariato di Ferrara, come era Comacchio: pel qual riguardo tutti dianzi erano stati conceduti con Investitura particolare, e sotto il carico di censo diverso da quello del Vicariato Ferrarese, come a ciascheduno sarà facile rauvisare da' seguenti due atti pubblici, i quali riguardano i censi pagati alla Santa Sede dal Duca Ercole I. sotto il Camerlingo di Santa Chiesa Rafaello Riario.

Risposte alle Scritture Estensi pag. 31. col. 2. pag. 74. col. 2.

Liber MS. Censuum Cameræ Apostolicæ ab anno 1492. ad ann. 1518. fol. 39. 49.

I.

Universis &c. Raphael &c. Universitati &c.

C*Um Illustrissimus Dominus Hercules Estensis Dux Ferrariæ, in hujus Civitate, & Terris Bagnacavalli, Massæ Lombardorum, & Consilicis,* & NONNULLIS TERRIS, & *locis Imolensis, & Ravennatensis Diœce-*

 sium

sium pro Sanctissimo Domino Nostro Papa & Sancta Romana Ecclesia in temporalibus Vicarius generalis, singulis annis in festo Beatorum Apostolorum Petri & Pauli de mense Junii pro CENSU *Ferrariæ quatuor millia; pro* CENSU *Massæ Lombardorum & aliarum terrarum & locorum prædictorum unam taziam argenti unius libræ & pro illius valore octo; & pro* CENSU *Bagnacavalli centum florenos auri de Camera boni & justi ponderis, Cameræ Apostolicæ solvere teneatur; hinc est quod præfatus Illustrissimus Dominus Hercules Dux & Vicarius pro solutione* CENSUUM *hujusmodi unius anni in festo præfatorum Beatorum Petri & Pauli proxime præterito finito florenos auri de Camera quatuor millia centumocto per manus honorabilium virorum Alphonsi de Strotiis, & Petri Antonii Bandini, & sociorum de Romana Curia, quos solverunt, ut dixerunt, vigore unius literæ commissionis Petri Antonii Bandini prædicti de Florentia sub data die 8. præsentis mensis Julii pro totidem, quos præfatus Antonius habuerat Florentiæ a Domino Antonio Maria de Guarneriis factore generali præfati Domini Ducis, & ipsius nomine & per eorum manus eidem Apostolicæ Cameræ solvit realiter & cum effectu Reverendo in Christo Patri Domino Francisco Episcopo Theanensi, Sanctissimi Domini Nostri Papæ generali Thesaurario pro ipsa Camera recipienti die datarum præsentium, ut patet ad ordinarium introitum ipsius Cameræ lib.* VIII. *fol. 86. De quibus quidem quatuor millibus centumocto florenis auri de Camera, sicut præmittitur, solutis, numeratis, & realiter assignatis de mandato &c. & auctoritate &c. præfatum Illustrissimum Dominum Herculem Ducem & Vicarium, ejusque heredes & imposterum successores, ac ipsorum & omnium aliorum, quorum interest, intererit, aut interesse poterit quomodolibet in futurum bona quæcumque mobilia & immobilia, præsentia, & futura tenore præsentium*

tium quietamus, absolvimus, & perpetuo liberamus. In quorum &c. Datum Romæ apud Sanctum Petrum in Camera Apostolica sub anno a Nativitate Domini MCCCCXCIX. *die prima mensis Augusti Anno Septimo Alexandri Papæ Sexti.*

II.

Universis &c. Raphael &c. Universitati &c.

CUm Illustrissimus Dominus Hercules Estensis Dux Ferrariæ, in hujus Civitate, & Terris Bagnacavalli, Massæ Lombardorum, & Consilicis, ac NONNULLIS ALIIS TERRIS, *& locis Imolensis, & Ravennatensis Diœcesium pro Sanctissimo Domino Nostro Papa, & Sancta Romana Ecclesia in temporalibus Vicarius generalis, singulis annis in festo Beatorum Apostolorum Petri & Pauli de mense Junii pro* CENSU *Ferrariæ quatuor millia; pro* CENSU *Massæ Lombardorum, & aliarum terrarum, & locorum prædictorum unam taziam argenti ponderis unius libræ, & pro illius valore octo, ac pro* CENSU *Bagnacavalli centum florenos auri de Camera ponderis boni, & justi Cameræ Apostolicæ solvere teneatur; hinc est quod præfatus Illustrissimus Dominus Hercules Dux & Vicarius pro solutione* CENSUUM *hujusmodi unius anni in festo præfatorum Beatorum Petri & Pauli proxime præterito finito, florenos auri de Camera quatuor millia centum & octo per manus honorabilium virorum Alphonsi de Strotiis, & heredum Petri Antonii Bandini, & sociorum de Romana Curia vigore unius literæ commissionis Alphonsi de Strotiis prædicti de Florentia sub datum die* XX. *mensis Junii proxime præteriti & nomine ipsius Illustrissimi Domini Ducis præfati, & per eorum manus eidem Cameræ Apostolicæ solvit realiter & cum effectu*

Reve-

Reverendo in Christo Patri Domino Francisco de Borgia &c. ut patet ad ordinarium introitum ipsius Cameræ lib. VIII. *fol.* 94. *de quibus quidem &c. In quorum &c. Datum in Camera plena die prima mensis Augusti anno* M D.

Dunque da questi due atti, che tra molti si sono addotti, resta chiaro, che i luoghi, sopra i quali si fa forza nelle Osservazioni, non aveano di natura loro che fare col distretto del Vicariato Ferrarese, come vi avea che fare Comacchio: e perciò fu necessario nominargli nella Investitura di Alessandro VI. mentre questo Pontefice lasciò di più nominargli con Investitura data a parte, come aveano fatto i suoi precessori. Quindi Eugenio IV. il dì 6. di Settembre dell'anno 1437. avea conceduto in Vicariato ad Amorotto Condulmiero Massa de' Lombardi, Roncadella, Zeppe, Scantamantello, e Sant'Agata col censo di una libra d'argento. Indi il giorno 8. di Marzo 1447. concedette Bagnacavallo, Barbiano, e Sant'Agata al Marchese Lionello d'Este, a cui ne fu fatta la conferma da Niccolò V. il dì 6. di Aprile del medesimo anno, e dopo la sua morte al Marchese Borso il dì 4. Novembre dell'anno 1450. che n'ebbe poi la rinovazione da Pio II. il dì 12. di Gennajo dell'anno 1459. Sisto IV. il dì 20. d'Agosto dell'anno 1472. diede ad Ercole I. l'Investitura del Vicariato di Ferrara e del suo contado, territorio, e distretto: e nel giorno stesso gli concedette a parte l'Investitura del Vicariato di Massa de' Lombardi, di Roncadella, Zeppe, Scantamantello e Sant'Agata, mentre nel giorno innanzi gli avea data anche quella di Bagnacavallo, di Cunio, di Barbiano, e di Zagonara: le quali concessioni di Sisto IV. furono espressamente rammemorate da Alessandro VI. il dì 17. di Settembre dell'anno 1501. quando fece la nuova erezione del Ducato di Ferrara per Ercole I. e suoi discendenti. Queste cose non sono ran-

Risposte del Contelori alle Scritture Estensi pag. 31. *col.* 2. *pag.* 74. *col.* 2.

Tidei de Marchis MS. de Civitate Ferrariæ, illiusque dominio, Ducatu & Investituris in Estenses.

rancide, e *antiquate*, come son le altre ragioni della Santa Sede presso gli Osservatori; ma sono moderne, cioè de' secoli decimoquinto e decimosesto: e pur nulladimeno hanno essi voluto mostrar d'ignorarle per aver campo di meglio impugnare i diritti della medesima Santa Sede!

Osservaz. Cap. LXII. pag. 92.

LXII.

Comacchio per varie cagioni compreso nel distretto Ferrarese, e perciò non nominato nelle Investiture Pontificie date agli Estensi.

Per la qual cosa nelle Investiture del Vicariato Ferrarese prima del Pontefice Alessandro VI. si parlava generalmente della Città principale del medesimo Vicariato senza nominarvisi quelle Castella, che erano fuori di esso, e che si nominavano in Investiture concedute a parte, come anche nelle Investiture Imperiali si segue sempre il tenore della *primordiale* Investitura, che è radice di tutte quelle, che vengono dopo; talmentechè sopraggiungendovi altro feudo, che non sia nella medesima Investitura *primordiale*, egli si conferisce separatamente con Investitura data a parte per quel solo feudo, senza includerlo nella Investitura *primordiale* degli altri feudi, quando però non se ne formi apposta una *primordiale* a fine d'includervelo. Ma Comacchio, che era di natura sua compreso nel Vicariato, Ducato, e distretto di Ferrara secondo il tenore della prima Investitura data agli Estensi da Giovanni XXII. nell'anno 1332. non avea egli bisogno veruno nè di essere espressamente nominato nelle generali Investiture posteriori, nè separatamente nelle particolari, perchè si continuava a seguire lo stile tenuto nelle *primordiali* Investiture, dachè Comacchio di necessità dovette stare sotto la giudicatura di Ferrara, essendo allora composto di poche abitazioni, e di pochissimi abitanti applicati nelle pescagioni. E di fatto, che Comacchio poco prima della concessione del Vicariato soggiacesse a' Magistrati Ferraresi, lo abbiam veduto a Capi XLVIII. dagli ordini, che essi diedero, affinchè Salinguerra Torelli entrasse in possesso de' beni della Casa di Traversara, situati nel Comacchiese: il che non avrebbono potuto fare, se Comacchio non fosse stato dipendente dalla giurisdizione di Ferrara. E il distretto delle

Vedi pag. 180.

Città

Città non consiste già egli ne' soli terreni aggiacenti alle mura, ma nell'ampiezza di tutti quei luoghi, ne' quali si stende la giurisdizione della Città dominante, giusta la dottrina de' più segnalati Giureconsulti spiegata dal Ghini, il qual conclude, che Comacchio non fu nominato espressamente nelle Investiture del Vicariato Ferrarese, *quod dum fuit concessa Civitas Ferrariæ cum illius Comitatu & districtu* (e poteva aggiunger di più *& cum suis pertinentiis*) *fuerit concessum etiam Comaclum, uti pars formalis dicti districtus, licet non fuerit nominatim expressum, quia genus comprehendit omnes suas species, & in qualibet specie repræsentatur*. Oltre a ciò sebben la Città di Comacchio avea la dignità Vescovale, nulladimeno Flavio Biondo, Segretario d'Eugenio IV. parlando dello stato, in cui si trovava a' suoi giorni, dice, che allora, *nunc*, ella era abitata *a paucis incolis*. Nell'anno 1371. quando fu visitata e descritta per ordine del Cardinal Anglico vi avea soli fuochi *cinquanta*, e in altri tempi sole *venti* case di pescatori, come nota il Ghini. Tanto è lunge dal vero quello, che si legge nelle Osservazioni, cioè, che non si trattava di *cinquanta case*, quando per lo contrario trattavasi di sole *venti*! Nè osta punto, che Comacchio avesse il nome di *Città*, perchè allora non lo avea già per l'ampiezza, e nobiltà sua; ma per l'antica dignità Vescovale, come oggi tuttavia lo hanno tanti luoghi di picciol conto. Era perciò in que' tempi Comacchio (io parlo della popolazione della Città sola) inferiore alle Castella di Codegoro, Bondeno, Figaruolo, Ariano, Trecenta, Stellata, Melara, Realina, Ponte Migliarino, Marada, Ponte Vascura, Massa inferiore, Francolino, Talliola, Ostellato ed Oriola, niuno delle quali Castella si trova nominato nelle Investiture Pontificie del Vicariato Ferrarese: nè già per questo si nega, che fossero del suo distretto. Laonde Comacchio, per usare le parole del Ghini, *cum non esset speciali nota dignum, intrat juris conclusio,* *quod*

Defensio jurium pag. 48. n. 271.

In Romandiola pag. 353. edit. Basileensis anni 1559.

Defensio jurium pag. 49. n. 277.
Osservaz. Cap. XLI. pag. 61.

Ghinii Defensio jurium pag. 49. n. 277.

quod determinatio respiciens plura determinabilia, debet ea æqualiter determinare. Ne' tempi di Leon X. non si chiamava Comacchio col nome di *Città*; ma con quello di *Terra*, col qual pure è chiamato nella Risposta al Manifesto d'Alfonso I. e nella Storia del Guicciardini: il che potrebbe forse aprirci la strada a discoprire l'origine di qualche interpolazione, di cui non occorre, che io presentemente ne parli altro, non essendone gran bisogno.

Risposta al Manifesto d'Alfonso I. contra Leon X.

LXIII.

Comacchio perchè espresso nelle Costituzioni Imperiali in favor della Chiesa, e non espresso nelle Investiture Pontificie di Ferrara. Sue Valli feudali.

Osservaz. Cap. XLI. pag. 62.

Che poi le Costituzioni Imperiali in favor della Chiesa abbiano espresso nominatamente *Ferrariam*, *Comaclum*, secondochè si avverte nelle Scritture Estensi, agli Autori delle quali sembra *cosa mirabile, che oggi poi si voglia pretendere, che Comacchio al tempo degli Estensi non si distinguea dal territorio Ferrarese, e bastava nominar Ferrara per intendere ancora Comacchio*; si risponde loro, che le Costituzioni Cesaree si concepirono sempre secondo il tenore delle *primordiali* di Pippino, di Carlo Magno, e di Lodovico Pio, nelle quali è nominato Comacchio da sè (ma però sempre accanto a Ferrara) e ancorchè egli fosse ridotto a una sola casa, vi sarebbe sempre stato nominatamente espresso dagl'Imperadori di mano in mano in virtù delle sopraddette Costituzioni *primordiali*, affinchè i Ministri de' Principi Estensi non avessero mai occasione di lusingarsi ne' futuri secoli, che i Sommi Pontefici lo avessero abbandonato senza curarsi di perderlo, come pare, che oggi diasi a divedere chi ha fatte le Osservazioni. Ma poscia i Pontefici tennero ben essi uno stile diverso nell'infeudarne i Marchesi Estensi, avendo avuto riguardo allo stato politico, in cui si trovava quel luogo nel tempo, in cui diedero le Investiture *primordiali* a' medesimi Estensi. Sicchè nelle Costituzioni Imperiali si procedette secondo lo stato geografico antico di Ferrara e Comacchio, e nelle Pontificie si riguardò lo stato politico solamente di Ferrara in tempo che abbracciava Comacchio; sebbene anche dal leggersi maisempre nelle Costituzioni Imperiali *Ferrariam*, *Coma-*

Osservaz. Cap. XL. pag. 61.

Comaclum, ſiccome confeſſano i Miniſtri Eſtenſi (perchè nol poſſon negare) ſi riconoſce, che quelle due Città furon conſiderate eziandio dagl'Imperadori come tra sè medeſime inſeparabili e conneſſe. Anzi il Ferro, tenuto in così gran pregio, è di parere, che Ferrara ſia fabbricata entro il territorio di Comacchio: onde ſe ciò è vero, come da lui vien ſuppoſto, creſciuta Ferrara, non ne fu già eſcluſo Comacchio, benchè le rimaneſſe inferiore per eſſer egli più volte diſtrutto, come eſpoſto da vicino agli aſſalti delle armate marittime. La vera cagione poi, per la quale Comacchio non fu nominatamente eſpreſſo da' Pontefici nelle Inveſtiture da eſſi date agli Eſtenſi, ella ſi fu perchè la ſemplicità di que' ſecoli non laſciò loro mai ſoſpettare, che doveſſero venir tempi sì ſtrani, ne' quali tanti e tanti illuſtri documenti in favor della Chieſa non aveſſero da riputarſi baſtanti a dimoſtrarne il ſuo vero dominio; altramente ſenza alcun dubbio lo avrebbono nominato, non oſtantechè ciò foſſe ſuperfluo per eſſer egli allora indubitata e notoria *pertinenza* del Ferrareſe, e perciò di natura ſua ſoggetta alla giurisdizione di chi ne avea il Vicariato. Nelle Oſſervazioni più d'una volta ſi eſagera, che dall'anno 1598. ſino al 1707. gl'Imperadori non hanno applicato l'animo alla occupazione di Comacchio per cagion delle guerre avute col Turco. E certo ſi fa loro in tal guiſa un bell'onore, pretendendoſi, che il nemico del nome Criſtiano gli abbia impediti dall'invadere i patrimonj della Chieſa. E poi tali Scrittori vantano d'eſſer zelanti della gloria Imperiale? Se quanto eſſi dicono è vero, ſi dovranno ben tutte le lodi a' Sommi Pontefici per aver ſempre ampiamente ſoccorſi gl'Imperadori con tanti danari, che ſormontano il valore di molti Comacchi; quantunque aveſſero a temere, che eſſi, dopo ſuperato il Turco, foſſero per venir poſcia ad invadere i loro Stati, ſiccome oggi divulgano i Miniſtri Eſtenſi. Ma di queſte guerre contra il Turco ſi tornerà a parlare più innanzi. Si dice nella terza Scrittura, che

Storia di Comacchio pag. 72.

Oſſerv. Cap. XXXI. pag. 50. 51. Cap. XLVI. p. 70.

Altra Lettera p. 26.

che in tempo d'Alessandro VII. si doveano al Signor Duca di Modana *almeno giustamente sopra tre millioni di scudi per li frutti indebitamente percetti dalla Camera di Roma sopra le Valli di Comacchio*, e che perciò furono un nulla quei 390000. scudi, che ebbe la Casa d'Este col mezzo della Francia nel Trattato di Pisa. Nelle Osservazioni con frase più ampia si dice, che *furono incomparabilmente più rilevanti que' molti millioni de' soli frutti percetti, che giustamente richiedeano allora gli Estensi (il come non importa il dirlo) rilasciati alla Camera Apostolica in quel Trattato*. L'Autore della Scrittura Estense di Vienna parla ancor egli *del credito di più millioni*. Nelle Memorie del Cardinal d'Este, divulgate dal suo Segretario, si parla di *quattro millioni* di scudi, che indi si ridussero a *due*, e poi a *uno*. Il vero si è, che le prime petizioni furono di *tre millioni*, poi di *due*, di *uno*, e di 800. *mila scudi*; che finalmente si ridussero nella forma stipulata nel Trattato di Pisa, come si legge nella Storia sincera dell'affare de' Corsi, scritta dall'Abate Salvetti, della quale ha mostrato di non averne avuta notizia l'Abate Regner nel libro, che ancor egli ha divulgato in tal materia. Ora per trarre altrui d'inganno si sappia, che morto l'ultimo Duca di Ferrara Alfonso II. Don Cesare d'Este suo erede *testamentario* per godere le prerogative di erede beneficiato, tostochè fu entrato nella sua eredità fece far l'inventario di tutti i beni in essa rimasti, dividendolo in tre parti. Nella prima, segnata num. 1. furono descritti tutti i mobili, oro, argento, gioje. Nella seconda, segnata num. 2. tutti gli stabili. E nella terza, segnata num. 3. tutti i crediti, siccome apparisce dall'Inventario autentico, fatto il dì 21. d'Ottobre dell'anno 1598. innanzi al Luogotenente di Civile di Ferrara da Alessandro Mastellari, e da Lodovico Galvani procuratori di Don Cesare, a ciò specialmente costituiti e deputati per istrumento rogato da Francesco Panizzati: e l'Inventario stesso fu rogato insieme da' due Notai, Francesco

Osserv. C.LXXVII. pag. 118.

Risposta per il diritto Imperiale p. 47. Memoires du Cardinal Reynaud d'Este to. 1. pag. 388.

Racconto dell'accidente occorso in Roma tra la famiglia del Duca di Crequì, e la milizia Corsa pag. 260.

Rondoni e Giambatista Cecchini, come si vede in fine di esso: nel quale tra' beni stabili ed ereditarj del Duca Alfonso vi mancano le Valli di Comacchio, e per consequente il fondo delle pretensioni di Don Cesare contro alla Camera Apostolica, le quali in altro non si aggirarono, che in cercar di mostrare, che quelle Valli fossero *allodiali*, come diffusamente si sforza di provare Lelio Altogradi.

Consil. 3. num. 29. & seqq. to. 2.

Il perchè da quel tralasciamento, che si vede nell' Inventario, ne risulta una chiara evidenza e confessione, che quelle Valli non fossero *allodiali*, ma *feudali*, e per conseguente ancor devolute alla Camera di Roma; imperciocchè siccome nel detto Inventario vi furono con tanta esattezza notati tutti i beni *allodiali*, sì nello Stato di Ferrara e di Romagna ricaduto, come in quello di Modana e Carpi non ricaduto alla Santa Sede; nella medesima guisa vi sarebbono senza dubbio state ancora descritte le Valli di Comacchio, quando almeno le ragioni, le quali sopra esse dipoi si pretesero, fossero state allodiali, essendo membra di corpo cotanto importante, e di valore così grande nell'eredità di Don Cesare. Che poi le medesime Valli non fossero allodiali, ma bensì feudali, e perciò *de regalibus Principis*, come luoghi pescabili, e salsi, vien dimostrato con prove sufficienti dal Ghini.

Defensio jurium pag. 57. post n. 317.

Questa verità molto più si conferma dachè gli Estensi quantunque avessero contra la Camera Apostolica pretensione sì rilevante, nulladimeno essi ne fecero conto sì poco, che nel Pontificato di Urbano VIII. rimettendo l'aggiustamento di queste controversie nel Cardinal di Savoja loro zio, si contentavano di ceder tutte le loro ragioni alla Camera Apostolica, non già per *molti*, nè per *più millioni*; ma solamente per la sola somma di 15000. scudi, i quali erano assai meno di quei 390000. che ebbero poi nel Trattato di Pisa: e tutto questo si prova con iscritture autentiche.

Osserv. Cap. XLIV. pag. 65.

Si vorrebbe anche far credere, che Comacchio non fosse del distretto Ferrarese per esser entrato mallevadore a Clemente VI.

te VI. per gli Estensi, quasichè la Città distrettuale non debba esser diversa dalla Città principale. Ma benchè questo argomento fosse rigettato nella precedente Scrittura, si replica or di vantaggio, che i Comacchiesi non entrarono mallevadori per Ferrara, ma pel Vicario, il qual certamente non è una cosa stessa co' suoi vassalli, ma sono diversi fra loro, benchè sieno correlativi. Laonde nell'esser mallevadori non si obbligarono per sè stessi, ma per vantaggio del Vicario: il che poteano ben fare, perchè chiunque può stipular contratti, può esser mallevadore per altri. E che i sudditi possano obbligarsi pel lor Signore, anche vassallo della Chiesa, egli è tanto noto, che i Sommi Pontefici udendo tutto giorno gravarsi i lor popoli per simili sicurtà, ordinarono con varie Costituzioni, che i sudditi della Santa Sede non potessero far sicurtà per li lor Signori, come si legge in una Bolla di Pio IV. dove se ne citano di più antiche: e tutte queste ragioni poteano vedersi nel Ghini. Da quanto abbiamo detto finora ognuno potrà di leggieri discernere il divario, che passa tra le ragioni Imperiali ed Estensi da una parte, e quelle della Santa Sede dall'altra sopra Comacchio: e ciascheduno potrà eziandio rauvisare, se la ricuperazione fattane dal Cardinale Aldobrandini in nome di Clemente VIII. debba rappresentarsi al Mondo con que' termini vementi *di occupazione ingiusta, di usurpazione, e di spoglio fatto all'Impero e alla Casa d'Este*; come pure se Comacchio sia veramente Città *di ragione del sagro Romano Impero; Città per* TANTI *secoli data in* FEUDO *agli Estensi; e Città da questi posseduta sì per* LUNGO *tempo, sì per titoli* PROPRJ, *come in vigore delle Cesaree Investiture, e con riconoscere gl'Imperadori* SOLI *per Sovrani di quello Stato*. A proposito di questi *titoli* PROPRJ di Casa d'Este sopra Comacchio oltre a quelli delle Investiture, già nel bel principio si accennò la diversità loro.

Antonius Gomez Resolut. to. 2. cap. 13. num. 16. pag. 338. in fine.

Valentinus Francus de Fidejussoribus C. 2. n. 2.

Bullar. Rom. to. 2. in Pio IV. Constit. 18.

Defensio jurium pag. 50. n. 281.

Osserv. Cap. XXXIV. pag. 52.

Ma

LXIV. Esame generale degli atti praticati in varj tempi, contra la Sovranità della Santa Sede in Comacchio, e negli altri suoi Stati.

Ma non ostante così gran numero di difficoltà, le quali si affollano contra le pretensioni Estensi, e le Investiture Imperiali di Comacchio, supponiamo, che tutto sia vero: e veggiamo un poco, se nulladimeno vi si debba concludere, che la Sovranità di quel luogo non appartenga alla Chiesa, ma all'Impero; e se le medesime Investiture abbiano dato agli Estensi il diritto di proprietà sopra Comacchio, e il suo distretto, anche non ostante la continuazione di tanti atti sovrani esercitati da' Sommi Pontefici sulla medesima Città. Per ben considerare questa materia sarà necessario il distinguere sei periodi in riguardo a ciò che si pretende esser passato intorno all'acquisto, e al possesso di Comacchio. I. quello, che è scorso dopo la *restituzione* o sia *donazione*, che Pippino fece dell'Esarcato alla Santa Sede, fino a quello, in cui gl' Imperadori Tedeschi cominciarono a calare in Italia. II. quello de' viaggi e soggiorni che vi fecero questi Principi. III. quello della residenza de' Sommi Pontefici, in Avignone. IV. quello del grande Scisma, cominciato nell' anno 1378. e terminato nell'anno 1415. insino al Pontificato di Giulio II. cioè al principio del secolo decimosesto. V. da Giulio II. fino all'anno 1598. in cui Clemente VIII. ricuperò Ferrara e Comacchio. VI. quello che è scorso dall' anno 1598. fino alla primavera dell'anno 1708. Nelle Osservazioni si pretende, che sia cosa inutile per esaminare il diritto, di cui si ragiona, il salire al primo periodo, come troppo remoto; e si crede, che qualunque allora vi sia stato il possesso della Santa Sede, non possa egli servire a decidere le differenze politiche de' tempi nostri; ma si vuole, che in tali affari debba starsi alle Investiture concedute ne' tempi inferiori, e al possesso, che queste ne hanno prodotto. Egli è però cosa molto notabile, che quantunque nelle Osservazioni si adducano i fondamenti di simili Investiture, non si è poi applicato l'animo a provare, che elle abbiano veramente prodotto il giusto e real possesso in nome dell'Impero: la qual cosa

Osservaz. Cap. II. pag. 5. 6.

cosa in tutti i modi doveasi mostrare a fine di persuadere altrui, che le medesime Investiture fossero allegate validamente, come diritti decisivi di quanto vien dibattuto; tanto più poi, che per le sole Investiture non si prova il giusto possesso di chi le concede. Ciò dunque non essendosi potuto mostrare, si dee presumere con ogni ragione, che gli Estensi non vi avessero il possesso continuato per altri titoli, che per la verità di quelli della Santa Sede, i quali perciò escludono qualsisia prescrizione contraria, come fu già notato dal Ghini. Ma per quanto lontani sieno i tempi di Pippino da quelli del grande scisma, e da' nostri, io spero di provar bentosto, che lo stato degli affari d'Italia, e particolarmente di quelli della Santa Sede, duranti i tre periodi scorsi dopo quel primo di Pippino, dee porre altrui in necessità indispensabile di salirvi lassù, cioè sino a' tempi e a' titoli *primordiali*, per giudicar comodamente, se le pretensioni moderne de' Duchi di Modana e dell'Impero sieno ben fondate, e se veramente si possa approvare quanto si pretende fatto dagl'Imperadori in favore di essi Duchi sopra Comacchio. Ora senza altro egli pare evidente, che nulla ci si possa concludere contro alla Santa Sede: e per esserne ben persuasi e convinti basta il dare una occhiata al sistema dell'Italia dal secondo periodo sino al quinto, cioè da' tempi, che seguirono l'Impero di Carlo Calvo sino a Giulio II. Appena seguita la morte di Carlo Crasso l'Italia cadde in potere di varj Principi, cioè di Guido, Lamberto, Arnolfo, Lodovico III. de' due Berengarj, e d'Adalberto, i quali vi contesero per la corona: e in questo tempo non vi fu altro, che turbolenza e confusione. Ridolfo, Ugone, e Lotario, chiamati da' popoli l'un dopo l'altro, quegli di Borgogna, e questi di Provenza, non fecero altro, che moltiplicare i partiti e le divisioni, restando Roma e la Santa Sede esposte a varj sconvolgimenti, sino a tanto, che Ottone il Grande, chiamatovi da Giovanni XII. diè fine a parte de' molti disordini: ed essendo incoronato in Roma

Angelus in Leg. quisquis. Cod. de donat.

Defensio jurium p. 54. n. 306.

Pagius anno 888. §. 2.

Distinct. 63. Cap. 33. Tibi Domino. Roma nell'anno 962. dopo aver prestato il giuramento solenne, che si legge presso Graziano, e il Baronio, divulgò la Costituzione concernente gli Stati restituiti e donati alla Santa Sede da' Principi Carolini, nominandogli un per uno, e tra questi *Comacchio*: la qual Costituzione affinchè avesse più forza fu sottoscritta dal figliuolo di lui Ottone II. che poi anche la confermò da sè con un altra Costituzione, come dirassi più oltre. Ma contuttociò la Santa Sede e i Pontefici godettero poca tranquillità in tempo d'Ottone I. il quale maltrattò i Romani più volte, e mutò i Pontefici, pretendendo ingerirsi nelle loro elezioni. Ottone III. suo nipote morì nell'anno 1002. senza figliuoli, il che fu considerato come gastigo divino per cagione de' trattamenti fatti dall'avo a' Pontefici. Arrigo II. e Corrado II. a lui succeduti l'un dopo l'altro, furono buoni Principi, e nulladimeno il primo di loro fece tre spedizioni nell'Italia, le quali anch'esse non cagionarono alcun bene alla Santa Sede; e il secondo pure ne fece tre, con l'occasion delle quali in molte cose eccedette i termini dell'Auvocazia, della quale si parlerà in fine. Ma dappoichè Arrigo III. giunse all' Impero nell' anno 1039. non ci fu altro, che guerre e persecuzioni contra i Pontefici; che scismi, e che divisioni in Roma e nel rimanente d'Italia. Gli altri Imperadori di questo nome, e i due Federighi esercitarono un odio implacabile contra la Santa Sede. Crearono e protessero molti Antipapi: e in que' tempi sinistri i legittimi Vicarj di Cristo non avendo credito nè forza, furono sovente costretti ad accattarsi rifugio ed asilo fuor dell'Italia, simili estremità giungendo a segno tale sotto Lodovico il Bavaro, che i Sommi Pontefici non trovando più sicurezza in Roma, andarono a stabilirsi in Avignone. Questa è la verità delle cose, cui benchè abbiano cercato le penne delle nazioni e parti contrarie di contraffare con isconci e mostruosi colori, onde pare, che ne sia rimasto abbagliato chi ha stese le Osservazioni; non avranno però mai forza tale di estin-

Anno 960. §. 5.

Osservaz. Cap. XX. pag. 36.

estinguerla affatto, perchè alla verità *nemo præscribere potest, non spacium temporum, non patrocinia personarum, non privilegium regionum*. E che mai pertanto dovrassi concluder di giusto dal riandare gli atti praticati ne' periodi calamitosi di questi tempi in danno della Santa Sede Apostolica? Nelle Osservazioni si propongono di buona fede alcuni principj, da' quali rimangono rovesciate tutte le prove, che ivi si ammassano in favore de' Duchi Estensi per abbattere i fondamenti della Sovranità Pontificia; imperciocchè vi si dice. I. che ne' secoli andati i dominj non erano fissi nè certi. II. che gl'Imperadori in un medesimo tempo alienavano le medesime cose a varie persone. III. che si faceano concessioni, transazioni e smembramenti per via di fatto e per forza: le quali cose poi da altri si cambiavano, si annullavano, e si rivocavano. IV. che simili concessioni e conferme spesse volte non aveano effetto veruno, e che erano di poca durata. V. che i privilegj allora accordati erano *piuttosto doni di pompa, che di fatti*. Ora dunque e che mai si può egli dedurre dagli atti di questo carattere? Chi ha fatte le Osservazioni si è poi dimenticato di provare, come dovea, che gli atti e i titoli conferiti agli altri, e in particolare a' Marchesi Estensi, non fossero di questo tenore, ma d'un altra specie diversa; non essendogli forse caduto in pensiero, che queste eccezioni si potessero allegare per parte della Santa Sede nel modo, col quale sono state allegate pel Serenissimo Duca di Modana. E pure v'era grandissimo bisogno di pensarci alquanto su questo particolare, senon per altro, almeno perchè nelle Osservazioni si son volute citare alcune carte, il contenuto delle quali non si sa, se abbia avuto giammai effetto veruno. Tale sembra esser quella, che si fa data in Verona nell'anno 1184. il dì 19. di Ottobre da Federigo I. ad Obizo d'Este per investirlo *de Marchia Genuæ & de Marchia Mediolani*. Ma quando mai esso Obizo o alcun de' suoi posteri hanno posseduto i due *Marchesati di Genova*

Tertullianus de Virginibus velandis C. 1.

Osserv. Cap.VI. p. 16. *Cap.XVI.pag.*28. *in fine.* *Cap.XIX.pag.*33. 34. *Cap.XX.pag.*35. 36. *Cap.XXI.p.*36. *Cap.XXIII.p.*40. 41. *Cap.XXIV.p.*42. 43. *C.XXVIII.p.*45. 46. *Cap.LI. p.*76.77. *Cap.LVII.p.*86. *Cap.LVIII. p.*86. 87. *Cap.LIX.pag.*87. 88. *Cap.LXI.pag.*91. 92. *Cap.LXII. p.*92. 93. *Cap.CVI. p.*162.

*Osserv.Cap.LXXIII. pag.*110.

e di Milano? Taccio poi, che di questi due Marchesati io non so in quale Storia vi si faccia menzione, perchè io non le ho lette tutte. Simile a questo atto si è assolutamente quell' altro di Ottone IV. sopra il Marchesato d'Ancona: il qual atto non meno, che quello di Federigo, non ebbe mai effetto veruno. Quindi vi era una precisa necessità di provare nelle Osservazioni, che gl'Imperadori costumassero fare atti di due sorte, cioè validi, ed invalidi. Che gl'*invalidi* fossero quelli, che erano accompagnati da' giuramenti solenni, e in favor della Santa Sede. Che i *validi* poi fossero gli altri non così solenni, e in particolare tutti quelli, che erano contra i Sommi Pontefici, e la Chiesa Romana. E in principal luogo doveasi provare, che i diplomi dati a' Marchesi Estensi non fossero *piuttosto doni di pompa, che di fatti*, ma che realmente avessero sortito il loro *effetto*, mentre sinora veggiamo tutto il contrario. Di vantaggio bisognava anche avvertire, che i Cesari stessi, i quali aveano spedite le Investiture in tempi di scismi o di guerre contra i Pontefici, dipoi nel riconciliarsi con loro le rivocarono restituendo alla Santa Sede le Signorie a lei tolte e smembrate o da essi, o da' lor precessori. Ottone II. nell'anno 967. restituì a Giovanni XIII. *terram Ravennatium, aliaque* COMPLURA *multis retro temporibus Romanis Pontificis* ABLATA, come si legge presso Reginone. Ottone III. nell'anno 991. giurò a Giovanni XV. di restituire alla Santa Sede *quicquid de terra beati Petri ad nostram potestatem venerit*. Arrigo V. giurò a Pasquale II. di farlo, ma poi nol fece. Federigo I. giurò e promise il medesimo, ed anche realmente esequillo in parte. Arrigo VI. suo figliuolo giurò parimente di farlo e il fece nel suo Testamento. Non meno di lui lo promise il suo figliuolo Federigo II. e benchè fosse già esautorato nel Concilio I. di Lione, effettuollo altresì nel suo Testamento. Ottone IV. benchè pure esautorato, rivocò anch' ei nel morire quanto avea fatto contro alla Santa Sede, onde Onorio

Continuator Chronici Rheginonis lib. 2. in fine.

Chronicon Reichersperge nse pag. 133.

Baron. anno 1111. §. 21.

Anno 1177. §. 47.

Vedi pag. 54. 95.

Raynald. an. 1245. §. 33.

Anno 1218. §. 37.

rio III. confermò l'assoluzione impartitagli da Sifrido Vescovo Ildeseimense. Il Bavaro fece pur anche lo stesso, come si disse. Nè v'è alcun dubbio, che gli altri Cesari, e i lor successori nel chiedere a' Sommi Pontefici l'assoluzione, non abbiano fatto il medesimo giurando di mantenere alla Chiesa gli antichi suoi diritti di Sovranità sopra gli Stati altre volte a lei tolti. Si è anche stimato bene di allegar nelle Osservazioni molti atti e titoli, che altro non sono, che conferme di quelli, che erano stati fatti da Imperadori scismatici, o usurpatori, quali furono due Federighi, e quattro Arrighi, la nullità de' quali atti si dichiara abbastanza con la regola certa, che le conferme nulla aggiungono al diritto, cui porta seco il titolo *primordiale*; e che ogniqualvolta questo è stato accordato da chi non avea legittima facoltà d'accordarlo, egli non dà alcun diritto. Al rimanente non occorre fermarci per far l'applicazione de' principj e fatti aggiunti a' sopraccennati titoli, che si producono per Casa d'Este, essendo evidente, che tutte le circostanze da me notate sono bastanti a impedire, che nulla indi vi si possa conchiudere.

Vedi pag.22.

Osservaz. Cap. XVI. pag.28. Cap.XX. pag.35. in fine. Cap.XXI. p.36. C.XXII.p.37.38. Cap.XXVI. p.44. C.XXXVI. p.54. C.LXXV. p.115.

LXV.

Esame intorno a' pretesi titoli de' possessi, e delle prescrizioni Estensi sopra Comacchio.

Si asserisce nelle Osservazioni, che intorno alla moltitudine de' titoli conceduti sopra le medesime cose a diverse persone in un medesimo tempo, e dipoi variati per motivi di compiacenza, o pur d'interesse, non si debba far caso, senon di que' soli, che furono accompagnati dal possesso. Ma chi ha scritte le Osservazioni dovea dunque provare, che la Casa Estense in realtà avesse posseduto Comacchio per virtù di titoli Imperiali: il che si è però tralasciato di provare, quando per lo contrario le Costituzioni Imperiali, e Pontificie da me addotte con tanti altri atti, dimostrano assai chiaramente, che i Papi sono stati realmente in possesso di Comacchio non meno, che degli altri dominj, i quali erano stati loro usurpati in tempi di turbolenze e di confusioni; e che perciò in atti pubblici chiamarono Comacchio lor proprio: NOSTRUM *Comitatum Comaclensem*. E poi finalmente ogni

Osserv. Cap. XXV. pag.43. Cap.XLIX. p.73. Cap.LX. p.90. Cap.LXIII.p.93.

Vedi pag.80.

sorte di possesso non basta già egli per acquistarvi la proprietà: *non ideo* JURE *quis possidet, quia rem nactus est, sed ita demum si* CITRA *culpam*, dice Libanio; ma è necessario pel diritto delle Genti, che altri per aver giusto titolo di posseder una cosa, di cui non è vero padrone, ne entri in possesso per virtù di un principio non vizioso, cioè, che sia capace da per sè stesso di trasferirgliene la proprietà, e per conseguente, che possegga di buona fede, cioè con saputa e conoscimento di non posseder cosa altrui. Che il possesso non sia discontinuato, cioè, che il primo possessore non lo abbia mai interrotto con atti contrarj, nè siasi opposto qualora si è trovato in istato di poterlo fare; onde poi in tal guisa terminata l'*usucapione*, cioè il lungo possesso fermato dall'uso intorno a cosa abbandonata, la quale *usucapione*, già introdotta per ben pubblico affinchè i dominj non fossero incerti, vi produce poi quella eccezione, che si chiama *prescrizione*, per virtù della quale l'antico e primiero signore perde la proprietà, che vi avea innanzi al tempo della medesima *usucapione*. Ma gl' Imperadori, che sapeano d'aver giurato di mantener Comacchio con gli altri Stati in Signoria della Chiesa, con qual buona fede potettero mai darlo altrui, mentre non era cosa tale, *ut in se non haberet vitium*, il che è necessario per l'*usucapione* nel possessore di buona fede; perchè chi possiede o dona le cose altrui, come se fossero sue proprie, ma però con saputa, che sieno d'altrui, non può dirsi, che sia in buona fede. Però quì si adatta l'assioma legale di Santo Agostino: *in jure prædiorum* (noi diremo *urbium*) *tandiu quisque bonæ fidei possessor rectissime dicitur, quandiu se possidere ignorat alienum. Cum vero scierit, nec ab aliena possessione recesserit, tunc malæ fidei perhibetur, tunc juste iniustus vocatur*. Qual titolo legittimo dunque potette mai darsi agli Estensi sopra Comacchio in pregiudicio della Santa Sede? Qual possesso giusto vi potettero avere, o vi ebbero mai per virtù de' titoli Imperiali? Quando anche i Pontefici mal-

Declam. 1. tom. 1. pag. 194.

H. Grotius de Jure belli & pacis libro 2. cap. 4. §. 9.

Samuel Pufendorfius de Jure naturæ & gentium libro 4. cap. 12. §. 2. 3.

Instit. Juris civilis tit. 6. §. 10.

Bald. & Angelus in Leg. Si quis emptionis. C. de præscript.

De Fide & operibus cap. 7.

maltrattati avessero meritata la privazione de' loro Stati, questa non avrebbe mai potuto continuare contra i legittimi successori, essendo poi certo, come si è detto, che gl'Imperadori restituirono quanto aveano occupato a' Pontefici. La forza di queste prove è riconosciuta sì convincente da' medesimi Osservatori, che dopo un lungo discorso impiegato per far valere i titoli Imperiali sopra gli Stati della Santa Sede, alla fine poi si riducono ad abbandonargli come *anticaglie*, per passare *agli ultimi tempi*, dove il possesso abbia potuto esser certo e continuato. Ma poi questi tempi non consistono in altro, che nel periodo del soggiorno Pontificio in Avignone, e poi in quello del grande Scisma d'occidente. E in quanto al primo, si dice nelle Osservazioni, che *non si può far gran capitale sopra gli Atti di que' tempi, stante la strana confusione de' gius e dominj, e la facilità di prestare giuramenti di fedeltà, che allora correva in Italia*: il che secondo gli Autori si verifica ancora di quel periodo, che precedette al medesimo soggiorno. E non sarebbe stato malfatto se avessero anche avvertito, che in quel periodo del soggiorno Avignonese avvenne, che tanti Tiranni occuparono le Città e le provincie della Santa Sede, non essendo i Pontefici in istato di difenderle; e la confusion generale dell'Italia non meno, che dell'Impero favorendo allora tutti gli smembramenti, e le usurpazioni. Laonde quando ancor fosse vero, che gli Estensi avessero posseduta in questo periodo la Città di Comacchio, come non dipendente da' Sommi Pontefici, e smembrata dal Ferrarese (il che però non si è provato nelle Osservazioni) da ciò non vi si potrebbe punto concludere, che in virtù di simil possesso vi avessero acquistata alcuna ragione sopra quella Città. Il periodo del grande Scisma è ancor meno proprio a render legittimo un tal possesso contro alla Chiesa: e tal verità fu definita da' Savj, e quello che più importa, dal Concilio di Costanza, essendovi presente l'Imperador Sigismondo, come si disse a Capi L. Oltrachè quel

Osserv. Cap. XXIV. pag. 43. in fine. Cap. LXIII. p. 93.

Osservaz. Cap. LXI. pag. 90. 91.

Cap. Ex transmissa, de praescript. Bartol. in Leg. Naturaliter. ff. de usucap. & usurpat. n. 26. *Vedi pag. 184.*

quel possesso, quando anche vi fosse mai stato, avrebbe avuta poca durata, essendo impedito dagli atti contrarj esercitati da' Sommi Pontefici; sicchè non avrebbe potuto produrre alcuna ragion di dominio ne' possessori. Si tien per certo nelle Osservazioni, che vi sia bisogno di un possesso *centenario* per prescrivere contro alla Chiesa Romana: il che ammettendosi per vero dalla parte contraria, io non so poi con quanta facilità si possa egli provare, che la Casa d'Este o qualunque altra, abbia posseduto per sì lungo tempo pacificamente con giusti titoli, e come signoria incerta ed abbandonata, la Città di Comacchio o altro dominio della Santa Sede per potervi prescrivere contro di essa.

Osserv. Cap. LVIII. pag. 87.

LXVI.

Nullità de' pretesi possessi, e delle prescrizioni Estensi sopra Comacchio.

Ora stanti queste verità stabilite nella ragion naturale, egli è evidentissimo, che il possesso di Comacchio, e degli altri dominj, de' quali al presente si dibatte, non è mai stato tale, qual si descrive nelle Osservazioni; poichè si è veduto, che ciascuno degl'Imperadori ha sempre giurato e dichiarato, che essi dominj apparteneano alla Santa Sede, a cui anche di tempo in tempo restituirono le cose usurpate. Perciò quando anche si concedesse, che la Casa d'Este duranti i periodi del grande Scisma e del soggiorno Pontificio in Avignone, avesse posseduto Comacchio in virtù di ribellioni, di dedizioni, o d'Investiture Imperiali, come Signoria smembrata dal Ferrarese, non si potrebbe giammai per questo concludere, che ella con tali titoli viziosi vi avesse acquistato alcuna ragione in quella Città, o in altro luogo della Santa Sede: e il pretenderlo ripugna a tutte le regole, e a tutte le massime più comuni del diritto naturale e civile, perchè i Pontefici allora non erano in istato di opporsi. Gli atti conceduti agli Estensi da Lodovico il Bavaro sono titoli, che bastano a rendere inutile un simil possesso, quando anche vi avesse tutti gli altri requisiti necessarj per formare la prescrizione: i quali però vi mancano in tutto e per tutto. E questa cosa è sì certa e indubitata, che la riconoscono gli

stessi

stessi Ministri Estensi de' giorni nostri, i quali non si arrischiano di allegare alcun atto del Bavaro, benchè i passati avessero scritto, che al tempo di Giovanni XXII. i Marchesi d'Este *riconosceano quella Città dall' Impero*, e il Pigna ancor egli avesse nominati certi titoli dati loro dal Bavaro, col cui braccio occuparono anche Ferrara, allora annessa a Comacchio. Ogni forza del medesimo possesso, e della medesima prescrizione sarebbe poi stata estinta nel secolo XIV. non solamente dalle solenni Costituzioni di Carlo IV. ma anche dagli atti di sovranità esercitati in Comacchio a nome della Chiesa dal Cardinal Anglico dopo la morte di Gregorio XI. e anco nel secolo XV. dall'Abate di Casanova sotto Martino V. dalle solenni Dichiarazioni degl' Imperadori Venceslao, Ruperto, Sigismondo, e Federigo III. e dagli atti del censo pagato da Ercole I. e da Alfonso I. per Ferrara ed *altre Città*. Indi assai più gagliardamente sarebbe stata impedita qualunque prescrizione da quanto fece Giulio II. nel cominciamento del secolo XVI. contra Alfonso I. Duca di Ferrara: e poi continuamente per tutto quel secolo ogni prescrizione avrebbe dormito, medianti gli atti sovrani esercitati in Comacchio da' Sommi Pontefici in materia della fabbrica del sale, senza opposizione veruna degl' Imperadori, anzi con l'approvazione espressa di Carlo V. Di vantaggio sarebbono stati rauvivati i diritti della Santa Sede anche per l'Investitura data da Paolo III. ad Ercole II. dove si nominò Ferrara *con altre Città*: la verità della quale Investitura non si osa contestare nelle Osservazioni. Clemente VIII. più fortemente di tutti avrebbe rotta qualunque prescrizione nell'anno 1598. rientrando in possesso reale di Ferrara e di Comacchio, come di feudi vacanti per la morte d' Alfonso II. per mancanza d' eredi capaci a succedergli. Ma riesce del tutto superfluo il mostrare la nullità di questi possessi e prescrizioni, messi fuori nelle Scritture pubblicate contro alla Santa Sede, quando è cosa manifesta, che Comac-

Ristretto delle ragioni Estensi pag. 166.
Storia di Casa d'Este lib. 4. pag. 262.

Vedi pag. 29. 99. 108. 114. 125. 134. 184. 185.

Osserv. Cap. XLIV. pag. 64. C.LXXIX. p. 123.

mac-

macchio non è mai ſtato poſſeduto da' Marcheſi e Duchi Eſtenſi con altri titoli, ſenon con quegli ſteſſi, co' quali poſſedettero la Città di Ferrara, nel cui diſtretto era Comacchio. Ora egli reſta a conſiderare l'ultimo periodo delle pretenſioni Eſtenſi ſopra quella Città, ed è lo ſcorſo da Clemente VIII. ſino alla primavera dell'ultimo anno 1708. nel che ſi può dir francamente, che queſto affare è rimaſto conſumato del tutto per le Capitolazioni di Faenza, e pel Trattato di Piſa, medianti le condizioni già pubblicate a tutto il Mondo. Laonde oguno dee rimanere ſorpreſo, che oggi ſi pretenda contrauvenire a due Accordi ſolenni dopo eſſere ſtati approvati, ed eſſervi ſtati ricevuti sì gran vantaggi per tutte le pretenſioni, che mai vi ſi foſſero potute avere ſopra Comacchio. Egli è poi un bel dire, che le guerre avute dagl'Imperadori col Turco non abbiano loro permeſſo d'impedire l'effetto della incamerazione di quella Città; poichè oltre al non eſſere ſtate continue tali guerre da Clemente VIII. a' giorni noſtri, non vi era coſa più facile, che il fare una Proteſta pubblica. E pure per lo ſpazio di dugento anni, che ſono ſcorſi da Giulio II. inſino a noi, nel quale intervallo i Pontefici vi hanno a viſta di tutto il Mondo eſercitata la ſovranità loro in Comacchio, mai non ſi è veduto, nè udito un atto pubblico per parte degl'Imperadori in contrario. Quì dunque, ancorchè Comacchio foſſe mai appartenuto all'Impero (il che però non ſi proverà mai) ci andrebbe la maſſima indubitata del Grozio: *qui rem ſuam ab aliquo teneri ſcit, nec quicquam contradicit* MULTO TEMPORE, *is, niſi cauſa aliqua* MANIFESTE *appareat, non videtur id alio feciſſe animo, quam quod rem illam in ſuarum rerum numero eſſe nollet*; imperciocchè, ſiccome egli ſoggiunge, *vix fieri poteſt, ut* MULTO TEMPORE, *res ad aliquem pertinens, non aliqua via ad ejus notitiam perveniat, cum multas ejus occaſiones ſubminiſtret tempus*. E tali maſſime fondamentali del diritto comune ſi ſtendono ſopra

Oſſerv. Cap. XXXI. pag. 50. 51. Cap. XLVI. p. 70.

De Jure belli & pacis lib. 2. cap. 4. §. 5. 6.

ſopra le coſe di ragion dell'Impero non meno, che ſopra tutte le altre, come nota il medeſimo Grozio. E perchè mai ſopra ciò non ſi preſe alcuna precauzione nel Trattato di Munſter nell'anno 1648. dove fu dibattuto lungo tempo con ſomma attenzione intorno a tutti i diritti dell'Impero, e in particolar dell'Italia? Perchè non ſe ne fece alcun motto nelle diete Imperiali dell'anno 1658. per l'elezione dell'Imperador Leopoldo, ove pure ſi ventilò queſta materia de' feudi d'Italia, e vi furono preſentati Memoriali in nome del Duca di Modana? Chi ha fatte le Oſſervazioni non ha ſtimato ben di fermarſi in queſto particolare, perchè avrebbe avuta gran pena di addurvi coſa alcuna di conſiderabile. Vi ſi dice bensì, che ſe Don Ceſare d'Eſte non *litigò in Roma pel feudo di Comacchio*, ciò fu, perchè *la Camera Apoſtolica non era, nè è il tribunal competente per litigarvi di un feudo Imperiale*. Ma perchè dunque pubblicamente non ricorſe al tribunal competente? Dalle coſe dette ſin quì ſarà facile a ciaſcheduno il giudicare, ſe dalla parte di Caſa d'Eſte vi ſi moſtri il pacifico poſſeſſo *centenario* di Comacchio contra la Santa Sede, anche ammettendoſi i ſuppoſti fondamenti addotti da' ſuoi Miniſtri.

Ibid. cap. 22. §. 13. in fine.

Traitez de Paix to. 3. pag. 536.

Acta publica in electione Leopoldi Imperatoris collecta a Jo. Auguſtino Paſtorio par. 1. pag. 156. par. 2. pag. 25.

Oſſervaz. Cap. LV. pag. 83.

LXVII.

Neceſſità di ammettere i titoli primordiali della Santa Sede, e loro peſo e importanza.

Dopo aver dimoſtrato, che i tempi ſeguiti al primo periodo, cioè alla decadenza della ſchiatta Carolina, ſono ſtati accompagnati da turbolenze sì grandi, e che gl'Imperadori ſi ſono ſerviti di tante vie di fatto contra i Pontefici, che di quì non ſi può ſtabilire alcun giuſto titolo di poſſeſſo, preſcrizione, o pretenſione contra la Santa Sede in virtù delle conceſſioni, che poteſſero mai eſſere ſtate fatte degli Stati Eccleſiaſtici a Principi, o a particolari; egli ne naſce, che biſogna formar giudicio de' diritti della medeſima Santa Sede intorno a' dominj controverſi, per via di titoli più antichi, a' quali maiſempre i Sommi Pontefici ſono ricorſi per difenderſi contra gli attentati degl'Imperadori, facendogli poi anche da eſſi medeſimi di nuovo confermare e

 rico-

riconoscère ogniqualvolta gl' incoronarono dopo morti o deposti gli usurpatori, o quando gli assolvettero dalle censure, o gli ricevettero in grazia, o che si riconciliaron con loro. Questi titoli, che nelle Osservazioni per ischerno sono chiamati *vecchi*, *rancidi*, *antiquati*, e *decrepiti*, sono le famose Donazioni di Pippino, e di Carlo Magno ridotte all' ultimo compimento da Lodovico Pio, e in tutti i secoli tenute vive tanto per parte de' Pontefici, che degl' Imperadori. Ma nelle Osservazioni si movono contro di essi alcune querele. I. vi si dice, che della Donazione di Pippino noi non abbiamo altro, che l'estratto presso Anastasio. II. che queste Donazioni sono titoli troppo vecchi per avere a decider con essi le pretensioni insorte ne' secoli posteriori, sia ciò per la ragion generale, per cui non sono accettabili i titoli di simile antichità, perchè non essendo alcun Principato, che non ne abbia, si potrebbono contestare i diritti più sicuri, e suscitare ogni giorno pretensioni novelle; sia perchè la Santa Sede non può pretendere d'aver mantenuto il diritto sovrano in proprietà sua d'alcune signorie considerabili espresse nelle medesime Donazioni. Ma per rispondere alla prima querela, sarà ben ricordare, che poco importerebbe, che della Donazion di Pippino non ci fosse altro, che l'estratto presso d'Anastasio, quando poi il fatto è reale e verissimo: se quell'estratto non fu mai contestato, nè vi ha segno alcuno di supposizione: senon vi è uomo, che non sappia esser ella confermata dalle concordi testimonianze di tutti gli Storici contemporanei, prossimi, e susseguenti. Taccio poi il ritrovarsi tuttavia in essere il diploma stesso di Pippino. All'altra querela si risponde, che i titoli vecchi veramente non sono sempre in uso; ma però servono essi di prove incontrastabili quando perpetuamente di secolo in secolo sino a' tempi vicini sono stati prodotti e riconosciuti in tutte le congiunture, nelle quali vi è stata quistione di regolare le contestazioni e le pretensioni insorte: quando simili

Osserv. Cap. LXII. pag. 92. Cap. LXIII. p. 93. Cap. LXVI. p. 97.

Osserv. Cap. II. pag. 6. Cap. LVII. p. 86. Cap. LXIV. p. 94. 95.

simili congiunture sono state frequenti, e quando tali pretensioni sono state assai volte rinovate anche negli anni molto posteriori a' medesimi titoli: nel qual caso non deono più dirsi titoli *vecchi*, o *antiquati*, ma nuovi e recenti, pigliandosi il lor cominciamento dall'ultime ricognizioni. Che se titoli somiglianti contengono molti diritti; e perchè non può esser auvenuto, che alcuni di loro sieno stati abbandonati, o perduti senza pregiudicio degli altri, i quali si son mantenuti, e si vogliono tuttavia mantenere, come in questi due punti si vede accaduto alle Donazioni di Pippino, e di Carlo Magno? Ma di questa materia torneraffi a ragionare a lungo nella Parte IV. Intanto io mi veggo ingiunto uno strettissimo obbligo di ricercare, se anche Ferrara annessa a Comacchio si debba al Serenissimo Duca di Modana, come pretendono i suoi Ministri, auventandosi con molta vemenza al Pontefice Clemente VIII. perchè in virtù del giuramento da lui prestato di avere ad osservar la Bolla fatta per santissimi fini dal Beato Pio V. contra le nuove infeudazioni degli Stati ricaduti alla Chiesa, ne venne alla ricuperazione dopo morto Alfonso II. ultimo della linea Ducale di Casa d'Este, già investita di Ferrara. Bisogna però, che io santamente protesti di entrare in questa materia odiosa per esserci tratto a forza dalle Scritture Estensi, agli Autori delle quali è piaciuto di porre chi difende le ragioni della Santa Sede in una indispensabile necessità di giustificare i Sommi Pontefici in un fatto già approvato per giusto da tutti i Potentati Cattolici; e molto prima di venirne alla esecuzione, già maturato e discusso in varj Pontificati dal sagro Collegio de' Cardinali, e dal tribunale della Ruota Romana. E se le sdegnose Scritture già sparse nella prima Corte d'Europa non avessero dianzi apprestato un forte motivo di scrivere la precedente, e poi di nuovo la presente per difendere la Santa Sede assalita per molti lati, niun certamente avrebbe pensato mai d'entrare in una materia, già quasi spenta, cui forse riuscirà

Osserv. Cap. LXIV. pag. 95.
Altra Lettera pag. 5.
Risposta per il diritto Imperiale p. 36.

malagevole ritoccare così dilicatamente, che non vi si abbia in qualche modo a rincrescere ad una Famiglia delle più gloriose d'Europa, da tutti riguardata generalmente, come *principalissima nell' Italia*, delle cui vere grandezze son piene le memorie de' più segnalati Scrittori. Pare nulladimeno, che ci sia ragione di poter credere, che chiunque avrà letti non dico i fogli scritti a penna, ma le tre Scritture di fresco pubblicate con le stampe, non potrà giammai riconoscere nelle carte presenti verum altra passione fuor di quella, che unicamente in sè stessa dee essere inclinata ad una Cristiana, moderata e necessaria difesa della verità, poichè *nihil veritas erubescit, nisi solummodo abscondi*, massimamente poi in causa sì grave, come si è questa, in cui si tratta di giustificare un Pontefice, le cui sante azioni siccome già servirono di edificazione al Cristianesimo, così dovrebbono ancora ritrarre altrui dal cercar le occasioni di screditarle.

Tertullian. adversus Valentinianos cap. 3.

PARTE TERZA.

Difesa della ricuperazione del Ducato di Ferrara fatta dal Pontefice Clemente VIII. ed esame de' diritti Estensi intorno al medesimo Ducato.

LXVIII. Ducato di Ferrara antichissimo patrimonio della Santa Sede, per qual cagione a lei ricaduto.

E NOTO a tutto il Mondo, che Ferrara è Principato proprio della Chiesa Romana al pari di Comacchio a lei connesso, e il Codice Carolino, Anastasio Bibliotecario, e infinite altre memorie Pontificie, e Imperiali de' secoli vicini e lontani non lasceranno mai luogo da dubitarne; oltre poi all'avere gli Estensi dall'anno 1332. fino al 1597. sempre pubblicamente giurato e riconosciuto di tenerla in Vicariato dalla Santa Sede. Donnizone poeta rozzo sì, ma veridico, il quale fiorì in fine dell'undecimo secolo, attesta co' seguenti versi, che il Pontefice Giovanni XV.

ni XV. concedette Ferrara a Tedaldo, bisavolo della Contessa Matilda:

Romanus Papa, quem sincere peramabat,
Et sibi CONCESSIT, *quod ei Ferraria* SERVIT.

Lib. 1. cap. 3.

Un altro Autore Anonimo della Vita di quella Eroina, ultimamente divulgata dal Signor Leibnizio, lo dice ancora con queste parole: *Joannes Pontifex multa sibi dilectione conjunctus Civitatem* CONCESSIT *Ferrariam*. Questo solo basterebbe a mostrare, se i Papi nel decimo secolo concedessero altrui le Città della Santa Sede, di che dubitossi nelle Osservazioni in proposito della concessione di Comacchio fatta da Gregorio V. alla Chiesa di Ravenna: e questo solo anche può far vedere al Mondo con quanto precipizio nelle medesime Osservazioni si sia dato il titolo di *novità* alla Investitura del Vicariato di Ferrara, conceduta da Giovanni XXII. a Rinaldo, Obizo, e Niccolò Estensi nell'anno 1332. quasichè allora cominciasse il dominio della Santa Sede in Ferrara, e che le occupazioni fattevi da Federigo I. e da Arrigo VI. si dovessero considerare per atti legittimi. Ma troppo si è indugiato sin oggi a scoprire questa *novità*. Non disse già questo Obizo stesso quando nell'anno 1344. fu investito di quel Vicariato da Clemente VI. ma a Beltramino Vescovo di Bologna *sponte & ex certa scientia, ut dixit, confessus fuit & recognovit, & nunc etiam confitetur & recognoscit coram Domino prædicto Episcopo, quod dicta Civitas Ferrariensis, ejusque Comitatus & districtus cum pleno dominio & omnibus juribus &* PERTINENTIIS *eorum, necnon mero & mixto imperio, jurisdictione omnimoda & potestate,* AB ANTIQUO *integre & plene pertinuerunt, & nunc pertinent ad Romanam Ecclesiam*. Ora non essendo quì necessario il provar maggiormente questa verità incontrastabile, iò verrò senza altro alla

Scriptores Brunsuicenses pag. 692.

Vedi pag. 164.

Osserv. C.LXXVIII. pag. 119.

alla sustanza del fatto, di cui si ragiona: per cognizione del quale dee sapersi, come il Pontefice Clemente VII. per giuste ragioni non avendo mai voluto approvare il Laudo pronunciato da Carlo V. in Colonia intorno al compromesso fatto in lui dal medesimo Pontefice, e da Alfonso I. già decaduto per sentenza pubblica dal Vicariato di Ferrara dopo aver egli contravvenuto alle Capitolazioni contratte con la Santa Sede, e al giuramento prestato di fedeltà, con averle anche occupato Reggio, Modana, e Rubiera; finalmente Paolo III. mosso dalle istanze di Carlo V. di Francesco I. Rè di Francia, della Repubblica Veneziana, di Alessandro Cardinal Farnese; e dalle supplicazioni d'Ercole II. figliuolo d'Alfonso, venne il dì 2. del mese di Gennajo dell'anno 1539. ad una Capitolazione, con la quale concedette al medesimo Ercole l'Investitura di tutto il Ducato di Ferrara secondo il tenore della Investitura d'Alessandro VI. e di tutte le altre ragioni competenti alla Santa Sede in tutte le Città e luoghi allora posseduti da Ercole II. e l'Investitura fu stesa a lui, e a' discendenti *legittimi* e *naturali* per linea maschile dal Duca Alfonso I. suo padre solamente: *pro se & legitimis & naturalibus per lineam masculinam a præfato Alphonso descendentibus, servata primogenitura*, come si legge nell'articolo III. esprimendosi nell'articolo VIII. che rimanendo spenta la legittima linea maschile, e in altri casi ivi specificati, i successori d'Ercole soggiacessero alla caducità. Questa Capitolazione fu osservata da Ercole II. e da Alfonso II. suo figliuolo finchè il Beato Pontefice Pio V. il dì 23. del mese di Maggio dell'anno 1567. pubblicò una Costituzione sottoscritta e giurata dal sagro Collegio de' Cardinali ove proibiva da indi in poi le nuove alienazioni e infeudazioni delle Città, e de' Luoghi della Santa Sede, ed anche il trattarne sotto qualunque pretesto: la qual Costituzione fu poi confermata da' Successori di Pio V. Il perchè Alfonso II. dopo la prima, la seconda, e la

Vedi pag. 126.

Risposte del Conteleri alle Scritture Estensi pag. 12. 13. 14.

Ivi in fine pag. 9. 11.

Bullarium Roman. in Pio V. Constitut. XXXV.

e la terza moglie veggendosi fuor di speranza d'aver figliuoli, che gli potessero succedere in quel Ducato: e non solo per le Capitolazioni con Paolo III. ma anche per la Bolla di Pio V. veggendone esclusi, come incapaci, i congiunti più prossimi, che avea, rivolse il pensiero a tentar tutti i mezzi per ottenere dalla Santa Sede una nuova Investitura, ouvero una proroga della vecchia di Paolo III. in favore di suo cugino Cesare d'Este, figliuolo legittimo di Alfonso, già nato fuori di matrimonio da Alfonso I. e da Laura Eustochio, donna d'umil legnaggio, ma di rare bellezze e di spiriti superiori alla sua condizione; onde con varie adulazioni fu celebrata da diversi rimatori e prosatori di quell'età, tutti però dipendenti dalla sua Casa.

LXIX.

Alfonso II. per impedire l'aperta devoluzione del Ducato di Ferrara, chiede una sanatoria per via di nuova Investitura a favore della linea notoriamente esclusa.

Giunta del Faustini alle Storie del Sardi lib. 2. pag. 81.

Quindi succeduto ad Urbano VII. il Cardinal Niccolò Sfondrato, che fu Gregorio XIV. fratello della moglie di Filippo d'Este Marchese di San Martino, e già amico di Alfonso II. questi dopo fatti vani tentativi fino dal Pontificato di Pio V. per impetrare, che l'altra linea infetta gli succedesse nel Ducato di Ferrara, finalmente risolvette di portarsi a Roma, benchè fosse in età grave, e in istagione pericolosa al viaggio, a cui ancora si richiedea grandissima spesa: e ci giunse la sera de' 10. del mese di Agosto dell'anno 1591. e avendo supplicato il Pontefice per l'estensione dell'Investitura di Paolo III. in altra persona non compresa nella medesima, cui egli avrebbe nominata, il Pontefice veggendo l'affare arduo per cagione del giuramento da lui prestato di osservare la Bolla di Pio V. ne parlò in Concistoro a' Cardinali, dando poi campo al Duca di rendergli a parte informati della sua richiesta: ilchè tutto apparisce da varie lettere del famoso Segretario Gianfrancesco Peranda, scritte al Patriarca Gaetano in Ispruc, e divulgate da Giovanni Ghini già sessant'anni in principio della sua Scrittura contra il Manifesto del Duca di Modana. E che il maneggio principiasse sotto Pio V. lo scrisse Roberto Titi, vassallo del Gran-

Granduca di Toscana, in una orazione a Clemente VIII. stampata in Bologna nell'anno 1598. ove si leggono queste parole: *hæc res tum inde* USQUE *a Pontificàtu Pii V.* MULTUM DIUQUE *in consultationem vocata est*, *cum* PERSÆPE *Alphonsus instaret*, *ut Cæsar*, *quem alioquin a jure succedendi* PRORSUS *exclusum esse sciebat*, NOVA *concessione inter beneficiarios*, *vectigalesque Pontificum reciperetur*, *semper visum fuit sanctissimis illis Patribus*, *hanc rem Alphonso ipsi peramplas conditiones & ingentia præmia offerenti*, *justissimis de causis minime concedi oportere*. Dunque Gregorio XIV. vi deputò una Congregazione di XIII. Cardinali da tenersi innanzi a lui stesso per esaminar questo punto: *an Bulla Pii V. obstet quominus Summus Pontifex possit disponere de feudo nondum devoluto*, *cum adest evidens & vera utilitas*, *sive necessitas Ecclesiæ*, *& hoc mandavit disputari in abstracto*. Volle anche il voto degli Uditori di Ruota: e il sentimento comune fu, che la Bolla ostasse, e che non potea il Pontefice derogarle, *nisi de plenitudine potestatis*. I Cardinali furono i seguenti, Gesualdo, Paleotti, Bonelli, Madrucci, Fachinetti, Salviati, Valiero, Lauro, Aldobrandini, Mattei, Colonna, Piatti, e Lancellotti. Finalmente Gregorio veggendo contrarj i Cardinali, offerì al Duca l'Investitura per via di *Motu proprio*, la quale fu da lui rifiutata per dubbio, che un altro Pontefice non la rivocasse per non esser fatta con Bolla concistoriale, come si richiedeva in fatto di sì gran rilevanza. Propose di ricompensare la Chiesa con un altro Stato; di accrescere di due terzi il pagamento del censo; di donare un millione di ducati, e ove di nuovo ricadesse lo Stato alla Chiesa, donarle tutti i bonificamenti; ma nè pure offerte sì grandi piegarono gli animi de' Cardinali; onde il Papa ancor egli mandò fuori una Bolla in conferma di quella di Pio V. Il Pegna uno degli Uditori di Ruota osserva ne' suoi Giornali, che il Papa ogniqualvolta volle trattare in Concistoro di questo affare, *toties*

Pag. 17.

Diaria MSS. Francisci Peniæ.

toties impeditus fuit febri, vel doloribus & urinæ difficultatibus ad Consistorium accedere. Questo fatto con tutti i suoi particolari è narrato da [a] Bartolommeo Dionigi, da [b] Cesare Campana, da [c] Jacopo Augusto Tuano, da [d] Andrea Morosini, e da [e] Antonio d'Errera: e ne parlano ancora [f] Gianfrancesco Leone, e [g] Giovanni Antonio Gabuzio, Scrittori allora viventi: e il Pontefice Clemente VIII. che fu uno di quella Congregazione, lo rammemora nella sua Dichiarazione contra Cesare d'Este, come dirò più innanzi. Gli Autori delle [h] Osservazioni vorrebbono dileguare tal fatto d'Alfonso II. con dire, che *non potea nuocere al Cugino lontano, e non consenziente.* Non certo, perchè egli facea quei trattati per nuocergli. Nè forse il Cugino acconsentiva, che gli procurasse il Ducato di Ferrara, ed egli forse non avrebbe allora saputo richiamare di sì grande oltraggio, che gli si facea! Dicono ancora, che Alfonso ciò procurava per *cautela prudente, per aggiunger titoli a titoli, e ragioni a ragioni; e non già perchè dubitasse della legittimità d'Alfonso suo zio.* Bellissimi ripieghi, e ben tali da essere opposti a fatti sì chiari!

a *Giunta alle Storie del Tarcagnota to.2. lib.9. p.397. ediz. III.*

b *Storie del Mondo to.2. lib.12. pag.548. ediz. dell'anno 1607.*

c *Histor. to.5. l.100. pag.129.*

d *Historia Veneta lib.14. pag.570.*

e *Histor. general. tom.3. lib.7. cap.8. pag.260.*

f *Thesaurus fori Ecclesiastici par.1. c.15. §.13. pag.199.*

g *Vita Pii V. lib.1. cap.15. pag.41.*

h *Osserv. C. LXXX. pag.124.*

LXX.

Alfonso II. per impedire la devoluzione de' feudi Imperiali, compra la sanatoria per via di nuova Investitura a favore della linea notoriamente esclusa.

Altra Lettera pag.29.

Il Duca Alfonso II. veggendo iti in sinistro i suoi disegni in favor del Cugino, spedì in Lamagna Marcantonio Ricci per tentare almeno d'ottenere l'estensione dell'Investitura de' feudi, che tenea dell'Impero; ma perchè le difficoltà stesse, che escludeano Cesare dal Ducato di Ferrara, lo escludeano parimente da quello di Modana e Reggio, come riflette e confessa l'Autore della terza Scrittura Estense; si superarono tutti gli ostacoli col danaro, conforme abbiamo dall'opuscolo *de Principibus Italiæ* portato in Latino da Tommaso Segeto, amico di Giusto Lipsio, e perciò contemporaneo del fatto, ove tra' debiti, de' quali era aggravato Don Cesare, allora Duca di Modana, se ne annovera uno *ducentorum millium scutatorum, quos Genuates demortuo Alphonso Duci mutuos dederunt.* E vi si dice, che *ii Impe-*

De Principibus Italiæ pag.31. edit. II. Elzeviriana an.1631.

ratori fuere numerati, fiduciario in Mutinam & Rhegium Lepidum juri impetrando. Fœnus est sedecim millium scutatorum aureorum. Il Tuano scrive, che il Duca Alfonso colse l'opportunità d'impetrare a forza di danari questa Investitura dall'Imperadore pel bisogno, che questi ne avea per la guerra contra il Turco in Ungheria: *Ferrariensis autem inde occasione sumpta, Mutinæ, Rhegii Lepidi, Carporum ut ditiones in Cæsarem Atestinum agnatum conferrentur*, MAGNA AURI VI *depensa, a Cæsare impetravit*. Agostino Faustini, Scrittore accetto a' Ministri Estensi, scrive ancor egli, che nell'anno 1593. *essendosi presa Giavarino dal Turco, mandò il Duca* (Alfonso II.) *all' Imperadore* TRECENTO MILA SCUDI, *che perciò gli concedè l'Investitura non solamente di Modana, ma di Reggio, di Carpi, e di tutto quello Stato, nè solamente per lui, ma per li figli, quando ne avesse: e mancando questi, chiamò in detta Investitura il Signor Don Cesare suo cugino, e i discendenti di lui in infinito*. Osservisi, come nè il Segeto, nè il Tuano, nè il Faustini vi fanno menzione veruna di Comacchio. Quella *magna auri vis*, que' *trecentomila scudi*, e quella somma *ducentorum millium scutatorum*, importarono 400. mila scudi Romani sborsati all'Imperadore, e 60. mila a' suoi Ministri, come dirò più innanzi. L'Autore della terza Scrittura Estense, il quale è stato vago di ricorrer più volte all'autorità del Luterano Ermanno Conringio per opporsi a' diritti della Santa Sede, avrà facilmente osservato, come egli fa menzione di quanto narra il Segeto. Registra questo fatto della Investitura anche Bartolommeo Dionigi, dicendo, che *il Duca di Ferrara ottenne dall'Imperadore* NUOVA *Investitura di Modana e Reggio con autorità di potervi nominar per suo successore con titolo di Duca chi a lui* FOSSE PIACIUTO. Dunque Alfonso, il quale con larghe offerte non avea potuto ottenere l'ampliazione dell'Investitura Pontificia; richiese all' Imperadore, mediante il sud-

Histor. to.5. lib. 109. pag. 456.

Storie Ferraresi lib. 2. pag. 89.

De finibus Imperii lib. 2. cap. 24. p. 525. edit. anni 1654.

Pag. 424.

suddetto peculio, la facoltà di eleggere e nominare per suo successore nel Ducato di Modana e Reggio fra un anno o nel suo testamento, o in altro atto anteriore, *tam inter vivos, quam in ultima voluntate*, persona tale, che fosse del suo Casato, come si confessa anche nelle Osservazioni: *unum ex Familia Estensi ex duobus stipitibus, qui hodie supersunt*, LICET (*si tanquam forte nati ex radice* INFECTA, *vel ob* ALIOS *quoscumque* DEFECTUS) NON *essent comprehensi in Investituris* ANTIQUIS: e ottenne il dì 8. del mese d'Agosto dell'anno 1594. *facultatem irrevocabilem nominandi & eligendi semel ac pluries tam inter vivos, quam in ultima voluntate, unum ex Familia Estensi ex descendentibus Illustris Don Alphonsi Estensis olim filii Illustrissimi Ducis Alphonsi I. vel ex descendentibus Illustris Don Sigismundi Estensis, fratris olim Illustrissimi Ducis Herculis I. tam natis, quam qui, superstite Illustrissimo ipso Duce, nascerentur: qui quidem sunt duo stipites dictæ Domus & Familiæ Estensis: ex quibus hodie supersunt Illustris noster & Imperii fidelis, dilectus Cæsar & ejus filii Alphonsus & Ludovicus infantes, & frater Cæsaris Alexander ex dicto Illustri Don Alphonso: & Illustris Carolus Philibertus, Sigismundus, & Alphonsus filii Don Philippi Marchionis Sancti Martini, ex dicto Illustri Don Sigismundo descendentibus. Et hoc* ETIAMSI (*tanquam forte* NATI *ex radice* INFECTA, *vel ob alios quoscumque defectus*) NON *essent comprehensi in Investituris* ANTIQUIS. L'Imperadore obbligò Alfonso a farlo consapevole della persona nominata nello spazio di un anno dopo fattane l'elezione. E in caso, che non volesse notificarla a lui stesso, gli permise, che la notificasse a qualche vassallo dell'Impero, o a qualche suo Ambasciadore in Italia di suo genio ed elezione. Che se poi anche morisse prima d'aver comunicata la nomina, volle, che fosse valida, aggiungendo ivi queste parole: *promittentes sub verbo nostro Cæsareo eidem*

Osservaz. Cap. LIII. pag. 79.

Illustrissimo Duci Alphonso, nos electionem seu nominationem primam, vel secundam vel tertiam, quotacunque tandem fuerit, nobis per eum communicatam, si forte occultam eam habere consultius duxerit, nemini mortalium, cujuscumque status aut etiam conjunctionis nobiscum fuerit, citra consensum ejusdem Illustrissimi Ducis revelaturos. Tutte queste cose si leggono nel diploma Cesareo dato in Ratisbona il dì 8. d'Agosto dell'anno 1594.

LXXI. *Alfonso II. nelle due Corti, Pontificia, e Imperiale, confessa la linea di Don Cesare incapace di feudi, col cercarne la sanatoria.*

Da questi particolari non è difficile il riconoscere, che Don Cesare d'Este era affatto incapace per difetto del padre, di succedere non solamente ne' feudi Pontificj, ma anche in quelli, che Alfonso II. tenea dall'Impero; altramente non vi sarebbe stato alcun bisogno di sì fatti maneggi, perchè di natura sua avrebbe egli dovuto succedervi senza questi misteriosi negoziati, i quali per esser seguiti in tempi non ancora sospetti, nè viziati, in due Corti, cioè nella Pontificia, e nella Cesarea, e per parte de' medesimi interessati, i quali certamente non pretendeano in tal guisa di pregiudicare, ma di auvantaggiare la propria Casa, troncano tutte le strade a chi volesse mai più dubitare dell'equità delle risoluzioni fatte da Clemente VIII. mentre dopo la morte di Alfonso II. accaduta il dì 27. del mese di Ottobre dell' anno 1597. ricuperò il Ducato di Ferrara alla Chiesa, escludendovi Don Cesare, che da Alfonso stesso era stato dichiarato suo erede nel Testamento composto il dì 17. del mese di Luglio dell'anno 1595. E in questa ricuperazione non si pensò a null'altro, che a quello, che allor possedeva in feudo dalla Chiesa esso ultimo Duca Alfonso II. il che sia detto in risposta a ciò, che i Ministri Estensi con mira di rendere odiose le ragioni Pontificie, hanno scritto d'altri luoghi, i quali erano allora e son tuttavia in altrui dominio: e chi gli possiede, conosce ottimamente la fallacia, e l'insussistenza di quanto replicatamente si è affettato di pubblicare in simil proposito; onde non è bisogno, che io ne

Osserv. Cap. LXVII. pag. 99. Cap. XLIV. p. 64.

ne favelli in contrario, come potrei favellarne, senza ricorrere ad altri Scrittori, che a Pellegrino Prisciano, Ministro e Storico Estense. Dunque allo scrivere di Cesare Ubaldini Canonico di Ferrara, Don Cesare veggendosi stretto *si diede a consultare i modi, co' quali potesse stabilirsi il Principato di Modana e d'altri Stati a quello annessi, parendogli, che di* CAVALIERE *quasi* PRIVATO, *salito in una grandezza così fatta, come l'esser Duca e Principe grande d'Italia, ove* NON ASPIRÒ *giammai, fosse un giuoco molto nobile e di gran fortuna, nel quale avesse guadagnato* OLTRA *l'opinione* PROPRIA. Soggiunge l'Ubaldini, che Don Cesare *avea quel* SOLO *patrimonio, che l'amore dell'avo verso il figliuolo di lui, senza incomodo de' figli primi e* LEGITTIMI *gli avea* CONCESSO, *che* NON *era* MOLTO; *in istato però di poterne sperare per la morte de' prossimi, che quasi a bello studio, e per ischerzo della fortuna si vedeano mancare, e a Don Cesare* LASCIARE *le sostanze loro, che erano* BENI ALLODIALI, SENZA SPERARE O PRETENDERE STATI, *eccetto* MONTECCHIO, *di cui era Marchese, come disposizione dipendente dalla* MERA *volontà d'Alfonso*. Questi è un Autore poco parziale della Santa Sede, e tutto per Don Cesare, il cui padre, secondo la passione di gran parte de' Ferraresi del tempo suo, dice, che *era stato legittimato per il susseguente matrimonio, e* POI *per amplissimi privilegj di legittimazione, che hanno forza, quando anche fosse spurio, d'abilitarlo a' feudi anco ecclesiastici*. Ma se era stato legittimato per lo *susseguente matrimonio*, a che *poi* legittimarlo anco *per amplissimi privilegj*? Non bastava egli il solo matrimonio? Si concluse dunque l'uscita di Don Cesare dal Ducato di Ferrara, stipulandosene le Capitolazioni, in Faenza il dì 12. del mese di Gennajo dell'anno 1598. tra Pier Cardinale Aldobrandino in nome del Papa, e Lucrezia d'Este Duchessa d'Urbino in nome di Don Cesare, nell'articolo X. delle quali fu accordato a Don Cesare, che ritenesse

Storia MS. di Ferrara dalla sua devoluzione fino all'anno 1633. num. 31.

i gra-

i gradi, luoghi e le sessioni, prerogative e preminenze PER GRAZIA SPECIALE *di Sua Santità, che aveano i Principi d'Este mentre possedeano il Ducato di Ferrara.* Queste Capitolazioni, che furono allora impresse in Roma nella Stamperia Camerale, e si leggono ancor nella Vita del Cattolico Rè Filippo II. scritta da Cesare Campana, furono sempre osservate da Don Cesare finchè visse, e da' suoi successori sino all'anno 1643. nel qual tempo si pubblicarono alcune Scritture per parte di Francesco I. Duca di Modana. E quantunque allora dal canto di Roma elle fossero confutate da Felice Contelori Referendario d'entrambe le Segnature, e Custode della Biblioteca e dell'Archivio del Vaticano, da Giovanni Ghini Commissario della Camera Apostolica, e anco dall'Auvocato Concistoriale e Fiscale Pierfrancesco de' Rossi; nulladimeno a' dì nostri francamente dissimulatesi le ragioni contrarie, già esposte da que' valentuomini, si è di bel nuovo andata spargendo la sustanza di quelle vecchie Scritture, prima in iscritto, e poscia in istampa, a fine di concitare l'altrui potenza contro alla Santa Sede Apostolica, quasichè le ragioni Estensi, senza altro, fossero vere e indubitate, nè fossero mai state convinte d'insussistenza. Quindi è, che nelle Osservazioni, con le quali al presente abbiamo da fare, si dice, che *non ha provato alcuno finora*, che la ricuperazione (ivi chiamata *occupazione*) del Ducato di Ferrara, fatta da Clemente VIII. *fosse giusta*. Che Don Cesare era *nato di legittime nozze*: il che niun mette in dubbio. Che era stato *eletto spontaneamente per Duca di Ferrara da quel popolo*. Che *era compreso nella Bolla d' Alessandro VI.* la quale abbracciando *tutti i discendenti* d' Ercole I. senza distinguere i legittimi da' bastardi, concedea loro quel Ducato *in allodio*. Che la Bolla di Paolo III. si rimise a quella d'Alessandro VI. Che Paolo III. non potea far nuove Capitolazioni con Ercole II. nè questi accettarle. Che Alfonso II. non le accettò, nè

Deca 7. par. 4. libro 12. pag. 198.

Osserv. Cap. LXXIX. pag. 121.

nè la linea di Don Cesare, ed altre cose somiglianti. Si è taciuto nelle Osservazioni, che la Sede Apostolica era Sovrana di quello Stato. Che Alfonso I. ne era decaduto per pubbliche dichiarazioni, come reo di lesa maestà; e che Paolo III. per grazia singolarissima ad istanza de' maggiori Principi Cristiani, e particolarmente dell'Imperador Carlo V. diede una nuova Investitura a' legittimi discendenti da Alfonso I. per ordine di primogenitura, secondo l'uso de' feudi, mentre Clemente VII. non avea mai voluto approvare il Laudo di Carlo V. come infetto d'enorme lesione, sopraché si protestò in pubblico, negando ad Alfonso I. l'abilitazione a nuove Investiture, e rifiutando il censo di centomila scudi.

Vedi pag. 126.

LXXII.

Alfonso II. riconosce la linea di Don Cesare incapace a succedergli ne' feudi per via ordinaria. Eccezioni date da' Ministri Estensi all' Offat, e al Tuano.

Ora per tornare alquanto addietro, è manifestissimo a tutto il Mondo, che il Duca Alfonso II. veggendosi privo di successione legittima, tentò tutte le strade per far, che nel dominio de' suoi Stati feudali vi continuasse alcuno della sua schiatta, benchè notoriamente escluso, come lo era Don Cesare suo cugino, da lui riconosciuto inabile e incapace a succedergli per via ordinaria; altramente non sarebbe egli stato mai così semplice e incauto di farvi tante manifatture, quando realmente Don Cesare non vi avesse avuta alcuna eccezione, come oggi si pretende da' Ministri Estensi. Nè esso Don Cesare avrebbe mai taciuto sentendosi fare sì gran torto, quando senza altro avesse potuto succedere al Duca di giustizia e per via ordinaria: e avendo taciuto, conobbe di non avervi ragione alcuna. Cesare Campana, allora vivente, scrive, che Ridolfo II. desiderando di dare il comando delle sue armi in Ungheria ad Alfonso II. nell'anno 1596. poco prima, che se ne morisse, questi vi applicava per *agevolarsi con nuovo servigio di gran momento verso Santa Chiesa, la* RINOVAZIONE *del feudo di Ferrara, sicchè senza litigio, e disparere alcuno potesse l'erede, che ne disegnava, posseder quello con gli altri do-*

Vita di Filippo II. Deca 7. par. 4. lib. 10. pag. 93.

dominj, posseduti dall'antichissima prosapia de' suoi Maggiori. E in fatti il medesimo Imperadore il dì 21. del mese di Gennajo dell'anno 1596. scrisse da Praga una lettera a Clemente VIII. dicendogli, che avea eletto suo Luogotenente generale contra il Turco il Duca Alfonso: che il Conte Raimondo della Torre gliene avrebbe parlato più a lungo; e che intanto il pregava a dargli la nuova Investitura. Ne fa fede anche il Cardinal d'Ossat, la cui testimonianza però in questi particolari oggi riesce sospetta a' Ministri Estensi, come d'uomo, il quale pensando *allora a guadagnarsi la porpora*, era favorevole *alle pretensioni Romane*: del qual genio ci dipingono anche il Tuano, come *Bibliotecario del Rè di Francia*. Però l'Ossat fu di contrario parere, vantandosi d'essere stato fatto Cardinale *per la raccomandazione*, *e per lo solo rispetto* del Rè suo Signore; tanto è lontano, che cercasse di *guadagnarsi la porpora* col favorire gl'interessi del Papa! E di vero egli non era di tale umore, che dovesse nascondere i suoi sentimenti, specialmente quando scriveva al Rè, o a' suoi Ministri. Si vede in molte sue lettere questo carattere di verità, e di franchezza, anche in affari, che poteano dispiacere alla Corte di Francia; imperciocchè quello, che scrivono i regj Ministri ne' loro dispacci, non può nuocere a' disegni, che vi potessero avere intorno al proprio innalzamento in altre Corti, essendo loro mantenuto il segreto nel Consiglio Reale: e un de' lor doveri consiste in informare il proprio Sovrano di tutti i movimenti della Corte, ove dimorano. Si può chiarir di vantaggio questa verità col legger la Vita dell' Ossat preposta dall' Amelotto alla sua edizione II. delle Lettere di quel Cardinale, fatta in Amsterdam per Piero Umberto nell'anno 1708. In quanto poi al Tuano, basta legger la prefazione del tomo primo della sua Storia per conoscere, s'egli era inclinato ad adulare la Corte a spese della verità. Egli in più luoghi della medesima Storia fa grandi

To. 1. letre 49. edit. du Amelot a Paris 1698. pag. 227.

Osserv. C. LXXXIII. pag. 129.

Cap. CIII. p. 156.

Tom. 2. Letre 184. pag. 64.

grandi elogj a' Principi Estensi, e loda il loro attaccamento alla Francia ne' tempi delle disgrazie, che seguirono la battaglia di San Quintino. Che se poi il Tuano debba dirsi Autor favorevole alle *pretensioni Romane*, io ne lascerò giudicare a chi ha di lui cognizione; a chi sa, che le sue Storie, vivente lui stesso, furono proscritte dalla sagra Inquisizione Romana; e a chi finalmente avrà avuto campo di vedere un libro intitolato: *Joannis Baptistæ Galli in Jacobi Augusti Thuani Historiarum libros, Notationes*. Gli Eretici di Ginevra non furono già dell'opinione de' Ministri Estensi, quando ristamparono le Storie del Tuano a suggestione de' Calvinisti del Palatinato. Ma nè anche i passati Ministri Estensi furono del parer de' moderni, allorchè dissero, che il Tuano era *Scrittore Eretico e proibito*; tanto furon lontani dal riputare, ch' egli inclinasse a favorire *le pretensioni Romane*! Il Tuano dunque da' Ministri Estensi dallora fu riputato Eretico, e da quei d'oggi per lo contrario viene accusato d'una parzialità eccessiva per la Santa Sede; talchè d'Eretico, ch'egli era, oggi per buona mercè di chi ha scritte le Osservazioni è divenuto troppo Cattolico.

Epistolæ clarorum Virorum ad Melchiorem Goldastum ep. 22. 236. 245. 280. 239.

Ristretto delle ragioni Estensi pag. 79. 132.

LXXIII.

Incapacità di Don Cesare al succedere ne' feudi, solennemente riconosciuta.

Sia però egli vero, che que' due Scrittori, l'Ossat e il Tuano, sieno stati favorevoli alle *pretensioni Romane*. Ma non sono essi già soli a dir quello, che dicono; perchè lo dicono tutti gli Scrittori da me nominati, Bartolommeo Dionigi, Andrea Morosini, Antonio d'Errera, e Cesare Campana, tutti contemporanei, e di nazioni e di genj diversi: il che fa vedere, che il fatto fu allora notorio, pubblico, e indubitato. Quindi il Campana, che non era *Bibliotecario del Rè di Francia*, che nacque vassallo di Casa d'Austria, come Gentiluomo Aquilano, e che non pensava *a guadagnarsi la porpora*, perchè era ammogliato, attesta, che Alfonso II. intraprese il viaggio di Roma nel fervor della state, perchè *ricadendo per mancamento di* LEGITTIMI *successori maschi quello Stato alla Chiesa, di cui è feudo,*

Storie del Mondo to. 2. lib. 2. pag. 548.

egli, che desiderava conservarlo nella sua Famiglia, che per ORDINARIA RAGIONE *pretender non vi potea, avvisò, che proponendo al Pontefice, e al Collegio de' Cardinali partito profittevole, e vantaggioso per Santa Chiesa, egli ne dovesse ottener* NUOVA *Investitura in persona di chi paresse a lui nominare.* Questo Autore non ha scritto *dopo la lite mossa*, come oppongono al Tuano e all'Ossat, il che pure è falso, perchè scrissero nel tempo stesso della lite, e non *dopo*: sicchè gli scampi, co' quali si cerca oggi di salvare l'illegitimità del padre di Don Cesare, sono tutti mendicati, debolissimi, e di niun pregio; perchè niuno potea esser più informato della verità del fatto, che il cugino di Don Cesare, Alfonso II. il quale se avesse conosciuto, che egli avesse potuto giustamente e per via ordinaria succedere in quegli Stati, i quali esso Alfonso II. allor possedea, non avrebbe mai fatti quei passi, ch'ei fece con tanta pubblicità, affinchè gli succedesse per indulto e per grazia. Imperciocchè gli avrebbe dovuto succedere, come compreso nelle Investiture antiche, e senza alcun bisogno di tanti maneggi, di comperare la *nuova* Investitura, e a prezzo sì alto. Quindi Clemente VIII. nella Dichiarazione, che divulgò in questo fatto, non si astenne di rammemorare i maneggi stessi di Alfonso II. i quali convinceano la sua inabilità. Mi giova quì recitare le parole stesse del Papa secondo l'edizione Italiana, che ora ho per le mani: *e perchè*, dic'egli, *è lontano dalla verità, e senza fondamento alcuno, quel che esso Cesare, per mostrar di aver qualche ragione, vanta, che egli sia della linea degli Antecessori di esso Duca Alfonso, e compreso nelle Investiture, fatte da' nostri predecessori, delle Terre, Castelli, e Luoghi predetti, agli antecessori del Duca Alfonso, che la cosa stia così, oltra le altre ragioni della Chiesa indubitate, certe, e sufficienti ad escludere tutte le pretensioni ed ogni prova, che pretende di poter fare: le quali ragioni risultano dalle Investiture, che son chiare*

Tesoro politico to.3. pag.51.

chiare e notorie appresso tutti, certa e prova, è dimostrazione contro di lui è la CONFESSIONE, *e il testimonio del detto Duca Alfonso, il quale destituto già d'ogni speranza di aver figliuoli, di questa stessa cosa mentre visse, per* MOLTI *Ambasciadori, e per* VARIE *lettere trattò co' Romani* PONTEFICI *predecessori nostri: e a questo effetto* VENNE *gli anni prossimi passati a Roma, ed* ULTIMAMENTE *supplicò anco noi per sue lettere ed Ambasciadori, che se gli concedesse la* PROROGAZIONE *della Investitura della detta Città e Ducato di Ferrara, e delle* ALTRE CITTA', *e Luoghi predetti per le* PERSONE *da* NOMINARSI: *nella qual cosa ha adoperato anco raccomandazioni e preghiere di Rè, e Principi Cristiani, sebbene avendo tentati gli animi e le volontà di* TUTTI, *ed essendosi le cose ben considerate e maturate, per molte gravissime e giustissime cause non potè ottenere alcuna cosa. Il che senza alcun dubbio il detto Alfonso non avrebbe mai tentato, se detto Cesare* FOSSE STATO COMPRESO *nelle Investiture, e senon avesse avuto per certo, che morendo egli senza figliuoli, e discendenti (siccome finalmente è avvenuto) non fosse stata per mancar la sua linea. Dal che facilmente si vede non solo la* INGIUSTA *occupazione del predetto Cesare della Città e Ducato predetto, e delle* ALTRE CITTA', *e Luoghi, ma ancor la manifesta jattanza, piena di vana risoluzione, in aver de facto preso il titolo, e nome di Duca di Ferrara con l'insegne ducali.*

LXXIV.

La Corte Imperiale tiene e riconosce Don Cesare per escluso dalla successione al Ducato di Ferrara.

Registri MSS. della Nunciatura dell'Impero sotto Clemente VIII.

Dopo essersi Don Cesare intitolato *Duca di Ferrara*, spedì a Praga Giulio Tiene Marchese di Scandiano per esserne riconosciuto, e per ottener la conferma dell'Investitura di Modana e Reggio, impetrata già per 400. mila scudi da Alfonso II. Ma Cesare Speziano Vescovo di Cremona e Nuncio Apostolico, rappresentò all'Imperadore Ridolfo II. le ragioni della Chiesa in contrario, dicendogli fra le altre cose, *che non era verisimile, che amando il Duca*

 Al-

Alfonso Don Cesare, come lo avea dimostrato l'effetto, avesse mai speso TANTI SCUDI *nell'Investitura di Modana e Reggio, come avea fatto, nè offertine* TANTI *altri per quella di Ferrara, volendo egli a sue spese venire con un esercito alla guerra d'Ungheria, con altre diligenze e fatiche, che avea fatte, se questo suo cugino fosse stato figlio di padre* LEGITTIMO; *perchè gli avria fatto* UN GRAN TORTO, *ed insieme a tutto il sangue suo, pubblicandolo e tenendolo per* ILLEGITTIMO. *Nè i Confessori suoi lo avriano assoluto, stando in così male stato di collera, o di malignità contra un suo cugino legittimo.* Indi aggiunse, che *saria stato un grande inganno quello del Duca morto, fatto a Sua Maestà, avendole fatto credere con* PAGARE 400. *mila scudi, che questo suo cugino era di sangue* BASTARDO, *per toglierli quello Stato, e poterlo dare ad altri. Il che saria stato un inganno il maggiore del Mondo, ed anche tutto alieno dalla grandezza, bontà, e prudenza di quel Principe, stimato da ognuno molto savio; dimanierachè non è verisimile, che un Signore, che sempre avea fatta professione d'onore, si fosse voluto macchiare con una azione tanto* INDEGNA. Così parlò il Nuncio Apostolico all'Imperadore, e ne diede auviso da Praga al Cardinal Piero Aldobrandini il dì 24. di Novembre dell'anno 1597. In un altra lettera al Cardinal San Giorgio de' 7. del mese di Dicembre, auvisa, che il Signor Traucen, Ministro Cesareo, *si era doluto seco lui del Duca morto, da cui l'Imperadore avea avuto poco servizio gli anni passati per diligenza, che si fosse fatta con lui; mostrando insieme* PENTIMENTO, *che se gli fosse data l'Investitura di Modana e Reggio* NEL MODO, CHE SI FECE *per* 400. *mila scudi, sebbene tutto fu fatto per* PURA NECESSITA'. *E questo è vero* (soggiunge il Nuncio) *perchè mi ricordo, che lo scrissi a V. S. Illustrissima alcuni anni sono* (cioè nell'anno 1594.) *per* RELAZIONE FATTAMI DI BOCCA PROPRIA *di*

Sua

Sua Maestà in materia di certa strettezza di danari. In un altra lettera de' 9. del mese di Novembre scrive pure al Cardinal San Giorgio, che si considerava esser *gran* VERGOGNA *di Sua Maestà l'aver pigliati 400. mila scudi per Modana e Reggio, e 60. mila di mancia a' Consiglieri per la medesima causa* (in pena ed ammenda della incapacità di Don Cesare per cagione del padre) *e voler poi trattarlo, come legittimo successore; perchè se fosse tale, bisogneria* RESTITUIRE I DANARI *presi, o almeno dire, che sono stati presi ingiustamente. Che questa sola ragione avea mossa la Corte Cesarea in modo, che gli aveano detto i Signori Ronso e Traucen, che non si sarebbe ricevuto, come Signor di Ferrara, quantunque egli si chiamasse tale*. Soggiunge, che allora gli aderenti a Don Cesare non mancarono di cercar d'alienare l'animo Imperiale dal Pontefice con lo spargere, che *volea tentare anco le cose di Modana e Reggio*.

LXXV.

La Corte Imperiale non vuol, che Don Cesare entri ne' feudi di Modana e Reggio in virtù delle Investiture antiche; ma per via della sanatoria e dell' indulto.

In questa medesima lettera il Nuncio Speziano auvisò, che i Ministri di Don Cesare tentarono eziandio d'impetrare *l'Investitura* di Modana e Reggio, come continuazione delle precedenti in vece della nuda conferma di quella nuova *concessione fatta dall'Imperadore al Duca morto nell'anno 1594. quando ebbe i 400. mila scudi*; e che ciò procurarono, affinchè si mostrasse, che Don Cesare succedea non già per abilitazione, per sanatoria e per indulto; bensì come legittimo discendente de' Duchi passati. Ma perchè questo atto *avrebbe mostrata l'ingiustizia dell'Imperadore con quella concessione, e con aver pigliati 400. mila scudi*, Don Cesare non potette a verun patto impetrare altro, che l'approvazione della nomina fatta da Alfonso II. della sua persona in virtù della grazia e del diploma Imperiale dell'anno 1594. il quale interamente fu inserito in quello dell'approvazione e della conferma a lui data, come si confessa nelle Osservazioni, perchè la cosa è troppo mani-

Osservaz. Cap. L. pag. 75.

Registri MSS. della Nunciatura dell'Impero sotto Clemente VIII.

manifesta. Carlo Conti Vescovo d'Ancona, e Nuncio straordinario a Ridolfo II. dopo lo Speziano, in un Memoriale dato alla Maestà Imperiale in nome del Sommo Pontefice, gli ricordò, che *per mezzo dell'autorità sua il Conte Raimondo della Torre suo Ambasciadore in Roma, e due Ambasciadori del Duca Alfonso trattarono poco avanti con Clemente VIII. il medesimo affare, perlochè manifestamente appariva, che le pretendenze di Casa d'Este circa Ferrara si terminavano con la vita del Duca Alfonso. Se Ferrara* (soggiunse egli) *per linea finita non è ricaduta alla Chiesa, ma Don Cesare è compreso per vigor d'altre Investiture, dunque è compreso anche nelle Investiture di Modana e Reggio; e per conseguenza la Maestà vostra non dovea, e non potea concedere l'Investitura al Duca Alfonso nella maniera, che ultimamente fece. Siccbè difendendo o improbando le ragioni della Chiesa, difende o improba le proprie.* Tentò dunque in vano Don Cesare d'aver la suddetta Investitura, *come legittimo successore, senza valersi dell'Indulto già dato al Duca Alfonso, per acquistare per questa via indirettamente qualche ragione in pregiudicio della Chiesa*, siccome riferì il Corraducci Ministro Cesareo al Vescovo d'Ancona; poichè pensando la Corte, che l'Imperadore avrebbe potuto restituire gli scudi 400. mila, e ripigliarsi quegli Stati, fu risoluto di servirsi in ogni modo dell'indulto; benchè poi 30. anni dopo, quando erano morti i Ministri Imperiali già informati del fatto, il Duca di Modana Francesco I. facesse mutare, come dirassi, il tenor dell' Investitura *primordiale*, impetrata da Alfonso II. in favore del successore, che avea da eleggersi, cioè di Don Cesare. Quindi Cesare Campana, allora vivente, e che scrivea nel tempo stesso di questi auvenimenti, a lui notissimi, narra nella Vita di Filippo II. che *il Marchese di Scandiano* NULL'ALTRO *avea apparato presso l'Imperadore, che la* CONFERMAZIONE *della Investitura degli Stati Imperiali di Modana*

Deca 7. par. 4. lib. XI. pag. 157.

dana e Reggio, *impetrata già* (come avea detto poc'anzi) *nell' anno* 1594. *dall' Imperador Ridolfo*. Ecco dunque come gli atti della Camera Imperiale militano in tutto e per tutto in favore della Santa Sede nello stato della persona, e nelle ragioni del feudo.

LXXVI. Insussistenza delle ragioni di Don Cesare per la successione al Ducato di Ferrara.

Mentre questi affari si dibatteano in Vienna, per ordine di Roma fu citato e ammonito Don Cesare a dedurre le sue ragioni innanzi al Sommo Pontefice; onde egli dopo averle sempre tenute occulte non solo al pubblico, ma anche a' medesimi suoi Ministri, perchè non si fidava gran fatto della forza di esse, come vedremo più oltre, finalmente lasciò divulgar due Scritture, l' estratto delle quali, come anco delle Risposte, vien fedelmente riferito dal Campana. In favor di Don Cesare diceasi, che al popolo, e a' XII. Savj appartenea l'elezione del Duca per la Bolla di Vitaliano Papa, la quale oggi i Ministri Estensi spontaneamente, benchè per altro fine, come si disse, hanno divulgata per falsa. Che il feudo non era aperto, perchè la concessione di Paolo III. si riportava a quelle di Sisto IV. e d' Alessandro VI. Che la madre d' Alfonso, genitor di Don Cesare, era stata sposata da Alfonso I. Che quel Vicariato era stato avuto anche da' bastardi Estensi: a discutere le quali cose si chiedeano arbitri per tirare in lungo l'affare. Ma i difensori delle ragioni di Roma opposero, che il feudo era apertamente ricaduto, perchè nella Bolla di Paolo III. erano compresi i soli maschi *legittimi e naturali per ordine di primogenitura secondo l'uso de' feudi*. Che dello sposalizio di Laura non si adducea prova alcuna: il che molto importava in cosa di sì gran rilevanza. Che Alfonso II. molto ben conoscendo la caduta di sua Famiglia procurò di sostenerla con l'impetrazione di *nuova* Investitura da' Sommi Pontefici: cosa negatagli per cagion delle Bolle giurate da tutto il sagro Collegio, ladove per altri riguardi all'incontro l'ottenne di Modana e Reggio dall'Imperadore.

Vita di Filippo II. Deca 7. par. 4. lib. XI. pag. 156.

Osserv. Cap. XLVIII. pag. 73. *Vedi pag. 78.*

Che

Che i Ferraresi non aveano avuta mai facoltà d'eleggere o nominare i Vicarj, anzi vi aveano sempre riconosciuta col censo per Sovrana la Chiesa, la quale avea dati alla Città gli ordini e le leggi da governarsi. Che qualora vi erano stati ammessi i bastardi, ciò era sempre accaduto per espresso indulto e sanazione Pontificia. Nelle Allegazioni, allora uscite per Don Cesare, si leggono queste parole: *in hac re agitur de dignitate sæculari & profana, non autem spirituali aut ecclesiastica, & sic illegitimi dicuntur capaces, saltem deficientibus legitimis*: il che però in quanto alla conseguenza si mostra esser falso dall'Autore delle Confutazioni: ed essendosi detto nelle Allegazioni, che la Bolla di Sisto IV. non escludea i bastardi legittimati, si rispose, che *hæc quæstio, quod legitimati admittantur ad feudum, non est necessaria, quia de* NULLA *legitimatione Alphonsi* SUFFICIENTI *docetur: & tamen ad hoc, ut legitimatus, ad feuda admittatur, necessaria sunt inter alia, duo. Primum, quod expressa fuerit facta legitimatio* AD IPSUM *feudum &c. Alterum, quod etiam legitimatio sit facta ab* HABENTE POTESTATEM, *videlicet a Papa in bonis suis & Ecclesiæ, non autem ab Imperatore & Principe sæculari &c. Et quando etiam constaret de aliqua legitimatione Alphonsi, adhuc nihil relevaret, quia illa esset revocata per Bullas Pii IV. & V. contra illegitimos editas, & per viam legis emanatas, nam dubium non est, quin legitimatio, quia est de jure civili, possit per eumdem Principem, qui concessit, tolli & revocari*. Nè mai in tutte quelle Allegazioni Estensi vi si adduce una prova della legittimazione matrimoniale del padre di Don Cesare. Si dice bensì, che quel Ducato era *pleno jure, & non in feudum concessus* da Alessandro VI. (il che si ridice anche nelle Osservazioni) volendosi perciò, che fosse trasferito *non solum utile dominium, sed & directum & quicquid spectabat ad concedentem*. Ma per parte di Roma si mostra il contrario con la confessione

degli

Tesoro politico to.3. pag.39.
Vedi pag.106.
Confutationes Allegationum Cæsaris Estensis fol.17.
Confut. XIII. ibid.
Confut.XVIII. f.21.
Confut.XIX. fol.22. pag.2.
Confutat. fol. 26.
Vedi pag.203.

degli Estensi, col fatto, con la ragione, e con l'autorità de' Giureconsulti, tra' quali è l'Alvarotto, Ministro Estense. Imperciocchè la Bolla non importò alcuna *donazione* o costituzione d'*allodio*, e nè anche nuova Investitura dell' utile dominio; ma in effetto contenne tre sole cose. I. la conferma dell'erezione di Ferrara in Ducato. II. la costituzione dell'ordine di primogenitura ne' discendenti Estensi. III. la diminuzione del censo a mille ducati. Il Papa non dice di voler *donare* Ferrara, e l'altre Terre e sue pertinenze agli Estensi; ma di voler decorare di grazie e di prerogative Ercole I. co' suoi figliuoli, e nipoti; e sgravargli dal peso del censo: dal che si dichiara l'intenzione del disponente. Di tutte queste grazie restò privo Alfonso I. per essere stato dichiarato reo di lesa maestà da Giulio II. e da Leon X. e per aver contravvenuto a' Capitoli d'Adriano VI. l'inosservanza de' quali portava seco la privazion del Ducato: e poi di nuovo per esser caduto *in crimen læsæ majestatis* nel dare ajuto al Duca di Borbone di vettovaglie, gente, danari, e d'artiglieria quando venne alla ruina di Roma; e perciò il Ducato ricadde alla Santa Sede, finchè Paolo III. con nuova Investitura ne rintegrò Ercole II. nell'anno 1539. le quali particolarità furono molto ben considerate nel Manifesto di Cosimo I. contra Alfonso II.. Leggasi il rimanente della Confutazione, che si conclude in tal guisa: *sed quæ melior observantia, & declaratio potuit oriri, quam ex facto ultimi Ducis Alphonsi, qui tempore felicis recordationis Gregorii XIV. accessit ad Urbem, supplicavitque Summo illi Pontifici, ac toti cœtui Cardinalium pro* NOVA *infeudatione & Investitura pro persona per eum nominanda. Si enim fuisset allodium vel durasset generatio in personam Cæsaris, utique hoc non potuisset fieri in præjudicium ipsius Cæsaris, cum antiqua donatio in præjudicium vocatorum non potuisset mutari, & alter investiri. Et quod etiam plus est, de*

MS. Tidei de Marchis.

Informazione sopra le ragioni della precedenza pag. 6. 7. 8. 9.

Confutationes Allegationum Cæsaris Estensis fol. 30.

 præ-

preterito anno misit Oratores & Nuncios ad supplicandum Sanctissimo Domino nostro Clementi VIII. pro prorogatione Investituræ usque ad tempus, quo vita ipsius, secundum regulam juris, potuisset æstimari. Constat ergo ipsum Alphonsum & ceteros possedisse & observasse Investituras hujusmodi non tanquam de allodio, sed tanquam de feudo.

LXXVII.

Miglioramenti fatti dagli Estensi nel Ferrarese non dovuti alla linea di Don Cesare.

Osserv. C. LXXVIII. pag. 121.

Perchè stà posta in gran pericolo la sede del Pigna ove scrive, che gli Estensi *fondarono* essi la Città di Ferrara, si vorrebbe pur nelle Osservazioni salvarla col dire, che è *almeno evidente per testimonio degli stessi Romani Pontefici, che la Casa d'Este oltre all' aver erette tante Chiese e Monisteri, e diffusa la sua liberalità sopra tante Famiglie, incredibilmente bonificò il territorio di Ferrara, amplificò, popolò, e rendè gloriosa quella Città col suo Contado*, e che ciò si conosce dallo stato, in cui era *quando fu occupata al Duca Cesare*, e da quello, in cui oggi si ritrova. Parlasi anche a lungo de' servigi prestati dagli Estensi alla Santa Sede. Se alla quiete e felicità, che hanno goduta i Ferraresi dappoichè sono tornati al dominio della Chiesa, debba preporsi quella, che godeano prima, sarà a loro stessi facile il rauvisarlo dal riandare gli auvenimenti delle loro Famiglie, e le Storie sincere de' tempi già scorsi. Intanto io non so chi sieno que' Pontefici, a' quali si attribuiscono le accennate particolarità. Ma so bene, che i servigi, e i miglioramenti asseriti, furono eccessivamente ricompensati da tante concessioni, sanatorie, proroghe, rinovazioni di Vicariati, nuove abilitazioni, e diminuzioni di censi, fatte dalla Santa Sede a' Signori di Casa d'Este. E nel particolare de' miglioramenti sarà egli ben noto a' Ministri, che tra le altre condizioni, con le quali Obizo ebbe il Vicariato di nove anni da Clemente VI. per mezzo di Beltramino Vescovo di Bologna il dì 29. di Luglio dell'anno 1344. non solo una si fu, che egli si obbligasse a restituire il tutto dopo ter-

Tesoro politico to.3. pag.46.

terminato il novennio, ma che ancora promettesse in forma provante, *quod ad hanc restitutionem faciendam, finito dicti Vicariatus ei concessi tempore, non retardabit occasione & ratione quarumcumque expensarum, defensionis, refectionis, ædificationis, reparationis, factarum, vel* IMPOSTERUM *faciendarum in dicta Civitate, Comitatu & districtu Ferrariæ; & dictas & alias quascumque expensas factas, vel faciendas non exiget, seu petet: nec exigere seu petere possit a Romana Ecclesia supradicta: nec etiam ipsi Ecclesiæ imputabit, nec valeat imputare: ac voluit ac promisit & convenit, quod ipsa Romana Ecclesia ad expensas hujusmodi minime teneatur*. Obizo stesso rinovò la detta convenzione in mano di Niccolò Vescovo di Venezia, e di Raimondo Abate di San Niccolò del Lido, delegati da Clemente VI. il dì 14. del mese di Ottobre dell'anno 1351. in occasione, che ottenne l'altra proroga a dieci anni per sè, per Aldobrandino, Niccolò, Folco, Ugone, e Alberto suoi figliuoli, con protestarsi in forma giuridica, *quod non retardabit ad dictam restitutionem faciendam occasione quarumcumque expensarum: immo omnes & quascumque expensas factas vel* FACIENDAS *non exiget*. Dopo morto Obizo fecero il medesimo i suoi figliuoli il dì 19. di Ottobre dell'anno 1352. e il dì 13. di Febbrajo dell'anno 1361. ricevendone la proroga da Innocenzo VI. e così anche fecero gli altri nel riceverla da' Pontefici successori. Laonde questa legge convenzionale, come innata al Vicariato, con cui ebbe origine per contratto fra' Pontefici e gli Estensi, s'intende ripetita in tutte le altre concessioni, che si riferiscono alla *primordiale*, come ad origine di tutte le altre. E questa condizione fu giustissima, perchè tutti i miglioramenti furono fatti di danari e di tasse de' vassalli e de' beneficj della Chiesa, concedute anco per XII. anni da Paolo II. a Borso. Oltrachè vi furono patti espressi di non fabbricare senza li-

Tesoro politico to. 3. pag. 47.

licenza della Santa Sede: e gli Estensi da' beni migliorati trassero molto più dello speso.

LXXVIII

Pretensioni de' Ministri Estensi contro alla Chiesa, opposte all' Augustissima Casa d' Austria. Insussistenza di un decreto surrettizio attribuito all'Imperadore Ferdinando II.

Tutto questo si è dovuto accennare per estrema e indispensabile necessità di purgar dalle tacce il glorioso nome di Clemente VIII. e i Pontefici suoi successori, a torto accusati, come detentori di Signorie usurpate agli Estensi: donde, parmi, che si renda ben chiara l'illegittimità d'Alfonso il padre di Cesare, la quale non si può tentar di purgare senza offendere anche l'Augustissima memoria dell'Imperadore Ridolfo II. quasichè egli avesse operato ingiustamente dando ad Alfonso II. per 400. mila scudi la grazia, e l'indulto d'eleggersi il successore in Modana e in Reggio, con sanarlo e abilitarlo a que' feudi, ancorchè, come nato di radice infetta, ne fosse notoriamente escluso: il che senza gravissima iniquità non si sarebbe potuto fare dall'Imperadore con pregiudicio di Don Cesare, il quale se era figliuolo di padre legittimo, era compreso nelle Investiture passate; e perciò avrebbe dovuto succedere per via ordinaria, e non per elezione d'Alfonso II. per abilitazione, e per indulto Imperiale con rischio di esserne escluso, quando Alfonso vi avesse voluto nominare (come potea) il Marchese di San Martino, discendente da Sigismondo da Este; poichè tra essi due soli si ristrinse l'Indulto Cesareo: in virtù del quale la Serenissima Casa d'Este, e non per altro titolo più antico, essendo entrata a possedere i feudi, che oggi possiede, ne viene per conseguenza, che per lei non può servire alcuna ragione dedotta da tempi anteriori al medesimo Indulto: e le medesime riflessioni militano per gli Stati della Santa Sede, già posseduti dagli Estensi innanzi al tempo di tale Indulto Imperiale, accordato per arbitrio, e per prezzo, anzi per pura liberalità dell'Imperadore Ridolfo II. e non per giustizia, nè per obbligo alcuno. E se la Corte Cesarea seguiva i consigli di Girolamo Conte di Porcía, allora Nunzio Apostolico presso l'Arciduca Ferdinando, che fu poi Se-

Registri MSS. delle Nunciature di Germania sotto Clemente VIII.

Secondo Imperadore di questo nome, ella avrebbe con piena giustizia potuto auvantaggiare i suoi interessi in questo affare. Anzi nell'aggravare in tal fatto Clemente VIII. si offende tutta l'Augustissima Casa d'Austria, sì di Germania, come di Spagna, la quale in favorire le risoluzioni del Papa contra gli attentati e l'intrusione di Don Cesare, vi concorse distintamente da tutti gli altri Principi della Cristianità, niuno de' quali volle secondare le sue pretensioni. E per cominciar dal primo di tutti, il medesimo Ridolfo II. con editti e bandi Imperiali vietò, che non si estraesse gente, nè provision d'armi da' suoi Stati per Don Cesare, e che non se ne permettesse il passaggio per l'Austria, nè pel Tirolo, come procuravano i suoi Ministri, anche ricorrendo a potenze separate dalla nostra comunione. L'Imperadore inviò il Conte Raimondo della Torre suo Ambasciadore straordinario a rallegrarsi col Papa della ricuperazione di quel Ducato: e i quattro Arciduchi Massimigliano, Alberto, Mattias, e Ferdinando, de' quali gli ultimi due l'un dopo l'altro succedettero nell'Impero a Ridolfo, offerirono alla Santa Sede tutte le loro assistenze per tal affare: e Ferdinando inviò espressamente molta provision d'armi; tanto riesce incredibile, e inverisimile, che un Principe così pio e giusto, qual fu il medesimo Ferdinando, sia poi stato capace, dopo fatto Imperadore, d'innestare alla Investitura de' feudi di Modana e Reggio, conceduta il dì 10. del mese di Novembre dell'anno 1629. a Francesco I. quel decreto vantato da' Ministri Estensi in favore della pretesa legittimità del padre di Don Cesare, e dello sposalizio di Laura, contra la fama, e l'evidenza de' fatti contrarj: il qual decreto è opposto agli atti reali, praticati da Ridolfo II. dallo stesso Ferdinando II. e da tutta l'Augustissima Casa d'Austria, la quale sul fatto riconobbe il contrario. Perciò esso decreto dee riputarsi per estorto con false e clandestine rappresentazioni, e dee tenersi di niun valore, mentre non vi si esprime, che Ferdi-

Ristretto delle ragioni Estensi pag. 6. 115. Osservaz. Cap. CV. pag. 159. Altra Lettera p. 37.

Ferdinando dica di far quel decreto *causa cognita*, come si sarebbe dovuto dire, se si volea, che fosse di qualche considerazione. Anzi si può dir francamente, che quell'ottimo Imperadore mai non fu consapevole di quel decreto, il quale, come ad atto ingiusto, clandestino, e surrettizio, non avrebbe egli mai acconsentito contra la Santa Sede, e contra la propria coscienza, già pienamente consapevole, e informata del vero. E qual Principe mai, non dico già informato del fatto, come era Ferdinando II. ma non prima informato, come or si suppone, avrebbe potuto fare un simil decreto in materia di fatti passati, senza udire la parte contraria? Già abbiam detto, che la funzione dell'investire ne' feudi, si fa dall'Imperadore primachè sieno spedite le scritture, e i diplomi; onde l'interpolazione affettata di quel decreto vi fu fatta far dopo per segreto maneggio, nell'atto, che si stendea la scrittura, senzachè mai fosse letto dall'Imperadore. Nell' intrusione di quel decreto vi fu anche la mira di far apparire a' Cesari futuri, che la Casa d'Este fosse in que' feudi per successione delle Investiture antiche, e non per Indulto Imperiale, nè *per Literas* NOVÆ *concessionis* (formola usata da Ridolfo II. nell'accettare Don Cesare alla nomina d'Alfonso II.) e ciò affinchè in tal guisa essa Casa d'Este non ne potesse mai esser esclusa, mediante la restituzione de' 400. mila scudi, sborsati da Alfonso II. per impetrar quell'Indulto. Quindi è, che non si palesò mai la notizia di quel decreto, senon dopo la morte dell' Imperadore, quando egli non potea più dichiararlo surrettizio ed estorto. Ma lo Scrittore di quell'artificiosa interpolazione ha potuto ben egli alterare la narrativa del fatto, ma non il fatto medesimo, il quale è registrato in tanti documenti Imperiali, e Pontificj, e nelle Storie più illustri di varie nazioni del Mondo, che per qualunque arte contraria non ne rimarrà mai in alcun tempo abolita la ricordanza.

Vedi pag.193. 199.

Ora

Ora passando alla Casa d'Austria di Spagna, il Conte Gherardo Rangoni Ambasciador di Don Cesare in quella Corte, non potette esservi ammesso, come Ministro del *Duca di Ferrara*, non ostanti i grandi artificj, che si usarono per impegnarvi il Rè Cattolico Filippo II. contro alla Chiesa. Ma questi si mostrò tanto alieno dal farlo, che offerì le sue forze d'Italia in servigio del Papa, notificando a tutti i Principi Italiani il debito, che lo stringea ad assistere alla Santa Sede, onde il Pontefice giustamente ripose ogni speranza in quel Rè, come in Principe pio, e ossequioso alla Chiesa, il che ci attesta Anastasio Germonio, già Ambasciadore del Duca di Savoja nella Corte di Spagna: il quale Autore asserisce, che allora non v'era alcuno, che avesse titolo legittimo in quel Ducato: *nec ex Estensium familia aliquo existente, qui in Ecclesiastica ditione (feudum appellant) legitimum titulum haberet*: onde in Roma si ebbe ragione di spedire a Ferrara chi persuadesse a quella Nobiltà, non dover'ella riconoscervi per Signore Don Cesare: il che prendono in mala parte gli Autori delle Osservazioni. E il Re Cattolico tanto più volentieri si mostrò favorevole al Papa, che un caso simile a quel di Ferrara, a lui stesso era avvenuto di fresco, poichè Don Antonio di Portogallo entrato in pretensione d'introdursi ancor egli in quel Reame vacante, dopo essere stato da' suoi più prossimi e anche dall' universale riputato bastardo, tentò di mostrarsi legittimo; fece esaminar testimonj, e si fece eleggere, e proclamare dal Regno. Ma il Rè Cattolico non volle sottopporsi ad altro giudicio, che al proprio, essendo comune parer de' Dottori, che la pretendenza essendo di un Sovrano, a questo appartenga esaminare e decider la causa. Tale appunto il Papa essendo in Ferrara, non fu creduto nè anche doversi ammettere prova alcuna contra una fama così pubblica, e lunga; sapendosi molto bene con quanta facilità si posano trovar testimonj, ed anche Scritture in materie somiglianti ove chi produce le Scritture non teme la

LXXIX. Don Cesare d'Este riconosciuto da tutti i Potentati Cattolici per escluso legittimamente dalla successione di Ferrara.

Registri MSS. della Nunciatura di Spagna sotto Clemente VIII.

De Legato lib. 1. cap. 5. pag. 24. 25. 26.

Osservaz. Cap. CIII. pag. 156.

la giustizia, come la temerebbe un privato. Il Rè Cristianissimo Arrigo IV. prese il medesimo partito in favor della Chiesa, intorno a che si possono vedere le considerazioni fattegli dall'Osat: e l'uno e l'altro di quei Monarchi fecero intendere a Don Cesare, che si umiliasse al Pontefice. Il Duca di Savoja licenziò l'Ambasciador di Don Cesare, senza voler riconoscerlo per Duca di Ferrara, affligendosi di esser in guerra, per la voglia, che avea di soccorrere il bisogno del Papa. Taccio del rimanente de' Principi Italiani, niuno de' quali volle favorire le pretensioni di Don Cesare, come a tutti è notissimo; onde senza tacciare tutti i Potentati Cristiani non può mettersi in pubblico la pretesa legittimità del padre di lui.

To. 1. Letre 123. pag. 490.

Registri MSS. della Nunciatura di Torino sotto Clemente VIII.

LXXX.

Duchessa di Nemurs riconosciuta per ultima della linea Ducale di Ferrara. Don Cesare conosce di non avervi ragioni per succedere in quel Ducato.

To. 1. Letre 159. pag. 591.

Ma l'ultimo compimento di questa verità dello stato illegittimo di esso nasce da Anna Duchessa di Nemurs, Sorella di Alfonso II. la quale pretese di esser l'ultima di sua famiglia, e come tale di dover succedere in tutti i beni allodiali, passati da' suoi Maggiori all'ultimo Duca suo fratello, al riferire del Cardinal d'Osat; e ciò ad esclusione di Don Cesare, come nato di linea illegittima, non ostantechè nelle Capitolazioni di Faenza gli fossero stati accordati tutti i beni allodiali del Ducato di Ferrara. E quando Pier Cardinale Aldobrandini, come erede testamentario della Duchessa d'Urbino, sorella di quella di Nemurs, volea da Don Cesare il supplimento della legittima, questi offerse di dargli i crediti, che pretendea dalla Corona di Francia per danari prestati da Ercole II. Ma l'Osat disse all'Aldobrandini, che la Duchessa di Nemurs e i suoi figliuoli pretendeano la successione anche in quei crediti, volendone in tal guisa diseredato Don Cesare, come nato di linea bastarda. E la Duchessa di Nemurs sapea ben ella, se Alfonso I. suo Avolo avea sposata nel fin di sua vita Laura la concubina. Giovanni Laboreur nelle Giunte alle Memorie di Michele di Castelnau parlando di Renata di Francia, madre delle suddette Duchesse, e di Alfonso

Memoires to. 1. lib. 3. pag. 749.

fonso II. loro fratello riferisce, che questi non avendo figliuoli tentò di far valere l'esempio di Niccolò III. Marchese di Ferrara, il quale preferì due suoi bastardi Borso e Lionello ad Ercole suo figliuolo legittimo; ma che ad Alfonso si oppose Clemente VIII. e che per un Arresto del Parlamento di Parigi il Ducato di Ciartres ed altre Signorie, già possedute in Francia dalla Casa d'Este, furono aggiudicate alla Duchessa di Nemurs. La verità di quanto scrive il Laboreur si può comprovare con l'istruzione segreta, che Don Cesare diede di ciò al Conte Girolamo Giglioli, suo Inviato a Clemente VIII. e con una Lettera, con la quale esso Conte auvisò Don Cesare il dì 18. Novembre 1597. d'averne parlato al Cardinal Tarugi, e dettogli, che in esso esempio consisteano le ragioni, *tenute sempre con molta segretezza* da Alfonso II. In un altra de' 5. dello stesso mese gli scrisse, che il Papa avea tenuta il giorno innanzi una Congregazion generale sopra il fatto del Ducato di Ferrara, dichiarandolo devoluto alla Chiesa, *e dicendo d'aver egli stesso scritto un* VOLUME *grosso sopra questo, il quale disegnava di dare alla stampa per far conoscere al Mondo le buone ragioni della Sede Apostolica sopra cotesto Stato, aggiungendovi, che erano passati molt'anni, che la Casa d'Este n'era decaduta per aver mancato in molte cose a' patti contenuti nelle Investiture: le quali tutte fece portare in Congregazione, facendone legger de' pezzi, secondochè occorrea. Giurò poi di spogliarsi in ciò d'ogni interesse, e di rimettere le sue ragioni in mano de' SS. Pietro e Paolo, e della Beatissima Vergine, parlando con somma vemenza.* Il medesimo Giglioli in una Lettera de' 29. Novembre a Giambatista Laderchi, detto l'Imola, intimo Ministro di Stato di Don Cesare, esagerando quanto avea operato in Roma, si esprime così: *io* NON *ho avuta commissione, che di* DAR PAROLE SENZA *aver fin quì avuta mai* COGNIZIONE *delle* PRETENSIONI *dell' A.S. per poterle* ADDURRE, *come da me, al Papa, per fermarlo da così risoluta deliberazione, ed il simile fare con*

MSS. originali, e minute del Conte Giglioli.

molti Cardinali, che si mostrano tanto duri in credere, che NON *ci sia* RAGIONE *alcuna dalla parte di S. A. e Signor mio. Questo è stato ed è un osso* MOLTO DURO *da darci de' denti sopra. E S. A. dee avere molto bene a memoria quello, che io le dissi intorno a questo particolare quando mi fece onore la mattina della vigilia di S. Simone nelle Camere nuove, comandarmi di venir quà. E non v'è persona, che sappia meglio di V. S. Illust. quel che ne riportò il Signor Duca Alfonso quando venne a Roma per questo effetto, che pure avea il Pontefice e i Cardinali favorevoli, che desideravano di dargli ogni gusto e soddisfazione. E piacesse a Dio, che quell' Altezza si fosse contentata, o avesse procurato di avere un pezzo di carta nella scarsella sottoscritta da Gregorio XIV. o non si fosse mai condotta a Roma per tal effetto, che il negozio sarebbe in altro termine di quello, in che ora si ritrova. Ma altro non si può fare. Pure se non ho potuto superare io le difficoltà, che sono per entro in detto negozio,* NON *avendo io, come ho detto,* MAI DATO, CHE PAROLE, SENZA *venir da cotesta parte risoluzione alcuna di* MOSTRARE LE RAGIONI, *non è maraviglia, che il negozio si trovi in questo termine, perchè, come sa V. S. Illustr. in ogni tempo Sua Beatitudine si è mostrata molto aliena da questo; poichè, vivente il Duca Alfonso, sa ella benissimo quello, che ha sempre risposto in questa materia: e tanto più adesso si è mostrata e tuttavia se ne mostra lontanissima, tenendo per fermo, che dalla parte di Sua Altezza* NON *vi sia* RAGIONE VERUNA. *Ed a mio giudicio se si fosse dato un pò pò di luce di queste* RAGIONI, *forse che il Papa non avrebbe così prontamente rifiutate l'offerte fattegli: e per avventura vi sarebbono stati de' Cardinali, che ne avrebbono parlato con Sua Santità, la quale, credo io, dee aver memoria delle parole, che le disse il Ricci quando fu mandato a Roma, e V. S. Illust. ancora se lo dee molto ben ricordare, senzachè io glielo rammenti adesso. In conclusione ho voluto dir tutto questo a V. S. Illust. per ogni buon fine,*

con

con dirle di più, che mostrando Sua Altezza quella generosità d'animo, che si può aspettare dalla somma sua prudenza in azion tale, e che hanno fatto gli altri Principi suoi precessori, e CHE VI SIA RAGIONE, *il Signor Dio, e la gloriosissima Madre proteggerà la causa sua. Ma è necessario far daddovero: o quando le* RAGIONI NON FOSSERO COSÌ CHIARE, *si avrebbe a procurare un buon accordo con quel maggiore onor e riputazione, che conviene ad un Principe tale, qual è Sua Altezza.* In un altra Lettera de' 6. Dicembre scrive a Don Cesare, che il Papa avea detto, che *dal suo modo di procedere si potea molto ben conoscere, che egli non camminava per la buona strada, e che tutto era fatto con artificio per* TIRARE IN LUNGO *il negozio, e non avendo finora* PRODOTTE *queste sue ragioni, che era segno manifesto, che* NON *ne avea di sorte alcuna. Di più, che se ne avesse, le avrebbe* ALMENO *fatte vedere stragiudicialmente. Che esso era stato a Ferrara* MOLTO TEMPO, *e che molto ben sapea le cose del Signor Don Alfonso padre di lui.* Dice ancora ad esso Don Cesare: *il Cardinal Salviati resta maravigliato, che Vostra Altezza non abbia fatto dare finora un poco di luce a questa Corte di queste sue pretensioni: cosa che avrebbe giovato assai alla causa sua, per quel che mi disse. Gli ho risposto di credere, che ciò sia stato fatto per non iscoprire dette pretensioni, se non quando sarà tempo.* Più oltre torna a dire: *fra' Cardinali si discorre, e lo tengono per fermo, che il Duca Alfonso I. non isposasse la madre del Signor Don Alfonso suo padre di felice memoria, e concludono, che stando questo, l'Altezza Vostra non possa succedere in quel feudo, nè sia de' compresi nelle Investiture vecchie.* Ora non credo, che sia malagevole il comprendere, se Don Cesare avea fondamenti per succedere nel Ducato di Ferrara, mentre non gli comunicava a' suoi più fidi ministri, i quali essendone all'oscuro, con artificiosi trovati andavano schermendosi dalla necessità, e dall'obbligo di mostrargli, come risulta dalle lettere sincere

 del

del Conte Giglioli, Ministro e Inviato di Don Cesare alla Corte Romana. E di quì si vede assai bene la giustizia di Clemente VIII. il quale *conobbe le ragioni della Chiesa, come il Sole chiarissime*, per servirmi delle parole di chi allora scrisse la Giunta alle Storie di Cesare Campana.

Giunta alle Storie del Campana pag. 27. ediz. II. di Brescia dell'anno 1601.

LXXXI.

Linea di Don Cesare aggregata di nuovo alla Nobiltà Veneziana, come esclusa dalle aggregazioni antiche. Sua illegitimità provata col Testamento, e col Codicillo d'Alfonso I.

La verità di tanti atti riceve anche non picciol peso da uno della Serenissima Repubblica Veneziana, la quale comechè il dì 25. d'Agosto dell'anno 1304. avesse aggregato alla sua inclita nobiltà Azzo d'Este Marchese d'Ancona con tutti i suoi posteri; nell'anno 1388. il dì 20. Giugno vi avesse aggregato di nuovo il Marchese Alberto con tutti i suoi posteri; e poi nell' anno 1398. il dì primo Settembre il Marchese Niccolò suo figliuolo pure con tutti i suoi posteri, mentre per esser entrambi nati bastardi non si comprendeano nella prima aggregazione; nulladimeno affinchè Don Alfonso il padre di Don Cesare vi fosse compreso, vi fu bisogno aggregarlo di nuovo: il che non so, se sarebbe accaduto sì tardi, come accadde, quando egli fosse stato riputato per legittimo discendente da Alfonso; quando Laura sua madre fosse stata Duchessa di Ferrara, e molti anni prima del tempo della medesima aggregazione ne fosse mai seguito il contratto del matrimonio tra lei, e il Duca. Ma oltre a tutto questo noi sappiamo, che Alfonso I. fece il suo Testamento in Ferrara il dì 28. d'Agosto dell'anno 1533. poco più d'un anno prima della sua morte, la quale auvenne il dì 31. d'Ottobre del 1534. Ivi egli dice d'istituir *suo erede il Signor Don Alfonso suo figlio* NATURALE, *nato di sè* SOLUTO *e di una donna* SOLUTA: *il quale Signor Don Alfonso esso Signor testatore per la sua Ducal potestà, & de plenitudine suæ potestatis, e per ogni miglior modo, che egli può, lo* LEGITTIMA, *e vuole, che sia legittimo e naturale a tutti gli* ALTRI *effetti*, SALVO, *che a venire contra la volontà di esso testatore, nel Castello di Montecchio*. Soggiunge poi qualmente egli dispone e comanda, che *per maggior fermezza de' detti lasciti, il pre-*

MSS. della Nunciatura dell'Impero sotto Clemente VIII.

predetto Signor Don Alfonso possa di NUOVO *tante volte, quante* BISOGNERA', *farsi legittimare da* QUALSIVOGLIA, *che a questo* ABBIA, *e* AVRA' *podestà. Essendo necessaria detta legittimazione*, COMANDA *si faccia con validazione di detti lasciti.* Questo punto del Testamento d'Alfonso I. si vede stampato dal Contelori. Nella guisa stessa egli parla di Alfonsino il fratello d'Alfonso, amendue nati da Laura Eustochio, sua concubina. Il dì 8. di Ottobre del 1533. egli fece un Codicillo, pubblicato pure dal Contelori, in cui ordina a' suddetti suoi figliuoli *legittimati*, che ubbidiscano e riveriscano la madre, soccorrendola in tutti i bisogni; e dal Testamento, e dal Codicillo apparisce, che Laura non era moglie d'Alfonso I. che Alfonso e Alfonsino erano suoi figliuoli bastardi, ma legittimati da lui con la sua *Ducal podestà*, e che egli non avea pensiero alcuno di sposar lor madre; altramente non avrebbe ordinato loro, che in caso di bisogno si potessero far legittimare da altri ad effetto di godere i legati, che loro lasciava; perchè la legittimazione matrimoniale avrebbe prevaluto a qualunque altra. Di quì dunque si esclude il nascimento legittimo, il quale per altro confessano anche i Ministri Estensi: e di più si leva ogni ombra di legittimazione per via di susseguente matrimonio, mentre il Duca riconoscendo il figliuolo Don Alfonso per bastardo, gl'impartisce la legittimazione, ma però limitata, affinchè succeda nel solo Castello di Montecchio, e non in altre Signorie. *Noi non neghiamo*, dicono i Ministri Estensi, *il principio* VIZIOSO, *nè quel Testamento. Ma proviamo, che poscia seguì il matrimonio nello spazio d'un anno, scorso fra la morte del Duca, seguita nel 1534. e il Testamento, e i Codicilli suddetti.* Le prove addotte nell'anno 1597. consistettero in una semplice asserzione senza fondamento veruno. Nell'anno 1643. si divulgò, che vi erano certe pretese enunciative di due strumenti, che accennavano quel matrimonio, niuno però più antico dell'anno 1550. e a ciò fu risposto dal Contelori, dal

Risposte alle Scritture Estensi pag. 19. & in fine pag. 17.

Osservaz. Cap. LXXX. pag. 124.

Ghi-

Ghini, e dal Rossi. Citarono anche diversi Autori, i quali oggi sono cresciuti in gran numero, e sempre più cresceranno, perchè chi loda, e chi scrive genealogie, cerca di meritare l'altrui gradimento: e niuno fuor di necessità vuole scriver cose rincrescevoli a' Principi. E di questo ultimo parere sono ancor io, il quale non sarei mai certamente entrato in queste materie sì gravi, senon ne fossi stato condotto dalla invincibil forza del vero, non meno che dall'ossequio, che debbo professar con le opere a' Supremi Capi preposti da Dio alla mia Santissima Religione, difendendogli ovunque mai posso dalle tacce oltraggiose ed ingiuste, le quali se si lasciano correr liberamente per vere con iscandalo di coloro, che son fuori della nostra comunione, e de' Cattolici ancora, possono produrre pessimi effetti negli animi altrui.

LXXXII. Don Alfonso padre di Don Cesare legittimato da Alfonso I. e poi dal Cardinal Cibo per via di rescritto. Insussistenza del preteso matrimonio di Laura con esso Duca.

Ristretto delle ragioni Estensi pag. 76. 138.

Ma, dico io, se veramente Alfonso I. sposò Laura in fin di sua vita dopo fatto il Testamento e il Codicillo; e perchè mai i due suddetti bastardi, da lui già legittimati prima col Testamento, e indi con quel matrimonio, si fecero poi anche legittimare dal Cardinale Innocenzo Cibo in virtù del comando del padre? Non bastava la legittimazione, che nascea dal matrimonio, se era egli vero, che fosse realmente seguito? Nel Ristretto delle ragioni Estensi non senza mistero si tacque l'anno di questa seconda legittimazione, fatta dal Cardinal Cibo. Ma se i Ministri Estensi la leggeranno bene, vedranno senza alcun dubbio, che ciò avvenne dopo il tempo, in cui si pretende concluso il matrimonio, cioè dopo l'anno 1534. in cui seguì la morte d'Alfonso I. Nè si può dire, che il matrimonio seguisse dopo il Codicillo, cioè dopo gli 8. d'Ottobre dell'anno 1533. e prima de' 31. Ottobre dell'anno seguente 1534. in cui morì Alfonso I. perchè vi ripugnano le dichiarazioni testamentarie, che danno licenza di procacciar *nuova* legittimazione per via di rescritto, e che chiamano i figliuoli, *nati di sè soluto, e di donna soluta*: il che dimostra il commercio affatto disgiunto dal-

dall'affetto maritale, e arguisce in Alfonso I. volontà ferma e deliberata di non voler legittimare i figliuoli per matrimonio: e questa volontà non si dee presumer cambiata, senza addurvi le prove e le cagioni del cambiamento; mentre si sa, che da'Principi non si sposano le concubine, senon per prouvedere alla mancanza di legittima prole sanando e abilitando in tal guisa l'illegitima alla successione. Per lo contrario Alfonso I. morì lasciando quattro maschi legittimi, avuti da Lucrezia Borgia sua seconda moglie, che furono Ercole, Ippolito, Francesco, e Alessandro: e vi lasciò ancor de' nipoti nati da Ercole e da Renata di Francia: la qual successione gli fu attribuita da Paolo Giovio a grandissima felicità: *quod exactæ felicitatis existimari poterat*. Nè per la parte contraria si produce alcun atto autentico di Alfonso I. che distrugga le precedenti disposizioni della sua ultima volontà, dichiarata ed espressa nel Testamento, e nel Codicillo, benchè al Codicillo egli sopravivesse un anno e alcuni giorni, e non morisse all'improuviso, ma stesse infermo *dieci giorni continui*, come attesta Marco Guazzo, il quale nelle sue Storie narra minutamente la sua morte, il suo funerale, e la successione di Ercole, senza ivi far motto alcuno di tal maritaggio, dove era il luogo proprio da farlo. Ma del Guazzo sarà luogo di tornarne a parlare. Nè così in aria si dee presumere il matrimonio contratto in fin della vita tra un Principe grande, come era Alfonso, e una donna di plebeo nascimento, come, per consenso de' Ministri Estensi, era Laura, dopo tredici anni di pubblico e notorio concubinato, quando non vi era alcuna necessità di legittimare in tal guisa la prole per farla succedere ne' suoi Stati: dalla qual necessità egli si vide lontanissimo quando fece il Testamento e il Codicillo, dichiarando di non volerla legittimare per questa via; e dandole facoltà di cercare altra legittimazione per via di rescritto. Questi motivi sono così gagliardi, che un tal matrimonio non si dee presumere senza l'esibizione di scrittura alcuna, la

Bald. in L. 1. n. 3. C. de Collat. Aretin. in L. 1. n. 28. ff. de acquir. possess. Alciat. reg. 2. præsum. 16. n. 1.

Storie dal 1524. al 1552. pag. 285. ediz. III. del Giolito del 1552.

Confutationes Allegationum Cæsaris Estensis fol. 39. n. 209.

la quale nelle Allegazioni in favor di Don Cesare, si confessò, che non v'era, nè era stata mai fatta; e che nulla importava, che non vi fosse: *tantum addo, non officere quod dotalia instrumenta confecta* NON *fuerint, quoniam, quicquid sit de jure civili, certe jure canonico, quod solum attendi debet in matrimoniis, non est hæc* SOLEMNITAS *necessaria*. Don Cesare confessò di sua spontanea volontà, che non vi fu scritto alcuno strumento di quel matrimonio: *quod dotalia instrumenta confecta* NON *fuerint*. Or come dunque 40. anni dopo questa confessione, che fece Don Cesare, i Ministri Estensi non ebber riguardo, come non lo hanno nè anche quelli de' giorni nostri, di pubblicare, che le scritture furono *tolte ed occultate dal Duca Ercole per l'auversione, che tenea a' due Alfonsi suoi fratelli, cagionata dall'esser questi figli d'un altra madre, e dal vedere, che il Duca Alfonso, comun padre, gli amava con parzialità di affetto, ed avea loro assegnati perciò feudi liberi e indipendenti, e rendite di non ordinaria conseguenza*. Ma non si auvidero, come nella medesima faccia aveano detto tutto il contrario, cioè, che Ercole II. lasciò, che Laura si facesse chiamare col titolo di *moglie* d'Alfonso I. in istrumenti pubblici. Ora se lasciò, che fosse trattata col titolo di *moglie*, qual ragione ebbe di torre ed *occultare* gli strumenti del matrimonio? Di più dopo aver detto, che lo strumento matrimoniale di Laura fu *rogato da Giambatista Saracchi*, e poi *con altre scritture occultato dal Duca Ercole per l'auversione, che tenea a' due Alfonsi suoi fratelli, cagionata dall'esser questi figliuoli d'un altra madre*; in quattro altri luoghi di quella Scrittura stessa pretendono francamente, che Ercole II. *con l'opere e con ogni altra conveniente dimostrazione trattasse Don Alfonso da suo legittimo fratello*: che egli permise, che Laura usasse pubblico trattamento di Duchessa *vedova*: che vi sono strumenti ove chiama Alfonso *Principem germanum*; e che *la fama, che Ercole chia-*

Osserv. C.LXXXII. pag.126.
Ristretto delle ragioni Estensi pag.6.

Ristretto delle ragioni Estensi pag.94. 107. 120. 122.

chiamasse Don Alfonso naturale resta convinta di bugia e dallo strumento, nel quale lo stesso Ercole il chiama Principe fratello, e dall'onore di farlo accompagnare il funerale del padre. Di queste stesse cose si fa motto anche nelle Osservazioni. Ora io non so intendere, come s'accordino insieme l'aggravare Ercole II. d'aver egli indegnamente occultate le scritture del preteso matrimonio di Laura per l'auversione, che avea a lei e a' figliuoli: e l'aver poi egli permesso, che Laura fosse trattata, come *moglie* di suo padre, riconoscendo anche i figliuoli di lei per legittimati dal matrimonio: i quali atti sono totalmente contrarj fra loro. Ma Don Cesare sapea ben egli assai meglio, di quello, che poi seppero i suoi posteri, che non si trovavano quegli strumenti del matrimonio, non già per essere stati *occultati* dal Duca Ercole con atto iniquissimo; ma per non essere stati mai scritti: *quod dotalia instrumenta* CONFECTA NON FUERINT. Non dice *occultata*, ma *confecta non fuerint*. Laonde il Duca Ercole non potette occultare gli strumenti, che mai non erano stati scritti: nè avrebbe avuto motivo alcun d'occultargli, se fosse vero, che fece atti totalmente contrarj al fine, per cui si pretende, che gli occultasse. E se lo strumento non fu scritto, per confession di Don Cesare, come mai fu egli *rogato dal Notajo Saracchi*? E se pur anche lo avesse questi rogato, non si sarebbe egli stesso serbata la minuta per inserirla ne' protocolli, come per obbligo loro preciso fanno i Notaj? Ed essendo poi egli sopravivuto al Duca Ercole II. tre anni, e perchè mai non si fece scrivergliene un altro in vece dell'occultato, dachè esso Notajo morì il dì 8. del mese di Settembre dell'anno 1562. un mese prima, che nascesse Don Cesare, come gli Autori delle Osservazioni avranno letto nel Giornale dell' Isnardi, da loro allegato? Al Duca Alfonso II. il quale ne' Pontificati di Pio V. di Gregorio XIII. di Sisto V. di Gregorio XIV. e di Clemente VIII. per tante strade, e con tanti mezzi procurò,

Osserv. Cap. XCVI. pag. 133.

Giornale MS. delle cose di Ferrara d'Antonio Isnardi. Osservaz. Cap. C. pag. 150.

Nn che

Tesoro politico to. 3. pag. 51.

che Don Cesare per indulto e per grazia fosse abilitato alla successione del Ducato di Ferrara, e perchè mai non cadde in pensiero di far ricercare quello *strumento occultato*? Perchè nol fece estrarre da' protocolli del Saracchi per uscire in tal guisa di tanti impacci e presso il Pontefice, e presso l'Imperadore, mentre così avrebbe avute per Don Cesare entrambe le Investiture naturalmente, e senza tante spese e tante difficoltà? Ma Alfonso II. non pensò mai di gire in traccia di quello strumento, perchè sapea non esservi mai stato. Il vero si è, che Ercole II. sempremai trattò Don Alfonso da bastardo: nè questi mai se ne lagnò in verun conto: e nella Genealogia di Casa d'Este pubblicata in Ferrara ventun anno dopo la morte d'Alfonso I. e tre innanzi a quella d'Ercole II. la qual Genealogia va dietro alle Storie del Sardi della prima impressione, come si disse, vi fu egli messo per bastardo con la ✠ sopra il suo nome in segno della sua illegittimità, come più innanzi si farà vedere. Nè alle due mogli del medesimo Alfonso I. ivi nominatamente inserite, vi fu aggiunta per terza Laura, allora vivente: il che però di ragione si sarebbe fatto, se veramente vi fosse mai seguito quel matrimonio. Abbiamo dunque tutti i riscontri, per li quali si convince, che Laura non fu mai sposata, e che non vi fu mai scritto alcuno strumento del suo matrimonio. Il perchè Don Cesare, come figliuolo di Don Alfonso illegittimo, non avea alcun carattere di succedere nel Ducato di Ferrara, perchè non venía dalla linea legittima: alla qual sola fu ristretta la successione in quel feudo da Paolo III. E a mostrare il contrario non bastano le private adulazioni di alcuni pochi amorevoli Ferraresi, divulgate con le stampe molti anni dopo la morte d'Alfonso I. per piacere a Laura, e a' suoi figliuoli. Imperciocchè in fatti sì gravi e sì rilevanti ove si tratta di Principi e di Principati, ci vogliono essere strumenti autentici: e lo ricerca l'Imperador Giustiniano ove prevedendo quanto fosse pericoloso l'ammettere

Opuscoli di Scipione Ammirato tomo 2. pag. 120.

Henricus Spondanus in Continuatione Annalium Baronii to. 2. anno 1591. §. 13.

simili

simili presunzioni in somiglianti matrimonj, non vuole, che da' personaggi di gran dignità si celebrino le nozze, *nisi dotalia scribantur instrumenta*. E benchè, quanto all'essenza del Sagramento, non sieno necessarie le scritture, bastando il consenso de' contraenti; nulladimeno quanto alla prova esterna, la sola presunzione è pericolosa, quando la scrittura non toglie ogni sospetto. Quindi Piero di Bellapertica scrive, che *si matrimonium contrahitur inter humiles personas, in ejus probatione bene creditur testibus; si autem inter* MAGNAS *personas*, NON *creditur nisi* SCRIPTURÆ: e però Baldo asserisce, che il matrimonio de' Grandi NON *potest probari, nisi per* INSTRUMENTUM. A Baldo aderiscono i più famosi Giureconsulti: e nel caso nostro non solo ci mancano le Scritture, ma anche i testimonj.

Authent. ut liceat matri §. quia vero.

In L. si qua per calumniam 22. in fine. C. de Episc. & Cleric.

Baldus ibid. n.9.

Massil. in Rubr. C. de probat. n.31.

Mascard. de probat. par.2. conclus. 1023. n.23.

LXXXIII.

Don Alfonso, e Don Cesare d'Este riconoscono se stessi per illegittimi discendenti da Alfonso I.

Si aggiunga di più, che quando morì Alfonsino, l'altro fratello di Don Alfonso, questi non pretese la successione di Castelnuovo, patrimonio lasciato al defonto da Alfonso il padre: nel quale però egli solo avrebbe dovuto succedere, come fratello; ma tralasciò di pretenderlo, consapevole, che come legittimato dal padre con limitazione a succedere solamente nel disposto da lui, e così al solo Montecchio, e non già pienamente al tutto, non potea impedire la devoluzione di quel feudo giurisdizionale al Duca, perchè non vi era seguito alcun matrimonio tra' suoi genitori; altramente Don Alfonso si sarebbe astenuto d'approvare il Testamento e il Codicillo del padre godendo sinchè visse, come illegittimo, i soli beni lasciatigli, e per conseguente approvando ed accettando l'assertiva, che nel Testamento e nel Codicillo fu fatta di lui e di sua madre; non apparendo, che nè egli, nè ella vi abbiano fatta nè protesta, nè riserva, nè altro atto in contrario: tanto più poi, che Laura accettò gli alimenti, l'abitazione ed altre entrate lasciatele nel Codicillo, come a *donna libera*, e a concubina d'Alfonso,

§. Si igitur defunctus Auth. de hered. ab intest. ven.

L. Auth. cessante ver. dico C. de legit. hered.

C.1. §. naturales si de feudo defunct.

fonso, e non come a Duchessa: onde col fatto ella venne a dichiarar d'esser madre naturale, e non legittima di Don Alfonso. Questa verità non solo fu riconosciuta da Don Alfonso, ma anche da Don Cesare suo figliuolo prima e dopo la morte di Alfonso II. *Primo* con essersi lasciato da lui sempre trattare e pubblicare nelle due Corti Pontificia e Cesarea per figliuolo di padre illegittimo, e non compreso nelle antiche Investiture Estensi; e che perciò, come discendente da linea infetta, tenea bisogno di esser abilitato sì a' feudi Ecclesiastici, come agli Imperiali per sanatoria e per indulto di nomina speciale in virtù di *nuova* Investitura: il che non sarebbe stato necessario, se fosse egli disceso da Principe succesibile per propria comprensione. *Secondo* con aver accettata la nomina di sua persona agli Stati di Modana, Reggio e Carpi in virtù della sanatoria, e dell'Indulto Cesareo; e poi anche dopo morto Alfonso II. procuratane la conferma il dì 13. di Gennajo dell'anno 1598. *Terzo* con essersi acquietato alle risposte date a una Scrittura esibita a Clemente VIII. dopo il Monitorio, da Grazio Testi procuratore di esso Don Cesare: e per non aver mai replicato alle Confutazioni delle sue Allegazioni, nelle quali avea detto, che Alfonso I. sposò Laura *illam in uxorem duxit*: il che fu negato per parte della Corte di Roma, senzachè niun vi parlasse in contrario. Nè mai se ne parlò sino all'anno 1643. nel quale il Duca Francesco I. si accorse di molte ragioni, che non si erano sapute per più d'un secolo, cioè dall'anno 1534. fino a quel tempo; siccome anch'oggi i Ministri Estensi hanno dissotterrati fondamenti, che prima furono incogniti; onde se così è, che i più lontani dal tempo degli avvenimenti debbano sapere quello, che non seppero i contemporanei, prossimi, dimestici, interessati, e quegli stessi, a' quali sono accaduti; bisognerà sconvolger l'ordine delle cose, e scambiare gli assiomi indubitati, i quali c'insegnano, che gli atti coetanei,

nei, e seguiti in tempo non viziato, ma puro, si debbano anteporre a qualunque testimonianza lontana dal fatto, e di persone, che hanno scritto dopo guasta e viziata la materia dall'affetto e dall'interesse di chi ha voluto e studiato di viziarla e alterarla.

LXXXIV.

Eccezioni della prima testimonianza del matrimonio di Laura, tratta da Piero Aretino.

Osservaz. Cap. XCI. pag. 140.

Lettere dell'Aretino to. 3. pag. 12. ediz. di Parigi del 1609.

Ma per accennar qualche cosa anche delle molte testimonianze, che si adducono oggi da' Ministri Estensi per tal matrimonio, quantunque alla maggior parte di esse abbiano risposto il Contelori, il Ghini, e il Rossi, non lascerò di dirne ancor io qualche cosa. La più antica di tutte si è quella dell'anno 1542. la quale consiste in certa lettera, scritta a Laura per confortarla nella morte del padre, da Pietro Aretino: da un uomo, che nella scandalosa maledicenza, e nell'adulazione sfacciata non conobbe alcun termine, come a tutti è notorio, talchè molti lo stipendiarono per non ricever da lui vituperj, ma lodi: il che sin dalla Francia mosse il famoso Monaco Benedettino Giovacchino Perionio a detestare sì gran temerità con una diceria stampata. Della massima adulazione dell'Aretino tre gran saggi abbiamo in quella lettera stessa, che contra noi si adduce nelle Osservazioni. I. dice egli, che il padre di Laura traea indicibil piacere *dal conoscer sè, uomo positivo,* SUOCERO *d'un Principe sublime*. Costui esclude affatto il concubinato, supponendo Laura per Duchessa di Ferrara, e sposata dal Duca Alfonso assai prima del fin di sua vita, e come le altre sue mogli: e non già tenuta da lui per amica. Ma se Laura fu sposata da Alfonso in fin di sua vita, come or si pretende, e quando mai potette il padre di lei conoscer sè stesso SUOCERO *d'un Principe sublime*, se questi era già morto? II. ei dice, che si ricreava in vedere i nipoti, *i quali a dir nati di Duca, è un gran vanto, ma soggiungendoci poi* IN MATRIMONIO LEGITTIMO, *cotal fatto si converte in gloria*. Nelle Osservazioni si confessa, che i figliuoli di Laura nacquer bastardi, e si vuole, che fossero poi legittimati non solamente

per

per lo rescritto Ducale, ma anche per lo matrimonio seguito in fin della vita del padre: e costui con manifesta menzogna, riconosciuta da' medesimi interessati, gli chiama *nati in matrimonio legittimo*. III. egli nomina due volte il *Cattolico Duca Alfonso*: il qual titolo essendo stato conferito dalla Santa Sede a Ferdinando Rè d'Aragona per l'eccellenza della sua religiosità, e poi fatto ereditario ne' successori; non viene senon da una strabocchevole adulazione il darlo al Duca di Ferrara. Ma colui, che avea detto, che i due bastardi Alfonso ed Alfonsino erano *nati di legittimo matrimonio*, potea ben anche dare quel titolo al padre loro, al quale se in riguardo all'eccellenza della sua religiosità, gli fosse dovuto, si può raccorre dalle ragioni inserite nel Manifesto di Cosimo I. Duca di Firenze, cui più addietro allegammo. Or veggasi di qual fatta sia la più antica testimonianza, che si porta del matrimonio di Laura: e da questa si formi il giudicio delle altre, le quali son tutte posteriori di molti anni.

Informazione sopra le ragioni della precedenza pag. 6. 7.

LXXXV. Esame del titolario onorifico di Laura, di Don Alfonso suo figliuolo, e di Don Cesare suo nipote.

Intanto di quì abbiamo, che sin nell'anno suddetto 1542. si era cominciato a lusingar Laura con lo spacciare e finger di credere, che fosse stata *moglie* d'Alfonso, allora quando niuno pretendea, che vi fosse stata. Il perchè non è maraviglia, se poscia alcuni altri, per la più parte Poeti adulatori, Ferraresi interessati e dipendenti da Laura, e da' suoi figliuoli, allora già autorevoli e grandi per le facoltà lasciate loro dal padre, e perchè finalmente erano bastardi di un gran Principe; le diedero titoli esorbitanti col soprannome anche della Casa *d'Este*; benchè questa non sia cosa singolare quanto la fanno, avendolo avuto anche Bianca Aurora *da Este* moglie di Tommaso Porcacchi da Castiglione Aretino oltre alle Famiglie Tassoni e Mosti. E Laura stessa lo ebbe non solo dopo la morte del Duca Alfonso, ma anche alcuni anni prima del tempo, in cui si pretende, che accadesse il matrimonio, e mentre a parere di tutti

Storia di Casa Malaspina del Porcacchi.

Rime di diversi in morte d'Irene di Spilimbergo pag. 15.

Lettere di XIII. Uomini illustri raccolte dal Porcacchi lib. 17. in fine.

Lettere volgari del Giovio pag. 121.

tutti ella era concubina e non moglie. Imperciocchè in uno strumento de' 4. del mese d'Ottobre dell'anno 1524. in proposito di certi beni donatile dal Duca, si legge: *feudum* Illustrissimæ Dominæ *Lauræ* Estensis *a Camera Ducali*: e lo strumento è registrato ne' protocolli del Notajo Ferrarese Giambatista Saracchi. Laonde questa denominazione, già data a Laura in istrumenti autentici nel tempo del concubinato, non può favorire a verun patto il preteso matrimonio, che si asserisce contratto assai dopo. Che se il Principe amante lasciava o volea, che si dessero quei titoli a Laura; qual maraviglia è poi, se prima e dopo la morte di esso alcuni Poeti, ed altri Scrittori privati le diedero a dismisura e questi ed altri maggiori onoranze in opere ove si trattava d'amori per farle cosa grata e per soddisfare al suo genio, e a quello de' figliuoli, che erano titolati e ricchi? Tanto più poi, che col tempo si vide entrarvi anche la dissimulazione della Corte, dappoichè Alfonso II. cominciò ad esser tenuto per *inabile alla generazione*: il che era cosa pubblica nell'anno 1568. come allora espose nel Senato di Venezia Emiliano Manolesso nella Relazione di Ferrara, stampata senza suo nome nel Tesoro politico. Non è però, che dopo la morte del Duca ella abbia avuto più di quello, che si convenia a concubina e a donna privata, perchè in uno strumento scritto nel 1542. dal Notajo Saracchi, si legge: *literæ Ducales de venditione facienda Lauræ Eustochiæ*, ove non è chiamata con alcun titolo di Principessa. Succeduto Alfonso II. ad Ercole il padre, e veggendo l'incertezza di poter aver successione, fin sotto Pio V. cominciò a mettere in campo i trattati de' quali ho discorso, intorno al provvedersi, per grazia speciale, di successore già escluso dalle ordinarie Investiture: e poi molto più il fece sotto i Pontefici successori, dachè non solo nel primo, ma nel secondo, e poi anche nel terzo suo matrimonio si vide fuor d'ogni speranza d'avervi prole.

Tesoro politico to. 1. pag. 270.

Risposte del Contelori alle Scritture Estensi pag. 59.

E il

E il Cardinal Luigi di lui fratello, che morì nell'anno 1586. essendo Vescovo, non potea pigliar moglie, quantunque nella terza Scrittura Estense senza verun fondamento si supponga il contrario. Quindi per gli accennati riguardi di far creder legittima la linea bastarda di Don Alfonso, non sarebbe gran fatto, che Laura, la quale morì il dì 27. del mese di Giugno dell' anno 1573. avesse anche avuto funerale di Duchessa con pubblicità molto studiata, e affettata dal Duca e dal Cardinale, allo scrivere di certi appassionati Giornalisti, che si allegano nelle Osservazioni: ove ancora si dice, che ella dopo la morte d' Alfonso I. *vestì abiti vedovili*: che nel sigillo portava impresso il Sole col motto: *quia fecit mihi magna qui potens est*, e con le parole *Laura Estensis*: e che il Duca fece coniare medaglie, nelle quali da un lato ella era genuflessa innanzi a lui col motto: *ex hoc beatam me dicent*: e dall'altro il Salvatore con la donna appiedi e col motto: *fides tua te salvam fecit*: le quali cose sono state proposte e confutate altre volte. Ma si rimette al Cristiano Lettore il giudicio, che dee formarsi di questi motti, ne' quali si profanano le parole sagrosante della divina Scrittura, adattandosi al Duca quelle, che furon dette da Cristo Signor Nostro, e quelle della Santissima Vergine appropriandosi a Laura in tempo, che era indubitatissima concubina d'Alfonso, cioè nel fior de' suoi amori, e non già dopo il tempo del matrimonio, che si finge accaduto in fin della vita allorchè egli non ebbe più campo di pensare a far somiglianti imprese, e medaglie: onde non so mai come nelle Osservazioni si affermi, che *le fece battere Alfonso per alludere a quel matrimonio*. In un rescritto autentico fatto dal Duca *tre giorni prima*, che spirasse, ella è detta *Madonna Laura Eustochia* NOBILE *Ferrarese*. Dunque allora non era moglie: e se la sposò dopo, quando mai ebbe tempo d'applicare a far battere le medaglie? E se potette far battere le medaglie, perchè non potette ancora fare scrivere gli strumenti matrimoniali e dotali:

Altra Lettera p.29.

Osserv. Cap. XCIX. pag. 150. 151. 152. 153.

C.LXXXV.p.131.

Ristretto delle ragioni Estensi pag.5.

Matthei IX. 22. Lucæ I. 48. 49.

Osserv.Cap.LXXXV. pag.131.

Risposte del Conteleri pag.48. col.2.

tali: *quod dotalia instrumenta* CONFECTA NON *fuerint*. L'abito vedovile non disconviene a concubina tenuta in guisa di moglie, *loco uxoris*, secondochè dice il Giovio: cioè con pura *duità*, come vuole Giustiniano; essendo tal sorte d'abito segno di privazione della precedente *duità*, donde Scevola trae il nome di *vedova*. E poi ella affettava gli abiti vedovili con quella franchezza, con la quale ostentò tante altre distinzioni di Principessa in tempo, che da niuno si controverte essere stata concubina effettiva, cioè prima della morte d'Alfonso. E dovea anche a bello studio affettare quegli abiti per mostrare di non voler pigliar marito, dachè Alfonso nel Codicillo avea incaricati i figliuoli bastardi ad alimentarla *onorevolmente per fino a tanto, che essa Madonna Laura sarà senza marito*; poichè finalmente era di maggior suo decoro il vestire in tal guisa, che in modo inferiore a quello, che con ogni ostentazione e pubblicità avea praticato, vivente il Duca suo Amante. La solennità del funerale nulla conclude, quando è notorio, che Ercole II. trattò i suoi figliuoli da bastardi legittimati per via di rescritto, e a Don Alfonso, come a tale, non era disdetto *accompagnare il cadavere del padre, incappucciato non meno degli altri Principi nel solenne funerale fattovi dal Duca Ercole, capo della Casa*, il che si dice nelle Osservazioni per una gran cosa. Anzi la stessa Laura in una supplica data ad Ercole II. il dì 18. di Maggio 1543. s'intitola: *Laura Eustochia serva fedelissima*, ove non ardisce di chiamarsi nè *Estense*, nè *Duchessa*, nè *madre* o *matrigna*: segno evidente, che non era mai stata sposata dal Duca; altramente ella si sarebbe sottoscritta in maniera differente da quella, con cui si sottoscrivea, ed era chiamata prima della morte d'Alfonso I. Nè i Ministri Estensi antichi, nè i moderni si sono mai arrischiati a dire, che ella abbia avuto da gente privata, e molto meno dalla Corte Ducale, il nome di *Duchessa*: cui però avrebbe certamente avuto quando ella fosse stata sposata e considerata per moglie o in vita, o

§. Consideramus Autent. de trient. & semiss.

L. malum 242. §. viduam ver. similiter ff. de verbor. signif.

Osser. Cap. LXXXVI. pag. 133.

Risposte alle ragioni Estensi pag. 48. col. 2.

in morte d'Alfonso I. Quindi si trae poco frutto dalle affettate cerimonie, che si raccontano del funerale di Laura: il cui cadavere si pretende, che fosse accompagnato al sepolcro dal Duca Alfonso II. e dal Cardinal d'Este, che la Corte vestisse a bruno, e che nell'esequie vi si fossero vedute affisse l'armi Estensi col *titolo di Duchessa*; imperciocchè il Faustini, che il narra, vi mette la particola dubitativa: *come si disse*. Ma nelle Osservazioni non si è avuto riguardo veruno di pubblicare, che i *Ministri del Papa fecero aggiungere alle Storie del Faustini quel* COME SI DISSE, *acciocchè paresse quella notizia appoggiata più all'incerta voce d'alcuno, che all'autentica degli Storici precedenti, e alla certa scienza del Faustini*: e si pretende, che nell'originale di questo Scrittore si legga, che *Laura era stata moglie del Duca Alfonso, come fu noto a tutta Ferrara*. E chi mai furono quei *Ministri del Papa*, che vi aggiunsero quelle parole? Veramente a' *Ministri del Papa* dovette dare un gran fastidio la testimonianza del Faustini, che entrava mallevadore di un atto avvenuto più d'un secolo prima di lui! Ma se il suo racconto dava loro sì gran fastidio, avrebbono fatto assai meglio levarlo affatto dal libro, che frapporvi quel *come si disse*. Avendo poi il Faustini dato egli stesso alle stampe il suo libro, si sarà probabilmente servito del suo proprio originale: e forse noi non sappiamo, che gli Autori prima di stampare i loro volumi, vi levano e mutano conforme loro più torna in grado? Ma quali sono *gli Storici precedenti, all'autentica voce* de' quali appoggiossi il Faustini? Sono forse il Giovio, il Giraldi, l'Autore dell' Albero Estense del 1555. il Faleti, il Pigna, il Morosini, il Campana, l'Errera, l'Ossat, il Tuano: tutti i quali d'accordo escludono Laura dal numero delle mogli d'Alfonso I. e riconoscono Don Alfonso, loro figliuolo per illegitimo? O pure tutti questi Autori furono *stipendiati dal Sommo Pontefice, e dipendenti da Roma*, con la quale eccezione generale si credono i Ministri Ducali di buttare a terra tutte le autorità, che

Giunta alle Storie del Sardi lib.2.p.59.

Osserv.Cap.C.pag.151.

Osserv.Cap.LXXXIII. pag.129.

che ſon contro di loro? Quale era mai la *certa ſcienza*, che avea il Fauſtini di quella *notizia* da lui narrata, ſe egli ſtampò la ſua Giunta nell'anno 1646. cioè da 110. anni dopo il tempo, in cui ſi pretende concluſo il matrimonio, e circa 73. anni dopo la morte di Laura? Che *ſcienza* mai poteva egli avere de' fatti, che ſi fingono avvenuti tanti anni prima di lui, ſenon dice da chi gli ſeppe ed inteſe? Ma il racconto del Fauſtini reſta immediatamente diſtrutto dall'atto contrario dell'eſſer Laura ſtata ſepolta in Chieſa e in ſepoltura diverſa da quella, nella quale ſi ſepelliano i legittimi Principi Eſtenſi, tranne Barbara di Auſtria, che volle di ſuo arbitrio ed elezione eſſer ſepolta nella Chieſa de' PP. Geſuiti. Però Laura anch' ella, giuſta la diſpoſizione canonica, dovea di ragione eſſer ſepolta con gli altri Principi Eſtenſi quando era certo, che Alfonſo I. foſſe ſtato ſuo marito. Ma fu ella ſepolta nella Chieſa delle Monache di Santo Agoſtino, perchè, ſecondo Pier degli Ubaldi, la concubina non dee ſepellirſi nell'avello del ſuo amante. E nel medeſimo ſepolcro vi fu poſta anche Giulia della Rovere moglie di Don Alfonſo figliuolo di Laura, perchè era moglie d'un baſtardo di Caſa d'Eſte: tanto è veriſſimo, che queſta ſepoltura rigetta anch'ella il matrimonio di Laura. Quindi nè anche il ſuo ritratto fu mai poſto tra quelli de' Principi e delle Principeſſe Eſtenſi: nè ella mai fu ritenuta nel Palagio Ducale, come le altre due mogli d'Alfonſo I. ma in abitazione ſeparata, fatta appoſta *preſſo il giardino di Caſtelvecchio, dov'erano le caſe de' Marinetti*, come riferiſce l'Iſnardi nel ſuo Giornale, già altrove allegato: e vi ſtette ſino alla morte, ladove il Duca abitò nel ſuo Palagio Ducale. Nè fra tanti Autori, che ſi allegano nelle Oſſervazioni, ve ne compariſce pur uno della Corte Ducale, che abbia dati a Laura i titoli d'*Illuſtriſſima ed Eccellentiſſima*, o di *Madama*: i quali allora propriamente ſi davano alle Principeſſe, e in particolare all'Eſtenſi, come ſi può vedere dalla dedicatoria di Agoſtino Beccari prepoſta

C. 3. §. mulier de Sepultura in 6.

De Canonica, Episcopali, & Parochiali inter Tractatus juris to. 15. par. 2. fol. 236. pag. 2. num. 26.

Oſſervaz. Cap. LXXX. p. 125.

Cap. CI. p. 152.

Conteleri nelle riſpoſte alle Scritture Eſtenſi pag. 24. 54.

alla ſua Paſtorale, detta il *Sagrificio*. Laonde tutti gli altri onori fatti a Laura e in vita, e in morte, ſe foſſero anche veri, ſarebbono equivoci, anzi di niun momento e di niuna conſiderazione a fronte delle innumerabili ed evidentiſſime prove, con le quali ſi convince eſſer ella ſtata ſempre concubina, e non moglie d'Alfonſo: e perciò in virtù di ſimili fondamenti non dovea, nè potea mai Don Ceſare ſuccedere nel Ducato di Ferrara. E queſte diſtinzioni onorifiche, le quali ebbe Laura, come concubina d'Alfonſo, non ſono già tanto ſingolari, come altri ſi perſuade; perchè vi ſono ſtate concubine, le quali hanno avute finezze aſſai più grandi da' Principi loro amanti, nè per queſto ſi è preteſo, che foſſero mogli vere. E per non entrar ne' tempi moderni, baſti il riandare quanto Giovanni Zonara ſcrive dell'Imperador Coſtantino il Monomaco, il quale a Sclerena ſua concubina aſſegnò la guardia Imperiale, e poi anche le ſtanze entro la Reggia, e finalmente i titoli d'*Auguſta*, e di *Domina*, quantunque egli teneſſe nel medeſimo tempo la moglie vera; talchè *mulierem non ut concubinam & ex ſemiſſe conjugem, ſed plane pro uxore tractabat*, dice lo Storico. Ma Laura, che non ebbe mai in Corte di Ferrara il titolo di *Ducheſſa*, nè quello d'*Illuſtriſſima ed Eccellentiſſima*, o di *Madama*: che non ebbe la *guardia*, nè le *ſtanze* entro il Palagio Ducale; come mai può eſſere ſtata conſiderata per *moglie* vera del Duca di Ferrara? Per la qual coſa l'accorgimento del ſuo matrimonio tanto più ſarà oggi da riputarſi vano ed inconcludente, come troppo tardo, e poſteriore al fatto, quanto fu egli riputato per vano ed inconcludente anche già cent'anni dallo ſteſſo Duca Alfonſo II. poichè non facendo egli alcun caſo di tante prerogative avute da Laura, del titolo d'*Illuſtriſſima*, del cognome e dell'arme *Eſtenſe*, degli abiti *vedovili*, de' *funerali*, e d'altre coſe sì fatte, tenne ſempre Don Alfonſo per baſtardo: e perciò *Don Ceſare fu trattato da lui non come Principe del Sangue, ma come privato Cavaliere, in modo che appo il Du-*

Annal. to. 2. lib. 17. pag. 249. 250. edit. Cangii.

ca

ca potea meno, che altri Cortigiani, come attesta il Campana: e poi anche giudicollo incapace di succeder ne' feudi, che tenea dall'Impero, e ne' Pontificj; ricercando d'abilitarlo alla successione a forza di danari per impetrazione dell'indulto e della grazia dispensabile da lui stesso, mediante la nomina; siccome accadde nel Ducato di Modana e Reggio, essendone egli ragionevolmente escluso da quel di Ferrara, senzachè esso Alfonso II. nè Don Cesare producessero mai nè questi, nè altri motivi sì fatti per provare e giustificare presso il Mondo il preteso matrimonio di Laura, come pur dovea fare almen Don Cesare e nella Corte Pontificia, dove n'era stato escluso, come proveniente da radice infetta; e nella Cesarea, dove pur come tale era stato considerato nella collazione dell' indulto accordato da Alfonso II. per 460. mila scudi, e nell' accettazione della nomina da lui fatta in persona di esso Don Cesare ad esclusione del Marchese di San Martino: tra' quali due, come non compresi nelle passate Investiture, era stata limitata e ristretta essa nomina dall'Imperador Ridolfo II. nel diploma, conceduto al Duca Alfonso e poscia in virtù della nomina stessa confermato a Don Cesare: i quali documenti sono oggi tuttavia in essere e negli Archivj di Roma, e ne' Registri Imperiali di Vienna, ed anche in quelli di Modana. Furono citati altrevolte, ed oggi ancora si citano due strumenti degli anni 1550. 1551. ove si dice, che Laura è chiamata *Illustrissima*, e poi anche *Illustrissima & Excellentissima Domina Laura* UXOR *Illustrissimi & Excellentissimi Ducis Alphonsi*. Ma queste parole in vece di sgombrare, accrescono le difficoltà, mentre se derivasser dal vero, non si sarebbe indugiato ad usarle diciassette anni dopo la morte del Duca, perchè *veritas odit moras*, come dice Seneca. Nè tali parole si sarebbono adoperate due volte solamente, e di nascosto, acciocchè non giungessero a notizia di chi vi avrebbe contraddetto; poichè Bartolo asserisce, che *ille, qui facit clam, quod est facere non requisito, qui potest contradicere*, vi-

Vita di Filippo II. Par. 4. Dec. 7. lib. 11. pag. 155.

Ristretto delle ragioni Estensi pag. 19. Osserv. Cap. LXXXV. pag. 131.

In Oedipo IV. III. 6.

L. alio herede 8. n. 17. ff. de elementis legatis. *videtur facere mala fide*. E due ſemplici enunciative di *moglie*, clandeſtinamente inſerite contro al ſolito ſtile molti anni dopo la morte del Duca in due atti privati ed incogniti, il Notajo de'quali ne anco ſi eſprime, nulla concluderebbono contro alla Santa Sede, ancorchè foſſero veri, perchè i concubinarj talvolta per coonestar sè medeſimi ſi chiamano *conjuges*. Inquanto poi a que' *teſtimonj*, che ſi dicono *eſaminati per parte della Caſa d'Eſte* ſopra il matrimonio di Laura, ſi riſponde, che non ſi sa chi furono: che queſto eſame fu fatto clandeſtinamente ſenza citazione de' Miniſtri Eccleſiaſtici, e dopo ſeguito il caſo della devoluzione: e che le depoſizioni circa *la pubblica voce e fama* del maritaggio, reſtano diſtrutte dalle dimoſtrazioni contrarie, e così non vi è più *fama*, la quale, ſecondo Baldo, *debet eſſe ſolida, inconcuſſa, non levis*, NON CONTRARIA, per voler, che ſi debba ſeguire. E ſe per tale debba averſi quella, di cui ſi parla nelle Oſſervazioni, ſe ne rimette ad altri la deciſione. Avvertaſi ancora, che non ſolamente Laura, ma nè anche Don Alfonſo, nè Don Ceſare ſuo figliuolo ebbero mai il titolo, nè il trattamento di *Principi* di Caſa d'Eſte: nè mai vi preteſero d'averlo, come l'avrebbono certamente preteſo, ſe foſſero mai ſtati legittimati col matrimonio. Anzi il Cavalier Lionardo Salviati nell'Orazion funerale in morte di Don Alfonſo, da lui recitata nell'Accademia di Ferrara nell'anno 1587. preſente Don Ceſare, a cui dedicolla, e quivi allora ſtampata, non conſidera mai Don Alfonſo altramente, chè per un *Cavaliere*, raccontando per coſa molto ſingolare, ch'egli ebbe *perfetta amiſtade con tre giovani Principi di ſua età*, con l'Arciduca d'Auſtria, con Emanuel Filiberto Principe di Savoja, e con Ottavio Farneſe Duca di Parma: la qual coſa ordinaria tra' Principi uguali non avrebbe dovuto in una Orazion panegirica eſagerarſi, come un pregio rariſſimo, ſe veramente Don Alfonſo foſſe ſtato lor pari. Mette eziandio, che da Arrigo II. Rè di Francia *venne onorato del ſuo Ordine di*

Alex. to. 5. Conſil. 150. n. 9.
Grammat. conſil. 26. n. 6.
Oſſerv. Cap. XCIX. pag. 150.
Cap. CII. pag. 154.
Conſil. 77. n. 6. to. 3.

di San Michele, che solamente a gran Signori e gran Cavalieri per singolar grazia si concedea. Ma non così *a' gran Principi per singolar grazia.* Dice, che servì di *Generale* d'armata il Duca di Savoja in Francia, e che ebbe un onore segnalatissimo di esser eletto nel *privato Consiglio* del Rè. Dice, che fu ammirabile nel *guadagnarsi* l'amicizie de' *gran Signori, e delle Repubbliche*; e che *in leggiadria a niun altro Cavaliere del secolo suo fu secondo.* Nè mai si arrischia a trattarlo col nome di *Principe*, ma sempre con quel di *Signore*: questo *Signore*, fu un *Signore* &c. Il Salviati dedicò questa sua Orazione all'*Illustrissimo ed Eccellentissimo Signor Don Cesare d'Este*. Ma poi nell'anno seguente 1588. dedicando l'Infarinato II. *al Serenissimo Principe Donno Alfonso da Este Duca di Ferrara*, si mostrò molto intendente del titolario, trattando diversamente l'uno dall' altro, mentre al primo non avea dato nè del *Serenissimo*, nè dell'*Altezza*: co' quali titoli però senz'altro avrebbe dovuto trattarlo, quando lo avesse tenuto per legittimo cugino d'Alfonso, ed unico successore in quel Ducato.

LXXXVI. Testimonianza del Giovio contra il preteso matrimonio di Laura col Duca Alfonso I.

Non si debbono passare in silenzio due testimonianze del preteso matrimonio di Laura, le quali come principalissime sono sempre state poste davanti, ed oggi pure si fa di esse gran caso. L'una è di Paolo Giovio, e l'altra di Giambatista Giraldi Cintio. Il Giovio nella Vita d'Alfonso I. da lui dedicata nell'anno 1550. al Cardinale Ippolito II. legittimo figliuolo del medesimo Alfonso, annoverando la prole e legittima, e bastarda, ch'egli ebbe, scrive le seguenti parole, che da me saranno riferite tutte intere per non essersi fatto così nelle Osservazioni. E per maggior prova della verità io ci porrò accanto di esse il volgarizzamento dell' Accademico Fiorentino Giambatista Gelli, il quale tradusse quell'opera a istanza del Giovio, e dedicolla a tutti e tre i legittimi figliuoli del Duca Alfonso I. cioè al Cardinale Ippolito II. al Duca Ercole II. e al Marchese Francesco, in tempo

Osserv. Cap. LXXX. pag. 126.

C. LXXX. p. 126.

Pag. 57. edit. Florentina.

Pag. 200. ediz. di Firenze dell'anno 1555.

tempo che vivea e Laura, e il figliuolo di lei Don Alfonso, il quale se fosse stato legittimo, non avrebbe mai il Gelli lasciato d'accoppiarlo con gli altri, tutti insieme ivi da lui nominati.

Testo latino del Giovio.

Prospexit quoque Alphonsus, quod exactæ felicitatis existimari poterat, nominis sui sobolem multiplici tum ex sua, tum filii Herculis prole, ad posteros longissime propagari. Nam præter quinque liberos ex Borgia UXORE *susceptos, etiam duos mares ex Laura* CONCUBINA *sustulerat. Hanc enim abrupto cœlibatu, qui sibi, ad dandam liberis operam æque prono, & valido noxius erat & molestus, a non invito patre,* PLEBEJO OPIFICE, *virginem acceperat vel ob id præcipue quod neque decorum, neque tutum sibi judicabat honestas Civium familias* STUPRIS *ac* ADULTERIIS *dedecorare. Verum eam demum, probis pudicisque moribus & statæ formæ dignitate ad genium respondentem, & a felici fecunditate commenda-*

Volgarizzamento del Gelli.

Antivide ancora Alfonso (il che è da tener per una somma ed intera felicità) la stirpe sua doversi lungamente distendere nell'auvenire per li molti figliuoli e suoi, e d'Ercole suo figliuolo. Imperocchè oltre a cinque figliuoli, che egli avea avuti di Lucrezia Borgia sua donna, ne avea ancor due altri maschi d'una sua AMICA chiamata Laura, la quale, poichè ruppe la continenza, che per esser egli molto robusto ed atto al generare, gli era nociva e molesta, avea egli impetrata ed ottenuta vergine, con buona grazia del padre di quella, POVERO E BASSISSIMO ARTEFICE, a questo fine massimamente, che giudicava non esser cosa onesta, nè sicura per lui, MACCHIARE con gli STUPRI, e con gli ADULTERJ le famiglie onorate de' Cittadini. Questa poi final-

datam, legitime uxoris LOCO *habuit, & geminos ex ea filios de nomine suo Alphonsos appellavit.*

nalmente, come quella, che per gli onesti costumi, per la dignità della presenza, e per esser molto generativa, corrispondea maravigliosamente all'animo suo, tenne egli COME donna, ed ebbene due figliuoli maschi, chiamati amendue dal suo nome, Alfonsi.

Nè il testo latino, nè il volgarizzamento ci fanno scoprire segno alcuno di matrimonio, volendo dirci il Giovio, che senza uno scrupolo immaginabile il Duca Alfonso si tenne sempre l'amica Laura con quella franchezza e libertà di coscienza, con cui si avrebbe tenuta una moglie legittima. Egli è bene auvertire, che il Giovio nella lettera al Cardinale Ippolito II. afferma d'aver composta quella Vita per ordine suo, e di scrivere cose da sè vedute, essendo stato famigliare del Duca Alfonso: *tuis meisque votis satisfacere videor, ut id totum a te jam pridem* EFFLAGITATUM, *quod perscripsi*, NON ALIUNDE, *quam ab historiæ* VERITATE *laudem quærat, cujus* NOS *spectatos* TESTES *fuisse profitemur, tanquam Alphonso (uti plane scis) familiaritate* MAXIME *conjuncti*. Di più è da sapersi, che essa Vita fu da lui fatta con le memorie e *informazioni* avute da Ferrara, e che dopo scritta fu da lui stesso mandata al Cardinale Ippolito, *acciocchè la rivedesse, aggiungendo, levando e mutando tutto quello, che paresse al suo finissimo giudicio*, come si legge nelle Lettere del Giovio: tra le quali ve n'è una di Francesco, uno de' legittimi figliuoli d'Alfonso I. intorno alla pubblicazione della medesima Vita. Ora nelle Osservazioni ci viene insegnato, che quelle parole del Giovio: *legitimæ uxoris loco habuit*, vogliono dire, che Alfonso tenne Laura per *moglie vera*; e vi si dice con gran sicurezza, che questa frase lo esprime,

Lettere volgari del Giovio pag. 47. 54. 73.

me, *per quanto si prova con varj esempj d'Autori Latini*, de' quali però non se ne adduce, nè se ne potrà mai addurre un solo. Indi poi si trattengono gli Autori sopra quelle particelle *verum*, e *demum*, lusingandosi, che dinotino passaggio da uno stato ad un altro; dal concubinato al maritaggio. Ma poi non si avveggono della grossa contradizione; poichè dalle parole del Giovio ne seguirebbe, che Alfonso l'avesse tenuta lungo tempo per moglie, e che i due Alfonsi non fossero nati bastardi, ma di matrimonio legittimo, ladove gli Osservatori pretendono, ch'ei la sposasse solamente nel fin di sua vita; e ammettono, che i due Alfonsi nacquer bastardi. Il Duca la tenea già nell'anno 1524. nel quale si vede trattata co' titoli d'*Illustrissima Domina Laura Estensis*, come si è detto: e visse in tale stato sino all' anno 1534. Il Giovio in questo racconto è maggior d'ogni eccezione per le ragioni addotte di sopra: e se egli avesse voluto dire, che Alfonso realmente sposò l'amica Laura, avrebbe saputo ben egli dirlo con la frase propria: *in uxorem duxit*, e non con quella di *uxoris loco habuit*, che da tutti gli Scrittori Latini si adatta alla sola concubina, o sia moglie posticcia e illegittima, la quale occupa il luogo, cui dovrebbe occupare la moglie vera: e il Ghini lo dimostra con gli esempj de' Giureconsulti, degli Storici, e de' Poeti. Ma a che andare accattando altrove gli esempj, e le autorità per intendere il Giovio? Egli medesimo serva d'interprete a sè stesso. Nella Vita di Sforza il Grande al capo LIX. intitolato *de duabus ejus concubinis*: le quali furono Lucia Trezania, e Tamira da Cagli, parlando della prima scrive queste parole: *virginem admodum nobilem adamavit, Luciam Trezaniam, adeo, ut amatoriis obsequiis & spe nuptiarum pellectam*, JUSTÆ UXORIS LOCO *habuerit*. Indi soggiunge, che la diede in moglie a Luigi Fogliano. A Capi LX. LXI. LXII. ragiona poi delle tre *mogli* vere e legittime di Sforza, che furono Antonia Salimbeni, Catella Alopa, e Maria Mar-

Defensio jurium pagina 9. num. 42.

Illustrium Virorum Vitæ pag. 141. edit. Florent. anni 1551.

Marciana. Io non so, se i Ministri Estensi ci accorderanno, che *juxtæ uxoris loco habuit* sia il medesimo, che *legitimæ uxoris loco habuit*. Ma quando avessero difficoltà d'accordarlo, io farò, che l'accordino rammemorando loro un altro luogo del Giovio ove favella di Cesare Borgia, al cui padre per le leggi della nostra religione, era vietato aver moglie: *susceperat eum*, dic'egli, *in minori fortuna Rodericus pater ex Vannotia Romana, quam a formæ venustate & morum illecebris, miraque demum fecunditate*, LEGITIMÆ *prope* UXORIS LOCO *habuisse constat*. La frase è tolta da Suetonio, il quale scrive, che l'Imperador Vespasiano, dopo morta la moglie, tenne la concubina Cenide liberta, *pene justæ uxoris loco*. Quindi Gabbriello Paleotto nel suo libro *de Nothis*, *spuriisque filiis* così difinisce la concubina: *est ergo mulier, quæ* UXORIS LOCO *sine nuptiis domi retinetur, cum qua sola quis eo affectu semper cohabitaverit: quam* VELUTI UXOREM *apud se custodierit, aluerit &c.* Il Giovio parlando del Borgia vi mette la particella *prope*, e Suetonio *pene*, per dinotare il minor trattamento in riguardo alla pubblicità: il qual riguardo non ebbe Alfonso nella persona di Laura. Il Giovio stesso ove nomina la vera moglie d'Alfonso, Lucrezia Borgia, non ha già egli voluto dire: *præter quinque liberos ex Borgia, quam* UXORIS LOCO HABUIT, *susceptos*; ma bensì *præter quinque liberos ex Borgia* UXORE *susceptos*. E poi con quel *præter*, e con quell'*etiam* ha voluto dare a divedere, che i figliuoli, che ebbe da Laura furono d'altra fatta, che non furono quelli, che ebbe da Lucrezia, cioè a dire: *oltre a' cinque figliuoli legittimi, ch'egli ebbe dalla moglie Lucrezia, egli ebbe anche due bastardi dalla concubina Laura*. Il sentimento del Giovio si spiega, e s'illustra col Giovio medesimo, onde non occorre, che alcuno si sforzi di dargli altro senso, perchè suda indarno. E poichè nelle Osservazioni si dice, che Arrigo Salmut porta *esempj di gran Principi, che ammisero al talamo loro donne*

Elogia Virorum bellica virtute illustrium lib.4. pag.202. edit. Basileensis an. 1575.

In Vespas. cap.3.

Cap.XII. n.2. fol.16. pag.2.

Osserv. Cap.LXXX. pag.124.

di bassa condizione, facilmente saprassi ancora quanto poi egli vi dice nel fatto del succedere ne' Principati i figliuoli provenuti da simili nozze: le quali egli condanna e biasima con termini sì gagliardi, che io non ho cuore di riferir quì le sue espressioni per quel profondissimo ossequio, che si dee professare a'Principi, i quali forse potrebbono rimanerne offesi, benchè ne fosse l'Autore il Salmut, e non io. Ma non è già, che senza fare un torto manifesto ad un Principe così grande, quale fu Alfonso I. possa mai dirsi, che egli ignorasse una tal massima, e che nel fin di sua vita senza motivo alcuno egli volesse addossarsi una macchia tale: il che tanto meno è probabile, che da lui si facesse, quanto è palese, che vi lasciava tre figliuoli nati di legittimo e signoril matrimonio; e che Ercole il primogenito avea già assicurata la successione della famiglia con la prole avuta da Renata di Francia sua moglie. Ed anche si rende, a parer mio, totalmente incredibile, che il medesimo Alfonso, Principe di animo altiero, ed amantissimo della gloria, dopo aver procurato d'imparentar la sua Casa col sangue Reale di Francia, abbia poi voluto abbassarsi egli stesso a sposare una figliuola d'un Artigiano in capo a molti anni di concubinato notorio, e dopo aver dichiarato e nel Testamento, e nel Codicillo, esser l'animo suo da ciò lontanissimo. E la forza di questa inverisimiglianza, assistita da sì gravi e positivi argomenti, prevale di lunga mano all'espressioni incaute e malfondate di alcune penne adulatrici, che negli anni posteriori *di proprio capriccio* e per fini privati hanno tentato di persuadere il contrario, benchè con sì poca riuscita, che nè Alfonso II. nè Don Cesare stesso mai si arrischiarono di farne caso, nè di fermare le lor pretensioni sul fondamento di simili testimonianze, come si vede nelle Scritture stampate. Oltre a ciò poi Alfonso I. non sapeva egli forse le conseguenze poco decorose e vantaggiose, che nasceano da simili nozze tanto dispari? Si ha pur dalle Storie, e dal Salmut allegato nelle Osser-

Responsum juris pro matrimonio Principis cum virgine nobili pag. 21.

Pag. 23.

Osservazioni, che Ferdinando Arciduca d'Austria figliuolo dell'Imperador Ferdinando I. avendo sposata Filippina, non già donna d'umil legnaggio, qual si confessa essere stata Laura, ma dama della chiara famiglia Velsera patrizia d'Augusta, egli con grandissime difficoltà potette impetrare dagli Ordini dell'Impero, che a Carlo, nato da quelle nozze, si assegnasse un sol Castello in Marchesato. Che se le nozze de' Principi con dame di famiglie private, benchè nobili, portano seco eccezione sì grande in proposito del succedere ne' Principati e ne' feudi d'alto dominio, e di mero e misto impero, quanto maggiore ve la porterebbono qualora mai accadessero con femmine d'infimo nascimento? Ma noi siam fuori del caso di dover ragionare delle conseguenze del matrimonio di Laura, poichè non se ne addurranno mai le prove concludenti ed autentiche, per esser cosa, la quale giammai non accadde.

LXXXVII

Contrarietà di pareri circa il preteso matrimonio di Laura, e sincere testimonianze di Cintio Giraldi, Ministro Ducale di Ferrara.

Osserv. C. LXXXII. pag. 126.

Chi ha scritte le Osservazioni veggendosi opposta la testimonianza di Giambatista Giraldi, il quale a Laura non diede il nome di *moglie*, come lo avea dato ad *Anna*, e a *Lucrezia*, ha creduto d'uscirne vittorioso col dire, che se il Giraldi non le diede quello di *moglie*, nè anche le diede quello di *concubina*: che ebbe motivo di non darle quel primo, *stante l'avversione del Duca Ercole II. allora vivente a Laura sua matrigna*; e che nelle sue Novelle a lei diede i nomi d'*Illustrissima*, e *da Este*. Ora io dico, che il Giraldi diede a Laura il nome di *concubina*: che ebbe motivi di darlelo: che Ercole II. non avea alcuna *avversione a Laura* concubina del padre per questo affare, come si è mostrato di sopra con l'autorità de' passati Ministri Estensi, i quali hanno ostinatamente preteso, che Ercole stesso trattasse i figliuoli di Laura da legittimi, e non da bastardi: il che non si potea fare senza considerar Laura per *moglie* vera, e non per *concubina* d'Alfonso I. e così il pretesto mendicato dell' avversione d'Ercole a Laura, andrebbe per aria, se fosse vero questo trattamento, che si pretende fatto a' figliuoli di lei.

Ma

Ma a noi basta, che sia egli tenuto per vero da' Ministri Estensi, i quali oggi vorrebbono scambiarci le carte in mano, senza auvedersi, che con questa loro sognata auversione d'Ercole a Laura, come a matrigna, pel cui riguardo si vuole, che il Giraldi non le desse il titolo di *moglie*, combattono contro a se stessi quando poi dicono e tornano a dire, che egli si *contentò*, che Laura usasse i titoli di *moglie* vera: che lasciò, che Don Alfonso fosse tenuto per *figliuolo legittimo* d'Alfonso I. *quando accompagnò il cadavero del padre nel solenne funerale fatto dal Duca Ercole capo della Casa, e vi fu portato da un Cavaliere in braccio, e incappucciato non meno degli altri Principi*; che Ercole stesso trattò Don Alfonso come trattava Francesco il fratello legittimo: che Cesare Galluzzo sotto il medesimo Ercole II. nel suo poema del Ruggero, stampato in Ferrara un anno dopo il libro del Giraldi, cioè nel 1557. *esaltò con distinte lodi i due fratelli* bastardi, e gli unì co' legittimi Principi Estensi: che Vincenzio Brusantino Ferrarese nel suo romanzo in versi dell'Angelica innamorata, dedicato ad Ercole II. diè a Laura il nome di *moglie*: che Alberto Lollio Ferrarese la considerò come vedova in una Orazione pubblicata prima dell'anno 1549. Ora quando gli sia vero, che Ercole II. riconoscesse in tante guise Laura per *moglie* vera, e i suoi figliuoli per *legittimi*, e che il Galluzzo, il Brusantino ed il Lollio facessero il medesimo sugli occhi d'Ercole, io saprei ben volentieri per qual cagione poi si pretenda, che il Giraldi *avesse motivi* di non dare a Laura il titolo di *moglie*, *stante l'auversione del Duca Ercole II. a Laura sua matrigna*, *allora vivente* (come oggi si attesta nelle Osservazioni) e anche a' *due Alfonsi suoi fratelli*, *per esser figliuoli di un altra madre*, come altrevolte attestarono i Ministri Estensi. Il Giraldi ebbe questi *motivi*, e il Brusantino, il Galluzzo, il Lollio e gli altri non gli ebbero! Ercole avea *auversione* a Laura, e nel medesimo tempo i rimatori Ferraresi sugli occhi suoi pro-

Osserv. Cap. LXXXV. pag. 131. Cap. LXXXVI. p. 133. 134.

Osserv. Cap. XCII. pag. 141. 142.

Osservaz. Cap. XCIII. pag. 142.

Ristretto delle ragioni Estensi pag. 6.

prj in libri dedicati a lui stesso, senza aver punto riguardo a quella sua *auversione*, davano il titolo di *moglie* a Laura, e accoppiavano i figliuoli di lei co' Principi veri e legittimi di Casa d'Este senzachè contra loro militassero quei motivi, i quali si finge, che militassero contra il Giraldi! Se i Ministri Estensi mi accordano queste loro varietà di pareri, io voglio darmi loro vinto. Ma non potranno mai accordargli, perchè gli uni e gli altri sono fabbricati sul falso, e perchè nè Ercole ebbe *auversione* a Laura, come a *matrigna*, nè egli riconobbe i figliuoli di lei altramente, che come legittimati dal padre, e dal Cardinal Cibo: nè l'espressioni di quei Poeti adulatori hanno peso maggiore di quelle dell'Aretino, dianzi accennate, e d'altre persone private. E che? Voleano forse, che quegli Scrittori, i quali cercavano di piacere a Laura e a' figliuoli, legittimati già per rescritto, dessero a lei il nome di *concubina*, e ad essi quel di *bastardi*, nomi sempre odiosi alle persone, alle quali si danno? Oltrechè poi il Brusantino in que' suoi versi, ove finge di predir le cose future, non dice altro, senonchè Laura ad Alfonso I. *sarà eletta Moglie di* FEDE *e di virtù perfetta*, che in buon linguaggio vuol dire, *sarà concubina*, mentre appunto fu ella lodata d'aver sempre, contra il solito delle *concubine*, mantenuta ad Alfonso la *fede* e in vita e in morte, non accoppiando ad altri sè stessa. Il Brusantino nelle due ottave precedenti nomina le due mogli vere d'Alfonso, Anna, e Lucrezia; ma non le chiama già egli *mogli di fede*, come chiama Laura, perchè erano state mogli vere, e legittime. Ora torniamo al Giraldi. Fu egli Segretario de' Duchi Ercole II. e Alfonso II. al riferir di lui stesso nella lettera al Duca di Savoja preposta alle sue Centonovelle: e in tempo che era Segretario del primo, riducendo in ordine un certo epitome lasciatogli nell'anno 1544. da Lilio Giraldi suo parente, ne compose un libro e pubblicollo in Ferrara per mezzo delle stampe Ducali di Francesco Rossi nell'anno 1556. in forma quarta con questo titolo: *Cynthii Ioan-*

Angelica innamorata Canto XVII. p. 93. ediz. II. di Venezia per Francesco Marcolini 1553.

Ioannis Baptistæ Gyraldi Nobilis Ferrarienſis Illuſtriſſimi ac excellentiſſimi Herculis Ateſtini II. Ducis Ferrarienſium IIII. ab epiſtolis, de Ferraria & Ateſtinis Principibus commentariolum ex Lilii Gyraldi epitome deductum. In queſto libro il Giraldi a carte 63. ragionando della morte d'Alfonſo I. non fa menzione alcuna del ſuo preteſo matrimonio con Laura: ed annoverando i figliuoli da lui laſciati, diſtingue i *legittimi* da'baſtardi. Indi a carte 65. nomina una per una tutte le mogli d'Alfonſo I. e le chiama *due*, *prima*, e *ſeconda*, cioè: *duas uxores duxit*, *priorem & poſteriorem*; e non già *tre*, cioè *prima*, *ſeconda*, e *terza*, ouvero *tres*, *priorem poſteriorem & tertiam*. Nomina i figliuoli avuti con le ſuddette due mogli: e poi nomina ancora quelli, che ebbe da Laura Euſtochia, la quale conſidera per concubina, eſcludendola dal numero delle due mogli. Queſte teſtimonianze conſiderabili del Giraldi, le quali rigettano ogni cavillazione contraria mettendo in viſta la verità ſemplice e nuda, ſono ſtate riconoſciute di grandiſſima conſeguenza, e ſuperiori a tutte le ſottigliezze, che ſi foſſero mai potute penſare; laonde per confutarle non ſi è ſaputo ritrovare altro argomento, nè altro modo, che il radere, e cancellare da'libri del Giraldi le parole, con le quali ſi diſtingueano i figliuoli *legittimi* da'baſtardi, e ſi determinava il numero preciſo delle mogli d'Alfonſo I. eſcludendoſi Laura, come concubina; affinchè in tal modo non diſtinguendoſi più nel libro del Giraldi i figliuoli *legittimi* da'baſtardi, nè determinandoſi il numero preciſo delle mogli d'Alfonſo, Laura poteſſe entrarvi per terza, quantunque il Giraldi ſteſſo non le aveſſe aſſegnato tal luogo. Con queſto ingegnoſo ritrovamento egli è riuſcito di radere e adulterare molti eſemplari dell'opera del Giraldi, che in oggi ſi conſervano nelle librerie di varie Città d'Italia; ma però non ſi è potuto farlo in guiſa tale, che contra l'intenzione altrui per buona ventura non ſe ne ſieno ſalvati alcuni dalla mano, che ha raſi gli altri. Laonde oggi col puro confronto del teſto adul-

adulterato, e del legittimo, si può venire in cognizione del vero: e a questo unico fine io porrò quì l'uno accanto all'altro, distinguendo con caratteri rossi le voci soprapposte nel luogo dove si son rase le proprie del Giraldi; e ponendovi alcuni punti in vece delle lettere, e sillabe cassate, ma non supplite: onde così ognuno potrà conoscere e vedere e il vero, e il falso.

Testo adulterato nel libro di Cintio Giraldi a carte 63.	Testo legittimo nel libro di Cintio Giraldi a carte 63.
Ab his autem rerum humanarum perturbationibus in æternæ tranquillitatis sedem eo beatior se recepit (cioè Alfonso I.) *quo Herculem grandiorem natu filium, ingenuarum omnium virtutum concursu & multiplici optimarum artium conditione apprime ornatum, pacatæ ditionis heredem & ex eo nepotem, qui avum nomine referebat, in spem longæ posteritatis natum,* DUOS*que alios* egregios *filios, quos una cum Hercule ex Lucretia Borgia lectissima fœmina sibi uxore suscepit, Hippolytum & Franciscum sibi superstites reliquit.*	*Ab his autem rerum humanarum perturbationibus in æternæ tranquillitatis sedem eo beatior se recepit* (cioè Alfonso I.) *quo Herculem grandiorem natu filium, ingenuarum omnium virtutum concursu & multiplici optimarum artium conditione apprime ornatum, pacatæ ditionis heredem & ex eo nepotem, qui avum nomine referebat in spem longæ posteritatis natum,* DUOS*que alios* LEGITIMOS *filios, quos una cum Hercule ex Lucretia Borgia lectissima fœmina sibi uxore suscepit, Hippolytum & Franciscum sibi superstites reliquit.*

Dal confronto di questi due luoghi si vede, se il Girardi tenne i figliuoli di Laura per legittimati col matrimonio seguito tra lei e'l Duca Alfonso I. Si vede per qual cagione è stata rasa la parola *legitimos*, e scambiata in *egregios*: e si vede ancora, se regge quanto si dice nelle Osservazioni, cioè, che il Giraldi non diede la *qualità* di bastardi *ad Alfonso e ad Alfonsino*. Ora confronteremo il secondo luogo, dove egli annovera le due mogli del Duca.

Osserv. Cap. LXXXII. pag. 126.

Testo adulterato nel libro del Giraldi a carte 65.	Testo legittimo nel libro del Giraldi a carte 65.
Huic Principi egregio *Anna... Ioannis Galeatii Sfortiæ Mediolanensium Ducis Soror....* nullos illi mares, nullas fœminas reliquit; *Lucretia...* vero *Borgia.....*, *præter eos, quos commemoravimus filios, duos illi Alexandros peperit, quos vivens pater desideravit: & Eleonoram, quæ divino Spiritu afflata se Christo perpetua virginitate dicavit, & in Monialium Corporis Christi cœnobio etiamnunc vitam ea sanctitate vivit, ut cum corporis nexu soluta, Cœlum, unde venerat, repetierit, cœlestium Virginum numerum procul dubio sit auctura*. Ex *Laura* ETIAM *Eustochia, fœmina, cum forma, tum sua virtute insigni jam senex filios duos genuit.*	DUAS UXORES *duxit*. PRIOREM *Annam Ioannis Galeatii Sfortiæ, Mediolanensium Ducis sororem*: POSTERIOREM *eam, de qua meminimus; Lucretiam Borgiam, quæ præter eos, quos commemoravimus filios, duos illi Alexandros peperit, quos vivens pater desideravit: & Eleonoram, quæ divino Spiritu afflata, se Christo perpetua virginitate dicavit, & in Monialium Corporis Christi cœnobio etiamnunc vitam ea sanctitate vivit, ut cum corporis nexu soluta, Cœlum, unde venerat, repetierit, cœlestium Virginum numerum procul dubio sit auctura*. Ex *Laura* ETIAM *Eustochia, fœmina, cum forma, tum sua virtute insigni jam senex filios duos genuit.*

Que-

Quegli, che è stato l'artefice di questa mutilazione così bene studiata, veggendo, che era cosa da non potere sbrigarsene leggermente, non solamente ha dovuto pensare a radere le parole vere e legittime del Giraldi, e poi a soprapporvene delle nuove; ma di vantaggio troncando e mutilando alcune di quelle, che vi avea lasciate, ha dovuto scambiare anche la struttura di esse, mettendo nel primo caso quelle, che erano nel quarto, e riempiendo gli spazj rasi con voci inutili, come son quelle: *Huic Principi egregio* in vece di *duas uxores duxit, priorem*. E quell'altre *nullos illi mares, nullas fœminas reliquit* in vece di *posteriorem eam, de qua meminimus*. E quell'*Anna* dove si leggea *Annam*, *Soror* dov'era *Sororem*, *Lucretia* dov'era *Lucretiam*. E pure senza tanti scambiamenti e cassature, se Laura era moglie vera, e non finta, bastava, che in vece di *Duas* vi avesse posto *Tres* con lasciarvi tutto il restante. Ma perchè la cosa era troppo evidente e notoria, l'affetto di colui, che fece la rasura, non si arrischiò apertamente di dare a Laura il nome di *moglie*, ma gli bastò di levare quel titolo ad Anna e a Lucrezia, affinchè se Laura non appariva moglie, non apparisse nè anche concubina venendo esclusa dal numero espresso delle mogli d'Alfonso: e così intanto cominciasse ad incamminarsi la persuasione del suo matrimonio col Duca. Or veggasi, se il Giraldi nega a Laura il nome di moglie, e senon le dà quello di *concubina*. Veggasi, se *ebbe motivi di lasciar nella penna quel matrimonio*. Veggasi, se dà egli la qualità di bastardi ad *Alfonso* e ad *Alfonsino*. Veggasi finalmente quanto sia vero quello, che si dice nelle Osservazioni in quel luogo stesso ove parlasi del Giraldi: *che la verità a differenza della bugia suol avere questo di buono, che quanto più si dibatte, tanto più si rende chiara*. Le mutilazioni fatte nel libro del Giraldi son manifeste: e chiunque tiene quell'opera, come io, che ne tengo due copie intere, e tre adulterate, se ne può chiarire da sè, perchè o vi troverà la parola *legitimos*,

Osserv. Cap. LXXXII. pag. 126.

onde si dichiara, che i figliuoli di Laura non furono legittimati dal matrimonio: o vi troverà le parole DUAS *uxores duxit* con quel che segue, onde ne viene esclusa la terza, cioè Laura: o vi troverà le rasure fatte per dare a Laura, e a' figliuoli le qualità, che non aveano. Io ho detto altre volte, e il posso ben dire anche di nuovo, che gli Autori delle Osservazioni trovando mutilato il loro Codice d'Agnello Ravennate, rinchiuso nella Libreria Estense, affermano di non *saper dire per ordine di chi* auvenisse quella mutilazione. Ma non potrebbe già darsi il caso, che sapessero *per ordine di chi* fosse stata fatta quest'altra mutilazione al Giraldi? Non mi cade già nel pensiero, che ve l'abbiano fatta i Ministri Estensi, e molto meno, che sia auvenuta per ordine de' Duchi, perchè in tal caso ella sarebbe stata fatta con assai maggiore cautela e giudicio o con la ristampa de' fogli, o in qualche altra maniera. Ma piuttosto io son di parere, che qualche affezionato di Laura, e de' figliuoli, ma poco giudicioso ed accorto, ne sia stato l'Autore. Nelle Osservazioni dopo essere stato detto, che il Giraldi *ebbe motivo di lasciar nella penna il matrimonio di Laura*, subito poi lasciati a parte questi pretesi *motivi*, si asserisce, che egli ne' suoi Ecatommiti, o sieno Centonovelle, usa con Laura il *titolario Ducale*, dandole dell'*Illustrissima*, e come *uomo di senno*, mischiandola *con altri Principi insigni*, e dicendo, che *fu congiunta* con Alfonso I. e che questi *con lei stette accoppiato*: che ella era uno *specchio dello stato vedovile*, e che stava *in nera veste essa*, *cui a sè congiunse Alfonso I.* Vi si conclude poscia, che *queste parole non hanno bisogno di spiegazione, troppo chiaramente attestando il matrimonio*: che in Roma non si ha avuta ragione altre volte *d'allegare il Giraldi*: che in que' *tempi disappassionati erano una cosa pubblica e certa le nozze di Laura, quando così ne parla un'autore di tal credito*, com'è il Giraldi: e vi si dicono altre cose sì fatte, le quali per parte altrui io arrossisco in ridire. Erano certamente *una cosa pub-*

Osservaz. Cap. VI. pag. 15.

Osserv. Cap. LXXXII. pag. 126. 127. 128.

Pubblica le nozze di Laura, quando egli disse: *hic duas uxores habuit*, non ammettendovi lei per terza, e per conseguente rigettandola a parte, come concubina: egli, *autore di tanto credito, nobile Ferrarese, vivuto sempre nella patria sotto Alfonso I. e che servì per anni parecchi di Segretario ad Ercole II.* Ma se il Giraldi ebbe *motivi di lasciar nella penna il matrimonio* di Laura nel Comentario di Ferrara, e perchè mai non ebbe que' motivi negli Ecatommiti; tanto più poi, se le *nozze erano una cosa pubblica e certa*? Dio buono, scrutatore del vero! Ma dove mai tratta egli Laura da moglie d'Alfonso? Dov'è questo trattamento? Le dà dell'*Illustrissima*, e abbiam veduto, che se le dava quando era indubitatissima concubina, molti anni prima di quel tempo, nel quale si pretende, che fosse sposata da Alfonso: e il semplice e solo titolo d'*Illustrissima* non si dava alle sovrane Duchesse, nè alle Principesse di Ferrara, ma bensì, come a' Duchi, quello d'*Illustrissima ed Eccellentissima*, e quel di *Madama*. Egli dice, che Alfonso a lei stette *accoppiato*, e che se la *congiunse*: e questo non significa altro, che il concubinato. Nè meno il Giraldi la *framischia con altri Principi insigni*, perchè anzi la separa, dedicando a lei la Deca terza delle sue Novelle a parte, e non *mischiandola con altri Principi*: e alcune di esse Deche son dedicate a persone assai inferiori a' Principi, come sono il Cancelliere del Duca di Savoja, il suo Presidente, il Maggiordomo, il Governator di Monteregale, e il primo Segretario del Duca di Ferrara, niuno de' quali era Principe. E se Laura era Principessa, come mai il Giraldi suo vassallo non le diede il titolo d'*Illustrissima ed Eccellentissima*, di *Principessa*, o di *Duchessa*, come ivi lo dà alla Duchessa di Savoja; tanto più, che stampava quel libro fuori dello Stato di Ferrara, in Monteregale, appartenente al Duca di Savoja, dove non avea alcun riguardo di onorar Laura a modo suo.

Ecatommiti to. 1. pag. 487. ediz. di Monteregale dell'anno 1565. presso Lionardo Torrentino.

Ma

IIXC.

Altre prove tratte dal Giraldi contra il matrimonio di Laura, e contra la pretesa legittimità del figliuolo di lei Don Alfonso.

Ma fermiamci anche un poco nel Giraldi, e nel titolario di Laura. Pubblicò egli in Venezia nell'anno 1548. con le stampe di Gabbriello Giolito un libro di Rime, intitolato le *Fiamme*, nell'indice delle quali si legge il primo verso di ciascun de'Sonetti con l'intitolazione, conforme all' usanza dallora, e in alcuni si vede così scritto: *Alla Ill. S. Laura da Este*: *Per la Ill. S. Laura da Este*: nè mai però vi si legge il titolo di *Duchessa*, o di *Principessa*, come per altro avrebbe dovuto intitolarla il Giraldi quando veramente fosse stata *moglie* del Duca Alfonso, ed in conseguenza *Duchessa* di Ferrara: e ciò tanto più, che in alcuni Sonetti indirizzati a veri *Principi* e Principesse Estensi egli sempre dà loro il titolo di *Principi*, dicendo: *All'Ill. S. D. Ercole Primog. di Ferrara*. *Per la creazione dell'Ill. S. Ercole Duca di Ferrara*. *All'Ill. S. Alfonso Principe e Primogenito di Ferrara*: e in particolare a donne di Casa d'Este egli scrive: *All'Ill. S. Renata Duchessa di Ferrara*. *All'Ill. S. Anna Principessa da Este* più volte. Dunque se Laura era *moglie*, perchè il Giraldi la defrauda del nome di *Duchessa*, e anche di *Principessa*, il quale dovea restarle, ancorchè fosse vedova, conforme si costuma, distinguendosi le Principesse vedove dalle regnanti? Ma ciò che finisce di convincere questa verità, si è il trovarsi in quell'indice del Giraldi un Sonetto a Laura senza nè anche il titolo d'*Ill.* che può dire *Illustrissima* e *Illustre*, ma così: *Per la S. L. E.* cioè *per la Signora Laura Eustochia*, non potendosi leggere *Laura Estense*, mentre egli non dice mai *Estense*, ma sempre *da Este*. O Laura era *da Este*, o era *Eustochia*. Se era *da Este*: dunque il Giraldi dovea chiamarla sempre *da Este*, e darle sempre il titolo d'*Illustrissima ed Eccellentissima*, o almen d'*Illustrissima*, e anche quello di *Duchessa*, o almeno di *Principessa*, e di *Madama*. Se era *Eustochia*, dunque non era *Estense*, nè moglie d'Alfonso: e però fece bene il Giraldi a non darle il titolo di *Duchessa*, nè di *Principessa*, nè di *Madama*. Il Giraldi in quella la Lettera, con la quale dedica a Laura la Deca terza delle sue Novelle, la loda per essere *stata esempio di vera pudicizia e di* FEDE COSTANTISSIMA *verso lui*, *mentre piacque al Cielo, che egli con lei si stesse accoppiato*. Se era moglie vera, a che lodarla di *fede costantissima* verso Alfonso? Non era forse obbligata ad essergli fedele? Chi considera bene, vede subito, che questa *fedeltà*, e questo *accoppiamento*, e lo *stato vedovile*, ci riducono a mente altro, che il matrimonio, al quale il Giraldi già si era dichiarato contrario nelle parole clandestinamente cassate dal suo Comentario delle cose di Ferrara, nella cui traduzione fatta da Lodovico Domenichi, quantunque si vegga il primo luogo volgarizzato giusta la rasura, e non secondo il testo originale, leggendovisi *valorosi* in corrispondenza ad *egregios*, e non *legittimi* in corrispondenza a *legitimos*: e benchè anche apparisca notabilmente alterato il vero senso del secondo testo Latino, contuttociò la verità non ha potuto del tutto abolirsi, poichè il testo vien rivoltato in questa guisa: *questo onorato Principe ebbe per* MOGLIE *Anna Sorella di Giovan Galeazzo Sforza Duca di Milano, la quale non gli fece figliuoli nè maschi, nè femmine. Della Lucrezia Borgia, oltra quei figliuoli, che io ho detti, ebbe ancora due Alessandri, che morirono, vivendo il padre; e Leonora, la quale spirata da Dio promise perpetua virginità a Cristo, e vive ancora nel Monistero del Corpo di Cristo con tanta santità, che quando sciolta da questo corpo tornerà al Cielo, ond'ella è venuta, senza alcun dubbio accrescerà il numero delle vergini celesti. Ed essendo già vecchio ebbe due figliuoli di Laura Eustochia, donna bellissima, e molto virtuosa.* Costui non ha voluto rivoltare quel *duas uxores duxit* in *ebbe due mogli*; ma non ha nè anche ardito di dire *ebbe tre mogli*, come però dovea dire, se Laura era la *terza moglie* del Duca Alfonso. Per altro non è maraviglia, che anche il Domenichi abbia cercato d'imbrogliare la verità, perchè egli pure

Pag. 146. 151. ediz. di Venezia dell'anno 1597.

pure fu uno degli adulatori di Laura, pel cui matrimonio viene addotta nelle Osservazioni la sua testimonianza, tratta dal libro della *Nobiltà delle donne*. Ma la sua fede, come notoriamente adulatrice e venale, non conta più di quella dell'Aretino, e si smentisce co' testimonj contrarj, dimestici, e non sospetti.

Osservaz. Cap. XC. pag. 139.

Nobiltà delle Donne pag. 260. ediz. dell' anno 1549. in Venezia presso il Giolito.

IXC.

Alberi genealogici di Casa d'Este pubblicati d'ordine de' Duchi di Ferrara, convincono l'insussistenza del preteso matrimonio di Laura, e l'illegittimità de' figliuoli di lei.

Alle importantissime testimonianze del Giovio e del Giraldi, i quali in opere dove trattavano di proposito e non di passaggio delle mogli, e de' figliuoli d'Alfonso I. e che erano dedicate a' Principi Estensi, legittimi figliuoli del medesimo Duca, non riconobbero Laura per moglie di lui, nè i suoi figliuoli per legittimati dal matrimonio, or quì si dee accoppiare l'Albero della Famiglia Estense divulgato, come si disse, in Ferrara *a' 13. del mese di Novembre dell' anno 1555. per Francesco Rossi* Stampator Ducale *con privilegio della Santità di Nostro Signore Papa Paolo IV. per anni X.* nel qual Albero i bastardi di Casa d'Este sono distinti da' legittimi con una ✣ posta sopra i nomi loro, e vi sono espresse anche le mogli avute da ciaschedun Principe. Ma tra quelle, che vi ebbe Alfonso I. non si vede Laura: e Alfonso ed Alfonsino si veggono distinti da' legittimi per via della ✣. Egli è ben vero, che in qualche esemplare di questo Albero sono state rase con molta diligenza le due croci, che si vedeano sopra i lor nomi; ma chi le ha rase non si è poi accorto, che Laura lor madre non essendo ivi collocata tra le mogli del Duca lor padre, anche senza il distintivo della ✣ essi vengono a rimaner pubblicati per illegittimi. Ma il tutto meglio apparirà mettendosi in questo luogo sotto gli occhi del Lettore le parole stesse dell' Albero.

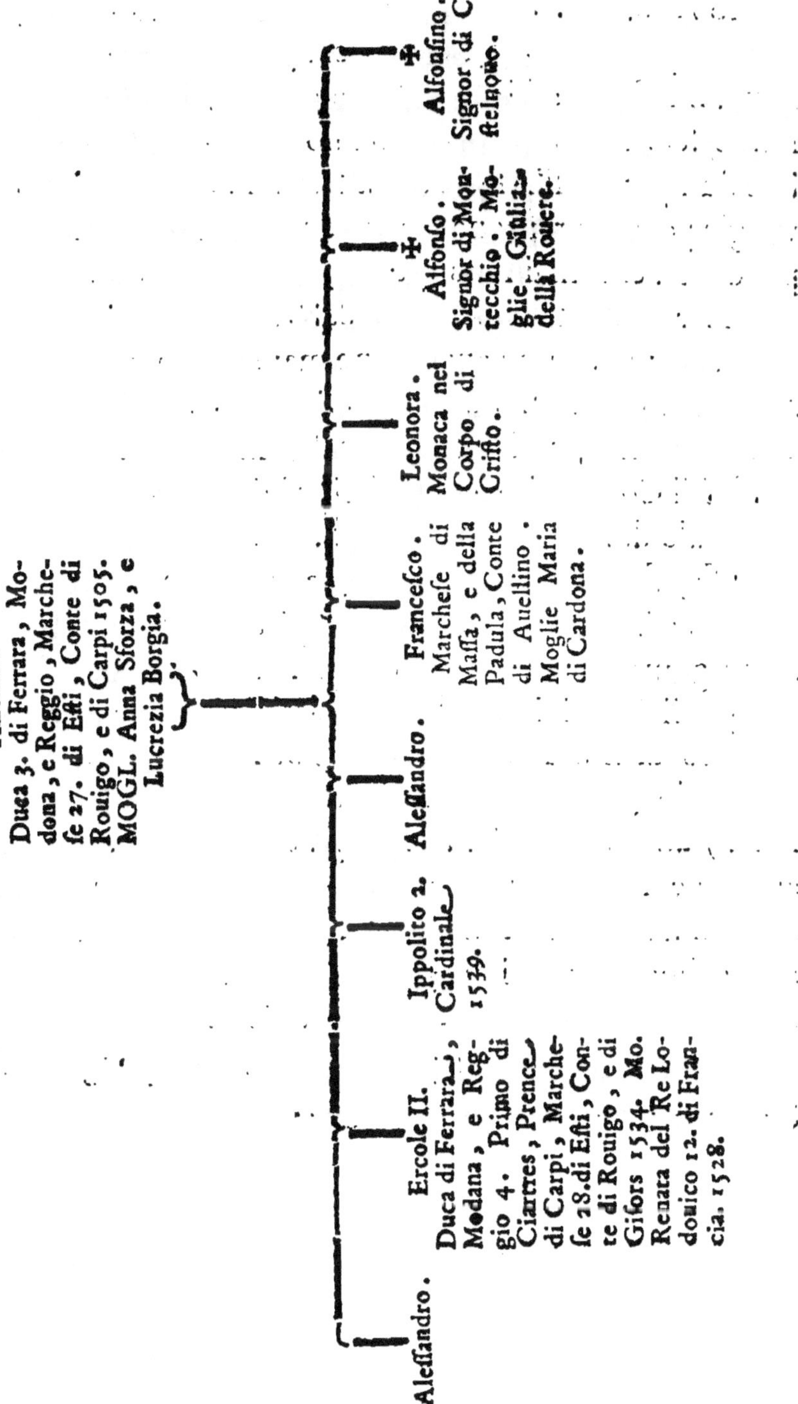
Alfonso. Duca 3. di Ferrara, Modona, e Reggio, Marchese 27. di Esti, Conte di Rouigo, e di Carpi 1505. MOGL. Anna Sforza, e Lucrezia Borgia.
Alessandro.
Ercole II. Duca di Ferrara, Modana, e Reggio 4. Primo di Ciartres, Prencce di Carpi, Marchese 28. di Esti, Conte di Rouigo, e di Gisors 1534. Mo. Renata del Re Lodouico 12. di Francia. 1528.
Ippolito 2. Cardinale 1539.
Alessandro.
Francesco. Marchese di Massa, e della Padula, Conte di Auellino. Moglie Maria di Cardona.
Leonora. Monaca nel Corpo di Cristo.
✠ Alfonso. Signor di Montecchio. Moglie Giulia della Rouere.
✠ Alfonsino. Signor di Castelnouo.

Quando pubblicossi questo Albero, cioè XXI. anno dopo morto Alfonso I. Laura era vivente, Don Alfonso figliuolo di lei, e padre di Don Cesare, era pur vivo; e nulladimeno Laura si lasciò pubblicare per concubina, ed Alfonso per bastardo senza farvi alcun richiamo nè al Duca Ercole II. che fece stampar quell'Albero, nè a Paolo IV. che avea dato il privilegio per l'impressione: segno evidentissimo, che Laura sapea di non esser mai stata sposata, e che Don Alfonso sapea di non esser mai stato legittimato dal Sagramento del Matrimonio, altramente non avrebbono mai sofferto e taciuto un affronto sì manifesto. Poco tempo appresso alla divulgazion di questo Albero, cioè intorno a 28. anni dopo la morte d'Alfonso I. il Conte Girolamo Faleti Ministro di Stato della Corte Ducale di Ferrara pubblicò ancor egli la sua Genealogia Estense, figurata in una gran Quercia, da lui composta con le fatiche di molti anni; i cui viaggi e studj intrapresi per tal affare grandemente son celebrati nelle Osservazioni. Egli dunque il Faleti in quel suo Albero intagliato in rame, e dedicato al Duca Alfonso II. e poi ristampato da Reinero Reineccio (ma però senza la lettera dedicatoria ad Alfonso II.) annovera le *due* sole mogli d'Alfonso I. collocandole amendue insieme in un sol luogo sotto il nome di lui, co' figliuoli nati dalla seconda di esse mogli. Ma poscia in disparte vi colloca i figliuoli illegittimi, nati da lui stesso e da Laura concubina, e non moglie, come si vede ne' seguenti latercoli, i quali per maggior dilucidazione del vero si pongono sotto gli occhi spassionati di chi legge.

Osserv. Cap. XLVIII. pag. 72.

Helmoldi Chronica Slavorum ad calcem pag. 230.

Alphon-

Alphonsus Montecli Marchio EX Laura Eustochia. Vx. Iulia filia Francisci Mariæ Vrbini Ducis.	Alphonsinus Castrinovi Dominus EX Laura Eustochia. Obijt MDXLVII.	Leonora Monacha in Monasterio Corporis Christi Ferrariæ.	Hippolytus II. S. R. E. Card. Ferrariensis MDXXXIX.	Hercules II. Ferrariæ, Mutinæ, Regij, & Carnutum Dux, Marchio Estensis, & Montis Arguti, Carpor. Princeps, Rhod. & Gisordij Comes Cafeonianæ, Feronian. Flaminiæ, Candorum, Baiucarum, Falesiæ, & Cimacli Dom. S.R.E. Capitaneus Gen. ac Henrici II. Galliarum Regis Locumtenens Generalis in Italia. Vxor Renata Ludouici XII. Galliarum Regis f. Obijt 1559.	Franciscus Estensis Massæ Long. Padulæ March. & Co. Auellini. Vxor Maria Cardona.	Alexander obijt MDXIIII	Alexander.

Alphonsus I. Ferrariæ, Mutinæ, Regij Dux, Rhodigij Co. Carporum Princ. Candorum, Baiucarum & Falesiæ: Cimacli, Sermoneti & Bassiani Dom. 1205. VX. Anna f. Galeatij Mariæ Sfortiæ Mediolanen. Ducis, & Lucretia Borgia. Obijt 1534.

Vedi pag. 216.

Del titolo di *Cimacli dominus* quì dato ad Alfonso, dianzi si è già parlato. Ora dee sapersi, che lo stile del Faleti non meno, che dell'Autore dell'altro Albero, si è di collocare sotto ciascun Principe Estense tutte le mogli, che ha avute col distintivo proprio di VX. cioè *uxor*, ouvero *uxores*, secondo il bisogno, che porta d'intendere di una, ouvero di più mogli; ma non così vi pone già le concubine. Però il Rei-

Pag. 230.

neccio nella sua edizione di questo Albero del Faleti ove si dinotano le *due* mogli d'Alfonso I. impropriamente ha stesa la voce abbreviata VX. in *uxor*, ladove egli dovea lasciarvela come stava, ouvero scrivere *uxores*, e non *uxor*. Ognuno capisce cosa vuol dire il Faleti in non metter Laura con le due mogli sotto quella voce VX. Certamente dopo la testimonianza di quell'Albero dell' anno 1555. documento più grave, più solenne ed autentico di questo del Faleti contra le pretensioni de' discendenti di Laura, non potea mai desiderarsi, mentre egli fu persona partecipe degli affari più rilevanti de' Duchi di Ferrara, fu loro Storico, e Genealogista, e pubblicò il suo Albero sotto gli auspicj d'Alfonso II. con tutta la magnificenza. Con questa autorità del Faleti, già

Tesoro politico to. 3. pag. 45.
Jo. Ludovicus Gothofredus in Archontologia pag. 496.
Osserv. C.LXXXVI. pag. 133.
C.LXIX. p. 101.
Opus genealogicum pag. 311. 403.

considerata altre volte, va spiegato ciò che da altre sue opere per via di conghietture sforzate deducono i Ministri Estensi. Io però non saprei per *qual segreto fine* (per usare una frase degli Osservatori) Elia Reusnero, il qual professò d'aver preso il suo Albero Estense da quel del Faleti presso il Reineccio, a quelle parole EX *Laura* volle aggiungervene del suo due altre, le quali non erano nè presso il Faleti, nè presso il Reineccio; e son queste: *uxore tertia*. L'autorità pubblica de' suddetti due Alberi Estensi è ben altra cosa, che le private e nascoste Genealogie del Romei, di Fra Paolo da Legnago, del Prisciano II. del Sardi e d'altri sì fatti Scrittori, accennati

Osservaz. Cap. XCV. pag. 144.
Cap. XCVI. p. 145.
C. XCVII. p. 146.

nelle Osservazioni, dove si potea ben far di meno di allegare anche il Reusnero, che ha voluto alterare quanto avea scritto il Faleti; e che nel rimanente non ha maggior peso di quel-

quello, che ne abbia chi egli si è preso a seguire. Il conto poi, che merita il Reusnero, il merita anche l'Enninges e nulla più, come semplice copiatore degli errori altrui. Però a tutti costoro, e ad altri lor pari merita bene di esser preposto Antonio Albizi, il quale nel suo Albero di Casa d'Este annoverando le mogli d'Alfonso I. nè meno egli vi pose Laura.

Theatrum genealogicum to.2. pag.145.

Stemmata Principum Christianorum f. 28. pag.2. edit.IV. Campidonensis anni 1610.

XC.

Eccezioni delle testimonianze pel matrimonio di Laura tratte da Leandro Alberti, da Simon Fornari, da Marco Guazzo, da Andrea Tevet, da Francesco Sansovino, da Gabbriello Simeoni, e da Federigo Scotti.

Ma perchè dalla parte contraria si è fatto sempre gran caso, e si fa tuttavia, dell'autorità di Leandro Alberti, il quale nell'anno 1550. pubblicò in Bologna per mezzo delle stampe d'Anselmo Giaccarelli la sua Descrizione dell'Italia; veggiamo un poco quello, che egli scrive del matrimonio d'Alfonso I. con Laura. Sono queste le sue parole: ESSENDO *morta Lucrezia antidetta*, PIGLIÒ *per moglie Laura Ferrarese di* BASSO LEGNAGGIO, *ma d'*ALTO INGEGNO *e di* GRAN PRUDENZA, DONNA, *dalla quale ne trasse due Alfonsi*. Frate Leandro si lasciò trarre in errore da Simon Fornari, il quale un anno innanzi avea scritto il medesimo con le parole stesse nella sua Sposizione dell'Orlando dell'Ariosto, così dicendo: *finalmente è oscuro, se quando dice: è la compagna è Laura, ei voglia, che sia la* TERZA MOGLIE *d'Alfonso, la quale fu della Città di Ferrara, e quantunque di* BASSA CONDIZIONE, *nondimeno* DONNA *d'*ALTO INGEGNO, *e di* GRAN PRUDENZA. L'Ariosto morì secondo lo stesso Fornari il dì 8. di Luglio dell'anno 1533. cioè 15. mesi prima d'Alfonso I. da cui essendo stata sposata Laura in fin della vita (secondochè or si pretende) come può l'Ariosto nel suo poema, da lui pubblicato assai prima, aver tenuta Laura per *terza moglie d'Alfonso*, se in quel tempo era concubina, e non moglie, anche giusto il parere de' Ministri Ducali? Egli è ancor da notarsi, che il Fornari fu Reggiano, cioè del paese ove era il Castello di Montecchio, Marchesato di Don Alfonso figliuolo di Laura. Oltre a ciò comechè potesse bastar l'avvertire, che queste testimonianze del Fornari e dell'Alberti sono molto posteriori al fatto; nulladimeno io dirò, che per altro verso elle si con-

Descrizion dell'Italia fogl.312. ediz.I.

Sposizione del Furioso to.1. pag.761.

Pag. 30.

convincono d'insussistenza apertissima; poichè entrambi mostrano di supporre, che Laura sia stata sempre moglie d'Alfonso dopo la morte di Lucrezia, accaduta il dì 23. del mese di Giugno dell'anno 1519. e che da tal matrimonio nascessero i due Alfonsi: ladove gli Osservatori accordano, che ei la tenne sempre per concubina sino all'anno 1533. e che i due Alfonsi nacquero bastardi. Onde l'Alberti nella sustanza del fatto discorda da' Ministri Estensi, i quali asseriscono, che Laura fu sposata da Alfonso in fin della vita: e nel suo racconto egli erra in quel modo, col quale ha ivi errato in moltissime altre cose ragionando degli Estensi. Siccome però egli si convince d'errore nel tempo, così perde la fede nel resto, secondo la regola, che *falsus in uno, in ceteris fidem perdit*, addotta espressamente contro all'Alberti dal Parisio, e poi dal Menochio. Io però credo, che essendo egli persona religiosa, si persuadesse di peccare contro alla modestia, affermando, che Laura, allora vivente, fosse stata *concubina* d'Alfonso I. e che perciò dicesse, che ella fu moglie, se pure non vi furono altri fini. All'Alberti noi accoppieremo Marco Guazzo, il quale nella sua Cronaca, stampata la prima volta in Venezia per Francesco Bindoni nell'anno 1553. dice queste parole: *Alfonso I. ebbe tre mogli: l'una fu Anna figliuola di Galeazzo Maria Sforza Duca di Milano, la seconda Lucrezia figliuola di Papa Alessandro VI. della quale ebbe Ercole, Ippolito, Francesco, ed Alessandro, il quale morì l'anno 1519.* L'ULTIMA *fu Laura Ferrarese*, DONNA D'UMIL SANGUE, MA PER PRUDENZA ED INGEGNO MOLTO NOBILE; *e n'ebbe due figliuoli*. FINALMENTE *morì l'ultimo d'Ottobre l'anno 1534. e con quella pompa, che detta abbiamo nelle nostre Storie, fu il suo corpo sepolto nella Chiesa delle Monache del Corpo di Cristo*. Queste sono le intere parole del Guazzo, sulle quali si fa fondamento nelle Osservazioni. Ma dal riscontrar que' termini *donna d'umil sangue, ma per prudenza ed*

Consil. 23. num. 253. lo. 1.

Consil. 112. num. 70. lo. 2.

Cronaca del Guazzo pag. 345. ediz. I.

... Cap. XXXIX. ... 158.

ed ingegno molto nobile con quegli altri di Leandro Alberti: *di basso legnaggio, ma d'alto ingegno, e di gran prudenza donna*, si vede subito, che il Guazzo copiò l'Alberti, come l'Alberti avea copiato il Fornari. Però bentosto svanirà ogni forza di tali parole, quando vorrassi riflettere, che il Guazzo nelle sue Storie, dove era il luogo proprio di parlare di tal matrimonio con l'occasione, che descrisse gli ultimi periodi della vita del Duca Alfonso I. non ne fece alcun motto in veruna delle tre edizioni, che di esse Storie ci sono, cioè in quella del 1540. in Venezia presso Niccolò Zoppino, nella seconda del 1549. e nella terza del 1552. amendue presso il Giolito: e nè anche nella Cronaca stessa ove ragiona della sua morte e del suo funerale; onde non senza qualche mistero ha voluto poi parlarne fuori di luogo. E non sarà difficile il discoprirlo da una lettera di Paolo Giovio, scritta a Lelio Torelli, ove si leggono queste parole: *nè pensi V.S. che in questo caso io vada* UCCELLANDO *in forma di Marco Guazzo, o d'altri simili* IMBRATTATORI *di carta*, PREMIO *alcuno*. Or ecco la cagione, che mosse il Guazzo a scrivere nella Cronaca, che Laura fu *terza moglie* d'Alfonso I. dappoichè nelle Storie non ne avea ragionato, perchè ignorava tal matrimonio. Ma la cosa era sì chiara, che non ardì scriverlo in luogo proprio. E poi dalle medesime sue parole si trae la falsità del racconto, perchè egli asserisce, che la terza moglie del Duca Alfonso I. fu Laura, dalla quale *ebbe due figliuoli*, e che poi *finalmente* morì. Onde anche costui esclude affatto il concubinato, e suppone, che la sposasse dal bel principio dopo morta Lucrezia Borgia: che i due figliuoli nascessero di legittimo matrimonio; e che il Duca lungo tempo dopo tal matrimonio *finalmente* se ne morisse, ladove per lo contrario nelle Osservazioni si afferma, che i due figliuoli nacquer bastardi, e non di legittimo matrimonio, e che Laura non fu sposata dal Duca innanzi all'ultimo di sua vita. Or di quì si conosca, se il Guazzo *parlava non a caso*,

Lettere volgari pagina 41.

a caso, perchè ne avea prese buone informazioni, e se nulla di rilevante ha saputo addurre la parte Romana contra l'insigne autorità d'uno Storico tale, come viene scritto nelle Osservazioni. Andrea Tevet, la cui autorità vien tenuta in gran pregio da' Ministri Estensi, non ha fatto altro, che copiare e tradurre l'Alberti d'Italiano in Francese, e però dice ancor egli: *apres la mort de Lucrece il espousà Laure*. Quindi la sua testimonianza non vale più di quella dell'Alberti, già convinta di falsità. Ma se volessi io valermi dell' autorità del Tevet, avrei ben molto da opporre agli Osservatori. Non sia egli però mai vero, che io mi vaglia di somiglianti Scrittori, quale è il Tevet: *homo nullarum literarum, nullius doctrinæ, nullius judicii, denique ne communis quidem sensus satis particeps: qui per varias Orbis utriusque partes circumlatus, ac deinde historias, scribere aggressus, multis etiam eruditis viris* IMPOSUIT, come di lui stesso afferma Isacco Casaubono: il qual elogio è ben molto diverso da quello, che gli vien fatto nelle Osservazioni. Se poi il Tevet abbia dato a Laura il nome di *moglie* di saputa e approvazione della Duchessa di Nemurs, si può egli comprendere da quanto si è detto di quella Duchessa, la quale pretese d'esser l'ultima di sua Famiglia dopo morta Lucrezia sua sorella Duchessa d'Urbino. Dall'autorità di Francesco Sansovino (nelle Osservazioni è chiamato *Jacopo*) nulla più si ritrae di buono, che dagli altri, in favore del matrimonio di Laura, benchè si dica, che egli afferma, che Alfonso I. *ebbe per sue mogli Anna Sforza, poi Lucrezia Borgia, ed all'ultimo Laura Eustochia Ferrarese*. Le sue proprie parole son queste: *Alfonso I. Duca III. di Ferrara, Cavalier dell'Ordine di San Michele, del quale fu* DONNA *Anna figliuola di Galeazzo Sforza Duca di Milano, e poi Lucrezia figliuola di Papa Alessandro VI. ed all'ultimo Laura Eustochia Ferrarese*. Il Sansovino a bello studio usa il nome di *donna*, che conviene alla *moglie*, e a qualunque altra femmina,

Osserv. C. XXXIX. pag. 138.

Histoire des plus illustres & savans hommes tom. 5. cap. 19. pag. 295. edit. de Paris 1670.

Epist. 586. pag. 656. edit. II. anni 1656.

Vedi pag. 272.

Os. Cap. LXXXVIII. pag. 137.

Famiglie illustri foglio 368. pag. 2. edizione di Venezia dell'anno 1582.

mina, per iscansare in tal guisa il bisogno di darle il nome di *concubina*. Il medesimo riguardo ebbe Gabbriello Simeoni ove scrisse, che Alfonso venuto a morte, *e di Lucrezia lasciati Ercole, Ippolito Cardinale, e Don Francesco*: *e* DI LAURA *Alfonso e Alfonsino, successe, come primogenito, Ercole nel Ducato*: dalle quali parole non veggo, che il Simeoni abbia creduto, che Laura fosse moglie d'Alfonso: e quando l'avesse creduto, egli si sarebbe molto allontanato dal vero. Voglio dire una parola anche di Federigo Scotti, il quale ne' suoi Consigli stampati nell'anno 1572. suppone, che Alfonso I. pigliasse Laura in moglie *per voto*, esemplificando *in donamentis missis ab Alphonso I. Duce Ferrariæ Dominæ Lauræ*, SECUNDÆ *ejus uxori, & filiæ berrettarii, ab illo ductæ causa* VOTI IMPLENDI. La *prima* moglie d'Alfonso fu Anna Sforza, la *seconda* Lucrezia Borgia: e lo Scotti assegna questo secondo luogo a Laura. Credono gli Osservatori di salvare un sì grosso error dello Scotti con dire, che *questo era il costume anche in Ferrara*, e che altri così la chiamarono. E ben per questo anche gli altri si rendono in tutto convinti di menzogna qualvolta ne parlano. Che poi Alfonso sposasse Laura *per voto*, chi mai sognò tal cosa? Non certo i Ministri Estensi. E quando mai fece egli tal *voto*? Dopo il Testamento e dopo il Codicillo, in cui la chiama *donna soluta*? Che negli anni seguenti certi Autori dipendenti da lei, da suo figliuolo Don Alfonso, e da suo nipote Don Cesare, l'abbiano detta *moglie*, nulla affatto rilieva, perchè tutti hanno scritto molto tempo dopo già viziata la materia dagl'interessi altrui: e quando ella era viva non hanno voluto spiacere a lei, e a'figliuoli, chiamandola *concubina*. E poi le Cronache e le Storie sono Scritture private, che assumono la fede dagli atti pubblici, e dall'esser loro comunemente creduto nel tempo antico, e non viziato, siccome nota Fernando Vasquio. Quindi non fanno alcuna prova in quelle cose, nelle quali parlano secondo il capriccio di chi le ha

Comentarj lib. 5. pag. 113.

Osserv. C. LXXXIX. pag. 138.

Consilia to. 2. lib. 3. resp. 4. num. 17.

Osser. Cap. LXXXVII. pag. 137. Cap. XCVI. pag. 146.

Osser. Cap. LXXXVII. pag. 135. Cap. LXXXIX. pag. 138.

Illustres Controversiæ to. 1. lib. 2. cap. 84. num. 16. pag. 680. edit. Lugdunensis anni 1599.

Parisius to. 1. consil. 203. num. 235. 253.
Menoch. to. 2. consil. 112. num. 68. 69. 70.
Abbas C. cum Causam 13. num. 1. v. aut est talis, de probat.
Felinus in C. 2. num. 49. v. dummodo ab antiquo de rescript.

scritte, e sono abbandonate dalla fede degli atti pubblici, e contrastate dal consenso universale degli Storici coetanei e indifferenti (come succede nel caso nostro) e dove non apparisce, esser loro stata prestata credenza da' nostri Maggiori: molto meno poi in quelle cose, nelle quali si è tenuto il contrario, come si trae da più insigni Legisti. Or quando mai è stato creduto *per pubblica voce e fama*, che Laura fosse moglie d'Alfonso I.? Forse quando il Giovio scrisse, che egli la tenne sempre, come Amica? Quando il Gelli dedicò a tutti i legittimi figliuoli d'Alfonso il volgarizzamento della Vita di lui, scritta dal Giovio, lasciandovi fuori i nati da Laura, perchè erano illegittimi? Quando il Giraldi distinse i figliuoli legittimi d'Alfonso da' naturali, e scrisse, che egli avea avute *due* mogli sole? Quando nella Stamperia Ducale di Ferrara fu impresso l'Albero di Casa d'Este con privilegio di Paolo IV. e in esso non fu messa Laura tra le mogli di Alfonso I. e i figliuoli di lei furono segnati con la croce, come bastardi? Quando nell' altro Albero del Faleti dedicato ad Alfonso II. non vi comparve Laura tra le mogli d'Alfonso I.? Quando Alfonso II. nelle due Corti di Roma e di Praga procurò, che ne' feudi Pontificj e Imperiali gli succedesse Don Cesare per sanatoria e per indulto, come nato di linea infetta? La *pubblica voce e fama* di tal maritaggio quando mai è stata creduta in Ferrara? Quali mai sono le *attestazioni concordi*, che la sostengono? In tempi dunque non sospetti essendo Laura stata tenuta per concubina, e non mai per moglie, se dopo l'alterazione dell' affare taluni hanno scritto il contrario o per malizia, o per altre cagioni, non si stima, che debbano meritare alcuna credenza, avendo tutti per fini privati scritto, dappoichè Alfonso II. fu scoperto inabile alla generazione; onde si cominciò a viziare questo fatto per la premura, che si ebbe di surrogare in quel Ducato il ramo di Don Alfonso, padre di Don Cesare: la qual cosa fu messa in negozio sotto Pio V. e Gregorio XIII. e fu ideata assai prima.

Osservaz. Cap. CII. pag. 154.
Cap. XCVIII. p. 148.

Oltre

XCI.

Esame generale delle testimonianze favorevoli al matrimonio di Laura.

Oltre a tanti atti e fatti pubblici, co'quali si è convinta l'insussistenza del matrimonio di Laura, per considerare a fondo il peso di tutte le testimonianze, che si ammassano per farlo credere, bisogna riflettere, che se elle fossero appoggiate in cosa vera, tutte, o almeno la maggior parte, sarebbono insieme unite e concordi nello specificare il fatto, l'anno, il mese, il giorno, il luogo ed altre circostanze necessarie di esso; ma per lo contrario niuno di quei tanti Autori, che si citano nelle Osservazioni, ha saputo individuare nè tutte, nè alcune delle medesime circostanze. Marcantonio Guarini, il quale fiorì nel secolo XVII. si adduce unico e solo fra tutti quanti gli Autori allegati, ad affermare in certo suo Giornale non istampato, che al matrimonio vi furono *presenti i due Dossi pittori eccellentissimi*. Ma il Guarini non si curò poi di raccontare, come mai egli solo più di cento anni dopo il tempo di questo preteso matrimonio avesse saputo penetrare una particolarità da tutti gli altri ignorata. E quando anche a lui solo fosse stata confidata la deposizione di quei due pittori, sarebbe forse da credersi, che il Duca Alfonso avesse dichiarato a lor soli d'aver contratto quel matrimonio, e che portando egli affetto sì grande a Laura concubina, e a'figliuoli bastardi, e bramando innalzargli a tutto potere, abbia poi trascurato di rendere alquanto più autentica una risoluzione, che potea riuscir loro, e alla madre, sì onorevole e vantaggiosa? Nella splendida Corte del Duca di Ferrara vi mancavano forse altri personaggi fuor de'due Dossi pittori da fare intervenire per testimonj di un atto sì rilevante, che si dovea effettuare, acciocchè fosse pubblico al Mondo e alla posterità, e acciocchè allora si divulgasse e si riconoscesse per vero e legittimo da tutta la Corte Ducale in decoro e giovamento della concubina Laura, e de'figliuoli, nati bastardi, e non già perchè stesse nascosto all'altrui notizia per molti e molti anni, finchè alcuni Rimatori, Genealogisti, Giornalisti, e Novellieri, tutti persone private, cominciassero a divulgarlo? Taccio

Osser. Cap. LXXXVIII. pag. 135.

cio poi, che il Dosso vecchio, uno di que'due pittori, si può creder morto prima del tempo, in cui si pretende contratto il matrimonio, se si fa riflessione alle parole di Giorgio Vasari, ove dice, che fu egli INSINO *all'ultimo di sua vita provisionato dal Duca Alfonso I.* onde se ciò è vero, non potette esser presente al matrimonio contratto posteriormente da Alfonso I. in fin della vita. Oltre a tutte queste cose si può anche riflettere a quattro particolarità. I. che tutti gli Autori citati per verificare il matrimonio di Laura sono persone private, che non hanno scritto per narrare un fatto storico e indubitato, ma per piacere agl'interessati, cioè a Laura, e a' figliuoli. II. che parte di essi Autori sono contemporanei a Laura, e parte assai posteriori. Quelli, che sono contemporanei o hanno parlato con termini equivoci, che non escludono il perpetuo concubinato, nè affermano il matrimonio di Laura, come il Brusantino, il Sansovino, il Simeoni: ouvero se lo affermano espressamente, inciampano in tali errori, che lasciano veder chiara la falsità del racconto, come l'Aretino, il Fornari, l'Alberti, il Guazzo, lo Scotti. III. che gli Autori di molti anni posteriori al fatto, quali sono la maggior parte degli allegati, non meritano alcuna fede, perchè hanno seguita la propria e l'altrui passione dopo viziato l'affare dal veder prossima, o dall'aver già veduta la devoluzione del Ducato di Ferrara, e l'estinzione de'legittimi Principi Estensi. E a tutti i suddetti Scrittori, in tal fatto poco o nulla veridici, prevale di lunga mano la sincera indifferenza di quelli sì Italiani, come stranieri, che non sono stati punto sospetti di parzialità, quali furono Andrea Morosini, Storico della Serenissima Repubblica Veneziana, il Campana e l'Errera, vassalli Austriaci, e il secondo di essi Storico de'tre Monarchi di Spagna, Filippo II. III. e IV. l'Ossat, il Tuano, e il Laboreur, Francesi. IV. che niuno degli Scrittori contemporanei della Corte Ducale ha mai scritto in favore di tal matrimonio; anzi tutti d'accordo lo hanno assolutamente escluso, come il Giovio, il Giraldi, l'Autore dell'Albero

Vite de' Pittori to. 2. par. 3. pag. 181. ediz. II. di Firenze dell'anno 1568.

bero Estense del 1555. il Faleti, e il Pigna nel tomo secondo non per anco stampato della sua Storia di Casa d'Este: tanto è lontano, che egli favorisca tal matrimonio, come si vorrebbe nelle Osservazioni. Io non credo, che si abbia a dire, che tali Autori scrivessero *dopo la lite mossa*, o *fossero stipendiati dal Sommo Pontefice, e dipendenti da Roma, come si dice degli altri.* Le sincere ed espresse testimonianze di questi Scrittori presso ogni Giudice spassionato dovranno sempremai anteporsi a qualunque asserzione contraria di persone preoccupate, private, e non contemporanee, le quali hanno seguito il falso romore originato dagli affetti contrarj, e non la verità costante della fama comune, la quale se non è vera, come dice il Petrarca, *longa utique non est. Diuturnitatis fundamentum veritas: ruinosum atque imbecillum mendacium.* E la verità non consistendo in altro, che nell'adeguamento dell'intelletto e della cosa intesa, considerandosi questa, come regola e misura di quello, sarà facile a chichè sia il comprendere qual delle due narrazioni intorno al matrimonio di Laura, sia la verace misura, a cui l'intelletto si adegui nel caso nostro.

Storia MS. di Casa d'Este to.2.
Osservaz. Cap. XCIV. pag. 144.
Cap. LXXXIII. pag. 129.

De remedio fortunæ lib. 2. dial. 130.

S. Thomas Par. I. Quæst. 21. Artic. 2.

XCII.

Contrarietà di pareri intorno alla condizione di Laura.

Osservaz. Cap. LXXX. pag. 124.
Cap. LXXXIII. pag. 128.
Cap. IXC. p. 138.
Cap. XC. p. 140.
Cap. XCVIII. pag. 147.

Si confessa nelle Osservazioni, e vi si adducono molte prove per farlo credere, che Laura fu d'infimi e oscuri natali, come nata da un artigiano di Ferrara, che facea il mestiere del *berrettajo*, e chiamavasi *Francesco Boccacci*, benchè all'uso di somiglianti persone, essendo egli noto per lo soprannome dell'arte sua, fosse chiamato il *berrettajo*. Or veggasi quanta alterazione col girare degli anni e degli affetti ha patita questa verità. Chiamavasi ella con due nomi donneschi, *Laura Eustochio*: e gli Scrittori citati nelle Osservazioni per farla di schiatta nobile, si arrischiarono senza grande stento e con felice riuscita di scambiarle il secondo nome in cognome, chiamandola *Laura Eustochia*; imperciocchè in Ferrara vi fu la nobile famiglia *Eustochia*. E perchè questa famiglia stessa fu detta eziandio de' *Berrettari*, di

qui

quì si offerse un bel campo di coprire il vil soprannome di *Berrettara*, con cui Laura venìa chiamata dal volgo Ferrarese, a cagion del mestiere del padre. Indi perchè gli Eustochj per certa eredità aggiunsero al proprio cognome quello della nobil famiglia *Dianti*, non vi mancarono di coloro, che scrissero francamente esser Laura di Casa *Dianti*. Sicchè Laura sarebbe stata di quattro famiglie, de' *Boccacci*, degli *Eustochj*, de' *Berrettari*, e de' *Dianti*. Ma quello, che è più notabile, in quel Giornale, che gli Autori delle Osservazioni attribuiscono a Marcantonio Guarini, ella si fa di Casa *Eustochia Dianti*, e nel medesimo tempo figliuola dell'artefice Berrettajo, quasichè la nobil famiglia Dianti esercitasse quell'arte. E questi sono quegli Scrittori autorevoli, veridici, e superiori ad ogni eccezione, i quali attestano, che Laura fu sposata da Alfonso I. Ma il Giovio sopra tutti chiarisce il fatto, poichè egli asserendo, che Alfonso I. prese Laura fanciulla *plebea* per non disonorare le famiglie *Nobili* e *Cittadine* con gli *stupri*, e con gli *adulterj*, con ciò ne assicura, che egli la prese ben per altro, che per isposarla; e che non era nè *Cittadina*, nè *Nobile*: il chè per altro non si contrasta da' Ministri Estensi: ed io lo dico sol perchè si conosca quanta fede si debba a coloro, che la fanno *moglie* vera d'Alfonso I. facendola poi quegli stessi non già nata dal *berrettajo Boccacci*, ma bensì di stirpe nobile, cioè degli *Eustochj*, de' *Berrettari*, e de' *Dianti*: di ciascuna delle quali famiglie ha trattato ultimamente Alfonso Maresta tra quelle di Ferrara, ove per onorar la sua patria, vi mette anco l'Estense: ed allega quegli stessi Scrittori, che si allegano da' Ministri Estensi, mentre egli nel morire lasciogli in legato al Serenissimo Duca di Modana. Ora da tante varietà e discordanze, onde fra loro combattono gli Scrittori favorevoli alla parte contraria narrando una medesima cosa, facilmente da ognuno si può comprendere, se ebbero innanzi a gli occhi la faccia della verità nello scrivere quanto scrissero: e se le testimonianze loro, benchè in gran

Osser. Cap. LXXXVII. pag. 135. Cap. XCIX. p. 150. Cap. CI. pag. 152.

Cap. LXXXVII. pag. 135.

Teatro genealogico delle famiglie nobili Ferraresi to. 3. pag. 31. 94. 211.

gran numero, così alla cieca si debbano accogliere, come veridiche, e da essere preposte alla costanza sincera e concorde di quegli altri Scrittori, i quali in tempo sano scrissero pubblicamente tutto l'opposto.

XCIII.

Nullità delle prove addotte pel matrimonio di Laura, confessata nelle Scritture opposte alla Santa Sede.

Voglio concludere questa Parte III. con ricordare, che quantunque gli Autori delle Osservazioni a' loro ingegnosi divisamenti intorno a questo matrimonio di Laura abbiano dato il nome di *ragioni concludenti*; *di luminose testimonianze*; *d'autorità irrefragabili*; *di prove reali, fortissime, e convincenti*; *di attestazioni concordi e chiare*, insultando poscia in varie guise al Pontefice Clemente VIII. e agli Apologisti di Roma, e della Santa Sede; nulladimeno sì grande è stata la forza del vero, che hanno poi confessato replicatamente di loro libera e spontanea volontà, che tutto questo sì grande apparato non consiste in altro, che in semplici *presunzioni* e *congbietture*, e che *non si sia trovato* SINORA *il ricapito o sia strumento individuale sopra il matrimonio del Duca Alfonso con Donna Laura*: il quale però non si troverà mai, perchè mai non fu scritto, nè vi fu mai occasione di scriverlo. Ma, se tante prove e tante ragioni sono poi tenute per *congbietture* e *presunzioni*, a che tanto romore per riaver non solo Comacchio, ma anche Ferrara in virtù di esse prove e ragioni? A che tante accuse, tante invettive e declamazioni contra il santissimo Pontefice Clemente VIII. ricuperatore di quel Ducato, senon vi è fondamento *individuale* da opporre alla giustizia di essa ricuperazione? Nè punto già serve, che paja a' Ministri Estensi concorrervi *tali e tante prove e* CONGHIETTURE, *per cui si renda evidente* quel matrimonio; perchè le conghietture fallaci, e tratte da' luoghi sospetti nulla vagliono a fronte de' fatti veri, e chiarissimi: nè mai elle dovrebbono mettersi in campo, come fondamenti da spogliare la Chiesa de' suoi Principati, e da caricare d'atroci calunnie i Pontefici, e finalmente i Capi della propria Religione. Oltrachè il

Osserv. Cap. LXXX. pag. 123.
Cap. LXXXVIII. pag. 137.
C. XCVIII. p. 148.
Cap. LXXXV. pag. 130.
Altra Lettera p. 31. 39.

Menoch. lib. 3. præsumpt. 1. in princip. Authent. Maximis. Glossa. Baldus, & alii.
Menoch. Cons. 199. num. 47.
Hippolyt. Riminald. Consil. 80. num. 3. 16. inter Matrimonialia Ziletti.
Angelus in Authent. ut liceat matri & aviæ §. quia vero.
Puteus lib. 3. decis. 8.

il matrimonio essendo un fatto, non si dee presumere, ma provare, come dimostrano i Giureconsulti. Trattandosi poi di matrimonj di Principi, sempre si sono escluse le conghietture, e ricercate le prove concludenti *per instrumenta sive per scripturam*. E nel caso nostro ci è ancor la ragione, perchè non solo le leggi non presumono il matrimonio, ma presumono anzi il contrario, perchè non si suole sposare femmina tale, donde si oscuri lo splendor della Schiatta. Perciò non è maraviglia, se a provare tal matrimonio si ricercano gli strumenti dotali. Nè giova il dire, che in que' tempi anteriori *al Concilio di Trento non si esigeano tante solennità per li matrimonj*, come hanno opposto i vecchi, e i nuovi Ministri Estensi; perchè nè prima, nè dopo il Concilio i matrimonj de' Principi o pubblici, o clandestini, si sono mai fatti a quattr'occhi: ma sempremai *per instrumenta dotalia*, come ordinano le leggi civili, alle quali si ricorre in mancanza delle canoniche. E ciò ben seppe cercar di mostrare il Pigna contra una Scrittura di Alberto Pio Conte di Carpi, mentre per giustificare il nascimento illegittimo di Niccolò III. da Este, scrisse, che Alberto suo padre nell'anno 1393. coll'intervento di Timoteo da Modana Frate Minore, suo Confessore, di Filippo Roberti, di Tommaso degli Obizi, e di Bartolommeo della Mela suoi Consiglieri, prima di morire sposò Isotta sua concubina per legittimare in tal guisa la successione di esso Niccolò suo bastardo: e che *di ciò* se ne fece strumento. Ora e perchè non dovea fare *il medesimo* anche Alfonso I. benchè fosse *innanzi al Concilio di Trento*, se Alberto il fece, che fu molto più innanzi al medesimo Concilio di quello, che sia stato il Duca Alfonso I? ....

Ristretto delle ragioni Estensi pag. 6.
Osserv. Cap. XCVIII. pag. 148.
Altra Lettera p. 31.

Storia di Casa d'Este lib. 5. pag. 327.

XCIV.

Esame di alcune asserzioni delle Scritture Estensi contra la Santa Sede.

Ma quando pure si avesse voluto sostenere il matrimonio di Laura per altro riguardo, che per detrarre a' Sommi Pontefici, e senza mira di nuocere alla Santa Sede: il che però è malagevole a potersi concedere per essere inseparabili

questi

questi due punti; ciò si sarebbe potuto in certa guisa dissimulare, come dopo la devoluzione si sono dissimulate alcune espressioni inserite in libri stampati in Ferrara, e puntualmente citati da' Ministri Estensi; non essendo mai venuto in mente ad alcuno, che si dovessero un giorno prender per argomenti da opporre alle ragioni indubitate della Chiesa. E certamente i Pontefici in questo fatto hanno mostrata una somma e rara mansuetudine, e moderazione in non lasciar pubblicar con le stampe infinite cose, che avrebbono potuto e potrebbono tuttavia pubblicarsi in tal proposito, contentandosi, che si dicesse quanto bastava alla loro necessaria difesa, senza aver punto bisogno di valersi di quelle sognate *rappresaglie* di Scritture favorevoli agli Estensi, le quali nelle Osservazioni con formole di gran sicurezza si afferma, essere state fatte da' *Ministri Pontificj*; quasichè i fondamenti principali, e le ragioni di Casa d'Este stessero depositate in mano del Canonico Guarini, a cui dicono essere state fatte le *rappresaglie* di quelle Scritture: le quali se per altro fossero state da lui maliziosamente e occultamente ritenute, come contenenti i diritti della Santa Sede, con tutta giustizia gli sarebbono state levate. Ma più giustamente si possono ben dir *rappresaglie* quelle diligenze, che da altri in varj tempi sonosi usate per levar da Ferrara ogni sorta di scritture, e di libri a penna, concernenti sì fatte ragioni della Santa Sede; assegnando eziandio annui stipendj agli eredi di coloro, che ne furono ministri delle *rappresaglie*. Che se le *tante*, le *sì forti*, *reali*, *indubitate* e *concludenti ragioni* della legittimità del padre di Don Cesare, tratte da *tanti egregj e fidati Scrittori*, cioè da alcuni Rimatori, Giornalisti, e Genealogisti appassionati e venduti, e da altra gente privata, che scrisse dappoichè era già cominciato a viziarsi l'affare, e molti e molti anni dopo il tempo, in cui si finge accaduto l'avvenimento, essendone mal informata per motivi proprj d'interesse e di adulazione, oggi si divulgano per argomenti

Osservaz. Cap. CI. pag. 152.

Osserv. Cap. XCVIII. pag. 149.

di peso grandissimo, essendosene a tal'effetto tenuto un conto esatto e minutissimo, io non so poi per qual cagione si sieno lasciati smarrire i *ricapiti*, e gli *strumenti* autentici di un fatto così rilevante, a segno tale, che nè i contemporanei, nè i prossimi, nè i seguenti si sieno mai curati di rintracciargli? Diasi fine a questa Parte con ridire, che nell'ultima Investitura, e nella concordia tra Paolo III. ed Ercole II. nell'anno 1539. vi si espresse di dare la nuova infeudazione del Ducato di Ferrara a' discendenti d'Alfonso I. *legitimis & naturalibus per lineam masculinam descendentibus*: le quali parole non furono poste a caso; ma per escludere i non nati di legittimo matrimonio, e per conseguente la linea bastarda d'Alfonso I. conforme attesta Stefano Burone nelle sue note a penna sopra i Comentarj di Luigi Guicciardini, stampati in Anversa nell'anno 1565. dicendo, che il Papa diede nuova Investtura *in persona d'Ercole e d'Ippolito Cardinale, e fu escluso Don Alfonso padre di Don Cesare per venire da linea bastarda*: onde ne segue, che il Duca Ercole dichiarò Alfonso per illegittimo: e perciò a' giorni nostri con poca ventura, e con men di ragione si è tentato di dar nuova vita a questa materia, la quale da sì lungo tempo era già morta. Ora considerino gli animi spassionati, se il Cardinal Rinaldo da Este avea ragione di dire, che il Pontefice *Clemente VIII. era dannato per l'ingiustizia atroce fatta alla Casa sua*, come registra l'Amelotto nelle note alle lettere del Cardinal d'Ossat. Sarebbe *egli dannato*, se avesse rotto il solenne giuramento da lui fatto di osservare la Bolla di Pio V. E quanto giustamente in tutto e per tutto egli operasse nella ricuperazione del Ducato di Ferrara, oltre a tanti e sì gravi Scrittori fin quì addotti, lo mostrano anche Scipione Ammirato, e Pier Mattei. Da tutto questo si vegga ora, se Laura Eustochio Boccacci fu mai sposata dal Duca Alfonso I. se Don Cesare d'Este potea di ragione succedere ad Alfonso II. nel Ducato di Ferrara: se

Risposte del Conte-lori alle Scritture Estensi pag.46.

Letre 184. pag.65. to. 2.

Opuscoli to.2.p.118. 120.

Histoire d'Henry IV. lib.2. pag.272. 273. 274. 275.

Cle-

Clemente VIII. operò ingiustamente quando volle, che quel Ducato ricadesse alla Chiesa Romana: e se dal Pontefice, che oggi siede, o da altri in auvenire debba mai restare *annullato*, e *rivocato* quello, che nelle Osservazioni si chiama *men giustamente fatto a' tempi d'un altro Clemente*, e se si debba *restituire* alla Serenissima Casa d'Este Ferrara, *Città senza buone ragioni a lei tolta, e detenuta finora*. Ma nel grande sforzo ivi usato in cercar di persuadere al pubblico questo matrimonio per vero con XXVIII. Capi d'Osservazioni, avrassi avuta forse la mira di renderlo almen problematico nella opinione degli uomini a guisa delle quistioni dialettiche. Or dunque, se ciò veramente sia potuto riuscire, si lasci formarne il giudicio a chiunque, dopo aver lette le Carte pubblicate contro alla Santa Sede, e a' Pontefici antichi e moderni, non si terrà a sdegno di leggere ancora le altrui per sincerarsi ad un ora, se il Sommo Pontefice Clemente VIII. fu un uomo ingiusto, un occupatore, un usurpatore e un Tiranno, come ci vien dipinto nelle Scritture Estensi: se a' suoi successori si debba il nome di *detentori* di cose usurpate: se egli si lasciò *spingere a subitanee risoluzioni*: se *precipitò la sentenza* (già maturata in tanti Pontificati): se in questo caso fu uno di que' Pontefici, che non *vanno esenti dal prendere abbagli sì per difetto o infedeltà d'informazioni, e sì per le segrete batterie degli affetti umani*: se egli *contra innocentem Jonathæ filium sententiam dedit*; se s'ingannò *per falsas probationes & attestationes*; e se finalmente si abbia a riputar convenevole, che *a' Prelati della Corte di Roma* si veggano pubblicamente indirizzate Scritture tali, come sono le Osservazioni.

Osservaz. Cap. CV. pag. 161.

Osservaz. Cap. CV. pag. 159. 160.

PARTE QUARTA.

Si ricerca, se veramente il Sommo Pontefice non sia più, che un semplice Vicario ed Esarco Imperiale in tutti i suoi Stati; e se l'Imperadore ne sia il vero Sovrano, come oggi pretendono i Ministri Estensi.

XCV.
Scritture Estensi rivolte contro al dominio temporale della Santa Sede.

GLI Osservatori conoscendo la fragilità de' loro diritti Estensi intorno Comacchio, sono ricorsi a varie parti per mendicarne di più speciosi, particolarmente sforzandosi di provare, che l'Imperadore, come padrone, secondo essi, di tutti gli Stati della Santa Sede, sia il supremo Signore di Comacchio. E di questa loro novella opinione si sono studiati di fare un ampio e strepitoso apparato non solo in fronte, ma in tutto il processo delle loro Osservazioni, talmentechè se si tolgono via i discorsi, che hanno impiegati in questo proposito, e le parole, che si consumano nelle grandezze Estensi, le quali non hanno punto che fare con la materia di Comacchio; poichè non si arriva con esse a provare, che la donazione di quella Città, che si dice fatta ad Ottone da Este nell'anno 854. sia vera, e che il Marchese Almerigo, autore del Testamento scritto nell'anno 948. fosse di Casa d'Este: e poi se si levano quelle parole ancora, le quali s'impiegano in rappresentare per vero il finto matrimonio di Laura; la parte sopra Comacchio, la quale dovea essere la maggiore e la principale, viene ad esser la meno considerabile. Si è già esaminato il mezzo ed il fine delle Osservazioni: ora dunque ne esamineremo il principio. Gli Autori di esse bastantemente si fanno intendere, che non vorrebbono, che la Chiesa godesse dominj temporali. E veramente questo sarebbe il vero modo d'ingrandire la Casa d'Este, riducendo

Osservazioni Cap. I. pag. 34.

cendo la Santa Sede alle sole cose spirituali: e facilmente avranno avute le stesse massime anche tutti quegli altri, i quali di tempo in tempo hanno procurato d'usurparle i suoi fondi. L'Autore della Scrittura stampata in Vienna ancor egli si mostra armato di questo zelo, e ci ricorda *le reti* e lo stato povero degli Apostoli, quasichè questo rimprovero fosse unicamente adattato a' soli Pontefici, e non a tutta la generalità de' Cristiani, tanto Ecclesiastici, che secolari, i quali dovrebbono ridursi tutti senza dominj temporali, quando si dovesse tornare allo stato povero de' nostri maggiori, che indistintamente tutti erano tali. Però oltre al bastare la suprema definizione del Concilio Ecumenico di Costanza in questo proposito del dominio temporal della Chiesa, contra le bestemmie di Vicleffo; il quale apertamente insegnò quanto oggi son vaghi di ridire i Ministri Ducali; per riandare questa materia non voglio entrare, senon in ciò, che porta la pura necessità di correggere i molti errori, ne' quali gli Autori delle Scritture senza bisogno veruno si sono ingolfati per genio d'impugnare l'autorità temporal della Chiesa; facendolo poi con pretesti d'animo tutto pieno di *riverenza*, e *d'amore verso la Santa Sede*. Quindi io non passerò il secolo ottavo di nostra salute, nel qual tempo la Prouvidenza divina dispose, che i Sommi Pontefici avessero il total governo delle Provincie, e delle Città per esser giunti que' tempi, ne' quali esse del tutto esposte alle calamità, ed abbandonate da ogni protezione ed ajuto, furono in guisa tale favorite ne' temporali soccorsi da' proprj Pastori spirituali, che finalmente il pieno governo di esse se ne passò in lor mani.

Risposta pel diritto Imperiale pag. 43.

Concil. to. 12. col. 264. n. 10. col. 265. n. 33. 36. 39.

Osservaz. Cap. II. pag. 5. 6.

XCVI.

Autorità suprema de' Pontefici nelle cose temporali innanzi a' tempi di Pippino.

Anastas. in Constantino pag. 94.

Già è cosa notoria qualmente dappoichè sotto Costantino Pontefice il Popolo Romano si era messo in libertà, non volendo riconoscere l'Imperador Filippico, macchiato d'eresia, Gregorio II. successore di Costantino indefessamente assistendo alle contrade infestate da' Longobardi, fu assalito dall' insi-

insidie di Leone Isaurico Imperadore, perchè difendea il culto delle sagre immagini, contra il quale si era dichiarato Leone. Tutta l'Italia cospirò alla difesa del Papa, e si venne a consiglio di creare un Imperador Cattolico, il che fu impedito da Gregorio per la speranza dell'ammenda di Leone: *compescuit tale consilium Pontifex, sperans conversionem Principis*, come dice Anastasio: donde si vede la grande autorità, che egli vi avea. Soggiunge, che i popoli si auventarono ad alcuni Ministri congiurati contro del Papa; e che l'Esarco di Ravenna Eutichio si unì a Luitprando Rè de' Longobardi a fine di prendere il Pontefice, e Roma stessa: *ut Exarchus Romam subiiceret, & quae pridem de Pontificis persona jussus fuerat, impleret*: donde pure si vede, che Roma in quel tempo non era soggetta all'Esarco Imperiale; altramente non avrebbe egli machinato di soggettarsela. Ma il Rè intenerito dal Papa, che gli andò incontro, depose il maltalento e supplicollo a rappacificarsi con l'Esarco: *obsecravit Pontificem, ut memoratum Exarchum ad pacis concordiam suscipere dignaretur, quod & factum est*. Gregorio III. succeduto al II. con Legazioni, con lettere, e con Sinodi si oppose all'eresia di Leone, il quale infieritosi maggiormente confiscò gli antichissimi patrimonj della Chiesa Romana in Sicilia, e in Calabria. Da esso Pontefice furono fatte fabbricar le mura di Roma, e a Trasimondo Duca di Spoleti egli diede molti danari, *ut cessarent bella & quaestiones*, e affinchè si ricuperasse Gallese, per cui *tutto-giorno* s'infestava il Ducato Romano; onde finirono le differenze, *& in compage sanctae Reipublicae, atque in corpore Christo dilecti exercitus Romani, annecti praecepit*. L'Anonimo Austrasio, il quale d'ordine di Childebrando Conte proseguì la Cronaca di Fredegario, attesta, che Gregorio III. inviò due Ambascerie a Carlo Martello, Maggiordomo del Reame di Francia; e che si stipulò fra essi un concordato, che Carlo soccorresse i Romani contra l'invasione de' Longobardi,

Anastas. in Gregorio II. pag. 99. 100.

Anastas. in Gregorio III. pag. 106.

di, lasciata a parte l'aderenza all'Imperadore, che non gli soccorrea: e che il Pontefice a lui conferisse la temporale dignità del Patriziato di Roma: *eò pacto patrato*, dice l'Anonimo, *ut a partibus Imperatoris recederet, & Romanorum Consulatum præfato Principi Carolo sanciret*: in pegno di che gli mandò le chiavi della confessione, e le catene di San Pietro con grandi e infiniti regali: *cum muneribus magnis & infinitis*. E in fatti Carlo avea bisogno d'un forte motivo per istaccarsi da' Longobardi, che gli aveano assistito contro a' Saracini. La prima e seconda Lettera del Codice Carolino sono quelle stesse, che Gregorio III. scrisse in questo affare a Carlo Martello, poichè quelle di Gregorio II. e di Zaccheria sono perdute, i quali di ciò trattarono pure con Carlo stesso. Quel *Consolato* era il Patriziato, che importava la suprema Auvocazia e difesa di Roma, posta allora dal Papa sotto la protezione di Carlo Martello, come nota anche il Pagi, il qual vuole, che ciò accadesse nell'anno 741. cioè 60. anni prima, che la dignità Imperiale in Occidente fosse da Leone III. surrogata a quella del Patriziato in persona di Carlo Magno, nipote del Martello. Questi son fatti notorj, inseriti nel Codice Carolino, e negli scritti di Anastasio, Bibliotecario della Santa Sede, il più dotto Autore di quell'età, prossimo a tali auvenimenti, e confidente de' Principi Carolini, a uno de' quali, cioè a Carlo Calvo, egli dedicò le versioni della Gerarchia di San Dionigi, detto l'Areopagita, e del Concilio VII. generale; e che inoltre da Lodovico II. fu spedito per suo Ambasciadore in Costantinopoli. Simili passi, fatti da Gregorio III. mostrano, che in lui fosse l'autorità assoluta di poter fargli indipendentemente da altri, e in particolare da' Greci. Zaccheria successor di Gregorio III. strettosi in lega con Trasimondo sopraccennato per ricuperar quattro Città usurpate al Ducato Romano dal Rè Luitprando, che furono Amelia, Orte, Bomarzo, e Blera, in tempo che un tale Stefano era Patrizio e Duca, cioè difensore e governatore di Roma, si espose

Gregorii Turonensis opera editionis Ruinarti ad calcem pagina 680. cap. 110.

Paulus Diaconus de Gestis Langobard. lib. 5. cap. 53. 54.

Anastas. in Stephano II. pag. 119.

Anno 740. §. 4. 5.

Anastas. in Zachar. pag. 107. 108. 109. 110. 112.

espose ad ogni rischio *pro salute populi Romani*: spedì un Ambasceria a Luitprando, riducendolo a restituire le quattro Città: *cujus sancti viri admonitionibus inclinatus, prænominatas quatuor, quas a Ducatu Romano abstulerat Civitates, reddere promisit*: e il Papa fece, che le truppe Romane si unissero a quelle di Luitprando contra il Duca di Spoleti. Indi il Pontefice stesso andò ad abboccarsi col Rè a Narni per ridurlo all'effettiva restituzione delle quattro Città: onde per pubblico strumento *eidem sancto cum eorum habitatoribus redonavit viro, quas & per donationem firmavit*: e di più restituì ancora il patrimonio di Sabina, usurpato trent'anni addietro, oltre a Narni, Osimo, Ancona: *& pacem cum Ducatu Romano ipse Rex in viginti confirmavit annos*, e restituì al Papa, *& redonavit Pontifici*, i prigionieri, che tenea. E la consegna delle Città non fu solamente in iscritto, ma in fatto, avendo il Rè mandati i suoi Ministri, *qui eidem sancto viro usque ad prædictas Civitates, obsequium facerent, easdemque Civitates cum suis habitatoribus* TRADERENT, *quod &* FACTUM EST. Così Zaccheria tornò vittorioso a Roma: *& sic regressus est, Deo propitio, cum victoriæ palma in hanc urbem Romam*. Avendo poscia il Rè Luitprando minacciato d'assalir l'Esarcato, Eutichio Esarco, Giovanni Arcivescovo, e il popolo di Ravenna con le Città dell'Emilia ricorsero al Papa, *ut pro eorum curreret liberatione*; onde egli con una ambasceria, e con danari tentò di rimoverne Luitprando, e di far, che restituisse Cesena. Ma veggendolo ostinato, si partì di Roma, lasciando al governo di essa Stefano Patrizio e Duca: *relicta Romana urbe jam dicto Stephano Patricio & Duci* AD GUBERNANDUM; e giunto a Ravenna, di là se ne passò a Pavia, dove ottenne dal Rè tutto quello, che dimandava. Succedutogli poscia Rachisio Duca del Friuli, questi fece col Papa una pace di vent'anni: *usque ad viginti annorum spacium inita pace*.

Tutti

XCVII.

Stefano II. oppresso da' Longobardi chiede invano il soccorso de' Greci.

Anastas. in Steph. II. pag. 116. 117. 118.

Tutti gli accennati particolari ci rappresentano il Pontefice per Signore, e Signore di grande autorità temporale, di che ne abbiamo un argomento ancora dall'aver fatto desister Rachisio dall'assedio di Perugia: dove questi avendo risoluto di farsi Monaco di Montecasino, e succedutogli nel Reame Aistulfo il fratello, Stefano II. successore di Zaccheria gli spedì i suoi Legati *ad pacis ordinandum atque confirmandum fœdera*: e la pace si fece per 40. anni. Ma dopo quattro mesi soli Aistulfo divenuto spergiuro, fece molti oltraggi a Papa Stefano, e a'Romani, vago di soggettarsegli, *& suæ jurisdictioni Civitatem hanc Romanam vel subjacentia ei Castra subdere indignanter asserebat*. Il Papa gli spedì Ambasciadori con ricchi doni per ridurlo a trattati di pace: *postulans pacis fœdera*: al che egli non dando orecchio, e sprezzando ogni partito, fu cagione, che il Pontefice risolvesse di spedire in Costantinopoli per chieder soccorso all'Imperadore, come avea fatto più volte: *juxta quod ei* SÆPIUS *scripserat*. Ma tornata fallace ogni speranza, il Papa veggendosi abbandonato da' Greci, convocò i Romani, e in una processione, portata a piè scalzi l'immagine del Salvatore dal Laterano a Santa Maria Maggiore, e affisso ad una croce lo strumento originale della pace, rotta allora da Aistulfo: *connectensque adorandæ cruci Dei nostri* PACTUM *illud, quod nefandus Rex Langobardorum disrupit*, invocò la divina misericordia. Sin quì noi veggiamo, che Papa Stefano II. non meno, che i due Gregorj, e Zaccheria, suoi precessori, operò da *padre e Signore spirituale e temporale prima, che Pippino facesse la donazione*, il che agli Autori delle Osservazioni è paruto strano, che si sia detto nella precedente Scrittura. E di vero l'inviare ambascerie, lo stipulare strumenti di pace, lo spedir gente in soccorso, il maneggiare i trattati, e gli accordi, forse non sono tutti atti di Signor temporale? Noi abbiamo veduto, che sotto questi quattro Pontefici in Roma non ci ha avuto che fare l'Imperadore, e

Osservaz. Cap. II. pag. 5. 7.

pure i Ministri Estensi francamente asseriscono, che *le Storie assicurano, che Roma fu sottopposta agl'Imperadori Greci, finchè succedettero le novità de' tempi di Pippino*. Ma quali sono queste *Storie*? Chi il dice? In vece di parlar così in aria, assai meglio sarebbe il provare. Il dice forse Girolamo Rossi, da essi accoppiato con Anastasio, quasichè fossero entrambi di pari autorità, uno scrittore del secolo XVI. e l'altro del IX? Nè, a parer mio, avrebbono dovuto metterci avanti le oppressioni lagrimevoli praticate dagli Esarchi in Roma contra i Sommi Pontefici, i quali sempremai se ne querelarono altamente, come si può vedere sino anche ne' Registri di San Gregorio. Imperciocchè le tirannie loro non sono da ricordarsi, come diritti e giuste ragioni, da chi ha debito particolare di detestarle, e da chi affettatamente di quando in quando ci ostenta la propria *riverenza ed amore verso la Santa Sede*; se però non si favella in tal guisa nelle Osservazioni per altro fine, giacchè le strane proposizioni, che vi si lanciano contro alla medesima Santa Sede, ci rendono ben manifesta la qualità de' sentimenti di chi le ha scritte. Giovanni Morino, uomo straniere, nella sua Storia dell'origine e del processo della Sovranità temporale della Santa Sede, quantunque batta ogni strada per far apparire, che tutto il dominio Pontificio fosse dono de' Rè Franchi, nulladimeno ha pur confessato ancor egli dietro alla scorta d'Anastasio, che Aistulfo tentò di soggettare alla sua nazione la Sede Apostolica con tutta l'Italia: che ad eseguirlo vedea necessaria la ruina degli Esarchi di Ravenna per torre a' Romani ogni speranza d'ajuto d'Italia, e d'oltramare: che le forze dell'Impero eran sì deboli, che gli Esarchi non si difendeano più contra i Longobardi, senon per l'intercessione de' Papi. Che Zaccheria liberogli due volte dall'armi di Luitprando, e una da quelle di Rachisio, talchè Aistulfo non potette usurpar l'Esarcato senza farsi nemico del Papa: e che Aistulfo stesso avea gran ragione d'onorare i Papi, ma che per lo con-

Osservaz. Cap. II. pag. 5.

Grandeur temporelle de l'Eglise par. III. cap. XV. pag. 565.

trario

trario tentò di ruinargli. Quindi anche Luigi Tommassino del medesimo Ordine, e della nazione stessa del Morino, considerati i fatti de' due Gregorj, di Zaccheria, e di Stefano, così ragiona: *dilucidum heic est, plane penes Papam fuisse summam administrationem Romæ & Exarchatus: ipsum pacis fœdera sanxisse, bellis obviasse; urbes defendisse ac recuperasse; hostes populsasse; auctoritate apud Imperatorem & Reges circumjacentes plurimum valuisse. Ita jam* RE, *nedum nomine, Principatus penes illum erat, moderante his omnibus numinis providentia inter tantas bellorum tempestates.* Or si vegga, se questo insigne Scrittore tiene ancor egli, che *l'Esarcato fosse dipendente dalla Sede Apostolica*, il che nella precedente Scrittura si fosse asserito.

Vetus & nova Ecclesiæ disciplina to. 3. lib. 1. cap. 29. §. 7.

Osservaz. Cap. II. pag. 5.

XCVIII.

Stefano II. per liberare l'Esarcato dall'oppressione de' Longobardi ricorre a Pippino, con cui vi stipula una lega.

Anastas. in Steph. II. pag. 118.

Ma udiamone prove maggiori. Fuggito in Grecia l'Esarco Eutichio, e abbandonate le suddette contrade alla furia de' Longobardi senza alcuna speranza di soccorso, il Papa, come supremo, e per dirlo di nuovo, come *Signore spirituale e temporale*, rivolse il pensiero a soccorrerle: *dum idem sanctissimus vir jam fatum pestiferum Langobardorum Regem, immensis vicibus, innumerabilia tribuens munera, deprecaretur pro gregibus sibi a Deo commissis & perditis ovibus, scilicet pro universo Exarchatu Ravennæ, atque cuncto istius Italiæ provinciæ populo, quos diabolica fraude ipse impius deceperat Rex & possidebat*: e quando vide Aistulfo alieno dal restituir l'usurpato, e vano lo sperarne ajuto d'Oriente: *& dum ab eo* NIHIL *hac de re obtineret, cernens præsertim & ab Imperiali potentia* NULLUM *esse subveniendi auxilium*; determinò allora di fare, come aveano fatto i tre Pontefici suoi precessori, i due Gregorj e Zaccheria, i quali ricorsero a Carlo Martello, *petentes sibi subveniri propter* OPPRESSIONES & INVASIONES, *quas & ipsi in hac Romanorum provincia a nefanda Langobardorum gente perpessi sunt*. Perciò inviato un suo messo occultamente a Pippino, e disposto quel Principe a frapporsi per la pace, e per la resti-

Anastas. in Steph. II. pag. 120.

tuzione dell'Esarcato, accompagnato da alcuni del Clero, e della nobiltà: *assumens secum Sacerdotes &* PROCERES, portossi a Pavia per chiedere ad Aistulfo *Ravennatium Civitatem & Exarchatum*, e gli altri luoghi REIPUBLICÆ, *quæ ipse vel ejus prædecessores Langobardorum Reges invaserant*; e perchè *dominicas, quas abstulerat, redderet oves, & propria propriis* RESTITUERET. La forza di quella voce *Reipublicæ* fu già da me considerata nella Scrittura di Parma e Piacenza, come dinotante la dipendenza dell'Esarcato dal Ducato Romano. Però ben dice il Tommassino, che *has urbes repetebat Pontifex, ut ad Romanum jam Pontificem pertinentes, qui* PATREM *illis se &* PATRONUM *spiritualem, temporalemque exhibebat jamdiu: qui jamdiu regebat & tuebatur: qui earum saluti thesauros suos toties impenderat: vitam impendere toties præsto fuerat: qui Langobardorum tyrannicæ dominationi* TOTIES *subduxerat: qui* UNUS *gubernacula tractaverat, ex quo Imperatores bis se Italiæ curis* PENITUS EXUISSENT. Stefano dunque in quella guisa, che Zaccheria *assumptis aliquantis ex suo Clero &* OPTIMATIBUS, andò a Perugia per far, che Rachisio vi sciogliesse l'assedio, portossi ancor egli a Pavia con un accompagnamento d'Ecclesiastici, e di Cavalieri Romani: *assumens secum Sacerdotes*, PROCERES & EX MILITIÆ OPTIMATIBUS, dove il Rè gli fece intendere, che non gli parlasse di restituir l'Esarcato: *obtestans eum nulla penitus ratione audere verbum illi dicere* PETENDI *Ravennatium Civitatem & Exarchatum*, EI PERTINENTEM, *vel de reliquis* REIPUBLICÆ *locis*. Sicchè il Papa volea la *restituzione* dell'Esarcato non altramente, che come dipendenza di Roma. Ma Stefano intrepidamente gli fece dire in risposta, che non avrebbe mai taciuto di questa materia: *asserens, quod nullius trepidationis terrore sileret hujuscemodi* PETENDI *causam*. Un parlar così franco è segno di una gran ragione dal canto del Sommo Pontefice. Gli portò molti doni: *plura illi tribuit munera*:

Vetus & nova Ecclesiæ disciplina to. 3. lib. 1. cap. 29. §. 7.

nera: gli fece istanza, ma indarno, che restituisse le Signorie della Santa Sede, *ut* DOMINICAS, *quas abstulerat* REDDERET *oves*, & PROPRIA PROPRIIS RESTITUERET. *Sed nullo modo apud eum hæc impetrare valuit*. Così parla Anastasio, informatissimo di questi affari. Laonde Stefano passato in Francia, e abboccatosi nel palagio regale di Pontigone con Pippino, figliuolo di Carlo Martello, già poco prima col favor del Pontefice Zaccheria innalzato al trono delle Gallie, implorò il suo ajuto, e gli propose una lega per difesa della Sede Apostolica: *deprecatus est, ut per pacis* FOEDERA *caussam beati Petri & Reipublicæ Romanorum disponeret*, ove è da notarsi quell' accoppiamento *caussam beati Petri & Reipublicæ Romanorum*, come interesse di un solo: la qual formola d'unire *San Pietro*, ouvero *la Chiesa Romana* con *la Repubblica* in guisa di un corpo solo e di un sol Principato, è poi molto frequente da quì innanzi presso Anastasio, che più d'ogni altro sapea gli affari, e la polizía della Sede Apostolica. I Capitoli, che si stipularono nella lega, relativamente a' patti conclusi tra Gregorio III. e Carlo Martello, furono, che il Papa dichiarasse Pippino, e i suoi discendenti per difensori e Auvocati della Santa Sede, conferendo loro la sovrana dignità del Patriziato, e che essi fossero tenuti a proteggere e difendere la Santa Sede contra gl'insulti de' Longobardi, e de' Greci, giacchè gl'Imperadori aveano deposta ogni cura e difesa della medesima. Pier de Marca, Scrittore non punto sospetto di esser troppo favorevole alla Santa Sede, afferma, che questa lega fu effettiva e reale con le condizioni e co' patti, che Pippino e i suoi figliuoli fossero intitolati con la dignità di *Patricii Romanorum*; e che da lui si ritogliesse a' Longobardi l'Esarcato, e se ne trasferisse il dominio alla Santa Sede. Ciò egli prova con la Lettera IX. del Codice Carolino, ove Papa Stefano veggendosi rotta la fede dal Rè Aistulfo, ricorda a Pippino le Capitolazioni pattuite in Francia: *dum vestris mellifluis obtu-*

Anastas. in Steph II. pag. 120. 121.

De Concord. lib. 1. cap. 12. §. 3.

obtutibus præsentati sumus, OMNES CAUSAS *Principis Apostolorum in* VESTRIS MANIBUS *commendavimus*, *quoniam quidem inspirati a Deo*, *aurem* PETITIONIBUS NOSTRIS *accommodare dignati estis*, *&* *vos* BEATO PETRO POLLICITI ESTIS *ejus* JUSTITIAM *exigere &* DEFENSIONEM *sanctæ Dei Ecclesiæ procurare*. Che Stefano conferisse a Pippino e a' suoi figliuoli la gran dignità del Patriziato, lo dinota il titolo della medesima e d'altre Lettere: *Domnis Excellentissimis Pippino Regi & nostro spiritali compatri seu Carolo & Carolomanno item Regibus &* UTRISQUE PATRICIIS *Romanorum*, *Stephanus Papa*. Sicchè da questa Lettera abbiamo le Capitolazioni della lega tra la Sede Apostolica, e la Casa Carolina. Il suddetto Pontefice verso il fine della Lettera VI. gentilmente ricorda a Pippino l'onor singolare, che egli avea fatto non solamente alla persona di esso Rè, e de' suoi figliuoli, ma a tutto il suo Reame, riputandolo sopra ogni altro meritevole della dignità del Patriziato, cioè dell' Auvocazia e della protezione della Santa Sede: *quoniam* NULLI ALIO (invece di *alii*) *nisi tantummodo tuæ amantissimæ Excellentiæ vel dulcissimis filiis*, *& cunctæ genti Francorum per Dei præceptionem & beati Petri*, *sanctam Dei Ecclesiam &* NOSTRUM *Romanorum Reipublicæ populum* COMMISIMUS PROTEGENDUM.

XCIX.

Dignità del Patriziato conferita da Stefano II. a Pippino e alla sua Schiatta.

Opera Gregorii Turonensis pag.991. editionis Ruinarti.

Annales Mabillonii tomo 2. pag.167.

La funzione di conferire la dignità del Patriziato a questi Principi, si fece da Stefano nella Chiesa di San Dionigi presso Parigi nell'anno 754. e nel medesimo tempo egli unse Pippino in Rè de' Franchi, come si legge in una clausola del Libro di San Gregorio Turonese *de Gloria Confessorum*, scritta in quel medesimo luogo nell'anno seguente 755. il cui originale tuttavia si conserva in Anversa da' Continuatori del Bollando. Però Carlo Magno prima di tutti nell'anno 774. cominciò ad usare il titolo della dignità del Patriziato, che era stata personale in suo avo Carlo Martello, e poi ereditaria in suo padre Pippino. Imperciocchè ladove

ladove in essi era stata onoraria, esso Carlo Magno ne prese il possesso reale: e da indi in poi la inserì fra gli altri suoi titoli ne' suoi diplomi e rescritti: e di essa egli fe sì gran conto, che quantunque ella fosse perpetua, spedì Angilberto Abate a Roma per averne la conferma da Leone III. obbligando egli vicendevolmente la sua fede di difensore e figliuolo della Santa Sede, conforme si trae dalla Lettera LXXXIV. d'Alcuino. Quindi in Roma a istanza d'Adriano I. e poi anche di Leone III. egli comparve in pubblico vestito solennemente dell'abito di Patrizio, come ha osservato il Mabillone. E nel famoso Triclinio del Laterano dal medesimo Leone III. fu fatto dipinger San Pietro in atto di dare a Carlo l'insegne del Patriziato, e a lui il Pallio Pontificale. Carlo nella suddetta Lettera a Leone III. il quale gli avea data parte della sua esaltazione al Pontificato, e della sua volontà per la continuazione della lega, dice d'aver ordinato ad Angilberto *omnia, quæ vel nobis voluntaria, vel vobis necessaria esse videbantur: ut ex collatione mutua conferatis quicquid ad exaltationem sanctæ Dei Ecclesiæ, vel ad stabilitatem honoris vestri, vel ad Patriciatus nostri firmitatem, necessarium intelligeretis. Sicut enim cum beatissimo prædecessore vestro sanctæ paternitatis,* PACTUM *inii; sic cum beatitudine vestra ejusdem fidei & charitatis inviolabile* FOEDUS *statuere desidero, quatenus, Apostolicæ Sanctitatis vestræ, divina donante gratia, Sanctorum advocata precibus, me ubique Apostolica benedictio consequatur; & sanctissima Romanæ Ecclesiæ Sedes, Deo donante, nostra semper devotione* DEFENDATUR. Dunque il Patriziato portava seco l'uficio di difender la Chiesa Romana e l'Auvocazia di essa nella guisa, che tutte le altre Chiese erano prouvedute di un *Difensore* e *Protettore*, il qual solea essere il più potente di quel paese dove era la Chiesa. E in Italia ad alcune famiglie, i cui maggiori aveano l'uficio d'Auvocati, con poca mutazione è loro passato in cognome.

Operum pag. 1613.

Annal. to. 2. pag. 226.

Nicol. Alemannus de Lateranensibus Parietinis pag. 70.

Questo

Questo titolo fu ritenuto da Carlo Magno finchè Leone III. glielo scambiò in quello d'Imperadore, come si legge negli Annali Lauresamensi: *omisso Patricii nomine, Imperator & Augustus appellatus est*. Ed egli si pregiò talmente di questo uficio, che nel suo Testamento ordinò, che i tre suoi figliuoli tutti insieme lo esercitassero, come aveano fatto suo avo, suo padre ed egli: *super omnia autem jubemus, ut ipsi tres fratres curam &* DEFENSIONEM *Ecclesiarum Sancti Petri simul suscipiant: sicut quondam ab* AVO NOSTRO *Carolo, & beatæ memoriæ* PIPPINO *& a* NOBIS *suscepta est, ut eam cum Dei adjutorio ab hostibus* DEFENDERE *nitantur, &* JUSTITIAM *suam, quantum ad ipsos pertinet & ratio postulaverit, habere faciant*: dal che si vede, che i patti de' Concordati passarono in retaggio con l'assenso d'ambo le parti. Lodovico Pio ordinò similmente a' tre suoi figliuoli, che DEFENSIONEM *Ecclesiæ Sancti Petri simul susciperent*: e Carlo Calvo e Lodovico Re di Germania figliuoli del Pio in certe lor convenzioni, ciascun di lor si riserba l'Auvocazia della Chiesa Romana, purchè da' Papi si continui a mantenergli in tal dignità, divenuta ereditaria nella lor Casa: *mundeburdem autem* (cioè la protezione) *&* DEFENSIONEM *Sanctæ Romanæ Ecclesiæ pariter conservabimus; in hoc, ut Romani Pontifices nobis debitum honorem* (cioè la dignità dell'Auvocazia) *conservent, sicut eorum antecessores nostris antecessoribus conservaverunt*. Di queste cose parlasi a lungo dal Marca, onde non occorre, che io ne ragioni di vantaggio.

Apud Duchesnium to. 2. pag. 251. 90. 328.

Capitularia Francorum to. 2. pag. 208.

De Concord. lib. 1. cap. 12. §. 5.

C.

Pippino accorre in difesa della Santa Sede contra i Longobardi.

Anast. in Stephano II. pag. 121.

Vetus & nova Eclesia disciplina to. 3. lib. 1. cap. 29. §. 7.

Ora tornando a Pippino, egli con giuramento promise a Stefano II. di difender la Chiesa contra i Longobardi: JUREJURANDO *eidem beatissimo Papæ satisfecit, omnibus mandatis ejus & admonitionibus sese totis viribus obedire &, ut illi placitum fuerit, Exarchatum Ravennæ & Reipublicæ jura seu loca* REDDERE *modis omnibus*. Il Tommassino dopo avere ancor egli recitate queste parole, così soggiunge: *nec leviter*

leviter transeunda hæc verba Reipublicæ: jura vel loca, e dimostra, che niuno allora avea maggior diritto nell'Esarcato, che il Papa. Mentre Pippino avea raunato il parlamento in Carisiaco, giunse Carlomanno suo fratello, monaco Benedettino, spintovi da Aistulfo per distorlo dall'impresa di dare ajuto alla causa della Santa Sede: *causæ redemptionis Sanctæ Dei Ecclesiæ & Reipublicæ Romanorum*. Ma Pippino *professus est decertare pro* CAUSA *Sanctæ Dei Ecclesiæ, sicut pridem jam fato beatissimo* SPOPONDERAT *Pontifici*: e prima di far altro, a persuasione del Papa, spedì un ambasceria ad Aistulfo *propter pacis fœdera &* PROPRIETATIS *Sanctæ Dei Ecclesiæ, ac Reipublicæ* RESTITUENDA *jura*. E per non venire all'armi, con offerte ancora di molti doni cercò di ridurlo alla restituzione dell'Esarcato: *atque bis & tertio, juxta sæpefati beatissimi Papæ admonitionem, eum deprecatus est & plura ei pollicitus est munera, ut tantummodo pacifice* PROPRIA RESTITUERET PROPRIIS. Di quì veggasi la mansuetudine Pontificia. Però Aistulfo mostrandosi ostinato, l'esercito di Pippino si mise in marchia, e il Papa a mezzo il viaggio pregò Pippino a spedir nuovamente ad Aistulfo per veder, se potea persuaderlo PROPRIA PROPRIIS REDDERE *absque humani effusione sanguinis*. Il Papa stesso gli scrisse una lettera: *conjurans atque obtestans, ut pacifice, sine ulla sanguinis effusione*, PROPRIA *Sanctæ Dei Ecclesiæ & Reipublicæ Romanorum* REDDERET JURA. Ma egli invece di piegarsi, rimandò indietro fiere minacce al Pontefice, e al Rè, il quale indi a poco passate l'Alpi, fece sì, che con giuramento in iscritto, *affirmavit se illico* REDDITURUM *Civitatem Ravennatium cum aliis diversis Civitatibus*. Ma appena ripassato in Francia Pippino, Aistulfo tornò alle primiere sue ostilità; onde Stefano con nuovo ricorso fece tornar Pippino in Italia, il qual volle, che si eseguisse la restituzione patteggiata, e che Aistulfo *quas prius contempserat, conscriptas in pacti fœdere, redderet Civitates*, le quali egli stesso *se modis omnibus professus est* REDDITURUM: onde in tal guisa:

Anast. in Stephano II. pag. 122.

Anast. in Stephano II. pag. 123.

Anast. pag. 124. 125. 126.

denuo confirmato anteriore PACTO, *quod per elapsam octavam indictionem inter partes convenerat*, RESTITUIT *ipsas Civitates prælatas, addens & Castrum, quod cognominatur* COMACLUM. Pippino di tutte queste Città, per le ragioni, che a lui competeano *jure belli*, fece dal canto suo un'ampia donazione in iscritto, *a beato Petro atque a Sancta Romana Ecclesia vel omnibus in perpetuum Pontificibus Apostolicæ Sedis possidendam*. Piero Vescovo Urbevetano, il quale già quattro secoli scrisse le Chiose sopra Anastasio, così parla di questa Donazione di Pippino: *satis large sumitur hic donatio pro restitutione*. In questo strumento, di cui ne diede l'estratto Anastasio, e che tuttavia è in essere, si trova espresso Comacchio, il quale dianzi era in poter d'Aistulfo non men, che Ferrara a lui connessa, come apparisce da quel suo diploma, che già ho nominato nella Parte I.

Glossa MSS. in Anast.

Vedi pag. 92.

CI.

Pippino validamente, e con piena giustizia mette la Santa Sede in possesso delle Provincie tolte alla tirannia de' Longobardi, e prima abbandonate da' Greci.

Osservaz. Cap. II. pag. 7.

Ora non ci vuol molto a comprendere quanto sia egli vero quel, che si dice nelle Osservazioni, cioè: *che Roma fu sottopposta agl'Imperadori Greci, finchè succedettero le novità de' tempi di Pippino*. E che *novità* furono mai queste di Pippino? Meritano il nome di *novità* le usurpazioni d'Aistulfo, e non le restituzioni di Pippino. Come mai Roma era sottopposta agl'Imperadori, se i Papi assai prima di que' tempi, come assoluti padroni, vi stipulavano leghe co' Principi stranieri: vi creavano i *difensori*, conferendo loro la gran dignità del Patriziato: s'interessavano a soccorrere le Città abbandonate dell'Esarcato contra gl'invasori, e ne chiedeano la restituzione per la Sede Apostolica, e per la Repubblica di Roma, alle quali protestavano appartenere il medesimo Esarcato, siccome ben danno a divedere le formole *proprietas: propria propriis restituere: causa beati Petri: oves dominicas: justitias Sancti Petri*; e *jura Sancti Petri*, tante volte inculcate. Che se poi i Messi dell'Imperadore s'ingegnarono supplichevoli di far, che Pippino *Exarchatus Civitates & Castra, Imperiali, tribuens, concederet ditioni*, non si lesi levan per questo i diritti della Santa Sede, nè si fa, che l'Impero Greco ne fosse padrone: *talis enim supplicatio erat contra populum Romanorum, etenim iste Imperator, non erat filius, sed videbatur Ecclesiæ Romanæ inimicus*, scrive il Vescovo Urbevetano sopra il suddetto luogo d'Anastasio: il qual non dice già, che l'Imperador Greco dimandasse a Pippino, che (siccome dimandava il Papa ad Aistulfo) *restitueret*, ma bensì, che *concederet* a lui quelle Città: e tentò d'ottenerlo a forza di preghiere, e di danari, e non di giuste dimande assistite dalle ragioni: *nimis eum deprecans, atque plura spondens munera*, ladove dal canto del Pontefice si veggono sempre inculcate le ragioni: *jura, proprietates*, & *justitiæ Sancti Petri*: nè i danari e le preghiere si nominano mai, senon per levare le vessazioni, e per impedire lo spargimento del sangue. Ma ancor oggi i Ministri Estensi non ci sgridano e non cercano essi per tutti i versi, che sia loro dato Comacchio ed anche Ferrara? E per questo forse egli ne segue, che in quelle Città non v'abbia che fare la Santa Sede? Che non abbia ella titoli antichi sopra di esse? Che sieno Città di Casa d'Este, e non della Sede Apostolica? E chi mai troverassi, che sostenga simili proposizioni fuor de' Ministri Estensi, i quali oggi dopo mille anni dachè niuno se n'è accorto, hanno trovato, che gli atti, le restituzioni, e le donazioni di Pippino, e di Carlo Magno furono *nulle, ed invalide*. Appunto nelle Osservazioni si pretende, che la Donazione di Pippino sia stata *invalida*, perchè l'Imperador d'Oriente vi *richiamò* contra la disposizione fattane dal medesimo Pippino. Vi si allega l'inesecuzione di essa Donazione, mentre gl'Imperadori Occidentali non tralasciarono di avervi ed esercitarvi la sovranità loro sopra le Città, e le Provincie enunciate in essa Donazione: e si vuole, che i Pontefici al più, al più in virtù della medesima ne abbiano ricevuta la podestà vicariale di poter governar quegli Stati, e di goderne le rendite, cioè a dire il dominio utile, ma non già il diretto, e il so-

Glossæ MSS. in Anast.

Osserv. Cap. V. pag. 11.

sovrano. Veramente queste scoperte sono affatto nuove, e non più udite da mille anni addietro. Ma sarà egli ben fatto il ponderarle, dividendole in più parti, bench è già se ne fosse parlato nella Parte II. a Capi LXIV. quanto dovrebbe forse bastare. Se gli Osservatori avessero voluto fedelmente esporre lo stato della quistione tal quale fu esposto nella precedente Scrittura, avrebbono auvertito, che Pippino fu chiamato in soccorso del Papa, e de' popoli, perseguitati, nonchè abbandonati dagl'Imperadori prima alla rapacità degli Esarchi, e poi alla tirannia de'Longobardi, nemici della Santa Sede: e avendo essi negato loro qualunque soccorso, benchè più volte richiesto, esso Rè Pippino confederato per via di giuramenti, dispose dal canto suo di quanto levò a'Longobardi, come a lui piacque, cioè a dire secondo gli articoli della lega stipulata col Papa. Ne dispose in favor della Santa Sede, e l'Imperador Greco non gli contestò il diritto di farlo; ma Gregorio suo Segretario solamente v'interpose le preghiere, e le offerte: *nimis eum deprecans, atque plura spondens munera* per impetrare in tal guisa, che riponesse in man sua ciò, che avea tolto a'Longobardi. E quando anche vi avesse *richiamato*, come si afferma nelle Osservazioni senza veruna testimonianza, il suo *richiamo* sarebbe stato nullo ed ingiusto, nè avrebbe meritato, che Pippino lo avesse ascoltato. Imperciocchè i Greci dichiarati apertamente nemici della Santa Sede non men, che di tutta l'Italia, con le minacce di farla apostatare dalla vera Fede, e nell'abbandonarla con tutti i popoli dell'Esarcato senza ajuto alcuno in preda a' nemici, vi decaddero da ogni diritto, che vi avessero potuto avere in queste contrade, da essi lasciate esposte a qualunque occupante, senza intenzione di fare altrui cosa grata: segno evidente, che non ne vollero più esser padroni, e che se ne spogliarono del possesso con l'abbandonarle del tutto in man de'nemici giurati de'popoli dell'Esarcato, e della Santa Sede. Onde l'Impero Greco al tempo di Pippino avea perduta ogni ragio-

Vedi pag. 230.

Vedi pag. 2. 3. 4. 5.

Anastas. in Stephano II. pag. 125.

Pufendorfius de jure naturae & gentium lib. 4. cap. 6. §. 12.

ragione in Italia pel diritto delle Genti, poichè, secondo l'auvertimento del Grozio, *extra controversiam est, si jus gentium respicimus, quæ hostibus per nos erepta sunt, ea non posse vindicari ab his, qui ante hostes nostros ea possederant, & bello amiserant; quia jus gentium hostes primum dominos fecit dominio externo, deinde nos*. E perciò in caso, che i Greci vi avessero fatto richiamo contra Pippino, si avrebbe potuto dir loro, come fu detto a' Vejenti presso Plutarco, allorchè richiamavano, perchè da' Romani loro fosse restituita Fidena: *id non modo iniquum, sed ridiculum etiam: qui laborantibus & bello pressis auxilium non tulissent, sed opprimi sivissent homines, ut tecta nunc & agros ab aliis reposcerent dominis*. Simili ragioni, le quali in tutto militano nel fatto di Pippino, sono sì giuste, che le veggiamo autenticate nella divina Scrittura, dove Jefte Principe degl'Israeliti si serve appunto delle medesime contra gli Ammoniti, perchè le contrade, che essi pretendeano, erano passate per ragion di guerra da loro agli Ammorrei, e da questi agl'Israeliti. Delle ragioni stesse si valse pure il Re Davide quando tenne per sè quello, che avea tolto agli Amaleciti, e che questi prima aveano levato a' Palestini. Laonde la Santa Sede Apostolica può difendere i titoli delle sue antichissime Signorie co' fatti della divina Scrittura, mentre possiede quello, che da Pippino suo difensore fu tolto a' Longobardi suoi nemici, e che questi poc' anzi aveano tolto a' Greci, nemici e persecutori della medesima Santa Sede: la quale parimente contra chiunque sopra ciò in capo a tanti secoli le move importuna querela, si terrà in pregio di giustificare la legittimità de' suoi titoli rispondendo con le parole stesse di Jefte: *quare tanto tempore nihil super hac repetitione tentastis? Igitur non ego pecco in te, sed tu contra me male agis, indicens mihi bella non justa*. Tal verità riesce di tanto peso, che fu confessata dalla stessa Corte Imperiale di Costantinopoli al tempo di Leon III. il quale avendole chiesto ajuto contra le insidie de' Romani, come narra

De jure belli & pacis lib. 3. cap. 6. §. 7.

In Romulo pag. 33. edit. Paris. an. 1624.

Judicum XI. 23. 24. 27.

1. Regum XXX. 20.

Breviarium historicum pag. 92.
De Gestis Caroli M. apud Duchesnium to. 2. pag. 118.

narra Costantino Manasse, n'ebbe la seguente risposta, riferita dal Monaco di San Gallo, creduto da alcuni Notkero: *ille Papa* REGNUM HABET PER SE *& nostro præstantius. Ipse se per seipsum vindicet de adversariis suis.* Chi parla in tal guisa considera bene il Papa ne' suoi Stati per altro, che per un *Vicario Imperiale*, come gli Osservatori si sforzano di farlo comparire. Ma oltre a ciò, se Pippino mai non ebbe il dominio, nè la sovranità della conquista fatta contra i Longobardi; e se mai non ne dispose per sè stesso, qual ragion vuole, che i Cesari di Lamagna ci possano pretendere? E per qual giusto diritto ne hanno mai potuto disporre investendone altrui? Pippino n'ebbe, o n'esercitò mai egli la Sovranità? Ve la ritenne per sè stesso, ouvero la diede alla Santa Sede, o pure ad altri? Non si può contestare, che egli non venisse a torre dalle mani de' Longobardi l'usurpazione di questa Sovranità: nè si può dire, che egli nè pur vi pensasse a ritenerla per sè medesimo: imperciocchè non ebbe altro disegno, che di soccorrere la Santa Sede, e i suoi popoli, e non già di stabilir sè stesso in Italia. Ora egli non fece la Donazione della Sovranità a' popoli dell'Esarcato, poichè gli sottomise alla Santa Sede. Dunque manifestamente ne viene, che la Sovranità rimase a' Pontefici. E questa spropriazione totale di Pippino vien dinotata con quelle formole rammemorate nel Codice Carolino: *omnia, holocaustum, sub integritate*: le quali s'intendono sinistramente nelle Osservazioni col dirsi, che questa ultima è usata ne' *contratti più triviali, significandosi con essa le pertinenze d'una Città, d'un podere, d'una casa; ma non già la Sovranità del Principe.* Non si è saputo però addurre un solo esempio di que' *contratti triviali*, essendosi abbagliati gli Autori dall'aver letto talvolta *cum integritate*; ma non mai *sub integritate*: della qual formola non solamente si valse Pippino, ma anche Lodovico Pio suo nipote ove disse di confermare a Pasquale Pontefice quanto era stato restituito alla Chiesa da Pippino suo

Vedi pag. 9.
Osservaz. Cap. VI. pag. 12.

avo,

avo, cioè in primo luogo *Exarchatum Ravennatensem* SUB INTEGRITATE. Indi *Civitatem Ravennam, Aemiliam &c.* con tutte le lor pertinenze: *cum omnibus finibus, territoriis, atque insulis*: dove si vede, che altra cosa è *sub integritate*, e altra le *pertinenze*. Della medesima frase *sub integritate*, usata ben tre volte da Lodovico Pio, si era servito anche Pippino nel suo diploma, che tuttavia è in essere: e vi spiegò immediatamente il significato di essa, dicendo di donare a Stefano II. l'Esarcato SUB OMNI INTEGRITATE *tibi æternaliter concedimus*, cioè a dire: NULLAM *nobis nostrisque successoribus infra ipsas terminationes* POTESTATEM *reservantes, nisi solummodo, ut orationibus & animæ requie perfruamur*. Laonde quella formola *sub integritate* ha diverso significato da *integriter*, che pure alcune volte si adopera da Pippino, e poi anche si spiega, cioè: SINE *diminutione*, o come in altri diplomi, e *contratti triviali* si legge: *cum integritate*, e anco *in integrum*. Le medesime riflessioni, che si fanno intorno alla Donazione di Pippino, cadono ancora sopra quella di Carlo Magno, essendo l'una relativa all'altra.

CII.
Assoluta indipendenza della Sovranità temporale di Stefano II.

Che Stefano II. fosse Principe sovrano e di Roma, e dell'Esarcato, il fè vedere Desiderio Duca di Toscana, il quale dopo morto Aistulfo, gli chiese ajuto per succedere nel Reame d'Italia, giurando, che gli avrebbe ubbidito in tutto e per tutto, e che gli avrebbe anche restituite le Città, che rimaneano da restituirsi: *beatissimum Pontificem deprecatus est, sibi* AUXILIUM *ferre, quatenus ipsam regalem valeret assumere dignitatem, spondens jurejurando omnem præfati beatissimi Pontificis adimplere voluntatem. Insuper &* REIPUBLICÆ *se* REDDITURUM *professus est Civitates, quæ remanserant; immo & copiosa daturum munera*. A tutto questo egli obbligossi anche in iscritto, onde il Pontefice *cum aliquantis Francis in* AUXILIUM *ipsius Desiderii, sed & plures* EXERCITUS *Romanorum, si necessitas exigeret,*

Anastasius in Stephano II. pag. 126. 127.

in

in ejus disposuit occurrere adjutorium. Come poi Desirio fu fatto Rè con l'ajuto del Papa, questi mandò a ricevere le suddette Città, *quas Desiderius* REDDERE *promiserat*: e in particolare UNIVERSUM *Ducatum Ferrariæ* IN INTEGRUM. Che cosa dinotino quelle parole UNIVERSUM *Ducatum Ferrariæ* IN INTEGRUM lo spiega Anastasio, ove dice, che Desiderio si era usurpato *Ducatum Ferrariæ seu Comaclum de Exarchatu Ravennate: quas sanctæ memoriæ Pippinus Rex & ejus filii Carolus & Carolomannus excellentissimi Reges Francorum & Patricii Romanorum Beato Petro concedentes obtulerunt*. Abbiam veduto, che Pippino volle, che si restituisse alla Chiesa e alla Repubblica di Roma *Castrum, quod cognominatur Comaclum*; e ora veggiamo, che Stefano ripiglia UNIVERSUM *Ducatum Ferrariæ* IN INTEGRUM: il qual si vede ben chiaro qualmente abbracciava altro, che la sola Città di Ferrara, cui Aistulfo nel diploma ad Anselmo Abate di Nonantola accoppia a Comacchio in guisa di due Città dipendenti l'una dall'altra, siccome entrambe furono sempre accoppiate da' Papi, e dagl'Imperadori ne' tempi seguenti, secondochè si è dimostrato. In tutti questi fatti il Pontefice si scorge operare assolutamente, e senza podestà *Vicariale*, sognata a' giorni nostri da' Ministri Estensi per fare in tal guisa una leggiadra vendetta della insussistenza scoperta di que' loro *novecento* anni d'Investiture Imperiali sopra Comacchio. Ricercano essi quai titoli *antichi poteano avere sopra Comacchio i Sommi Pontefici*? Io rispondo: assai più forti ed autentici, che non son quelli, che oggi ci hanno essi comunicati dalla parte loro. Vi aveano quei titoli stessi, che aveano in tutto l'Esarcato: e il Tommassino fa vedere quali potettero essere, giacchè i documenti, che in que' tempi serbava la Chiesa Romana, non son tutti pervenuti alle nostre mani. I Papi, dic'egli, operavano con gl'Imperadori ne' secoli precedenti *ad Romanæ Reipublicæ reliquias in Italia tutandas*. Indi succedettero soli in tal carico,

In Hadriano I. pag. 144.

Vedi pag. 92.

Osservaz. Cap. III. pag. 7.

co, dappoichè gl'Imperadori se ne lavaron le mani, abbandonando queste provincie in preda a' Longobardi: *ecquis jam ambigat*, egli soggiunge, *quin potius & constantius esset Romani Pontificis jus in eas regiones, quam vel Langobardorum Regum, qui eas tamdiu jam depopulabantur: vel Imperatorum, qui earum defensionem & curam tamdiu abjecerant, poterantque earum calamitatum auctores videri, quas pro officio non prævertissent?* Pippino poi vi avea ancora qualche diritto sopra di esse provincie per la ragione della guerra, per le spese fatte, e per li pericoli incontrati nel torle di mano agli usurpatori, e non già agl'Imperadori, i quali da lungo tempo ne erano decaduti per averle abbandonate del tutto. Nel Pontefice e nel popolo Romano erano passate da lungo tempo le antiche ragioni dell'Impero, già spento e mancato in Occidente, avendo egli sempre invigilato alla difesa de' popoli fra le guerre continue, mentre gl'Imperadori non assisteano loro nè con danari, nè con genti; anzi gli perseguitavano per fargli apostatar dalla Religione dopo avergli lasciati in preda alla tirannia degli Esarchi, e de' Longobardi. Laonde con somma ragione conclude il Tommassino: *his æqua lance perpensis jam certissimum est, potuisse Pontificem deposcere, ut eæ Civitates Ecclesiæ & Reipublicæ Romanæ* RESTITUERENTUR; *potuisse & Pippinum non injuria profiteri & præseferre, eo a se dono affici, colique beatum Petrum*. E però Stefano con ragione sollecitava Pippino nella Lettera VI. del Codice Carolino a venire in Italia, *ut Princeps Apostolorum* SUAM *susciperet* JUSTITIAM, nel qual tenore stesso parlò Carlo Magno quando premea Desiderio a restituire le cose occupate alla Chiesa: *quas abstulerat, pacifice Civitates redderet & plenarias parti Romanorum faceret* JUSTITIAS. E quantunque il Pontefice richiedesse la restituzione *Ecclesiæ* ET *Reipublicæ Romanorum*, che erano un corpo solo; nulladimeno Pippino ebbe innanzi gli occhi la sola Santa Sede,

Vetus & nova Ecclesiæ disciplina to.3. lib.1. cap.29. §.8.

Anastasius in Hadriano I. pag.152.

per la cui gloria avea prese l'armi: *affirmans sub juramento, quod per nullius hominis favorem sese certamini sæpius dedisset, nisi pro* AMORE BEATI PETRI, *& peccatorum venia.* Laonde fece anche la Donazione sua al solo San Pietro: *donationem in scriptis a beato Petro, atque a sancta Romana Ecclesia, vel omnibus* IN PERPETUUM *Pontificibus Apostolicæ Sedis misit possidendam: quæ & usque hactenus in Archivo sanctæ nostræ Ecclesiæ recondita tenetur.* Nè già quindi ne nacque alcun sospetto, gelosia, o differenza nella Repubblica Romana, imperciocchè era già dianzi incorporata con la Chiesa di San Pietro, mentre da molti anni prima essa Repubblica non avea avuto altro capo, che il Pontefice giusta l'auvertimento del Tommassino: *nulli hinc suspicionum fomites, nulli æmulationis aculei in Republica vel Civitate Romana, ut quæ in unum cum Ecclesia beati Petri corpus, jamdiu concrevisset; non alio multis sæculis defensore usa, non alio capite conspicua, quam Pontifice Romano.* Però tanto più gloriosa fu questa restituzione di Pippino a'diritti della Chiesa, e questa sua Donazione di quegli, che vi avea egli acquistati, quanto fu giusta in faccia di tutto il Mondo per tanti e tanti titoli. E mentrechè quelle provincie non erano più dell'Imperadore, doveano essere o di propria ragione, o della Chiesa, o della Repubblica Romana, il che era lo stesso, perchè i Papi nel salvarle e nel difenderle faceano sempre la prima figura: nè i Longobardi si poteano considerare altramente, che come usurpatori, dachè la loro invasione era fresca, e sì violenta e crudele, che non potea ricevere alcuno apparente colore di giusto possesso: *denique donationem illustrat non tam magnitudo doni, quam justitia & æquitas,* conclude il Tommassino: e così troverassi astretto a concludere ogni uomo di senno dopo aver ponderato spassionatamente il sistema politico degli affari, tal quale ci viene egli semplicemente rappresentato nelle memorie di quel tempo, immune da'pregiudicj introdotti poscia ne'secoli posteriori.

Anastas. in Steph. II. pag. 126.

Par-

Parmi, che di quì si possa conoscere quanto poco s'accostino al vero gli Osservatori ove pensano d'annientare le ragioni della Santa Sede in tutti i suoi Stati, non dubitando eziandio di pronunciare, che le suddette *restituzioni* traeano l'origine dalla Donazione di Costantino, che essi ci danno per favolosa; quasichè se tale origine fosse vera, tutti gli Scrittori d'accordo avessero dovuto tacerne, e in particolare Anastasio, che tante e tante volte parla di questa materia per bocca de' Papi, e de' Rè Franchi, usando sempre le formole proprie del *restituire*; ladove il primo a parlare di essa *Donazione*, per quanto io ne sappia, è stato Adone Arcivescovo di Vienna nella sua Cronaca, cento anni dopo questi auvenimenti: e sono di parere alcuni Critici rinomati, essere stato composto quello Strumento per fine totalmente contrario a' vantaggi della Chiesa Romana; tanto è egli lontano, che possa essere stato inventato ne' tempi e nelle occasioni di Stefano II. come s'ingegnano di far credere gli Osservatori. Or veggano essi, se chi compose la precedente Scrittura *non ha saputo mostrare*, che i Rè Franchi *potettero legittimamente spogliare di quegli Stati l'Imperadore*, *il quale reclamava*, *e farne poscia un dono valido alla Chiesa di Roma*, al che essi non acconsentono. Ma non s'auveggono di esser poco zelanti de' vantaggi degl'Imperadori occidentali in toccar questi tasti; imperciocchè se reggessero queste loro novelle proposizioni, ne seguirebbe, che Carlo Magno *invalidamente* avrebbe anche spogliati i Rè Longobardi del loro Reame, e perciò *invalidamente* a' suoi successori ne sarebbe passato il dominio; poichè quelle ragioni stesse, che egli ebbe di restituir l'Esarcato alla Santa Sede, ei l'ebbe ancora di spogliar Desiderio del suo Reame, cioè per dar la pace a' popoli Italiani, barbaramente oppressi e tiranneggiati. E se fosse vera la strana asserzione degli Osservatori, che Carlo Magno *non potea donare ad altri senza il consentimento dell'Imperadore*, come mai avrebbe egli

CIII.

Restituzioni fatte alla Santa Sede da'Principi Carolini non fondate in titoli sospetti. Essi non vi ebbero, nè vi esercitarono dominio alto e independente negli Stati della medesima.

Osserv. C.III..IV.V. pag.8. 9. 10. 11.

Vedi pag.78.

Osservaz. Cap. V. pag.11.

Osservaz. Cap. IV. pag.10. Cap.V. pag.12.

potuto ritenerne per sè la ſovranità e il poſſeſſo ſenza il medeſimo *conſentimento*? Non veggono in qual guiſa s'inviluppano fuor d'ogni biſogno, perchè ſi laſciano condurre ad impugnare le verità indubitate? Ma pretenderanno per avventura, che Carlo Magno aveſſe dovuto aſpettare da Coſtantinopoli la carta di procura per far la Donazione alla Chieſa; e che avendo egli mancato nelle formalità legali, perciò la Donazione ſia invalida; e che altri ne debba eſſer padrone, perſuadendoſi forſe, che queſto noſtro Impero Occidentale ſia ſucceſſore ed erede di quello d' Oriente, e non una dignità iſtituita di pianta nell'anno 800. dal Pontefice Leon III. il quale io non crederei, che aveſſe voluto collocarla in Carlo Magno, perchè in virtù di eſſa egli e i ſuoi ſucceſſori aveſſero poi un giorno avuto a pretendere di ſpogliare la Santa Sede de' ſuoi dominj. Ma di queſta materia ſi è ragionato quanto baſtava nella Scrittura ſopra Parma e Piacenza, mentre chi ha ſcritto anche in queſt'altro affare contro alla Santa Sede, ha voluto riandare i tempi di Pippino. Perciò mi rimango ora dal dirne altro. Dico bensì, che gli Oſſervatori facendo molti sforzi per dare a credere, che Carlo Magno, e i ſeguenti Imperadori eſercitaſſero, come tali, giuriſdizione ſovrana e indipendente negli Stati della Santa Sede, ſarà egli ben fatto il cercare, ſe queſto veramente ſia certo. Già abbiam detto e moſtrato, che i Pontefici di loro propria autorità, come Signori di Roma, conferirono la ſovrana dignità del Patriziato a' Principi Carolini per eſſer da loro protetti, e difeſi dalle guerre interne ed eſterne; il perchè di neceſſità doveano avervi qualche giuriſdizione, la quale però veniſſe da quel fonte ſteſſo, donde venía la dignità del Patriziato, e dell'Auvocazia della Santa Sede per le convenzioni già pattuite. Pier de Marca (non molto ſinceramente allegato da' Miniſtri Eſtenſi) chiariſce ogni dubbio. Dice egli, che il nome di *Patrizio*, conferito da' Papi a' Rè Franchi, abbracciava due coſe. I. la giuriſdizione in Roma. II. la pro-

Oſſervaz. Cap. IV. pag. 10.

De Concord. lib. 1. cap. 12. §. 4.

protezione e difesa, cui aveano giurato di prestare alla Chiesa Romana. Però quella giurisdizione non era già *dominio* Sovrano, in essi originato, come di lor talento scrivono gli Osservatori; ma era semplice autorità ricevuta dal consentimento del Papa: *Patricii nomen duo quædam complectebatur*, dice il Marca, *& jurisdictionem* (non dice *dominium*, come dicono i Ministri Estensi) *qua Reges in Urbe* EX CONSENSU PONTIFICIS *& populi Romani potiebantur, & protectionem seu defensionem, quam Romanæ Ecclesiæ polliciti erant*. Non dice, che avessero quella giurisdizione da sè, come sovrani, ma bensì, che l'avessero, come delegata dal Papa: EX CONSENSU *Pontificis*, a cui si aggiunge il popolo Romano, secondo la frase d'Anastasio: *Sanctus Petrus & Respublica Romanorum*. In tutti i Reami vi esercita la giurisdizione qualche Magistrato supremo: nè già per questo l'ha egli da sè, come indipendente e assoluto. E quì se ci bisognasse riandare le varie contraddizioni, nelle quali gli Osservatori s'intralciano per vaghezza d'oppugnare la sovranità della Santa Sede, io ne potrei empiere una Classe intera. Dicono essi, che gl'Imperadori al tempo di Pippino erano tuttavia *i veri padroni dell'Esarcato e di Roma*: e poi di questo dimenticati non già nel fine del libro, ma nella faccia seguente, asseriscono, che i Papi ne aveano il dominio utile, essendone la *podestà* assoluta presso il Senato Romano. Indi immediatamente soggiungono, che Pippino e Carlo Magno ne aveano *la giurisdizione*, e *il dominio*. E poi vengono a dire, che nè l'uno, nè l'altro *potette legittimamente spogliare di quegli Stati l'Imperadore*. Or chi mai potrà accordare somiglianti contrarietà di pareri, i quali combattono fra loro medesimi? Confesso il vero, che nel considerare queste e tante altre cose, le quali si affermano, e si negano nelle Scritture Estensi contro alla Santa Sede, e la franchezza, e il vario artificio usato da chi le ha scritte, io non ho potuto astenermi dal dir fra me stesso quello, che

Osservaz. Cap. III. pag. 9.

Cap. IV. pag. 10.

Osservaz. Cap. V. pag. 11.

Santo

Operis imperfect. in Julian. lib. 4. cap. 33.

Santo Agostino diceva a Giuliano: *quid explicata implicas & evoluta convolvis, ut ingeniis tardioribus, qualia in hominibus plura sunt, videaris dicere aliquid, cum dicas nihil?* Se l'Imperadore, il Senato, o i Rè Franchi ne fossero i padroni, già l'abbiamo veduto, e maggiormente da quì innanzi l'andremo veggendo. Si legge più oltre, *non avere gl' Imperadori Greci perduto il dominio de' loro Stati in Italia, senon dopo la coronazione Imperiale di Carlo Magno.* E questo si pretende provare con le seguenti parole tronche della Vita d'Adriano I. pubblicata dal Mabillone: *adhuc enim CP. Imperator urbem Romam & nonnulla Italiæ castra sub sua ditione tenebat: quæ post modicum, Carolo coronam Romani Imperii suscipiente, amiserunt.* Per venire a capo del vero bisogna auvertire, che appresso a questa Vita seguono certe formole di lettere, con le quali Adriano partecipa a diversi la sua esaltazione, e vi manca quella dell' Esarco di Ravenna, perchè la Vita fu scritta dopo l'anno 752. in cui essendo stato scacciato Eutichio ultimo Esarco, rimase affatto estinta ogni potestà Imperiale dentro l'Italia: il che solo può far vedere, che dopo il suddetto anno 752. la Corte Imperiale non tenea nell'Italia alcun Magistrato, essendo già spento il maggiore di Ravenna: e perciò tutto era in altrui dominio. Ma basta leggere il testo intero di quella Vita per conoscerlo meglio. L'Autore avea prima scritto, che Adriano veggendo, che il Rè Desiderio devastava le Signorie della Chiesa: *Romanæ Ecclesiæ castra & prædia more antecessorum suorum nimis vastabat*, ricorse perciò a Carlo Magno, il qual venne in ajuto del Papa, nè si fermò finchè non mandò in esilio Desiderio, *resque direptas Hadriano Papæ* RESTITUERET. Indi soggiunge, che prima d'Adriano, cioè sotto Gregorio II. nata in Costantinopoli l'eresia degl'Iconoclasti, il Papa si oppose agli empj editti Imperiali: *adhuc enim CP. Imperator urbem Romam &* NONNULLA *Italiæ castra sub sua*

Osservaz. Cap. V. pag. 11.

Museum Italicum to. 1. par. 2. pag. 39.

sua ditione tenebat, quæ post modicum, Carolo coronam Romani Imperii suscipiente, amiserunt. Dice dunque l'Autore, che al tempo di Gregorio II. i Greci signoreggiavano tuttavia in Roma e in alcune Città d'Italia, perchè gli Esarchi, loro Vicarj, ci esercitavano le tirannie e le violenze; ma poco dopo vi perdettero tutto per l'eresia loro, per l'abbandonamento fatto di queste contrade invase da'Longobardi, e per aver negato a'Papi ogni ajuto. Le parole *post modicum* abbracciano il tempo scorso tra Gregorio II. e Stefano II. benchè l'Autore lo stenda impropriamente sino alla coronazione Imperiale di Carlo Magno, fatta da Leon III. nell'anno 800. perchè questa finì del tutto di escludere i Greci da ogni speranza di più riporre il piede in Italia; e perchè poi nella pace stipulata in Aquisgrano tra Niceforo Imperador d'Oriente, Carlo Magno, Leon III. e la Repubblica Veneziana, cedettero i Greci a tutte quelle pretensioni, che vi avessero mai potute avere, come si è già distesamente mostrato nella Scrittura sopra gli affari di Parma e Piacenza. Scrissero altrevolte i passati Ministri Estensi (ed è assai, che non lo scrivano anche i presenti) che la Donazione di Carlo Magno *non fu assoluta e libera*, ma che *fu fatta*, come attesta il Sigonio, *jure principatu & ditione sibi retenta*: le quali ultime parole degli Eretici di Francfort, nell'opera del Sigonio sopra il Reame d'Italia, da essi ristampata nell'anno 1593. furono distinte con carattere corsivo, come se contenessero un gran particolare contro alla Sede Apostolica. Ma il Sigonio quantunque sia Scrittore eccellente, non è già tale, che porti seco tanta autorità di farci creder per vero egli solo un fatto di nove secoli addietro, quando prima di lui non lo ha niun altro asserito; anzi dal consenso di tutti gli Storici apparisce il contrario. E quì ci va il famoso assioma del Cardinal Baronio: *quod a* RECENTIORI *auctore de rebus* ANTIQUIS *sine alicujus* VETUSTIORIS *testimonio profertur*, CONTEMNITUR. Il medesimo Sigonio poco innanzi confondendo la Donazione

Ristretto delle ragioni Estensi pag. 150.

De Regno Italiæ lib. 4. post initium.

Annales Ecclesiast. to. 1. ann. 1. § 12. edit. II.

De Regno Italiæ lib. 3. prope finem.

ne di Lodovico Pio con la Carolina, avea ſcritto, che queſta fu fatta *ſalva regia ditione*. E qualche nuovo adulatore ſenza diſtinguere, ſe il Sigonio ſia autore antico, o moderno, e ſe dica il vero, o il falſo, vi ha aggiunta qualche coſa di più, cioè, che Carlo Magno nella mentovata Donazione ſi riſerbò il *jus Imperii*, quaſichè egli, venuto a liberare la Chieſa Romana dall'oppreſſione de' Barbari, ſe l'abbia voluta rendere feudataria; non auvertendo, che quel ſuo atto fu relativo a quello di Pippino ſuo padre, il qual pure fu aſſolutiſſimo, come ſi è già moſtrato; oltrachè poi eſſo Carlo fece il ſuo 26. anni prima, che riceveſſe la gran dignità Imperiale da Leon III. e in tempo, che non era altro, che Rè de' Franchi. Si può dunque dire a coſtoro quello, che Jacopo Gretſero diſſe al Predicante Franceſco Giunio: *quis quæſo ante coronationem factam a Leone, Carolum pro Imperatore babuit? Quis Imperatorem nominavit?* Ma quando il Sigonio divulgò quell'opera ſua nell'anno 1574. queſta materia del dominio temporale della Santa Sede avea già cominciato a viziarſi per gl'intereſſi de' Principi Eſtenſi, de' quali il Sigonio era vaſſallo, onde non è maraviglia, che di più egli abbia ſcritto, che Carlo Magno vi ritenne per sè ancora l'*Emilia*, dove ſtanno Modana e Reggio: le quali Città dal Laudo di Carlo V. erano ſtate aggiudicate a' ſuoi Principi. Se però Carlo Magno a sè riſerbaſſe l'*Emilia*, altrove ſi è già eſaminato: e per ſaperlo baſta leggere Anaſtaſio, il Codice Carolino, e la Coſtituzione di Lodovico Pio. Ma in queſta Coſtituzione, ſecondochè l'ha pubblicata il Sigonio, s'incontrano ancora certe alterazioni molto ſoſtanziali, e totalmente contrarie al ſenſo naturale di eſſa, alla ſincerità de' Codici indubitati, e degli antichi Scrittori. Tale ſi è queſta: *patrimonia* NOSTRA in vece di VESTRA. Un altra ſi è la ſeguente: *ut in* NOSTRO, NOSTRORUMQUE *ſucceſſorum permaneant jure, principatu, atque ditione*, ladove ſi dee leggere, *ut in* VESTRO VESTRORUMQUE &c. Tale è ancora queſt'altra: *neque a nobis, neque a filiis &*

Defenſio Controverſiar. Bellarm. tom. 2. pag. 1208.

De Regno Italiæ lib. 4. poſt initium.

Ibid. an. 817.

ſuc-

successoribus nostris per quodlibet argumentum sive machinationem in quacunque parte minuatur NOSTRA *potestas*, in vece di VESTRA. Che se volesse dirsi, che il Sigonio in tutte queste particolarità così rilevanti non avesse errato per altro, che per inauvertenza, io non saprei veder poi con qual ragione si volessero addurre le inauvertenze di uno Storico moderno per diritti fondamentali contro alla Santa Sede.

CIV.
Compimento della restituzione fatta da Pippino alla Santa Sede, e uficj dell'Auvocazia conferita alla sua Schiatta.
Osservaz. Cap. III. pag. 10.

Ora non è da trascurarsi l'auviso, che nelle Osservazioni ci vien dato di leggere *attentamente* la Lettera VIII. del Codice Carolino al §. *quapropter*. Questa Lettera fu scritta da Stefano II. a Pippino dopo morto Aistulfo in ringraziamento delle *restituzioni* fatte alla Chiesa, e affinchè egli compiesse tutta intera la restituzione di quel, che restava. Nel luogo ricordatoci dagli Osservatori egli prega Pippino a perseverare *pro Sanctæ Dei Ecclesiæ perfecta exaltatione & ejus populi deliberatione, & integra securitate: &* PLENARIAM JUSTITIAM *eidem Dei Ecclesiæ tribuere digneris; atque optimum & velocem finem in* CAUSA FAUTORIS TUI *Beati Petri adhibere jubeas, ut* CIVITATES RELIQUAS, *quæ sub* UNIUS *dominii* DITIONE *erant* CONNEXÆ, *atque* CONSTITUTOS *fines, territoria etiam, loca & saltora* IN INTEGRO *matri tuæ spiritali Sanctæ Ecclesiæ* RESTITUERE *præcipiatis: ut populus* DEI, *quem a manibus inimicorum* REDEMISTI, *in magna securitate, & delectatione, tuo auxilio adjutus, vivere valeat*. Soggiunge, che Fulrado Abate gli avrebbe rappresentato, come i vassalli della Chiesa non poteano sussistere senza i poderi, i territorj, e le Città, *quæ semper cum eis sub* UNIUS *dominii ditione erant* CONNEXÆ, cioè della Sede Apostolica. Conclude poscia in ricordargli il giuramento prestato di rintegrare la Chiesa di tutto l'usurpato: *sed magis vere timens Deum*, OMNIA, *quæ Beato Petro* SUB JUREJURANDO *promisisti, adimplere jubeas, & sicut cœpisti*, PLENARIAM JUSTITIAM *illi impertire*. E che cosa mai si ricava dal leggere *attentamente* il luogo accennatoci della Lettera VIII. del Co-

Codice Carolino, che non sia vantaggiosissima alla Santa Sede, e opposta al novello sistema delle Osservazioni? Ma forse vorranno intendere la gran sommessione usata dal Papa verso Pippino per eccitarlo a far quanto si è detto. E che mai da ciò ne può nascere di favorevole agli Estensi nell'affare di Comacchio? Io voglio, che risponda in mia vece un giurato nemico della Chiesa Romana, Claudio Salmasio, il quale scrivendo al Puteano Auvocato del Parlamento di Parigi intorno al Codice Carolino, *le lettere*, dice egli, *pubblicate dal Gretsero, sono piene di simili luoghi, dove per tutto la sommessione del Papa è grandissima; ma, come voi appunto auvertite, questo è allorachè erano oppressi, altramente si sarebbono ben guardati dal far confessioni così pregiudiciali*. E che? Forse in simili e in minori angustie non si sono umiliati a' Pontefici per ottenere soccorsi, assistenze ed ajuti, non dico già mille anni addietro, ma in tempi a noi vicinissimi, gl'Imperadori stessi, non che altri Principi alquanto inferiori? E chi mai perciò ne ha fatto romore, senon forse chi ha zelo d'ammirare Cristianamente la corrispondenza, che poi n'è venuta a' medesimi Pontefici? Dunque l'accennata Auvocazia in virtù della dignità temporale del Patriziato, conferito a' Principi Carolini da' Papi, e non da altri, gli mise in obbligo di difender la Santa Sede nelle Signorie, e ne' suoi Principati contra qualunque nemico. Quindi per tenere i popoli in fede verso i Pontefici, Carlo Magno vi spediva i suoi Commissarj, e Giudici, conforme si apprende da quel luogo della Lettera LI. del Codice Carolino, che ci hanno recitato gli Osservatori, ove Adriano scrive al medesimo Carlo d'aver mandato a Imola e a Bologna Gregorio Sacellario, *qui Judices earumdem Civitatum ad* NOS *deferre deberet, et* SACRAMENTA IN FIDE *beati Petri &* NOSTRA, *atque Excellentiæ vestræ, a cuncto earum populo susciperet*, donde apparisce, che quel Sacellario era ito a ricevere il giuramento di vassallaggio e di fedeltà in nome del Papa: il qual giuramento in parte si riferiva anche a Carlo,

Lib. 1. epist. 2. pag. 3.

Osservaz. Cap. VI. pag. 13.

lo, come ad Auvocato e Patrizio. Il perchè ancora i Romani giuravano di riconoscere gl'Imperadori Carolini per tali: il che volea dire di non far novità in pregiudicio de' Pontefici, de' quali erano essi Auvocati e Difensori per convenzioni di patti giurati, e discesi poscia in retaggio a tutta la loro schiatta. La medesima dignità del Patriziato, e dell'Auvocazia, fece, che di consenso de' Pontefici e Carlo stesso, e altri suoi successori esercitassero per mezzo de' loro Messi le giudicature nello Stato Ecclesiastico in materie di controversie tra' vassalli della Santa Sede, e i Papi stessi, come se ne hanno degli esempj in cose spettanti alla Badia di Farsa; onde Piero Vescovo Urbevetano, ove parla Anastasio di tal dignità, vi fa questa chiosa: *Defensorem, idest Advocatum & Judicem*: e della voce *Patricius* egli scrive, che *erat maxima judicatura*, data da' Sommi Pontefici. Nella medesima guisa in tutti i Reami e Principati vi sono de' tribunali e de' Giudici, che decidono le cause tra il Principe e i sudditi stessi: ed allora a' Papi era necessario più, che ad ogni altro, il servirsi di questi modi, per esser difesi, e perchè le Città fossero lor mantenute in fedeltà e in sicurezza, non avendo essi nè forze, nè modi da farlo da sè medesimi in quei tempi, ne' quali i governi e le signorie non erano in quel regolato sistema, in cui sono a' giorni nostri. Questa verità fu ottimamente auvertita dal Vescovo Urbevetano con le seguenti parole sopra Anastasio: *non ergo etiam tunc per seipsum Papa regebat hujuscemodi temporalitates, sicut nec Ducatum Romanum: & Ravennatem & similia. Modo vero ponebantur in his Duces & Comites nominales, non reales, quia totum & qualecunque emolumentum inde consurgens, Apostolicæ Cameræ ponebatur. Sed hoc etiam per vices duravit, non continue.*

Glossa MSS. in vitam Gregorii III. & Stephani IV.

Glossa MSS. in vitam Hadriani I.

CV.

Altri uficj dell'Auvocazia di Carlo Magno e de' suoi successori verso la Santa Sede.

Le suddette giudicature esercitate da' Messi negli Stati della Chiesa, i quali dagl'Imperadori per volontà e concessione Pontificia si spediano una volta l'anno, affine di ricercare *qualiter singuli Duces, ac Judices populo justitiam faciant*, come

come si legge nelle Costituzioni di Ottone I. e d'Arrigo II. in favor della Santa Sede, erano puri diritti dell'Auvocazia, e non di veruna Sovranità Imperiale, come si crede nelle Osservazioni. E se fosse mai necessario il provarlo con gli esempj di altre minori, benchè insigni, Auvocazie, che aveano le medesime prerogative, mi sarebbe facilissimo il produrci gli atti medesimi. Quindi il giuramento, che si legge prestato agl'Imperadori nello Stato della Chiesa, non riguardava altro, che l'osservanza, e il mantenimento de' medesimi diritti Auvocaziali, e non di alcuna Sovranità: e que' Messi Imperiali non operavano neanche da sè soli; ma insieme con quelli del Papa, come si trae da una Costituzione di Lotario I. Imperadore, inserita nella Collezione del Cardinal Deusdedit, e interamente divulgata da Luca Olstenio. Nel Capo I. di essa, la quale vien recitata anche dal Pagi, e auvertita nelle Osservazioni, forse non si ordina egli, *ut Domno Apostolico justa servetur obedientia seu Ducibus & Iudicibus suis ad justitiam faciendam*? Nel Capo IV. si stabilisce, *ut Missi constituantur a Domno Apostolico & a nobis, qui annuatim nobis renuncient qualiter singuli Duces & Iudices justitiam populo faciant*; e che i richiami andando al Papa, *aut ipse per suos nuncios eosdem emendare faciat, aut nobis* NOTIFICET, *ut legatione a nobis directa emendentur*. Carlo Cointe riduce saviamente tutta questa Costituzione al diritto dell'Auvocazia, chechè in contrario pensi il Pagi per non aver egli ben discussa la materia. Uno degli obblighi dell'Auvocazia era la custodia del Conclave (per valermi di una voce moderna a spiegare una cosa antica) nell'elezione de' Pontefici, affinchè da' Romani non ne fosse fatta violenza, come talvolta accadea. Laonde i Papi stessi cercarono di prouvedervi con obbligare gli elettori a non venire alla creazione, senon erano presenti i Messi Imperiali, che con la loro autorità tenessero in freno i medesimi Romani con impedirne gli scandali: il qual carico di custodire il Conclave da alcu-

Osservaz. Cap. XVI. pag. 29.

Collectio Romana par. 2. pag. 718.

Anno 824. §. 3.

Osservaz. Cap. XIV. pag. 25.

Annales Ecclesiastici Francorum an. 824. §. 21.

alcuni secoli addietro è presso una delle principali famiglie Romane. Questo carico ingiunto all'Imperadore, come ad Auvocato della Chiesa, di dovere inviare i suoi Messi per li comizj Pontificj, ebbe origine dopo la morte di Pasquale I. mentre nacque scisma nell' elezione di Eugenio II. che fu l'autore di quel decreto nell'anno 825. *ad vitanda imposterum Comitiorum dissidia*, come riconosce il Pagi, che vi recita la formola del giuramento, il quale da Eugenio stesso e da Lotario, spedito a Roma per tale affare da suo padre Lodovico Pio, fu imposto al Clero e al popolo Romano, non essendosi prima dallora osservato altro stile nell'ordinazione de' Pontefici, senonchè il nuovo Papa spediva i suoi Legati all'Imperadore per confermare i patti antichi, stabiliti co' Principi Carolini sino da' tempi di Carlo Martello. Leone IV. nell'anno 847. confermò il decreto d'Eugenio II. come nota il Pagi, e poi Stefano VI. nell' anno 897. vi fece una nuova conferma addotta da Graziano, secondo pure il riconoscimento del Pagi; e confermollo poi anche nel Concilio Romano, tenuto l'anno seguente alla presenza di Lamberto Augusto; e Giovanni IX. in un'altro di Ravenna, celebrato nell' anno 904. dove espressamente si afferma, che per decreto Pontificio si stima necessaria la presenza de' Messi Cesarei, non già per alcuna ragione o Sovranità Imperiale, ma per volere e determinazione de' Papi, affinchè i Messi *violentiam & scandala in ejus consecratione non permittant fieri*, come si notò nella Parte I. a Capi VIII. Di questo carico Auvocaziale fece menzione l'Imperadore Ottone I. nella sua Costituzione fatta a Giovanni XII. nell'anno 962. la sincerità della quale si stabilisce con le testimonianze di Luitprando, della Cronaca Reicherspergese, e di Graziano; e l'ha difesa ancor quanto basta il Gretsero contra il Goldasto; onde invano gli Osservatori ancor quì con una parentesi ci gittano in mezzo i loro sinistri sospetti dietro alle cavillazioni del Goldasto, e del Conringio, l'uno Calvinista, e l'altro Luterano, i nomi de'

Anno 825. §.29.

Anno 847. §.9.

Dist. 33. C. 28.
Anno 897. §.4.
Anno 898. §.6.

Apud Baronium anno 904. §.14. Cap. X.
Vedi pag. 77.

Luitprand. Hist. lib. 6. C. 6.
Chron. Reicherspergen. pag. 132.
Dist. 65. C. 33.
Apologia Baronii pag. 409.
Defensio in Goldastum pag. 250.
Osservaz. Cap. XVI. pag. 29.

de'quali però a bello studio hanno taciuti quì, e in diversi altri luoghi. Ed è certo un bel combattere contro alla Santa Sede con le armi già fabbricate dagli Scrittori divisi dalla comunione Romana, e che professano di esser nemici giurati non tanto della temporale, quanto della spirituale autorità del Sommo Pontefice. Quindi nelle Scritture, alle quali or si risponde, in mancanza di Autori Cattolici, si è stimato ben fatto allegare oltre al Goldasto, e al Conringio, anche il Molineo, e l'Aventino, l'espresse asserzioni de'quali contro alla Chiesa Romana, io credo, che i più discreti Protestanti si sarebbono arrossiti di addurre, impugnando i diritti Pontificj. Ma tale si vede esser la costumanza de' giorni nostri, poichè in altre Scritture, che or vanno in giro contro alla Santa Sede, si è ricorso all'autorità espressa del Limneo, dell' Oldemburgero, del Klockio, e del Brunnemanno: e in altre non si è avuto riguardo di spogliare delle calunnie antiche e già ricantate gli scritti del Morneo, dell'Offmanno e del Baile, per caricarne i Sommi Pontefici; talchè altro non resta, senon di udire, che da'Cattolici contro di loro si citi anche Lutero e Calvino. Non credo però, che debba sembrare strano, se in questi miei fogli io avrò talvolta addotte in favore della Sede Apostolica le testimonianze de'suoi più fieri nemici, come d'Autori graditi, e non sospetti alla parte contraria.

Osserv. Cap. XVIII. pag. 32. Altra Lettera pag. 6. 7. 9. 10. 12. 20. Risposta per il diritto Imperiale p. 21. 32.

Osservaz. Cap. XVI. pag. 29.

Ma è ben meritevole di singolare attenzione la buona fede, con la quale nelle Osservazioni si portano alcune parole tronche del diploma d'Ottone I. per salvare la pretesa sovranità Imperiale negli Stati della Chiesa: *salva in omnibus potestate nostra posterorumque nostrorum*. Chi ciecamente volesse stare alla fede e al detto degli Osservatori, in virtù di queste parole tratte dalla Costituzione Ottoniana l'Imperadore senz'altro ne sarebbe il Sovrano, e il Papa il Vicario. Ma chi legge il testo in fonte, ci trova ben altro. Così parla Ottone dopo aver noverate le Città e provincie restituite alla Chiesa da Pippino, e da Carlo Magno: *omnia supe-*

ſuperius nominata ita ad VESTRAM *partem per hoc noſtræ confirmationis* PACTUM *roboramus*, *ut* IN VESTRO PERMANEANT JURE, PRINCIPATU, *atque* DITIONE; *&* NEQUE *a* NOBIS, NEQUE *a ſucceſſoribus* NOSTRIS *per* QUODLIBET *argumentum ſive machinationem in* QUACUNQUE PARTE, *veſtra* POTESTAS MINUATUR, *aut a* VOBIS *inde aliquid* SUBTRAHATUR, *de ſupraſcriptis videlicet provinciis*, *urbibus Civitatibus* (tra le quali è Comacchio) *opidis*, *caſtris*, *viculis*, *inſulis*, *territoriis*, *atque patrimoniis*, *necnon & penſionibus*, *atque cenſibus. Itaut neque* NOS *ea facturi ſimus*, *neque quibuslibet*, *ea facere volentibus*, *conſentiamus*. E dove mai è la ſovranità, che ſi riſerba Ottone ſopra gli Stati Eccleſiaſtici? Udiamo ciò che ivi immediatamente da lui ſi ſoggiunge: *ſed potius omnium*, *quæ ſuperius leguntur*, (*ideſt provinciæ*, *Civitates*, *urbes*, *opida*, *caſtra*, *territoria*, *& patrimonia*, *atque inſulæ*, *cenſusque & penſiones*, *ad partem Eccleſiæ beati Petri Apoſtoli*, *atque Pontificum*, *in ſacratiſſima illius Sede reſidentium*) NOS, *in quantum poſſumus*, DEFENSORES *eſſe teſtamur ad hoc*, *ut in illius* DITIONE *ad utendum*, *& fruendum*, *atque diſponendum*, FIRMITER *valeant obtineri*, SALVA *in omnibus* POTESTATE NOSTRA, *&* *filii* NOSTRI POSTERORUMQUE NOSTRORUM, *ſecundum quod in* PACTO *&* CONSTITUTIONE *ac* PROMISSIONIS *firmitate Eugenii Pontificis*, *ſucceſſorumque illius continetur*. E non finiſce già quì la riſerva d'Ottone, come ſi è cercato di far credere nelle Oſſervazioni, a fine di rappreſentarcela per univerſale; ma in che coſa preciſamente ella conſiſta, immediatamente ſi ſpiega con la particella *ideſt*, cioè, che per prouvedere alle ſtrane violenze, che ſi faceano a' Pontefici, ed alle aſprezze, che ſi praticavano contro alla plebe Romana, tutto il Clero e tutta la nobiltà ſi obbligaſſe con giuramento di far sì, che dallora in poi l'elezione del Papa ſeguiſſe in forma giuſta e canonica, ſecondo la coſcienza di ciaſcheduno: IDEST, *ut omnis Clerus & univerſa*

Baron. anno 962. §. 8.

populi

populi Romani nobilitas, propter diverſas neceſſitates Pontificum, irrationabiles erga populum ſibi ſubjectum aſperitates retundendas, ſacramento ſe obligent, quatenus futura Pontificum electio (quantum uniuscujusque intellectus fuerit) canonice & juſte fiat &c. Il medeſimo ſi legge nella Coſtituzione d'Arrigo II. ſtipulata nell'anno 1014. di cui fa menzione Ditmaro, vaſſallo e contemporaneo d'Arrigo, atteſtando, che egli *Advocatus ſancti Petri meruit fieri*: che giurò a Benedetto VIII. di voler eſſere *Romanæ patronus & defenſor Eccleſiæ, ſibi autem, ſuisque ſucceſſoribus per omnia fidelis*; e che allora eſſo Pontefice *præ ceteris anteceſſoribus ſuis* MAXIME DOMINABATUR. Ne parlò altresì l'Autore della Cronaca Reicherſpergeſe, ſcritta già molti ſecoli in Germania, e prima di lui, Graziano. E ciò ſerva di riſpoſta a quella importuna parenteſi, che ſi vede nelle Oſſervazioni contro a queſto indubitato diploma di Arrigo, fondata ſulle vecchie cavillazioni del Goldaſto, e del Conringio; onde quì ſi potrebbe ridire ciò che al primo riſpoſe il Gretſero in propoſito appunto della Coſtituzione d'Arrigo II. *ſi ſancto Petro ſuum patrimonium abſtuliſſet, jam ea nihil ſincerius eſſet, nihil germanius*. Dunque è coſa chiariſſima, che queſti Imperadori non ſi riſervarono, nè poteano riſervarſi alcun diritto ſovrano; ma quelle ſole prerogative Auvocaziali, che erano loro ſtate accordate dallo ſpontaneo concedimento de' Sommi Pontefici in virtù de' patti ſcambievoli. Perchè poi nel girare degli anni i Meſſi Imperiali in vece d'impedire le violenze, e gli ſcandali nella creazione de' Pontefici, al qual fine veniano chiamati, n'erano eſſi i principali autori, furono aſtretti i Papi a conferire tal prerogativa al Senatore di Roma: al qual effetto ſolea ſcegliérſi perſonaggio autorevole e potente, il qual preſtava il giuramento di fedeltà al Pontefice, la cui formola ſi può leggere nell'Ordine Romano di Cencio Camerario. Ma poi anche dalla potenza di queſti venendo oppreſſa piuttoſto, che

Chron. lib. 6. & 7. inter Scriptores Brunſuicenſes Leibnitii pag. 399. 400.

Diſt. 63. Cap. 32. Conſtitutio.

Defenſio in Goldaſtum pag. 204.

Muſeum Italicum Mabillonii to. 2. C. 49. pag. 215.

che difeſa la Santa Sede, Niccolò III. trasferì quella carica *ad minorem gentium præſides, ut hodie videmus*, come oſſerva Niccolò Alemanni, e ſe ne legge il decreto nel corpo del Diritto canonico.

De Lateranenſibus parietinis pag. 102.

C. Fundamenta. De elect. in 6.

CVI.

Giuriſdizione eſercitata dagl' Imperadori nello Stato Eccleſiaſtico di conſenſo de' Pontefici per la carica dell'Auvocazia, e non per loro alto dominio.

Quindi ſi fa manifeſto, che nelle Oſſervazioni ſi ſono confuſe due coſe inſieme per aver campo di eccitare contra i patrimonj della Chieſa le pretenſioni Imperiali con l'artificio di nuovi racconti, non conſiderandoſi, che tutta quella giurisdizione libera, che ſi trova eſercitata dagl'Imperadori Carolini entro gli Stati della Chieſa, fu puramente Auvocaziale, e non già ſovrana, ma di concedimento de' Papi, i quali per queſto nell'incoronargli cingeano loro la ſpada, ſiccome Anaſtaſio ſcrive aver fatto Sergio II. a Lodovico II. Paſcaſio Radberto nella Vita del venerabil Guala, Abate di Corbeja, pubblicata dal Mabillone, introduce Lotario I. a dire al Papa d'aver ricevuto EX CONSENSU & VOLUNTATE di lui, *honorem & nomen Imperialis officii: inſuper & diademata capitis & gladium ad* DEFENSIONEM *ipſius Eccleſiæ &* IMPERII VESTRI. Nella continuazione di Paolo Diacono, pubblicata da Marquardo Freero, ſi leggono queſte parole: *Lotharius Imperator primo ad Italiam venit, & diem ſanctum Paſchæ Romæ fecit: Paſchalis quoque Apoſtolicus* POTESTATEM, *quam priſci Imperatores habuere, ei ſuper populum Romanum* CONCESSIT. E queſta autorità ſi dava da'Pontefici agl'Imperadori, affinchè queſti reprimeſſero l'orgoglio de'Romani, e difendeſſero eſſi Pontefici dagl'inſulti nemici: la qual verità è riconoſciuta anche dal Pagi. Scrive Anaſtaſio, che i Miniſtri Imperiali dimandarono a Sergio II. che i Romani preſtaſſero il giuramento di fedeltà a Lodovico II. POSTULAVERUNT *a Pontifice, ut omnes Primates Romani fidelitatem ipſi Ludovico Regi per ſacramentum promitterent*, cioè di riconoſcerlo per Auvocato, e Difenſore della ſanta Fede: e atteſta, che il Papa non volle a verun patto conceder, che ciò ſi faceſſe, *quod prudentiſ-*

Anaſt. in Sergio II. pag. 251.

Acta SS. Ordinis S. Benedicti ſæculo IV. pag. 513.

Anno 823. §. 3.

Anaſt. in Sergio II. pag. 251.

ſimus Pontifex fieri NEQUAQUAM *conceſſit*. Ora, dico io, ſe l'Imperadore era veramente ſovrano padrone di Roma, e il Papa null'altro che un Vicario, a lui ſubordinato e ſoggetto, al riferire de' Miniſtri Eſtenſi, e per qual cagione Lodovico II. fa chiedere al Papa, che gli faccia preſtare quel giuramento? Il Sovrano dimanda al Vicario? Non potea egli farſelo preſtare da sè ſteſſo con la ſovrana ſua autorità, ſenza dipender dal Papa? E ſe queſti era Vicario Imperiale, perchè ordinò egli, che i Romani non preſtaſſero alcun giuramento: *fieri nequaquam conceſſit*? Come vi entrava il Vicario a impedire un atto, dovuto al Sovrano in Roma ſteſſa? Soggiunge Anaſtaſio, che Sergio allegò la ragione, per cui non volle, che ſi preſtaſſe tal giuramento, e fu perchè non volea, che i Romani riconoſceſſero allora per Auvocato altri, che Lotario il padre, ancor vivente; *ſi vultis domno Lothario Magno Imperatori hoc ſacramentum ut faciant ſolummodo*, CONSENTIO, *atque* PERMITTO, *nam Ludovico ejus filio, ut hoc peragatur* NEC EGO, *nec omnis Romanorum Nobilitas conſentit*. Gli ſteſſi Miniſtri Ducali ci raccontano, che Leone III. mandò a Carlo Magno le chiavi della Confeſſion di San Pietro e il veſſillo di Roma, ROGAVITQUE, *ut aliquem de ſuis Optimatibus Romam mitteret, qui populum Romanum ad* SUAM *fidem, atque ſubjectionem per ſacramenta firmaret*. Sono parole dell' Annaliſta Laureſamenſe, volgarmente creduto Eginardo: le quali coſe non dinotano altro, che *l'Auvocazia*, e confermano la verità, che i Carolini non ci eſſercitarono giuriſdizione veruna di loro ſovrana autorità, ma di concedimento, e richieſta volontaria de' Papi. Che in quanto al dirſi da Eginardo, che Carlo Magno *Italiam* TOTAM *tributariam effecit*, come viene oppoſto nelle Oſſervazioni, ciò non ſignifica tutta l'Italia, come ivi ſi crede, ma la ſola *Lombardia*, e Carlo ſteſſo il dichiara nel primo ſuo Teſtamento: *Italia, quæ & Langobardia dicitur*: il che poi egli paleſa più chiaro nel

Oſſervaz. Cap. IV. pag. 10.

Apud Ducheſnium to. 2. pag. 248.

Ibid. pag. 88.

nel medeſimo Teſtamento, con cui divide i Reami tra'ſuoi figliuoli, mettendovi per termine in Italia dalla parte di Settentrione, il fiume Pò, che era il confine antico dell'Eſarcato: *per Padum fluvium termino currente*, e poi: *uſque ad terminos* SANCTI PETRI, cioè dello Stato Eccleſiaſtico, il quale non diviſe già egli tra' ſuoi figliuoli, come fece degli altri Reami: ſopra che ſi è ragionato abbaſtanza nella Scrittura di Parma e Piacenza. Laonde è coſa manifeſta, che tutta la giuriſdizione, che gl'Imperadori, come *Auvocati*, ci eſercitavano, venía dalla permiſſione, e dal conſentimento de'Sommi Pontefici, e non mai da quella ſovranità Imperiale modernamente ſognata contro di loro: i quali dopo Gregorio II. eſercitarono diritto aſſoluto in Roma, e dopo Stefano II. in tutto l'Eſarcato, come in più luoghi dimoſtra eziandio il Pagi, allegato più volte nelle Oſſervazioni in contrario. Ora la podeſtà, che vi ebbero gl'Imperadori, eſſendo ſtata tutta Auvocaziale e delegata da'Pontefici, conforme ſi è veduto con le prove alla mano; e come mai ha potuto cadere in mente una opinione sì ſtravagante ed erronea a chi ha fatte le Oſſervazioni, di rappreſentarci i Sommi Pontefici per Vicarj Imperiali? I Pontefici, che aveano ſparſi tanti teſori, che ſi erano eſpoſti a tanti diſagi per eſſer mantenuti e difeſi nell'indipendente Sovranità di Roma e dell'Eſarcato, divennero poi, ſecondo gli Oſſervatori, cotanto ſciocchi, e inconſiderati, che diedero tutti gli Stati della Santa Sede agl'Imperadori, per diventarne Vicarj, di Sovrani, che n'erano? E di sì raro e maraviglioſo auvenimento, il quale, ſecondo queſte novelle idee, è ſtato in pratica dall'anno 755. ſino al 1346. cioè da Pippino ſino a Lodovico il Bavaro, ſotto cui dicono, che *i diritti dell'Impero patirono in Italia un fiero naufragio*, niuno per tanti ſecoli ſe n'è accorto prima di queſti ultimi giorni, ne' quali gli Autori delle Oſſervazioni hanno manifeſtato con le pubbliche ſtampe a tutta l'Europa queſto mirabile arcano, ſenza penſare, ſe egli do-

Ibid. pag. 89.

Anno 755. §. 6. 789. §. 9. 796. §. 11.

Oſſerv. Cap. XXV. *pag.* 44.

Osserv. Cap. LXXIV. pag. 111. dovesse porsi nel numero delle *pellegrine proposizioni*, che essi ascrivono altrui; lusingandosi, che simil trovato potesse loro servire d'arma forte e sicura contro alla Santa Sede per ispogliarla di Comacchio; dachè le altre loro ragioni si riduceano a cose frivole, e di leggera considerazione a fronte de' diritti autentici, incontrastabili, continuati, e notorj della Santa Sede? Dalle cose accennate si trae, che tutto quello, che ebber di grande, e di maestoso gl'Imperadori Carolini, e poscia i lor successori, non lo ebber da sè, ma da' Sommi Pontefici: prima con la suprema dignità del *Patriziato*, che importò la difesa e l'Avvocazia della Santa Sede; indi con l'*Imperiale*, in cui Leon III. scambiò il medesimo Patriziato per onorar maggiormente la persona di Carlo Magno, alzandola sopra tutti i Principi d'Occidente, e ugguagliandola agl' Imperadori d'Oriente, come si dimostrò nella Scrittura di Parma e Piacenza. Però se la podestà de' Messi Imperiali era *amplissima*, come c'insegnano i Ministri Estensi, assai maggiore di necessità dovette esser quella di chi la dava, cioè de' Pontefici: il che ci conferma Tegano, da essi addotto, ove parlando di Stefano IV. scrive, che *statim postquam Pontificatum suscepit*, JUSSIT *omnem populum Romanum fidelitatem cum juramento promittere Ludovico*. Ora, se i Pontefici davano l'autorità agl'Imperadori sopra i Romani, e come mai essi n'erano Vicarj Imperiali, e non piuttosto gl'Imperadori, Vicarj Pontificj? Di quì apparisce, che tutta la pacifica autorità, che gl'Imperadori vi ebbero negli Stati della Chiesa, era precaria, e delegata, la quale avea bisogno di esser rinovata da ciascun Pontefice: e gl'Imperadori ne furono sempre molto gelosi per dubbio, che non fosse loro levata la gran dignità dell'Avvocazia, e trasferita in altra nazione. Quando poi alcuni Imperadori ostilmente occuparono le Signorie della Chiesa, ciò non fecero per diritto alcuno, ma per violenza; nè tali loro atti portarono mai seco alcuna ragione, onde la posterità se ne abbia a valere,

Osservaz. Cap. VII. pag. 17.

Apud Duchesnium to. 2. pag. 278.

es-

essendo sempre stati rivocati o da loro stessi, o da' successori, come a lungo si è dimostrato nella Parte II. a Capi LXIV. *Vedi pag.234.*

CVII.

Atti esercitati sopra le Signorie della Santa Sede non hanno mai esclusa la sovranità Pontificia.

Osservaz. Cap. VII. pag.17. Cap.VIII. p.18. Cap.XIV. p.25. Cap.XV. p.27. Cap.XVI. p.29. Cap.XIX. p.33.

Dalle cose dette sin quì ne viene, che le prove ragunate nelle Osservazioni contro alla Sovranità Pontificia, le quali son tratte dall'avere i Cesari spediti nell'Esarcato i Giudici, e i Commissarj, nulla concludono quando prima non si mostrino quattro cose. I. che essi Cesari in ciò si servissero delle proprie ragioni, e non delle vie di fatto. II. che quei Messi non vi fosser chiamati da' Papi ad esercitarvi l'uficio dall'Auvocazia Imperiale, e che i Papi stessi non vi prestassero il loro consenso a quanto operavano. III. che con loro non intervenissero i Ministri della Santa Sede. IV. che tali cose non auvenissero in tempi di guerra, di divisioni, e di scismi. Nelle medesime Osservazioni si legge una massima, che rovescia gran parte delle lor prove, ed è, che non si dee aver riguardo a quanto uno Scrittore narra *di passaggio* sopra una materia, cui egli non tratta a fondo, nè di proposito. Ora le Osservazioni son piene di prove di questo carattere, come risulta dal leggerle. Però quella massima generalmente non dee pigliarsi per vera, ma bisogna farvi sopra alcune eccezioni o modificazioni, una delle quali può esser di molto uso nell'esaminare il peso delle altrui testimonianze; ed è, che in materia di pretensioni, e di affari antichi non si dee prestar fede agli Scrittori, senon in quanto sono fondati in buoni titoli, o in quanto adducono legittime prove; imperciocchè quello, che dicono di lor capriccio, e senza tali requisiti, non può mai fare autorità: sopracchè già si toccò qualche cosa in proposito di coloro, che hanno fatta testimonianza del matrimonio di Laura Eustochio. L'applicare questo principio all'esame delle Osservazioni, farà, che molte di esse ruinino da capo a piedi. Si dee parimente ritornare alla memoria ciò che si disse nella Parte II. cioè, che per opinione degli Osservatori, si davano altrui da'

Osserv. Cap. LIII. pag.78. 79.

Vedi pag.32.

Cesari

Cesari titoli di tal qualità, che non produceano alcuno effetto reale per porre coloro, i quali gli riceveano, in possesso delle attribuzioni espresse co' medesimi titoli. Ora passando l'affare in tal guisa, come essi vogliono, che passasse; io non so, se in effetto dovranno accusarsi gl'Imperadori d'aver voluto dar titoli di tal carattere; ma comunque si sia, io non ci veggo alcuna apparenza, che coloro, i quali gli addimandavano, si contentassero di sì poco, nè vi sperassero qualche vantaggio reale e solido, e che i Sommi Pontefici fossero i primi a soggiacere a questa eccezione, e a dare questo mal' esempio nell'atto di chiedere agl'Imperadori le Costituzioni, che questi soleano accordare solennemente in favor della Santa Sede. Per la quistione presente e per altre simili, che potessero mai nascervi, bisogna anco auvertire, che quantunque tutti i titoli chiesti o accordati non producessero nè il diritto, nè il possesso, nulladimeno il fine loro era d'autenticare l'uno e l'altro. Si trova, che le Chiese, cioè i Vescovi, gli Abati, i Capitoli, e i Beneficiati hanno chiesti sovente privilegj e titoli a più sorte di persone. I. a' lor fondatori. II. a' Rè, o a'Principi, anche molti secoli dopo le fondazioni. III. agli Auvocati, difensori, e protettori. IV. a' Sommi Pontefici. Ma i diplomi, che i medesimi Pontefici davano alle *Chiese, e a' Monisteri non solamente dell'Italia, ma della Francia e di altri paesi*, non aveano alcuna rassomiglianza con quelli onde investiano i proprj vassalli de'beni temporali soggetti alla Santa Sede, perchè i primi non per altro da loro si davano, che per *maggiormente corroborare le concessioni de' Rè, e degl'Imperadori*, come si confessa nelle Osservazioni. Or nella guisa stessa, che le Chiese minori chiedeano altrui que' titoli e diplomi, la Romana ancora col mezzo de' Sommi Pontefici per la conservazione de'suoi dominj chiedea le solite Dichiarazioni agl'Imperadori, facendolo per ragioni particolari, perchè di tempo in tempo si cercava dagl'Imperadori stessi, e da altri Principi di spogliarla delle sue Signorie, onde i Pontefici

Osserv. Cap. XXIV. pag. 43.

tefici per porle in salvo, esigeano da loro le promesse, e i giuramenti in protezione e difesa della Santa Sede: e il giuramento regolandosi secondo la natura dell'affare, intorno al qual si giura, dachè si ristringe al consenso del giurante; e ricevendo la tacita condizione dell'intrinseca volontà, connessa al medesimo affare, sopra il quale si giura; io non so poi, se egli si debba pigliare a scherno così di leggieri, quando è chiarissimo, che essendo annesso al contratto, riceve tutte le condizioni, ricevute dal medesimo contratto. E in questo io non dico nulla più di quello, che in questo proposito stesso del giuramento prestato dagl'Imperadori a' Sommi Pontefici è stato già scritto da Martino Magero Consigliere dell'Arciduca Leopoldo nel suo volume *de Advocatia armata*, dedicato all'Imperador Ferdinando II. Ma ancorchè le promesse fatte dagl'Imperadori a'Pontefici per mezzo delle loro solenni Costituzioni non fossero state accompagnate dal giuramento, che è un legame accessorio al contratto e all'obbligo, in sè stesso già valido, saria bastata la lor parola obbligata con tanta solennità; perchè non solo importava agl'Imperadori, che la lor fede fosse sagrosanta, ma anco disconveniva alla lor Maestà, che cadesse in loro il semplice sospetto di perfidia, di menzogna e di fraude. Perciò ben disse Federigo I. presso Guntero:

De Advocatia armata Cap. 9. pag. 356.

Pufendorfius de jure naturæ & gentium lib. 4. C. 2. §. 6.

Grotius de jure belli & pacis lib. 2. C. 13. §. 14.

Ligurin. lib. 3. p. 329. edit. Reuberi.

nudo jus & reverentia verbo
Regis inesse solet, quovis juramine major.

Per queste ragioni si vede, che gli Stati appartenenti alla Santa Sede ogniqualvolta passarono per violenza in mano altrui, sempre se ne udirono i richiami pubblici per parte di Roma. Quindi si legge negli Annali di Fulda, che Formoso e seco i Lombardi spedirono ad Arnolfo Rè di Germania nell'anno 893. *enixe deprecantes, ut Italicum Regnum &* RES SANCTI PETRI *ad suas manus a malis Christianis eruendum adventaret*. Giovanni IX. nell'anno 904. si lagnò nel Concilio di Ravenna con Lamberto Imperadore, che i Romani, i Lom-

Apud Duchesn. to. 2. pag. 581.

Concil. to. 9. pag. 509.

i Lombardi e i Franchi facessero *illicitas conjunctiones contra Apostolicam & Imperialem voluntatem* IN TERRITORIIS BEATI PETRI *Apostolorum Principis*. I Vescovi del Norico, cioè della Baviera e del Tirolo, in una Lettera al medesimo Pontefice, attestano, che quando gli Ungheri passarono di quà dall'Alpi, essi Vescovi offersero a'popoli Slavi trattati di pace per poter poi entrare nell'Italia, & RES SANCTI PETRI *defendere, populumque Christianum divino adjutorio redimere*. Ottone I. giurò a Giovanni XII. *quicquid in nostram potestatem de* TERRA BEATI PETRI *pervenerit, tibi reddam & cuicunque Italicum Regnum commisero jurare faciam illum, ut adjutor tui sit ad defendendam* TERRAM SANCTI PETRI. Il Papa avendogli poi chiesta l'esecuzione del giuramento quando stava assediando Berengario II. in Montefeltro, gli rispose Ottone in tal guisa: OMNEM SANCTI PETRI TERRAM, *quæ nostræ potestati perveniret, Ecclesiæ* PROMISIMUS REDDERE, *atque id rei est, quod ex hac munitione Berengarium cum omni familia pellere laboramus. Quo enim pacto* TERRAM HANC EI *reddere possumus, si non prius eam ex violentorum manibus ereptam potestati nostræ subdamus*? E così di mano in mano tutti gli altri Imperadori giurarono di voler fare intorno agli Stati appartenenti alla Santa Sede, come già si è mostrato; onde si vede, che i Sommi Pontefici mai non tacquero, nè acconsentirono alle ingiuste usurpazioni de'loro Stati. Nelle Osservazioni si pretende mostrare l'alto dominio Imperiale in Roma co'fatti accaduti al tempo di Lodovico I. quando, essendo stati trucidati alcuni Romani, Lodovico spedì suo figliuolo Bernardo *ad cognoscendum quod nunciabatur*: e quando il medesimo Lodovico udita la morte violenta di Teodoro Primicerio, e di Leone Nomenclatore, *mandò a Roma i suoi Giudici, e Pasquale fece conoscere la sua innocenza*, come essi dicono, aggiungendovi l'episonema, che ciò *fa ben vedere l'alto dominio e la piena giurisdizione degl'Imperadori in Roma stessa non* che

Ibid. pag. 501.

Dist. 63. C. 33.

Luitprand. Hist. lib. 6. Cap. 6.

Vedi pag. 234.

Osservaz. Cap. VII. pag. 17.

che nell'Esarcato! Ma da questi auvenimenti tanto è lontano, che si tragga prova veruna per lo preteso *alto dominio Imperiale*, che anzi per lo contrario essi vi dimostrano quello del Sommo Pontefice, come or ora vedrassi. Si racconta negli antichissimi Annali Lauresamensi, e vi concordano altri Scrittori autorevoli, che Pasquale Primicerio e Campolo Sacellario avendo cospirato contra la vita del Pontefice Leone III. trovandosi in Roma Carlo Magno nell'anno 801. furono essi *in judicium adducti, & habita de eis quæstione secundum legem Romanorum, ut crimine* LÆSÆ MAJESTATIS REI, *capite damnati sunt*, benchè per intercessione del Papa fosse loro cambiata la morte in esilio. Ora quel delitto di *lesa Maestà* non potette cadere contra il Pontefice, senon come contra Principe Sovrano: e Carlo Magno non si arrogò quel giudicio, senon per concedimento Pontificio, come Auvocato, e Difensore di Roma, e del Papa. L'Anonimo Astronomo scrive, che Lodovico Pio fu auvisato, *quod Romanorum aliqui potentes contra Leonem Apostolicum pravas inierint conjurationes*: e che il Papa avendogli trovati rei, gli avea condannati alla morte: *quos detractos atque convictos idem Apostolicus supplicio addixerit, capitali lege Romanorum in id conspirante*. Questa giudicatura in causa criminale fu eseguita dal Papa, come da Supremo Signore, e non altramente: e quantunque soggiunga l'Astronomo, che ciò dispiacque a Lodovico Pio, questo non fu perchè Leone si fosse usurpata l'autorità, che non gli competea; ma perchè il romore sparso da'nemici del Papa gli avea rappresentato il fatto diversamente da quello che era, quasi chè il Sommo Pontefice avesse usata qualche ingiustizia, o un rigor troppo grande: *Imperator autem audiens ægre tulit, velut a primo Orbis Sacerdote tam severa animadversa*. Quindi spedì a Roma Bernardo Rè d'Italia, affinchè informatosi dell'affare ne lo rendesse consapevole: *ideoque Bernardum Italiæ Regem illuc misit, ut ipse resciens quid verum, quidve fal-*

Apud Duchesnium to.2. pag. 251.

Ibidem pag. 296.

Osservaz. Cap. VII. pag. 17.

falsum de hac re rumor sparserit, per Geroldum sibi renunciaret. Ipse autem Bernardus Rex Romam venit, quæ visa sunt per Missum supradictum renunciavit. Segue poi a dire, che vi andarono anche i Messi del Papa, Giovanni Vescovo di Selva Candida, Teodoro Nomenclatore, e Sergio Duca, due Dignità Ecclesiastiche, e una civile, e che *Leonem Pontificem criminibus objectis purgavere.* Si leggono i medesimi particolari negli Annali Lauresamensi, e vi si dice, che i Messi Pontificj, *de iis, quæ* DOMINO SUO *obiiciebantur, Imperatori satisfecerunt.* In che consistessero le calunnie, che nella Corte Imperiale erano state sparse contro del Papa, non lo sappiamo, perchè gli Storici non ce lo dicono. Ma sappiamo, che il Papa stesso operò da Principe Sovrano, e che i suoi Legati, tra' quali era Sergio Duca, soddisfecero all'Imperadore intorno alle calunnie opposte al loro Signore e Principe: *de iis, quæ* DOMINO SUO *obiiciebantur Imperatori satisfecerunt.* Quel Teodoro Nomenclatore due anni dopo tornò alla Corte Imperiale in nome di Pasquale I. per avere la Costituzione famosa di Lodovico Pio, in cui egli è nominato. L'Annalista Lauresamense scrive, che sotto Pasquale I. nell'anno 823. essendo stati accecati, e poi decapitati nel Laterano Teodoro Primicerio e Leone Nomenclatore suo genero, fu susurrato a Lodovico Pio, che ciò era accaduto per essere stati parziali verso Lotario suo figliuolo, o per ordine, o por consiglio del Papa: *vel jussu, vel consilio Paschalis Pontificis rem fuisse perpetratam*: che giunsero alla Corte Imperiale i Legati Pontificj, Giovanni Vescovo di Selva Candida, e Benedetto Arcidiacono di Roma, *rogantes Imperatorem, ut illam infamiam a Pontifice auferret, qua ille in memoratorum hominum necem consensisse credebatur*, e che Lodovico vi spedì Adalungo Abate di San Vedasto, e Unfrido Conte di Coira *investigando rei veritatem.* Poi conclude, che trovarono esser falso quanto era stato supposto a Lodovico Pio, perchè il Papa lo dimostrò in gran radunanza di

Apud Duchesn. to. 2. anno 815. pag. 259.

Ibid. pag. 266. 267.

Osservaz. Cap. VII. pag. 17.

di Vescovi: *& interfectores prædictorum hominum, quia de familia Sancti Petri erant, summopere defendens, mortuos, velut* MAJESTATIS REOS, *condemnans*, JURE CÆSOS PRONUNCIAVIT. Da tutto questo si comprende la suprema autorità, e l'alto dominio del Papa, e non dell'Imperadore, il quale non si arrogò alcun giudicio, nè ci mandò *i suoi Giudici* in Roma, come si dice nelle Osservazioni; ma solamente cercò d'informarsi della verità di quanto i Romani, auversarj del Papa, con segreta macchinazione gli aveano rappresentato. Ma io non la finirei così presto, se volessi recitare tutte le autorità incontrastabili, che mi si parano d'avanti in questa materia dell'alta e sovrana indipendenza della Santa Sede nel Ducato Romano, nell'Esarcato e in tutti i suoi Stati, contra la podestà Vicariale, poco auventurosamente sognata ne'tempi nostri da chi non potrà mai provare, che Comacchio, Modana, e Reggio non fossero comprese nell'Esarcato, che è quello che dà fastidio.

Osservaz. Cap. VII. pag. 17. in fine.

CVIII.

Monete Pontificie, e parole del Panegirista di Berengario I. non bene addotte contro alla sovranità temporale della Santa Sede.

Osservaz. Cap. VIII. pag. 19.

Antiquiores Pontificum Romanorum denarii pag. 1. 15.

Chi ha fatte le Osservazioni ha voluto anche atterrirci con la rimembranza delle monete d'argento, battute in Roma, come credono, dagl'Imperadori, col qual supposto ne pubblicò non poche il Leblanc per provare, che i suoi Principi Carolini fossero stati padroni assoluti di Roma: e in tal errore ei fece cadervi anche il Padre Pagi. Ma quanto lungi traviasse il Leblanc, il quale di molte non vi seppe leggere nè anche i monogrammi, si vede egli dal saggio di quelle, che or ora ha pubblicato con le Stampe il Signor Abate Giovanni Vignoli, il quale dimostra, che le medesime ed altre somiglianti monete, sino da'tempi d'Adriano I. in giù non furono battute da altri, che da'Sommi Pontefici, come da Principi Sovrani di Roma: e che nel rovescio non vi misero il nome dell'Imperadore per altro riguardo, che per esser egli Auvocato, e Difensore della Santa Sede: al qual effetto in una di Carlo Magno egli si vede col brando snudato, e col vessillo, dinotanti la podestà datagli dal Sommo Pontefice: il che ſi ſcorge rappreſentato anche nel Triclinio del Laterano, *Anno* 740. §.10. 11. in cui Leone III. fece dipingervi Carlo Magno in atto di ri- 774. §.4. cevere lo Stendardo da San Pietro, che era l'inſegna ſolita 796. §.4. darſi a'Difenſori della Chieſa, come in più luoghi dimoſtra il Pagi. E qual prova di Sovranità porti ſeco la moneta, non v'ha Criſtiano alcun, che nol ſappia, dachè Gesù Signor noſtro lo inſegnò, quando gli fu moſtrata quella dell'Imperadore. Alle parole del Panegiriſta di Berengario I. da noi riportate, ove ſi legge, che queſti confermò a Giovanni X. i patti, e le donazioni antiche:

Lectitat Auguſti conceſſos munere pagos,
Cæſare quo norint omnes data munera

Oſſervaz. Cap. XV. pag. 27. ſi cerca di contrariare nelle Oſſervazioni, aſſerendoſi, che *la* voce *pagos* dice *ben poco*. Ma ſe quel Panegiriſta aveſſe ſcritto in proſa, avrebbe ben detto aſſai più. Nulladimeno anche con quella ſola voce egli dice abbaſtanza: e per ſa- *Pag.* 224. perlo baſtava il dare una occhiata ad Adriano Valeſio Scoliaſte del medeſimo Panegirico, il quale a quella voce *pagos* vi fa queſto comento: *pagi*, *ſeu* REGIONES, *ac* URBES *Baſilicæ ſancti Petri datæ* OLIM *fuerant a Pippino*, *Carolo Magno*, *aliiſque*. Sicchè *pagus* non vuol già dire i *poderi*, e i *manſi*, come pare, che ſi perſuadano i Miniſtri Eſtenſi, ma bensì le provincie, come poſſono veder preſſo il Ducange, ove leggeranno, che *pagus eſt pars regionis*, *atque*, *ut regio in pagos*, *ita pagi in villas*, *&* *burgos tributi erant*: il che a lungo ſi dimoſtra da Marquardo Freero, da Girolamo Bignonio, da Federigo Lindenbrogio e da altri. Il medeſimo Poeta dice *Auguſti conceſſos munere pagos*, perchè ſcriſſe da Poeta, e non da proſatore, e chiama le provincie della Chieſa *data munera* da Berengario, affinchè, come auverte il Valeſio, *omnes ſcirent ab Auguſto Berengario data hæc eſſe beato Petro*, VEL POTIUS *confirmata*, *&* *terras*, *loco ſacro attributas*, *ac veluti ſacras nemo*

am-

amplius sibi vindicare auderet. Berengario dunque giurò di difenderne, e mantenerne in sovrano possesso la Santa Sede, come *Auvocato* di essa: e in virtù di tale uficio i suoi Messi rendettero giustizia in Ravenna tra quell'Arcivescovo, e gli uomini di Massa Fiscaglia in quello Strumento accennato nelle Osservazioni. *Osservaz. Cap. XV. pag. 27.*

CIX.

Bolla finta di Leone VIII. e diploma suppositizio di Ottone III. a torto opposti alla Santa Sede.

Fu detto nella precedente Scrittura, che la Bolla, con la quale si finge, che Leone VIII. Antipapa avesse ceduto ad Ottone I. tutto lo Stato della Chiesa, e che poi Ottone stesso gliel ridonasse, riserbandosi la sovranità, *fu una fraude non molto antica, e che il primo ritrovatore di essa fu Teodorico di Niem, che toccò il secolo XV. innanzi al qual tempo niuno ebbe notizia di una cosa di tanta importanza*. Ma l'Autore della Scrittura Estense di Vienna, appreso, ch'egli ebbe, come ella si conservava nel trattato *de Imperiali jurisdictione* di Simone Scardio Luterano, ha voluto arrichirne i suoi fogli stampandola intera, come *un documento molto importante, e penetrante al vivo nell'affare, ch' è sul tapeto*, per quanto egli dice. Però la grande importanza di questa Bolla vien mostrata dal Baronio con quelle parole: *plures errores continere quam verba*: il che a lungo si fa vedere anche da Jacopo Gretsero. E ci vuol tanto poco a ravvisarne l'impostura, che nè anche i due Luterani Ermanno Conringio, e Giovanni Arrigo Beclero, i quali impiegarono tutte le arti per allargare i confini dell' Impero a danno della Sede Apostolica, osarono mai d'appigliarsi a quella menzognera bolla, attribuita falsamente a Leone. E per esser questi stato Antipapa, ella sarebbe ancor nulla ed invalida, quando per altro non si vedesse chiaramente dal leggerla, che fu fabbricata maliziosamente ne' tempi inferiori ad unico fine di giustificare le passate violenze ed usurpazioni fatte sopra gli Stati della Chiesa, e per eccitare gli altri in auvenire a farne di nuove, chechè altramente si vada indovinando nelle Osservazioni, ove dicesi, che Andrea Dan-

Risposta pel diritto Imperiale pag. 23.

Anno 964. §. 26.

Apologia Baronii pag. 404.

Osservaz. Cap. XII. pag. 22.

Dandolo, il qual *visse un secolo prima di Teodorico di Niem*, fa menzione di quella bolla. Il Dandolo morì il dì 7. di Settembre nell'anno 1345. come si apprende dal suo epitafio, recitato dal Sansovino: e il Niem, che nell'anno 1372. era Segretario Pontificio, vivea tuttavia nell'anno 1410. come si raccoglie dalle sue Opere, e lo mostra Cristoforo Sandio: onde io non so vedere, come il Dandolo sia vivuto *un secolo prima di Teodorico di Niem*. Veggo bensì, che questi due Scrittori furono contemporanei. Che in quanto al parlarsi di quella stoltissima bolla Leonina nella gran Cronaca Belgica, composta nel secolo XV. da ciò non ne viene, che ella non sia suppositizia, e falsissima, e che il primo a pubblicarla non sia stato Teodorico di Niem, Scrittore poco favorevole a' Papi. Ma quì sarà ben ricordare quanto il Gretsero rispose al Goldasto in proposito di questa bolla: *cur Leonis VIII. Decretum tam est genuinum huic Calvinistæ, nisi quia sanctum Petrum omni propemodum ditione spoliat? Si secus ageret, ad spuria dicta & edicta, scripta & rescripta amandaretur*. Non dee quì passarsi in silenzio il gran caso, che si fa dagli Osservatori di un certo diploma attribuito dal Goldasto, e da essi all' Imperadore Ottone III. nel qual diploma si trattano come finte le donazioni fatte alla Chiesa, e si concedono a Silvestro II. *otto soli Contadi*. E tanto si compiacciono essi di questo documento, il quale si è voluto anche ristampare nella Scrittura pubblicata in Vienna, che si avanzano a dire, che al Pagi fu *ignoto, come non altronde è a noi venuto, che dallo stesso Archivio segreto del Vaticano; perciocchè avendo Benedetto XII. nell'anno 1339. fatti registrare tutti i privilegj della Santa Sede, conservati in Archivis Thesauri Ecclesiæ Romanæ, fra gli altri fu registrato ancor questo (e probabilmente vi si conserva tuttavia)* COME OCCORRENDO SI PROVERÀ. Concludono poscia queste loro scoperte con tali parole: *e forse per questo il Cardinal Baronio stimò* MEGLIO

Venezia descritta lib. 1. cap. 118.

Nota ad Vossium de Historicis Latinis pagina 207.

Defensio in Goldastum pag. 204. 247.

Osserv. Cap. XVIII. pag. 32.

Constitut. Imperiales to. 1. pag. 226.

Risposta per il diritto Imperiale p. 27.

di

di non farne motto nè in bene, nè in male. Ma che gran ruina ne verrebbe mai alla Santa Sede, se si effettuasse quella gran minaccia: *come occorrendo si proverà*? Dio buono! E pur chi scrive così è giunto a dare altrui il titolo di *precipitoso giudice*! Tanto egli è falso, che il diploma stia cautamente occultato nell'*Archivio segreto del Vaticano*, affinchè non si vegga; e che il Baronio lo abbia maliziosamente dissimulato, come pregiudiciale alla Santa Sede, *senza farne motto nè in bene, nè in male*, siccome non si ha avuto riguardo alcuno di pubblicare nelle Osservazioni; che anzi per lo contrario quel sincerissimo e gravissimo Cardinale lo ha interamente pubblicato con tutte quelle medesime autentiche di Benedetto XII. le quali si è già intimato di voler pubblicare, mercè di quelle spaventose parole: *come occorrendo si proverà*. Apransi gli Annali Ecclesiastici del Baronio, ma non già nel *decimo* tomo, dove si parla di Ottone III. bensì nell'*ultimo* sotto l'Impero d'Arrigo VI. perchè ivi si troverà quel diploma fedelmente inserito, e così potrassi chiarire, se il Baronio stimò bene *di non farne motto nè in bene, nè in male*; e se *coll'originale del Vaticano si accordi in tutto la copia del Goldasto*: il che gli Osservatori dicono di non sapere. E giacchè il Pagi non ha finito di soddisfar loro, ove dice: *putidum hoc commentum tot fere mendacia, quot verba complectitur*, veggano, se incontra miglior fortuna il sentimento del Baronio, a cui si può accoppiare quello di un grave, e letteratissimo personaggio Tedesco, cioè di Marco Velsero, Senatore d'Augusta, il quale di esso diploma formò questo giudicio: *in eo a primo ad ultimum usque apicem multa esse, quæ suspectum reddant, res loquitur*. Il Gretsero ha levata la maschera a questa impostura in più d'una guisa; onde io non so, come ci possa essere alcuno fra gli eruditi Cattolici, il quale senza la taccia di *precipitoso giudice* tuttavia debba opporre alla Santa Sede un documento ripieno di tante falsità, come è questo d'Ottone III.

Osserv. Cap. LXXV. pag. 114. in fine.

Annal. Ecclesiast. tom. 12. anno 1191. §. 54. pag. 846. 847. 848. edit. I. Romana.

Anno 999. §. 3.

Apud Gretserum in Apologia Baronii pagina 426.

De Principum munificentia in Sedem Apostolicam pag. 106. Defensio in Goldastum pag. 263.

Io so bene, che dee cagionare in ogni buon Cristiano maraviglia grandissima, per non dire *indignazione* (come a torto si dice in altro proposito nelle Osservazioni) l'udire, che a' giorni nostri con tanta prontezza si spacci in iscritture divulgate con le pubbliche stampe, e dirette *a' Prelati della Corte di Roma*, che le *restituzioni*, le *donazioni*, e le *concessioni* fatte alla Sede Apostolica furono *tutte invalide*, e *non ebbero effetto*, e che poi tutte quelle di Casa d'Este furono valide, ed ebbero effetto indubitatissimo. Che sieno *falsi*, *finti*, e *suppostizj* tutti quei documenti, che sono favorevoli alla Chiesa Romana, quantunque rammemorati dagli Scrittori contemporanei, prossimi, e susseguenti, e tenuti per sincerissimi da' Critici e Letterati più insigni; e che per lo contrario tutti quegli atti e diplomi, i quali, non ha gran tempo, sono stati finti maliziosamente per unico fine di nuocere e pregiudicare alla Santa Sede; quantunque ignoti agli Scrittori contemporanei, e a' prossimi, e già convinti per menzogneri, e pieni di sbagli, d'anacronismi, e di narrazioni falsissime; nulladimeno debbano tutti riputarsi per veri, e per gran fondamenti contro alla Sede Apostolica, non meno che tutte quelle violenze ostili, che in tempi calamitosi di scismi, e di rivoluzioni sono state mai praticate contro della medesima da chi abusandosi de' diritti dell'Auvocazia, conceduti da' Sommi Pontefici, disponea de' patrimonj appartenenti alla Chiesa, nella Romagna, nella Marca, e nelle Signorie lasciatele dalla Contessa Matilde, conforme nelle Osservazioni se ne sono diligentemente accozzate le memorie, come atti, e ragioni incontrastabili, e giustissime del dominio Imperiale sopra gli Stati Ecclesiastici, non ostanti le solennissime ritrattazioni dapoi fatte in contrario, e nelle medesime Osservazioni in tutto e per tutto con un alto silenzio dissimulate, benchè nella passata Scrittura se ne fosse fatta di loro espressa menzione.

Osserv. Cap. LXXIV. pag. 111.

Osserv. Cap. XXIV. pag. 42. in fine.

Osservaz. Cap. XX. pag. 34. 35. 36. Cap. XXI. pag. 36. 37. Cap. XXII. p. 37. 38. 39.

Ideato

CX.
Esame di certi atti di Ottone III. intorno agli Stati della Santa Sede.

Ideato e disposto un somigliante sistema si segue a dire, che Ottone III. donò alla Chiesa di Ravenna tutte le Signorie, *de quibus præcepta habentur in sancta Ravennate Ecclesia*, quasichè queste parole non dinotassero le antecedenti donazioni Pontificie, le quali quegli Arcivescovi andavano ponendo sotto la protezione Imperiale per sottrarsi dalla soggezione de' Papi. E non abbiamo noi forse dal Continuatore di Reginone, Scrittore contemporaneo e Tedesco, che Ottone II. nell'anno 967. *Apostolico Joanni urbem & terram Ravennatium aliaque* COMPLURA *multis retro temporibus Romanis Pontificibus* ABLATA, *reddidit*? Inoltre si dice, che Ottone III. *leva la Badia della Pomposa dalla soggezione degli Arcivescovi di Ravenna*, *facendola soggetta a' soli Imperadori*: *tutti argomenti*, come si pretende, *non solo della sovranità Imperiale*, ma *di un dominio dispotico sopra l'Esarcato, senza che resti maniera di credere, che allora i Pontefici avessero ivi giurisdizione e dominio preciso*. Sì certamente, perchè nella Cronaca Reichersperpergese, scritta in Germania vicino a que' tempi, e pubblicata da Cristoforo Gevoldo, Consigliere del Duca di Baviera, non si rammemora forse il giuramento prestato da Ottone III. a Giovanni XV. di restituire *quicquid de terra beati Petri ad nostram potestatem venerit*: e nell' antecedente Scrittura non si è forse mostrato, che la Badia della Pomposa appartenea al dominio della Santa Sede: e non abbiamo noi forse una Bolla di Benedetto VIII. (il cui originale tuttavia si conserva da' Monaci Benedettini di Ferrara) ove a Guido Abate della Pomposa, egli, come Principe sovrano di quelle contrade, concede *ad tenendum*, gran tratto del contado di Comacchio, *cum omnibus integritatibus & pertinentiis*, *quantum sanctæ Romanæ pertinere videtur Ecclesiæ*, col carico di pagare l'annuo censo di tre soldi d'argento, segno evidente della sovranità Pontificia in Comacchio, e nella Pomposa ivi situata: il che fa vedere l'insussi-

Osserv. Cap. XVIII. pag. 35.

Chronicon lib. 2. in fine.

Chronicon Reichersperspergense pag. 133.

Osservaz. Cap. XIX. pag. 33.

ſtenza di quanto oppongono gli Oſſervatori alla Coſtituzione d'Arrigo II. fatta al medeſimo Pontefice nell'anno ſeguente 1014. nella quale ſi legge *Comaclum*, dicendo eſſi, che tali atti *erano piuttoſto doni di pompa*, *che di fatti*, e con la ſolita loro grazioſa parenteſi, vi mettono anche in dubbio la medeſima Coſtituzione, quando Ditmaro, che allora vivea, ne parla, come pure Graziano Autor proſſimo, e lo Scrittore della Cronaca Reicherſpergeſe, come ſi è detto. Non voglio io quì dir nulla contro all'Autore della Scrittura Eſtenſe di Vienna, il quale ſpaccia, che quella Coſtituzione ſia falſa, perchè Benedetto VIII. *fu eletto Papa nell'anno* 1302. *dugento ſettantatre anni dopo la morte di quell'Imperadore*, come egli dice, confondendo miſeramente Benedetto VIII. con Benedetto XI. E queſti ſono gli Autori, che convincono di falſità i documenti della Santa Sede, e che per iſcherno aſſeriſcono conſervarſi negli *ſpazj immaginarj di Caſtello Sant' Angelo*!

Vedi pag.368.

Riſpoſta pel diritto Imperiale pag.81.

CXI.

Atti di Ridolfo I. e degli Elettori dell' Impero intorno agli Stati della Santa Sede, a torto impugnati.

Oſſerv. Cap. XXIII. pag.39. 40. 41.

Vedi pag.69.

Biſogna ancora, che ci fermiamo alquanto ſopra le oppoſizioni, che fanno alle cinque Coſtituzioni di Ridolfo I. Auſtriaco, giacchè tentano di ſminuire i pregi di quel religioſiſſimo Imperadore con l'impugnarle. Dicono, che egli conferma *la donazione di Lodovico Pio*, *benchè coſa tenuta per ſuppoſitizia da uomini eruditi*, intorno allo sbaglio, del qual *precipitoſo giudicio* già ſi è parlato abbaſtanza. Dicono ancora, che egli conferma le Coſtituzioni d'Ottone I. e d'Arrigo II. *i quali ſi riſerbarono l'alto dominio ſopra gli Stati della Chieſa*. E di queſto pure ſi è ragionato quanto baſtava a far vedere il contrario. Che in quanto al dirſi, che Ridolfo Cancellier dell' Impero foſſe Vicario *in Romandiola*, ed eſercitaſſe giuriſdizione ſopra le Città della Chieſa, già ſi è moſtrato nell'antecedente Scrittura, che tutti i ſuoi atti, come ingiuſtamente eſtorti, furono ritrattati, e ſolennemente caſſati per ordine e volontà dell'Imperadore Ridolfo ſuo Signore, nominandoviſi *Comacchio* eſpreſ-

Vedi pag.367. 368.

Vedi pag.17.

pressamente nelle Costituzioni, da lui fatte in favor della Chiesa dopo l'anno 1276. in cui accaddero quelle violenze di Cancelliere. Che poi Giordano metta differenza tra l'*Esarcato* e il *Contado* di Ravenna, ciò nulla importa, ed è cosa trita e da niun controversa, che il Contado della sola Città di Ravenna fu cosa distinta dall'Esarcato, che abbracciava provincie intere. E poi tanto il *Contado* della sola Città, quanto l'*Esarcato* erano in sovranità della Chiesa, come dichiarò apertamente Ridolfo con tutto il corpo degli Elettori dell'Impero: e non meritano riflessione alcuna le ciance di Giovanni Villani, il quale, secondo i pregiudicj della sua fazion Gibellina, e del suo secolo pregiudicato, scrisse da sessanta anni dopo questi auvenimenti. E agli atti pubblici si dee molto maggior credenza, che alle passioni di certe persone volgari, le quali dietro alle loro private informazioni hanno scritto degli affari de' Principi molti anni dopo accaduti. Gli Osservatori in un altra parentesi, giusta la lor costumanza, asseriscono, che *vi sarebbe molto da dire sopra la confermazione*, *che si dice fatta da' Principi Elettori*, e che *non ebbe effetto la concessione Imperiale di Ridolfo I. per la Città di Comacchio*. Io non so mai cosa *vi sarebbe da dire* più di quello, che ne han detto il Luterano Conringio, e i suoi copiatori. So bene, che i loro maligni sofismi si smentiscono facilissimamente con gli originali alla mano, i quali non solamente si conservano in Roma tuttavia, oltre al parlarsene anco ne' Registri autentici di Niccolò III. ma per disposizione divina le dette Costituzioni Ridolfine ed Elettorali furono ritrovate anche in Germania nel Registro delle lettere di Ridolfo I. da Giovanni Seifrido Abate Cisterciese nell'Austria, e Genealogista Cesareo, come appare da una sua lettera già pubblicata da Pier Lambecio Consigliere, Storico e Bibliotecario dell' Imperadore Leopoldo: il che solo dee bastare contro a ciò, che l'Autore della Scrittura pubblicata in Vienna si compia-

De finibus Imperii lib. 2. cap. 29. p. 391. 400.

Diarium sacri Itineris Cellensis Leopoldi Imperatoris p. 211.

Risposta pel diritto Imperiale pag. 30. e seguenti.

ce di riflettere dietro al Conringio, il qual dubita contra ogni ragione della sincerità loro, secondo i pregiudicj della sua Setta, come dopo lui hanno fatto altri Autori della stessa farina, tra' quali Filippo Reinardo Vitriario, giusta il costume degli ostinati, che non vogliono mai cedere al vero, dopo addotte varie sue cavillazioni, vuole in tutte le guise, che vi sia esposta *tacita*, o *chiara* la formola da lui detta *salutare*, cioè *jure Cæsareo reservato*, ladove tutte le dichiarazioni Cesaree sono a norma di quelle di Pippino, e di Carlo Magno, niun de' quali era Imperadore, poichè Leon III. diede quella dignità a Carlo Magno 26. anni dopo fatta la donazione ad Adriano I. e non gliela diede già per cedergli la sovranità della Santa Sede, ma perchè egli sino allora l'avea mantenuta, e perchè da indi in poi maggiormente la mantenesse in poter de' Pontefici. Se poi la concessione di Ridolfo *ebbe effetto* intorno a Comacchio, si riconosca dall'essere stata quella Città, prima e dopo dallora, in attual Signoria della Chiesa, onde l'esservi, o'l non esservi, non dipendea dalla medesima *concessione*, la quale non fu altro, che una solita dichiarazione in virtù dell'obbligo antico dell'Auvocazia trasferita in Ridolfo con la dignità dell'Impero: e lo stesso è da ricordarsi parimente in quello, che si divisa intorno alle Costituzioni degli altri Imperadori seguenti. Io non dirò poi nulla *del fiero naufragio*, *che i diritti dell'Impero patirono in Italia ne' tempi di Lodovico il Bavaro*, per sentimento degli Autori delle Osservazioni. Imperciocchè a pochissimi dee essere ignoto, come egli con le sue aderenze, contrarie a Federigo l'Austriaco, la cui elezione da' buoni Cattolici, e dalla Santa Sede era approvata sopra quella di Lodovico, sconvolse orribilmente nell'Italia le cose sagre, e profane, non che tutto lo Stato Ecclesiastico, arrogandosi anche l'autorità di creare un Antipapa, e di deporre il legittimo Pontefice; tanto egli è vero, che al tempo suo *i diritti* Imperiali patissero *un fiero naufragio*, come si narra nelle Osservazioni.

De Jure publico lib. 2. tit. 4. §. 4.

Osserv. Cap. XXIV. pag. 41. 42.

Osserv. Cap. XXV. pag. 44.
Cap. XXVI. p. 44.

Di

CXII. Conclusione.

Di quì gli animi non in tutto occupati da persuasioni contrarie potranno vedere quanto gran peso portino seco le ragioni, che con grandissimo sforzo d'ingegno e d'eloquenza, e con altrettanto apparato d'erudizione antica e moderna si sono accozzate in tre diverse Scritture contra la temporale Sovranità della Sede Apostolica, non solamente in Comacchio, ma in tutto lo Stato Ecclesiastico, per darle una vista odiosa nella Corte Imperiale, e in tutta l'Europa, come di usurpatrice e posseditrice delle altrui Signorie. Or si giudichi un poco, se le ragioni Estensi e Imperiali *sono prove provate, e tali, che levando affatto la cortina del tanto usurpatosi dalla Corte di Roma, e de' modi anche (oh Dio!) pur troppo orrendi, praticati nell'usurpazione, saranno atte in cospetto del Mondo a far tremarla da capo a piedi*, come non ha dubitato di riferire l'Autore della Scrittura pubblicata in Vienna. Io certamente non ho potuto leggere senza orrore queste ed altre esagerazioni assai gravi, con le quali si è studiato di colorire i pretesti, sparsi contra la Santa Sede, per concitare gli animi altrui a danno di essa, e per far, che si chiuda l'orecchio alla ragione, senza tema alcuna di far comparire tutti gl'Imperadori, Austriaci e non Austriaci, come disleali e spergiuri, dopo aver questi solennemente giurato di mantenere la Chiesa in possesso di Comacchio e delle altre sue Signorie. Ma, lode a Dio, la Santa Sede sta così bene assicurata nella sincerità delle sue ragioni, che non dee temere di lasciarle uscire al cospetto del Mondo, e specialmente della Corte Imperiale, ben certa, che ivi non meno, che altrove elle abbiano a incontrare quell'accoglienza, che fra' Cristiani e Cattolici suole incontrare la difesa della verità, della giustizia, e della Santa Chiesa Romana, a torto oltraggiata in persona degli antichi e de' moderni Pontefici, perchè questi hanno avuto cuore di mantenerle i suoi patrimonj, de' quali erano depositarj, e di salvargli a loro potere dall'altrui mani: il che oggi dopo la fresca memoria

Risposta pel diritto Imperiale pag. 3.

del

Altra Lettera pagina 44. del famoso Trattato di Pisa, cotanto grave e dannoso alla Santa Sede, si chiama tener *lungamente oppressa* la Casa d'Este. Ora dopo essersi pienamente mostrata la continuazione de' diritti Pontificj in Comacchio dall' ottavo secolo sino al nostro, e dopo essere stati scoperti tanti passi, e tanti fatti, variamente addotti e spiegati nelle Scritture contrarie, sarà egli facile per avventura a ciascuno il giudicare a chi di ragione appartenga quella Città con tutto il Ducato di Ferrara, nel quale è compresa; e se il Sommo Pontefice ne' proprj Stati sia semplice *Vicario Imperiale*, quantunque da Pippino sino a' tempi nostri non possa mostrarsi, che verun de' Pontefici abbia mai ricevute Investiture, nè prestati giuramenti di vassallaggio, nè pagato alcun censo, i quali tre caratteri sono proprj del Vicariato. *Osservaz. Cap. CVI. pag. 164.* E sarà facile ancora il riconoscere, se le ragioni *Imperiali ed Estensi sopra Comacchio* sieno altrettanto *verificate e concludenti*, *quanto insussistente il magnifico*, ma però giusto, e appropriatissimo *titolo posto in fronte* alla precedente Scrittura, cioè: *il Dominio temporale della Sede Apostolica sopra la Città di Comacchio per lo spazio continuato di dieci secoli.*

AL-

ALCUNI DOCUMENTI

citati nell'Opera.

I.

Diploma suppositizio, in cui si dice, che Lotario I. e Lodovico II. Imperadori abbiano data la Città di Comacchio al Cavaliere Ottone da Este.

Tratto dall' Archivio Estense let. A. *e stampato nella Risposta pel diritto Imperiale pag.* 4. *Vedi pag.* 39. 66. 135.

IN [1] nomine Domini Dei & Salvatoris nostri Jesu Christi. 1
[2] Hlotharius & Ludovicus divina ordinante providentia 2
Imperatores Augusti. Dilecto [3] Equiti nostro [4] Othoni 3. 4
[5] Estensi ob beneficia & merita Henrici [6] patris ac ipsius in nos, 5. 6
regnique nostri fidelem dilectionem, [7] dedimus damusque Co- 7
maclum cum toto territorio & aquis, paludibus, sylvis, & piscariis. Ab uno capite ad insulam Laureti seu Canarioli. Ab
alio verò ad insulam Lacus, & inde ad territorium usque ad
aquas Ravennæ. Inde ad Austrum per Padum ad fluvium de
Fine, & Occidentem versus ad territorium usque Episcopi Ferrariensis. Si quis autem hanc nostram concessionis authorita-
tem irritam facere tentaverit, emunitatis mulctam, idest [8] ar- 8
genti lib. xxx. prædicto Equiti persolvere cogatur. Et ut hoc
concessionis præceptum diuturnis temporibus in suo robore
permaneat, atque ab omnibus verius credatur, & diligentius
observetur, [9] manus nostræ subscriptione subter annotavimus. 9

[10] Ego Hlotharius misericordia Dei Imperator (*luogo del monogramma*) subscripsi. 10

Ego Hludovicus Imperator (*luogo del monogramma*) subscripsi.

Datum mense Majo die vigesimo, [11] anno Imperii Regnorum 11
quarto, Indictione [12] undecima. Actum [13] in palatio regio 12. 13
Aquisgrani.

NOTE

NOTE.

Questo diploma, già citato per la prima volta dal Faleti e dal Pigna, e da indi in poi sempre allegato in tutte le occasioni di litigio contro alla Santa Sede, oggi finalmente è comparso alla luce in tutto e per tutto secondo il proprio originale: ex authentico originali sano, integro, neque in aliqua ejus parte suspecto, *come attestano cinque Notai Modanesi; onde non è da sospettare, che non sia stampato con tutta la fedeltà. Ora tocchiamogli il polso. Che un documento così insigne per la Casa d'Este, e di tanta antichità sia stato generalmente incognito dall'anno 854. in cui si fa dato, sin dopo l'anno 1561. e che nè Pellegrino Prisciano, nè l'Autore dell'Albero Estense del 1555. nè Gaspero Sardi, nè Mario Equicola, i quali scrissero della schiatta de' Duchi di Ferrara, non ne abbiano avuta notizia veruna, ciò potrebbe porgere altrui forti motivi di dubitare della sua antichità. Ma noi per venire alle corte cercheremo di fondare i nostri sospetti nel corpo stesso del diploma.*

1 In nomine Domini Dei & Salvatoris nostri Jesu Christi. *Nè Lotario, nè Lodovico II. cominciarono mai con tal formola* i loro diplomi; *bensì con quest'altra.* In nomine Domini nostri Jesu Christi Dei æterni: *e per non perderci in andare in traccia d'esempj, questo si può facilmente vedere in sei diplomi di Lotario portati alla fila nello Spicilegio di Luca Dacherio, e in cinque altri di Lodovico II. pubblicati da Piermaria Campi. Onde l'autor del diploma per la sua imperizia inciampò nella soglia.*

Spicilegium to. 12. pag. 109.
Storia di Piacenza to. 1. pag. 457. e segg.

2 Hlotharius & Hludovicus divina ordinante providentia Imperatores Augusti. *Non si troveranno atti, ne' quali Lotario, e Lodovico II. si veggano in tal guisa insieme uniti. Ma l'artefice del diploma copiò questo principio da qualche altro diploma di Lodovico Pio, dato in tempo, che imperava con Lotario il figliuolo; poichè allora gli atti loro in tal maniera incominciavano:* In nomine Domini & Redemptoris nostri Jesu Christi Hludovicus & Hlotharius divina ordinante providentia Imperatores Augusti.

Annal. Mabill. to. 2. pag. 724. 725. 737.

3 Dilecto Equiti nostro. *Il compositor del diploma figurandosi i tempi antichi secondo l'idea delle cose dell'età sua, tenne per fermo, che nel secolo nono, in cui finse spedito il diploma, vi fossero gli Ordini Cavallereschi de' giorni nostri, e che quelli, che vi erano aggregati, si appellassero* Equites; *ladove simili Ordini essendo cominciati a istituirsi dopo l'undecimo secolo per occasioni e uficj militari, chi vi era ascritto, chiamavasi* miles, *perchè si cingea del balteo militare; non mai* Eques: *la qual voce allora non portava seco quel significato, che si prefisse l'autor del diploma: il quale volendo onorare la Casa d'Este con questo titolo, venne a far tutto l'opposto, mentre ne' tempi bassi* Eques *significava un uomo* obnoxiæ conditionis, *e non una persona di sangue illustre; onde non si può sostenere questo diploma per vero senza offendere la dignità della Serenissima Casa d'Este.*

Cangius in Glossario.

4 Othoni. *Questo nome* Othoni, *che è Romano antico, io non credo, che fosse in uso nella barbarie del nono secolo.* Odone, *e* Oddone *cominciò a udirsi in quei tempi: e la pronuncia settentrionale proferendo la lettera* d *con suono grave, pesante, e simile a quello della lettera* t, *perciò si scrisse poi* Ottone *invece di* Oddone, *e ce ne chiarisce Rosuita Monaca e Poetessa Tedesca del decimo secolo nel suo Panegirico d'Ottone il Grande, cui sempre dà il nome di* Oddo, *e non mai di* Otho.

Scriptores Germanici Henrici Meibomii to. 1. pag. 705.

Estensi.

5 Estensi. *Questa voce non s'incontra in iscritture autentiche innanzi al duodecimo secolo. Il Castello d'Este dagli antichi fù detto* Ateste, *e ne' tempi inferiori* Adeste. *L'Anonimo Ravennate nel secolo settimo chiamollo* Adestum, *e diedegli il nome di Città, come egli suol darlo alle Castella.* Adeste *si legge in uno strumento dell'anno* 1032. *pubblicato da Sertorio Orsato, ed anche in un altro mentovato nelle Osservazioni. Onde se questo diploma fosse vero, ci si leggerebbe* de Adeste, *ouvero* Adestensi, *e non* Estensi: *il qual vocabolo stando quì per cognome, anche per questo riguardo il diploma patisce le sue difficoltà.*

Geographia lib. 4. *p.*205. *lib.* 5. *pag.* 271. *Storia di Padova lib.*3. *pag.* 232. *Osserv. Cap.*LXXIII. *pag.*110.

6 Ob beneficia & merita Henrici patris. *Questo nome Tedesco* Henricus *non si è udito prima del secolo decimo fuori d'Italia, e in Italia assai più tardi: e allora scriveasi* Hainricus *e non* Henricus, *come si può facilmente mostrare co' diplomi originali: e lo accenna ancora Giovanni Aventino nella* Nomenclatura *preposta agli Annali di Baviera.*

7 Dedimus damusque Comaclum. *Lotario e Lodovico aveano già dato Comacchio a questo* Cavaliere Ottone Estense, *e quì gliel danno di nuovo* cum toto territorio &c. *facendovi una minuta ed affettata descrizione de' confini, acciocchè non vi nascesse qualche sbaglio in pregiudicio del medesimo Cavaliere. Ma questi confini non sono cosa del nono secolo, bensì de' tempi moderni, come ognun vede.*

8 Argenti lib. xxx. prædicto Equiti persolvere cogatur. *La metà delle multe si applicava alla Camera Imperiale, e l'altra metà al danneggiato, come si legge ne' sinceri diplomi: e quì contra lo stile antico e ordinario tutta si applica al Cavaliere Ottone.*

9 Manus nostræ subscriptione subter annotavimus. *Gl'Imperadori non parlavano in questa guisa, nè mai diceano di sottoscriversi di man propria a i privilegj, che concedeano; bensì di ordinare, che fossero muniti co' loro sigilli, e anche talvolta di sigillargli essi medesimi. Invece della loro sottoscrizione vi si mettea il monogramma, che era una cifra contenente il nome loro. Nelle clausole de' diplomi di Lotario si legge così:* utque hæ nostræ auctoritatis pleniorem in Dei nomine habeant vigorem & per futura tempora inconvulsam firmitatem, de annulo nostro subter jussimus sigillari. *Quelli di Lodovico II. finiscono in questa guisa:* & ut hæc nostræ donationis ac cessionis pagina auctoritatis majus imposterum robur obtineat, manus nostræ monogrammate Augustaliter insignitam & bulla nostra subter eam jussimus annotari. *E in quest'altra maniera:* utque hæc nostræ donationis & confirmationis auctoritas firmior habeatur & in futura tempora inviolabiliter observetur, manu propria subtersignavimus, & de bulla nostra insigniri præcepimus.

Storia del Campi to. 1. *pag.* 457. 458. 459. 461.

10 Ego Lotharius misericordia Dei Imperator subscripsi. *Per la suddetta ragione gl'Imperadori in simili atti ordinarj mai non diceano:* ego subscripsi; *ma lasciavano, che'l facessero i Cancellieri, i quali apponendovi il monogramma Imperiale, vi scriveano per cagione d'esempio:* signum Domni Hludovici, *ouvero* Hlotharii, Serenissimi Imperatoris Augusti, *come si legge ne' sinceri diplomi di Lotario, e di Lodovico II. Ci sarebbe da mostrare, che i due monogrammi di Lotario e di Lodovico II. posti nel diploma non corrispondono a quelli de gli altri loro diplomi genuini. Ma passeremo alle altre cose più importanti.*

11 Anno Imperii Regnorum quarto. *Gran tenebre in queste quattro parole, nelle quali si confondono l'epoche di Lotario con quelle di Lodovico II.*

talmentechè riesce impossibile il poterne uscire! Lotario usò due epoche. L'una cominciava dall'anno 820. nel qual fù creato Rè de' Longobardi, e l'altra dal giorno 20. di Giugno dell'anno 840. in cui morì Lodovico Pio suo padre. Lodovico II. figliuolo di Lotario usò quattro epoche. La prima principiava dall'anno 844. in cui da Sergio II. fu incoronato Rè de' Longobardi. La seconda dall'anno 849. in cui divenne consorte dell'Impero col padre. La terza dall'anno 850. in cui fu unto Imperadore da Leone IV. La quarta dall'anno 855. in cui succedette al padre morto. Ora quali di queste epoche si dinotino con quelle parole del diploma; anno Imperii Regnorum quarto, *io per me nol so. Il Faleti, e il Pigna fanno, che egli sia dato nell'anno 854. nel qual tempo bisognerebbe, che amendue questi Imperadori si fosser trovati insieme in Aquisgrano, mentre vi si sottoscrissero con l'*ego subscripsi. *Nel suddetto anno 854. correa l'anno 35. della prima epoca di Lotario, e il 15. della seconda; il perchè io non so mai, come si abbia potuto dire;* anno Imperii Regnorum quarto. *Della prima epoca poi di Lodovico II. allora correa l'anno 7. Della seconda l'anno 6. Della terza l'anno 5. e la quarta non era per anco incominciata, perchè Lotario non era morto. Se poi si ricorre all'anno 848. come ha fatto qualche ministro Estense, vi s'incontrano maggiori intoppi. Laonde quell'* Imperii Regnorum quarto *resta tanto imbrogliato, che non se ne saprà mai venire a capo. Di più l'autore del diploma, come poco pratico di queste materie, si dimenticò di porvi il nome del Cancelliere contra lo stile di tutti gli altri diplomi.*

Pagius anno 821. §.2. Anno 840. §.3. Anno 844. §.4.

12 Indictione undecima. *Nell'anno 854. in cui si fa dato il diploma, correa l'Indizione* seconda, *e non l'*undecima. *Nè è da dire, che quì ci sia sbaglio di numero, perchè l'Indizione è scritta in lettere, e non in numeri, e il diploma è copiato* ex authentico originali sano, *come attestano cinque Notai Modanesi, dicendo d'aver anche collazionata la copia con l'originale.*

13 Actum in palatio regio Aquisgrani. *Dalla prima parola fino all'ultima si è voluto, che il diploma scopra la sua falsità. Ne' veri diplomi si scrivea così:* Actum Aquisgrani palatio regio in Dei nomine feliciter amen, *e non:* Actum in palatio regio Aquisgrani. *Si finse, che fosse dato nel palagio reale d'Aquisgrano, perchè dall'Autore si credette, che quivi fosse l'ordinaria residenza Imperiale, e che non vi fossero altri palagi reali. Ma ve n'erano molti altri. Gran fretta poi dovette avere chi compose il diploma, mentre contra lo stile della Cancelleria Imperiale studiò cotanto la brevità, lasciando di esprimere a lungo i motivi e le cagioni particolari, che moveano i due Imperadori a smembrare di loro autorità dall'Esarcato una Città propria della Santa Sede per darla a un Cavalier privato, ladove in diplomi di assai minore importanza, ne' quali si trattava di donazioni di ville e poderi, o di semplici protezioni e conferme in favore di Monisteri, e di Chiese, si veggono a lungo narrate ed espresse tutte le particolarità, che ciò riguardavano. Per altro basta leggere il diploma per conoscere la sua finzione: ed io non mi sarei steso a mostrarla, senon fosse da' Ministri Estensi stato pubblicato per vero, e se lo avessero abbandonato del tutto senza dire, non esser* ben fondata la critica *fattagli; senza porlo con le altre Investiture Estensi di Comacchio, come cosa vera; e senza pretendere di non volere* abbandonarlo; *ma di riputarlo vero, perchè il Faleti, e il Pigna lo hanno citato. Ora se ne rimette il giudicio al lettore, il quale saprà discernere per qual cagione questo diploma possa essere stato finto dopo la metà del secolo decimo sesto; cioè, se per esservi allora in Casa d'Este penuria, ovvero abbondanza di titoli veri sopra Comacchio.*

Mabill. de re diplom. lib. 4. pag. 244. edit. 1.

Osserv. Cap. XLVIII. pag. 72. in fine. Cap. CVI. pag. 162. Altra lettera pag. 7. 13.

Bolla,

II.

Bolla, con la quale il Pontefice Benedetto VIII. investe Guido Abate della Pomposa di molti beni del territorio Comacchiese col carico del censo annuo alla Santa Sede.

Tratta dall'originale conservato nel Monistero di S. Benedetto in Ferrara, co' suoi nei. *Vedi pag. 84. 385.*

☧ BENEDICTUS Episcopus Servus Servorum Dei. *Anno 1013.* Dilecto in Domino Filio Widoni Religioso Presbitero & monacho, atque coangelico Abbati venerabilis monasterii Sanctæ & superexaltatæ Dei Genitricis, semperque Virginis Mariæ Dominæ nostræ, quod dicitur in Pomposa, tuisque successoribus Abbatibus, vestræque almæ congregationi perhenniter in perpetuum. Cum magna nobis sollicitudinis insistat cura pro universis Dei Ecclesiis ac piis locis vigilandum, ne aliquam necessitatis jacturam sustineant, sed magis propriæ utilitatis stipendia consequantur. Ideo convenit nos pastorali tota mentis aviditate eorumdem venerabilium locorum maximæ rationabilitatis integritatem procurare, & sedulæ eorum utilitati subsidia illico conferre, ut Deo nostro omnipotenti id, quod ejus sancti nominis honore, gratia, & laude, atque gloria ejus divinæ majestatis iisdem venerabilibus nos certum est contulisse locis; sicque acceptabilem nobiscum ad ejus locupletissimam misericordiam, dignam hujusmodi pii operis in sideriis conferatur arcibus remunerationem. Igitur quia petistis a nobis quatenus ex nostrum largitate nostroque dono concederemus vestræ religiositati in Massecella, quæ vocatur Materaria, & in Massa, quæ dicitur Caput Bovi terram & vineam, sicuti modo vos tenetis ad JURE BEATI PETRI APOSTOLI, nec non & ripam fluminis Alemonis juxta Massam, quæ dicitur Prata extendentem ipsa ripam à Bigacciolo usque ad Campobedulli, & terram & vineam juxta muros Civitatis cum Turre umbratica in integrum; & Massam integram, quæ vocatur Lacus sanctus cum omnibus rebus & pertinentiis suis cum plebe & capellis ac titulis ipsius, vocabulo Sanctæ Mariæ & Sancti Martini, Sancti Petri, Sanctique Venantii cum piscaria, quæ vocatur Tidini & Fossa Archipresbiteri, & piscaria, quæ vocatur Falce cum loco, qui dicitur Monticello,

Laci sico cum ripis fluminis Padi, & Gauri ex utrisque partibus usque ad mare, & a loco Concæ Agathæ ex una parte usque in mare cum loco integro, qui dicitur Masinzatica inter affines de toto loco ac territorio Massæ, quæ vocatur Lacus sanctus. Ab uno latere Fossa molendini de Volta Lateroli descendente in Aquiliolo & a fluvio Tribba usque in Helliam, & per paludem usque mediam Curbam, ultraque Curbam usque Padum, & ultra Padum usque Gazium Episcopi Sanctæ Comaclensis Ecclesiæ, indeque fluvium, qui vocatur Cesi. Ab alio latere Curlo descendente in Conca Agatulæ, & per ipsam in Gaurum. A tertio latere palude, quæ pergit inter rivum Angeli & Masinzatica usque Monticello, & Vederosa currente in Padum. A quarto latere Vacolino, & Argere malo, & Cale de Vincareto pergente in Laterolum. Insuper concedimus vobis piscariam integram, quæ vocatur Volanum cum rivo Baderino & Gavalina majore ad ipsam piscariam pertinente cum porticellis ex utrisque partibus, sicut olim intraverunt in mare, eidem similiter pertinentibus. Cuncta prædicta loca cum omnibus suis integritatibus, ac pertinentiis, quantum SANCTÆ ROMANÆ, cui, Deo Auctore, præsidemus ac deservimus, pertinere videtur, ECCLESIÆ, vobis ad tenendum, emissa præceptione, concedimus, inclinati precibus vestris per hujus præcepti seriem prædicta cuncta loca cum omnibus suis integritatibus & pertinentiis, ut super legitur, a præsenti XI. Indictione vobis, vestrisque successoribus in perpetuum concedimus detinendum, ita sane, ut a vobis, vestrisque Successoribus singulis, quibusque annis, PENSIONIS NOMINE rationibus in Sanctæ nostræ Ecclesiæ † tres † ARGENTEI SOLIDI, difficultate postposita, persolvantur, omnemque, quam indigent . . . . . . vel sine dubio curante, efficiatur, nullæque præterea ad dandum, annuæ PENSIONIS a vobis moræ proveniant, sed ultro ACTIONARIIS Sanctæ nostræ Ecclesiæ pro tempore PERSOLVATUR. Statuentes quippe Apostolica censura ex auctoritate B. Petri Apostolorum Principis sub divinæ obtestationis & anathematis interdictionibus, ut nulli unquam nostrorum successorum Pontificum, vel aliæ cuilibet magnæ, parvæque personæ ipsa prænominata loca a potestate & ditione vestra, vestrorumque successorum ac vestri Monasterii auferre, vel alienare quoquo modo liceat. Si quis autem temerario ausu magna, parvaque persona contra hunc nostrum privilegium agere præsumpserit, sciat se anathematis vinculo esse innodatam, & è regno Dei alienum & cum omnibus impiis æterno incendio, ac supplicio condemnatum. At vero qui pio intuitu custos

custos & observator hujus nostri privilegii extiterit, gratiam, & misericordiam, vitamque æternam à misericordissimo Domino nostro consequi mereatur in sæcula sæculorum Amen. Scriptum per manum Benedicti Regii Notarii & Scriniarii Sanctæ Romanæ Ecclesiæ in Mense Julio, Indictione undecima.

BENE VALETE

Datum Prid. non. Julii per manus Dei gratia Benedicti Episcopi S. Silvæ Candidæ Ecclesiæ, & Bibliothecarii Sanctæ Apostolicæ Sedis, anno, Deo propitio, Pontificatus D. N. Benedicti SS. S. VIII. PP. anno secundo, Ind. prædicta XI. mense Julio, die sexto.

NOTA.

IL Censo annuo di tre soldi d'argento, che l'Abate della Pomposa vien obbligato a pagare alla Santa Sede per li beni, de' quali il Pontefice lo investe nel Comacchiese, fa abbastanza conoscere la sovranità Pontificia in quelle contrade. Questa Investitura fù poi rinovata da Leon IX. nell'anno 1052. a Mainardo, da Callisto II. nell'anno 1124. ad Aurelio, e da Celestino II. nell'anno 1143. a Paolo, Abati della Pomposa.

III.

Ordine dato dal Giudice del Podestà di Ferrara per porre Salinguerra Torelli in possesso de' beni della Casa di Traversara, situati entro il territorio Comacchiese.

Tratto da MSS. del Prisciano, e da un altro dell'Archivio Vaticano num. 3005. fol. 13. *Vedi pag. 180.*

Successio Salinguerræ Ferrariensis in bonis quondam Petri Traversarii, & quondam Domini Ubertini de Ravenna.

IN Christi nomine Amen. Anno ejusdem Nativitatis Millesimo tercentesimo nono, Indictione septima, die quarto decimo Martii. In Palatio Communis Ferrariæ, præsentibus Francisco de Cremis Notario, & Rocobono Notario Domini Guielmi & aliis, & coram nobis Domino Antonio de Cesena, JUDICE ET ASSESSORE POTESTATIS FERRARIÆ. Comparuit *Ann. 1309.*

ruit Dominus Petrus Fabæ de Ferraria procurator, & procuratorio nomine Domini Salinguerræ, & petiit præter dictum Dominum Salinguerram, siue ejus procuratorem, pro eo PONI, & INDUCI IN TENUTAM & CORPORALEM POSSESSIONEM infrascriptarum petiarum terræ & possessionum, tanquam de bonis & possessionibus pertinentibus eidem Domino Salinguerræ, secundum quod apparet publico instrumento scripto sub signo & nomine Turchetti Notarii, quod instrumentum productum fuit coram dicto Domino Antonio: qui Dominus Antonius, examinata justitia dictæ petitionis, COMMISIT & LICENTIAM DEDIT dicto Domino Petro Fabæ, nomine antedicto, UT VADAT, ET INTRET ET APPREHENDAT TENUTAM ET CORPORALEM POSSESSIONUM dictarum terrarum, & possessionum infrascribendarum, IMPONENS CUILIBET PRÆCONI COMMUNIS FERRARIÆ, ut VADAT & INDUCAT dictum Dominum Petrum, dicto nomine, in POSSESSIONEM DICTARUM TERRARUM, & POSSESSIONUM, & ut faciat omnia & singula præcepta Cavarzellanis Villarum, quæ ad expeditionem dicti negotii pertineant; MANDANS PRÆCIPIENDO omnibus & singulis Cavarzellanis Villarum, & Rectoribus earum, ut debeant præstare auxilium & favorem dicto Domino Petro, dicto nomine; MANDANS præcipiendo insuper sub POENA DECEM LIBRARUM FERRARINORUM omnibus & singulis laboratoribus & detentoribus dictarum possessionum, ut sibi, perlecto præsente instrumento, vel habito præcepto, aprecent incontinenti possessiones ipsas & bona, quæ detinent de prædictis, prædicto Domino Petro, dicto nomine, DEBEANT MANIFESTARE, TENERE, & POSSIDERE. Et prædicta COMMISIT & INPOSUIT dictus Judex SECUNDUM FORMAM pactorum pacis & STATUTI sive REFORMATIONIS COMMUNIS FERRARIÆ, salvo omni jure omnium personarum, ex quo dictus Dominus Salinguerra fuerit in possessione dictorum bonorum, judicio ordinario, SECUNDUM FORMAM STATUTI COMMUNITATIS FERRARIÆ. Res verò sunt hæc. Primo omnes terræ, & possessiones tam in terra, quam in aqua ubique consistant, quas habuit & tenuit quondam Dominus Ubertinus de Ravenna, ipse vel alii pro eo, in Pado veteri, incipiendo a confinibus CAMPI LUNGHI majoris, & minoris, deinde descendendo usque ad mare, & quicquid inter dictas cohærentias continetur. Item tres partes medietatis Verzenese. Ab uno latere trames, qui vadit ad Ecclesiam de Ostelato, qui est terminus inter CAMPUM LUNGUM, & Fiscagliam. Ab alio annexa Vallis inter Fiscagliam, & CAMPUM LUNGUM. Ab alio media luiba inter medios Campolungos. Item quicquid detinetur infra

hos

hos confines. Ab uno latere medietas Verzenese. A secundo medietas lujbæ, A tertio locus, qui dicitur CONA. A quarto usque ad mediam Corbam. Item medietas quondam Petri Ducis majoris IN TOTO COMITATU COMACLENSI, Item quantum habuit dictus Ubertinus de CAPITE CALDIROLI, usque ad Stadium, qui vocatur de Lera, cum medietate fluvii PALISOLI, & cum medietate fluvii Meliarolo USQUE IN CAMPUM COMACLI, & totum Canale, quod vocatur Rupta de LUNGULA: & totum Canale, quod vocatur Vulpione, DESCENDENS IN CAMPUM COMACLI: cum tertia parte de fluvio de Miliarolo: cum tertia parte Vallis à suprascripto Miliarolo USQUE IN CAMPUM COMACLI, & usque ad stadium de Lera. Item omnes Valles piscariæ & paludis à capite predicto CALDIROLO descendens per Verzenese cum ipso medio Verzenese USQUE IN CAMPUM DE COMACLO. Item omnes Valles, & possessiones integræ, quas habuit Dominus Ubertinus in Pado vetere, quas detinuerunt Vesius & Fiscardus germani, & Martinus Presciteas cum germanis suis; scilicèt a Plebe S. Mariæ de Pado vetere usque ad Ecclesiam Sancti Michaelis ab ambabus partibus; cum ipso Verzenese, mediante rivo, qui vocatur Area, quem detinuerunt heredes quondam Domini Pauli Traversarii cum ipsa Area, ac suprascripto Pado vetere. Item Plebs Sanctæ Mariæ de Pado veteri. Ab uno latere Corigium de Peolcerdo. A secundo altera medietas de Rivo de Ara. A tertio usque ad medium flumen TREBE. A quarto jus MONASTERII SANCTI ALBERTI.

Ego Biachinus Magistri Nascinbene Muratoris scripsi mandatis dicti Judicis &c.

NOTA.

D*A quest'atto pubblico, il quale fù scritto 23. anni prima, che gli Estensi fossero investiti del Vicariato Ferrarese con tutte le sue pertinenze e dipendenze*: cum ejus Comitatu, districtu & omnibus finibus & pertinentiis, *si rende manifesto, che il Contado di Comacchio era soggetto al Podestà di Ferrara, come pertinenza compresa nel distretto di quella Città, altramente Antonio da Cesena Giudice del Podestà Ferrarese non avrebbe potuto dare un ordine tale, acciocchè Salinguerra Torelli fosse posto in possesso dei beni della Casa di Traversara, situati entro il territorio Comacchiese; ma queste parti l'avrebbe fatte la Comunità di Comacchio, come indipendente da quella di Ferrara, secondochè or si pretende.*

Brevi,

I V.

Brevi, scritti dal Pontefice Clemente VIII. ai Principi Cattolici intorno alla ricuperazione del Ducato di Ferrara, e delle sue pertinenze. Si mettono in primo luogo quelli, che sono diretti ai Principi Austriaci.

Ex Brev. ad Princ. Ann. VII. Clem. VIII. ep. 36. fol. 29.

I. *Carissimo in Christo filio nostro Rodulpho Hungariæ, & Boemiæ Regi Illustri, in Romanorum Imperatorem electo.*

CArissime in Christo fili noster, salutem & Apostolicam benedictionem. Jam ante aliquot dies recepimus litteras Majestatis Tuæ, quas secunda & vicesima superioris mensis Decembris die, de Ferrariensi negocio ad nos dedisti, quo tempore quia Cæsar Estensis saniora, Deo inspirante, consilia secutus, de Civitate Ferrariæ ejusque Ditione nobis, & huic Sanctæ Sedi, in qua licet immeriti, Spiritu Sancto auctore, præsidemus, pacifice restituenda agebat, respondendi officium paulispèr distulimus, donec tota tractatio omni ex parte absolveretur, ut plenum hoc & cumulatum gaudium cum Majestate Tua communicare possemus: quod singulari Dei benignitate factum est. Nam ad quartum kal. Februarias rebus rite & cum multa concordia compositis, Dilectus filius noster Petrus Cardinalis Aldobrandinus Nepos noster secundum carnem, atque item noster & ejusdem Sanctæ Sedis Legatus, Ferrariam ingressus, Civitatem, & Ducatum illum vetustissimum Sanctæ Romanæ Ecclesiæ Patrimonium, nostro & ejusdem Ecclesiæ nomine recepit, summa populi illius gratulatione & lætitia: quo in gravissimo negocio nihil consilio aut prudentiæ nostræ, nihil cujusquam nostrorum diligentiæ aut industriæ tribuimus, sed illius solum bonitati & clementiæ acceptum ferimus, qui dives est in misericordia, qui magna & mirabilia solus facit, in quo uno speravimus semper. Non enim in hac causa carni, aut sanguini acquievimus, neque ullas privatas rationes nostras secuti sumus, sed solam Dei gloriam nobis ante oculos proposuimus, eamque quæsivimus semper in sinceritate cordis nostri. Deus autem Omnipotens exaudivit preces, & ora-

orationes servorum suorum, & magnificavit Nomen sanctum suum in conspectu omnium gentium, ut intelligant, quia ipse est defensor & propugnator Romanæ Ecclesiæ, quam caput, Matrem & Magistram omnium fidelium suorum ipse constituit, & fundavit eam Altissimus supra firmam petram, ejusque justitiam sui divini numinis patrocinio defendit & declaravit, idque tanta cum suæ potentiæ & bonitatis testificatione, ut publica Italiæ quies & tranquillitas, quæ nobis summopere cordi semper fuit, nulla ex parte imminueretur. Nam & si humani judicii æstimatione perturbationis materies non defutura, & procellæ multæ impendere videbantur; ille tamen, cujus voluntati cuncta obediunt, qui ventis & mari imperat, qui Beatum Petrum jussit venire ad se supra aquas, ipse omnia tam suaviter disposuit, ut summa cum pace & brevissimo temporis spacio tanta res conficeretur, & quod gaudium omne cumulavit, quod ardenti studio optabamus, quod denique toto ex cordis affectu a Deo precati sumus, in tanto belli apparatu & timore ne una quidem humani sanguinis guttula est effusa. Non igitur glorietur in conspectu Dei omnis caro, sed soli Deo exercituum omnis honor, laus & gloria tribuatur. Non dubitamus autem, Majestatem Tuam pro sua perpetua erga hanc Matrem suam carissimam pietate, ejus gaudio gaudere, & illius ac tam justa accessione lætari: & quia ex caritatis glutino omnia inter nos communia sunt, tam felicem hujus rei exitum, Majestati Tuæ non secus ac nobis ipsis gratulamur, quod Venerabilis frater Episcopus Cremonæ noster Apostolicus apud Te Nuncius coram etiam jussu nostro faciet, & cuncta uberiùs exponet. Nos tibi interea a Deo prospera omnia precamur, & paternam, atque Apostolicam benedictionem nostram tibi amantissime impartimur. Datum Romæ apud Sanctum Petrum sub annulo Piscatoris die VII. Februarii MDXCVIII. Pontificatus nostri Anno septimo.

V.

Epist. 150. fol. 105.

II. *Cariſſimo in Chriſto filio noſtro Rodulpho Hungariæ, & Boemiæ Regi Illuſtri, in Romanorum Imperatorem electo.*

CLEMENS PAPA VIII.

CAriſſime in Chriſto fili noſter ſalutem & Apoſtolicam benedictionem. Qui a Majeſtate Tua ad nos mittuntur Oratores, eos hilari ſemper vultu excipimus, quia a te veniunt, hoc eſt a Primogenito, & cariſſimo filio noſtro, quem intimis paternæ caritatis viſceribus in Chriſto Domino complectimur. Sed certè perjucundus nobis fuit adventus nobilis & præſtantis Viri Raymundi Comitis a Turre Conſiliarii Tui; quem delegiſti, ut apud Nos & Apoſtolicam Sedem tuum ordinarium Oratorem agat; jam enim illius virtutem novimus, eumque & tua cauſa & ſuo merito valde amamus. Itaque quod a nobis poſtulat Majeſtas Tua, & nunc illum tua negocia tractantem libenter audivimus, & deinceps, quoties opus fuerit, eodem modo benignè audiemus. Quod autem nobis tam amantèr gratularis, RES FERRARIENSES feliciter compoſitas, & Ferrariam Sanctæ Romanæ Eccleſiæ reſtitutam, agnoſcimus in eo pietatem tuam. Et ſane ita æquum eſt, optimum filium Matris cariſſimæ rebus proſperis lætari, quæ tuis viciſſim ſincero affectu ſemper lætatur, quare & nos Majeſtati Tuæ pariter gratulamur, res Tranſilvaniæ quiete & tranquille actas, optamuſque eandem quietem, & tranquillitatem perpetuo retineri, teque pro rei gravitate, id omni diligentia & vigilantia curaturum confidimus, & ut re ipſa cures atque efficias, Deo adjutore, magnopere hortamur. Tibi præterea etiam atque etiam commendamus Principem illum dignum multis de cauſis, quæ tibi in primis notæ ſunt, quem tua Cæſarea gratia & amore complecteris, & beneficentia proſequeris: quod te ultro propensè facere, & noſtro etiam intuitu propenſius facturum nobis perſuaſum eſt. De auxiliis vero Majeſtati Tuæ hoc tempore præſtandis, de quo ad nos ſcripſiſti, atque etiam nobiſcum egit idem Orator tuus, nobis quidem voluntas nunquam deeſt tibi gratificandi, rebuſque tuis ſuffragandi, quod nemo teipſo melius novit, & tam multas & non obſcuras ſignificationes palam omnibus teſtari exiſtimamus; ſed tamen propter graves, & aſſiduas impenſas ità hoc tempore exhauſti ac plane exinaniti ſumus,

mus, ut id nullo modo facere liceat. Nam ut cætera omittamus, in HOC IPSO FERRARIENSI NEGOCIO, quod adeò celeriter confectum est, magnis tamen copiis conscribendis, tum armis, totoque bellico apparatu summa celeritate instruendo, ingens pecuniæ vis est insumpta: neque ex HUJUS DITIONIS & CIVITATIS fructibus quidquam opis expectandum est, qui ad onera necessaria preferrenda non sufficiunt: res enim eo loco, & statu deprehendimus, ut de illis aliunde etiam sublevandis nobis sit necessario cogitandum. Sed hæc & cetera, de quibus nobiscum egit Orator tuus, idem ipse Majestati Tuæ copiosius perscribere poterit, qui non modo ex verbis & sermone, sed ex oculis, vultuque nostro perspicere potuit, permolestum nobis esse quod in his pecuniarum angustiis versemur, de tuis enim commodis, de tua dignitate, & salute ita solliciti sumus, atque ità afficimur, perinde ac si nostra res ageretur, tot enim caritatis vinculis cum inter nos conjuncti simus, omnia etiam inter nos eadem esse merito existimamus. Datum Ferrariæ sub annulo Piscatoris die 30. Maii 1598. Pontificatus nostri Anno VII.

V I.

III. *Dilecto filio nobili Viro Matthiæ Archiduci Austriæ.* *Epist. 40. fol. 33.*

DIlecte fili nobilis Vir salutem & Apostolicam benedictionem. Postulat paternus amor noster erga Nobilitatem tuam, ut gaudii nostri, quod insigni FERRARIÆ CIVITATE, EJUSQUE DITIONE nobis & Romanæ Ecclesiæ restituta, merito capimus, te quoque per litteras participem faciamus, præsertim quia in hujus rei commemoratione, non ullam prudentiam aut industriam nostram, sed solam Dei potentiam & misericordiam prædicamus. Dei enim solius opus hoc, fuit gravis & periculosi belli, sed necessariò a nobis suscepti, incendium tam cito, tam facile extinguere, idque incolumi Italiæ quiete, & sine ulla prorsus sanguinis effusione: qua in re potissimam Dei clementiam agnoscimus, a quo hoc ipsum tota cordis humilitate precabamur. Scimus autem nobilitatem tuam pro sua erga nos & Romanam Ecclesiam pietate gaudere, ac illius accessione, quæ ad Dei gloriam, & ad Beatissimi Apostolici Principis Petri, cujus locum immeriti tenemus, honorem tantopere redundat. Tibi quoque, fili, a divina bonitate per benedictionem nostram prospera omnia evenire optamus. Datum Romæ &c..die 10. Februarii 1598. Pontificatus &c.

V I I.

Epist.312. fol.258. IV. *Dilecto filio Nobili Viro Ferdinando Archiduci Austriæ.*

Dilecte fili Nobilis Vir salutem & Apostolicam benedictionem. Cor tuum generosum & zelo Divini honoris ardens, nobis quidem notum, ac nova tamen & multa cum voluptate nostra expressum vidimus in litteris Nobilitati Tuæ, quas AD NOS DE RE FERRARIENSI DEDISTI. Laudamus, filii, egregiam pietatem tuam & devotionem erga Matrem tuam carissimam, sanctam Romanam Ecclesiam, cujus JUSTISSIMAM CAUSAM AGNOSCIS, & AD EAM PROPUGNANDAM TAM INSIGNITER TE ANIMATUM OSTENDIS. Conserva, fili, hanc voluntatem dignam tua, majorumque tuorum excellenti virtute & religione. Nos solam Dei gloriam in toto hoc negocio positam habemus non quærimus nostra privatim, sed quæ Christi sunt, & beatissimi ejus Apostoli Petri, in cujus Sede, licet meritis impares, atque indigni, auctore Spiritu Sancto, sedemus. Confidimus in eo, qui diligit justitiam & odit iniquitatem, quod ipse exurget, & judicabit causam suam. Interea Nobilitas tua pium studium erga Nos, & hanc sanctam Apostolicam Sedem pari amoris & caritatis affectu amplectimur, tibique benedictionem nostram toto ex animo impartimur. Dat. Romæ apud sanctum Petrum sub annulo Piscatoris die VI. Decembris M D XCVII. Pontificatus nostri anno sexto.

Vedi pag.269.

V I I I.

Epist.43. fol.35. V. *Dilecto filio Nobili Viro Ferdinando Archiduci Austriæ.*

Dilecte fili Nobilis Vir salutem & Apostolicam benedictionem. Semper quidem, quæ per Dei gratiam Nobis & huic sanctæ Sedi prospere accidunt, cum Tua Nobilitate communicanda sunt, qui Nobiscum & cum eadem Sede, in qua immeriti, Deo auctore, præsidemus, arctissimo caritatis vinculo es conjunctus. Sed in hoc FERRARIENSI NEGOCIO, quod dextera Excelsi mirabiliter effecit, tanto id impensius facere debemus, quod PLURA & ILLUSTRIORA PIETATIS TUÆ ARGUMENTA, IN HAC IPSA CAUSA EXTITERUNT ERGA NOS & SANCTAM ROMANAM ECCLESIAM MATREM TUAM CARISSIMAM, AD CUJUS JUSTITIAM PRO TUA VIRILI PROPUGNANDAM, SINGULAREM ALACRITATEM OS-

OSTENDISTI, OMNI OFFICII GENERE, & NON MEDIOCRIBUS ADJUMENTIS ARMORUM, BELLIQUE APPARATU PRÆBENDIS; quod sæpe & diligenter a dilecto filio nostro, & secundum carnem, nepote, Petro Cardinali Aldobrandino, ad Nos perscriptum est; cujus certe EXIMIÆ PIETATIS TUÆ nunquam erimus immemores. Nunc autem Te, fili, invitamus, ut ad Deo gratias agendas infirmitatem nostram adjuves, is enim qui dives est in misericordia, aurem clementiæ suæ ad preces servorum suorum inclinavit, & bellum omni opinione difficile, periculosum, diuturnum, summa cum facilitate & quiete brevissimo tempore absolvit, & quod caput est, quodque toto ex corde precati sumus, sine ulla prorsus sanguinis effusione. FERRARIA igitur nobili CIVITATE, ejusque DITIONE Romanæ Ecclesiæ restituta, pace Italiæ incolumi, divinæ clementiæ abundantiam prædicamus, & eos, quos maxime amamus, gaudii nostri participes efficimus, inter quos præcipue Nobilitatem Tuam numeramus, quem in filii unice dilecti loco habemus. Cetera hoc de genere tibi uberius exponet Hieronymus Porcia Notarius, & Nuncius noster Apostolicus. Nos Tibi interea, & paterne benedicimus, & veram felicitatem a Deo precamur. Datum Romæ &c. die X. Februarii MDXCVIII.

I X.

VI. *Dilecto filio Nobili Viro Maximiliano Archiduci Austriæ.* *Epist. 41. fol. 34.*

Dilecte fili Nobilis Vir, salutem & Apostolicam benedictionem. Benedicimus Dominum in omni tempore, & laus ejus in ore nostro perpetuo erit, quia fecit nobiscum misericordiam suam; rebus enim inter Nos & Cæsarem Estensem, summa cum pace compositis, NOBILIS FERRARIÆ CIVITAS, EJUSQUE DITIO Nobis & sanctæ Romanæ Ecclesiæ, ad quam pertinebat, restituta est, bellumque tam grave & periculosum, non solum facile & brevissimo tempore confectum est; sed quod unum maxime a Deo precabamur, antequam ulla prorsus sanguinis effusio fieret, optata pax est consecuta. Tecum igitur, hoc est cum filio singulariter dilecto, gaudium nostrum communicamus, neque enim dubitamus, te non mediocri voluptate affici ex hac insigni accessione: quæ ad Romanam Ecclesiam facta est, quæ te materno sinu complectitur, & pro te semper erit, ne quid interea de ea caritate dicamus, quæ inter Nos

Nos & Te intercedit. Vetus enim noster in te amor nulla ex parte imminuitur, quin potius in dies augetur, quod hæ ipsæ litteræ testantur, quod nihil Nostrum a te disiunctum esse existimemus. Datum Romæ &c. die X. Februarii M D XCVIII. Pontificatus nostri anno septimo.

X.

Epist. 42. fol. 34.

VII. *Dilecto filio nostro Alberto Tituli Sanctæ Crucis in Hierusalem Presbytero Cardinali Archiduci Austriæ nuncupato.*

Dilecte fili &c. Gaudium Matris ad pios inprimis filios pertinet. Jure igitur tibi potissimum receptam FERRARIAM gratulamur, & Matri Tuæ carissimæ Romanæ Ecclesiæ CUM EJUS DITIONE restitutam; qua in re tantus divinæ potentiæ & misericordiæ splendor eluxit, ut divitias bonitatis Dei satis admirari non possimus; Deus enim hujus sanctæ Apostolicæ Sedis, in qua immeriti præsidemus, justitiam propugnavit, & in conspectu omnium gentium admirabiliter declaravit. Dedit enim Cæsari Estensi spiritum consilii & compunctionis, ut quod injuste detinebat, juste redderet, atque ita dextera Dei virtutem faciente, bellum a Nobis quidem necessario susceptum, sed omnium opinione difficile & periculosum summa cum quiete & facilitate brevissimo tempore confectum est: & quod animi Nostri lætitiam cumulat, quodque toto ex animo a Deo precabamur, antequam ulla omnino humani effusio sanguinis fieret, læta pax conciliata est, utinam & illa altera consequatur, quam Nobis scis esse optatissimum, quam de immensa Dei clementia speramus, te ista prudentia, auctoritate, moderatione eam procurante, cui hanc eximiam laudem ad Dei gloriam & afflictæ Christianæ Reipublicæ utilitatem ex intimo corde optamus. Cetera venerabilis frater Episcopus Tricaricensis Nuncius Noster Apostolicus tibi uberius exponet. Datum Romæ die X. Februarii M D XCVIII. Pontificatus nostri anno septimo.

Ca-

X I.

VIII. *Cariſſimo in Chriſto filio noſtro Philippo Hiſpaniarum Regi Catholico.* *Epiſt. 38. fol. 31.*

CAriſſime in Chriſto fili noſter, ſalutem & Apoſtolicam benedictionem. Deus omnipotens, cujus natura, bonitas, & cujus opus miſericordia eſt, magnificavit Nomen ſanctum ſuum, & gloriam ſuam oſtendit in diebus humilitatis noſtræ, & juſtam ſanctæ Romanæ Eccleſiæ cauſam, quæ erat de CIVITATE & DITIONE FERRARIENSI recuperanda, ſuo cœleſti patrocinio defendit, & comprobavit. Etenim Cæſar Eſtenſis, quemadmodum fama litteras Noſtras præcurrente jam Majeſtatem Tuam audiſſe arbitramur, potentem manum Dei perſenſit, & humiliavit ſemetipſum ſub ea, & ſpiritum ſanioris conſilii ſecutus, quæ injuſte detinebat, juſte reſtituit. Itaque rebus compoſitis dilectus filius noſter Petrus Cardinalis Aldobrandinus nepos noſter ſecundum carnem, idemque noſter & hujus ſanctæ Sedis, in qua immeriti præſidemus, de latere Legatus, ad quartum kalendas Februarii, Chriſti pacificatoris noſtri pacem ſecum deferens, Ferrariam eſt ingreſſus, ſumma cum populi illius lætitia, eamque nobilem URBEM & DITIONEM noſtro & ejuſdem Apoſtolicæ Sedis nomine recepit. Qua in re Dei providentiam & abundantes illius clementiæ divitias ſatis admirari non poſſumus. Nam humanæ prudentiæ æſtimatione negocium hoc graviſſimum multis difficultatibus implicitum erat. Italiæ quietem perturbari, diuturni, & periculoſi belli incendium excitari, multa incommoda, & calamitates, quæ bellum afferre conſuevit, neceſſario impendere videbantur, neque Nos hæc ignorabamus: ætas enim & longus rerum uſus multa Nos docuit; ſed erat cor noſtrum fiduciam habens in Deo, cujus ſolam gloriam quærebamus, nullis omnino noſtris, aut noſtrorum privatis rationibus permoti. Ipſe igitur, qui ſperantes in eo numquam deſerui t, qui hanc ſanctam Romanam Eccleſiam, quam ipſe elegit, & ſupra firmam petram fundavit Altiſſimus per omnes temporum acerbitates dexteræ ſuæ potentia ſemper defendit, ipſe Dominus virtutum & Dominus exercituum exurrexit, & judicavit cauſam ſuam, imperavitque ventis & mari, tantamque ſubito tranquillitatem reduxit, ut humi ſtrati in ſpiritu humilitatis, illud Prophetæ crebro repetamus: a Domino factum eſt iſtud, & eſt mirabile in oculis noſtris. Neque enim prudentiæ aut conſilio noſtro, neque cujusquam diligentiæ

gentiæ tantum opus tribuimus, ſed illius ſolam vim agnoſcimus, & prædicamus, cujus miſericordiæ non eſt numerus,& bonitatis infinitus eſt theſaurus : qui aures ſuas inclinavit ad preces ſervorum ſuorum fidelium , & tantam rem tam brevi tempore tanta cum facilitate, tanta cum pace confecit, ut Italiæ quies, quæ nobis eſt antiquiſſima, nulla ex parte ſit imminuta: & quod ardenti ſtudio, & tota cordis humilitate a Patre miſericordiarum precabamur , ne gutta quidem humani ſanguinis ſit effuſa . Ergo fili cariſſime Rex Catholice,benedicamus Dominum in omni tempore,& ſemper laus ejus ſit in ore noſtro,gaudium enim noſtrum cum Majeſtate Tua eo libentius communicamus , quo pluribus , & arctioribus charitatis vinculis nobiſcum & cum hac ſancta Romana Eccleſia Matre Tua amantiſſima conjunctus es , & quo certius nobis perſuademus de Tua in Nos & eandem Eccleſiam pietate & obſervantia:quod ex hoc tam felici eventu,& graviſſimi negocii optato exitu ſingularem capias voluptatem. Sic enim animi, tui magnitudinem decet, ſic maxima,quibus Te Deus cumulavit beneficia poſtulant , ut Dei gloria, & illius Eccleſiæ amplificatione præter ceteros gaudeas . Nos autem eumdem bonorum auctorem aſſidue precamur , ut tibi , liberiſque tuis divinæ gratiæ ſuæ abundantiam & veram felicitatem largiatur . Cetera Nuncii Noſtri Apoſtolici copioſius exponent Majeſtati Tuæ,cui nos paternam & Apoſtolicam benedictionem noſtram ex intimis amoris præcordiis impartimur . Datum Romæ apud S. Petrum ſub Annulo Piſcatoris die VII. Februarii M D XCVIII. Pontificatus noſtri anno ſeptimo .

X I I.

Epiſt. 37. fol. 30.

IX. *Cariſſimo in Chriſto filio noſtro Henrico Francorum Regi Chriſtianiſſimo .*

Cariſſime in Chriſto fili noſter, ſalutem & Apoſtolicam benedictionem. Si quiſquam eſt ex filiis noſtris in Chriſto Catholicis Principibus, qui ex hoc felici FERRARIENSIS NEGOCII exitu , & nobilis illius DUCATUS ad Romanam Eccleſiam acceſſione, vere atque ex animo lætetur,hunc præcipue eſſe Majeſtatem Tuam certo Nobis perſuademus . Cor tuum è longinquo intuemur , quin potius Tu ipſe in corde Noſtro habitas ; in caritate non ficta , & in viſceribus Jeſu Chriſti , in quo omnia inter Nos communia ſunt , itaut gaudia noſtra tua ſint, & tua viciſſim noſtra. Neque vero obliti ſumus,neque ullo unquam tempore

pore obliviſcemur,qualem Te præbueris in iſta cauſa, quam animi alacritatem, quem ardorem oſtenderis, quo pietatis affectu, non opes ſolum & vires, ſed te ipſum obtuleris, ut hæc ſancta Romana Eccleſia Mater tua cariſſima, quæ injuſte illi occupata erant, juſte recuperaret. Optimo igitur jure cum Majeſtate Tua hanc noſtram lætitiam communicamus, & tibi potiſſimum opus Dei mirabile gratulamur. Non enim in eo quidquam Nobis aſſumimus,ſed ſolum illius potentiam & miſericordiam agnoſcimus & prædicamus, in quo ſperavimus ſemper: cujus ſolam gloriam quæſivimus, cujus auxilium imploravimus in neceſſitatibus, & in tribulatione. Et quamvis Nos indigni & immeriti ſimus,ipſe tamen, qui dives eſt in miſericordia, pias multorum ſervorum ſuorum orationes exaudivit & dedit gloriam Nomini ſuo, & Cæſari Eſtenſi inſpiravit ſpiritum ſanioris conſilii, ut quod ſuum non erat, & ſanctæ Romanæ Eccleſiæ erat, eidem ultro reſtitueret. Itaque hoc bellum neceſſario ſuſceptum, quod tam difficile, tam periculoſum, tam diuturnum fore videbatur, magna cum facilitate,multa cum quiete, breviſſimo temporis ſpacio confectum eſt, atque ita confectum,ut ne guttula quidem humani ſanguinis effunderetur: quod unum in primis tota humilitate cordis noſtri a Deo precati ſumus. Ipſo igitur Domino præeunte, cujus dextera fecit virtutem hanc, Nepos noſter ſecundum carnem, & tuo Chriſtianiſſimo nomini ſingulariter addictus, Petrus Cardinalis Aldobrandinus,noſter atque hujus ſanctæ Sedis Apoſtolicæ de latere Legatus, FERRARIAM, EJUSQUE DITIONEM noſtro & ejuſdem Sedis nomine recepit: quam Urbem ingreſſus eſt, pacem annuncians,nona & viceſima die Januarii, magna, ut accepimus, populi illius,omniumque ordinum lætitia. Quamobrem Deo immortali ſemper gratias agimus, & Tibi, fili cariſſime, iterum & ſæpius gratulamur,in eo etiam ſperantes,cujus inexhauſtus & plane infinitus eſt miſericordiæ theſaurus, quod novam nobis apud Te gratulandi materiam cito tribuet ex pace illa optatiſſima, quam Nos ardentiſſime ſcis expetere. Cetera Majeſtati Tuæ copioſius exponet is, qui Tuæ gloriæ & felicitatis in primis eſt avidus, & quem Nos ob egregia ejus merita ſincere amamus, Cardinalis Florentiæ,noſter Apoſtolicus Legatus.Interea Deum precamur, ut Te ſuæ divinæ gratiæ patrocinio ſemper tueatur, & Nos Tibi Apoſtolicam benedictionem noſtram paterno amore impartimur. Datum Romæ apud Sanctum Petrum ſub Annulo Piſcatoris die VII. Februarii MDXCVIII. Pontificatus noſtri anno ſeptimo.

XIII.

Epist. 39. fol. 32.

X. *Carissimo in Christo filio nostro Sigismundo Poloniæ, & Sueciæ Regi Illustri.*

CArissime in Christo fili salutem & Apostolicam benedictionem. Quis loquetur potentias Domini auditas, faciet omnes laudes ejus? Sic enim cum Propheta exclamare licet, quod in FERRARIENSI NEGOCIO Majestati Tuæ non ignoto, Dei potentiam admirari, ejusque immensæ bonitatis laudes celebrare, nedum satis possimus, sed ne animo quidem quæ mirabiliter, quæ benigne Nobis fecerit, neque cogitatione complecti valeamus; nam cum pro recuperanda CIVITATE & DUCATU illo, qui ad jus sanctæ Romanæ Ecclesiæ, cui Deo auctore, deservimus, pertinet, non modo justum, sed necessarium a Nobis bellum susceptum esset, quod omnium opinione, perdifficile, periculosum & diuturnum fore videbatur &c. quod re ipsa factum est quarto kalendas Februarias: quo die dilectus filius noster Petrus Cardinalis Aldobrandinus, secundum carnem Nepos noster, & Apostolicæ Sedis de latere Legatus, Ferrariam ingressus, & pacem secum ferens URBEM illam & DITIONEM Nostro, atque Apostolicæ Sedis nomine recepit. Dat. Romæ die VII. Februarii MDXCVIII. Pontificatus &c.

XIV.

Epist. 164. fol. 117.

XI. *Dilecto filio Nobili Viro Marino Grimano Duci Venetiarum.*

DIlecte fili Nobilis Vir salutem & Apostolicam benedictionem. Excepimus summa animi & vultus hilaritate quatuor Oratores Vestros Procuratores S. Marci lectissimos Senatores, & jam Nobis præclare notos & gratos, quos ad Nos misisti, ut FERRARIAM, ejusque insignem DITIONEM receptam Nobis gratularentur, tum Nobilitatis Tuæ, istiusque amplissimæ Reipublicæ ea de re lætitiam significarent: quod quidem & litteræ Tuæ satis expresserant, & viva eorum vox & præsentia tanto cumulatius, efficaciusque expressit. Nos vero, qui Vos in sinu cordis intimo & in visceribus Christi gerimus, tam splendida legatione, & tam benevolæ gratulationis officio valde

valde oblectati sumus, & in his quatuor primariis Viris Nobilitatem Tuam, totamque Rempublicam quasi præsentem in spiritu caritatis complexi sumus. Sic autem par erat lætari Vos rebus prosperis Romanæ Ecclesiæ Matris Vestræ carissimæ, quæ Vestris vicissim gaudet, & Rempublicam istam ornamentum Italiæ omnibus divinis, atque humanis bonis florentissimam esse desiderat & precatur. Vidimus præterea libenter Joannem Mocenicum Equitem, quem Vestrum apud Nos & Apostolicam Sedem ordinarium Oratorem delegistis, præstantem Virum, suffectum Joanni Delphino, qui multa certe cum laude, prudentia & diligentia eodem munere est perfunctus. De Nostra vero perpetua erga Vos voluntate, ceterisque rebus, iidem quatuor Oratores vestri copiosius Vobis referent. Confidimus autem, quod quamdiu in hac Sancta Sede, quamvis immeriti, Deo auctore, præsidemus, in dies magis, magisque cognoscetis, quam sincero caritatis affectu Vos prosequamur, & commoda, ac dignitatem Reipublicæ Vestræ cordi habeamus. Datum Ferrariæ die X. Junii MDXCVIII. Pontificatus nostri anno septimo.

X V.

XII. *Dilectis filiis Nobilibus Viris Duci, & Gubernatoribus Reipublicæ Genuensis.*

Dilecti filii Nobiles Viri salutem & Apostolicam benedictionem. Gaudii Nostri, quod ex gravi & perdifficili FERRARIENSI NEGOCIO tam brevi tempore, tam feliciter confecto in Domino capimus, major ad neminem portio pertinet, quam ad Nobilitates Vestras, & Rempublicam istam clarissimam, nam præter ea amoris vincula, quæ Vos, Majoresque Vestros cum hac Sancta Romana Ecclesia Matre Vestra carissima perpetuo colligarunt, & nunc etiam caritatis glutino adstringunt, Vos certe in hac ipsa causa præclaram voluntatem ostendistis, & eidem Ecclesiæ ad suam justitiam obtinendam, quod in Vobis fuit, multa estis alacritate suffragati: cujus rei memores sumus, & erimus semper. Nunc autem Vobis non secus ac Nobis ipsis gratulamur nobilem FERRARIÆ CIVITATEM, ejusque DITIONEM a Romana Ecclesia receptam, ac tanta cum pace & quiete receptam, ut ne gutta quidem humani sanguinis sit effusa: quo nihil Nobis optabilius erat, nihil jucundius esse potuit. Illi omnis honor, illi omnes gratiæ habeantur, cujus misericordiarum non est numerus, & infinitus benignitatis est thesaurus. Neque enim in hoc tanto opere quidquam Nostrum agnoscimus, sed Dei clementiam solam, ejusque vim & providentiam prædicamus; qui dedit gloriam Nomini suo, quam solam quærebamus, seque Ecclesiæ suæ defensorem & propugnatorem esse, tam insigniter declaravit. Vos, filii, ad debitas illi gratias agendas infirmitatem Nostram adjuvate, ut omnes unanimes, qui unum sumus in Christo, uno ore illum glorificemus, & uno corde illi serviamus. Datum Romæ apud Sanctum Petrum sub Annulo Piscatoris die V. Februari MDXCVIII. Pontificatus nostri anno septimo.

X V I.

XIII. *Dilecto filio Nobili Viro Carolo Emanueli Duci Sabaudiæ.*

Dilecte fili Nobilis Vir salutem & Apostolicam benedictionem. Vinculum sinceræ caritatis, quo Nobilitas Tua Nobiscum in Christo Domino cohæret, atque adstringitur, facit ut Tua omnia Nostra sint, & Nostra vicissim Tua. Itaque summo cum animi Nostri gaudio gratulamur Tibi recuperatam ab hac Sancta Romana Ecclesia, cui, Deo auctore, in Apostolatus officio servimus, insignem CIVITATEM & DITIONEM FERRARIÆ, & tecum, hoc est cum pio in primis, & devoto filio, Matris hujus Tuæ carissimæ lætitiam communicamus, atque invitamus, ut humilitatem Nostram adjuves gratiis Deo immortali agendis pro tam singulari beneficio; in quo tribuendo gloriam suam, quam solam semper quæsivimus, tam insigniter manifestavit. Non enim Nostra, aut cujusvis hominis manus & prudentia hoc effecit, ut tam grave negocium tam brevi, tam facile, tam feliciter conficeretur; sed dextera illius hoc operata est, qui portat omnia verba virtutis suæ. Ipse enim humiles servorum suorum preces exaudivit, & in eo præsertim, quod summis votis expetebamus, ut sine humani sanguinis effusione, Romanæ Ecclesiæ, hoc est Christo ipsi, & Beatissimo ejus Vicario Petro, cujus locum immeriti tenemus, quod suum erat restitueretur: quod ejus admirabili bonitate tam cumulate consecuti, illud Prophetæ vere usurpare possumus & debemus: *a Domino factum est istud, & est mirabile in oculis nostris*. Hæc tecum, fili, perinde ac cum Nobis ipsis loquimur, & Tui gaudii opinione, no-

nostrum augeri sentimus, quemadmodum jussu nostro Nobilitati Tuæ uberius exponet venerabilis frater Archiepiscopus Barensis, Noster & hujus Sanctæ Sedis Apostolicus apud Te Nuncius. Deus pro Tua in Nos & Romanam Ecclesiam pietate & devotione Tibi, liberisque tuis divinæ gratiæ suæ abundantiam, & prospera omnia largiatur. Datum Romæ apud Sanctum Petrum sub Annulo Piscatoris die V. Februarii MDXCVIII. Pontificatus nostri anno septimo.

X V I I.

XIV. *Dilecto filio Nobili Viro Carolo Emanueli Duci Sabaudiæ.*

Dilecte fili Nobilis Vir salutem & Apostolicam benedictionem. Scripsit ad Nos diligenter venerabilis frater Archiepiscopus Barensis, Noster apud Nobilitatem Tuam Apostolicus Nuncius, quam prompte, quam alacriter facultatem dederis arma ex ditione Tua extrahendi, quibus Nostri Milites Ecclesiastici in expeditione Ferrariensi uterentur. Quin etiam & illud significavit accurate, cum certus Militum numerus ad ditionis & locorum Tuorum defensionem esset conscribendus, tuique Consiliarii admonerent, eos armari oportere, magnamque esse apud Vos armorum inopiam; Te non minus pio, quam generoso animo respondisse, velle Te quidvis incommodi & periculi etiam pati, dummodo desiderio Nostro satisfieret, & Apostolicæ Sedis commoditati a Te inserviretur. Agnoscimus, fili, toties perspectam pietatem Tuam & singularem devotionem erga Romanam Ecclesiam, carissimam Matrem Tuam, agnoscimus tuum in Nos amorem, & præclaram voluntatem, quam pari erga Te affectu, & propensione amplectimur & commendamus. Mandamus autem nominatim eidem Nuntio Nostro, ut Tibi copiose exponat, quam grata Nobis acciderit hæc animi Tui testificatio, cujus Nos semper memores erimus. Deus per intercessionem Beati Petri Apostolorum Principis, cujus locum, meritis licet impares, tenemus, de cujus honore sollicitus fuisti, Tibi, liberisque tuis in hac mortali vita & in illa sempiterna cumulatam mercedem rependat. Dat. Romæ apud Sanctum Petrum sub Annulo Piscatoris die X. Februarii MDXCVIII. Pontificatus nostri anno septimo.

Di-

XVIII.

XV. *Dilecto filio Nobili Viro Ferdinando Medici Etruriæ sibi subjectæ Magno Duci.*

Dilecte fili Nobilis Vir salutem & Apostolicam benedictionem. Antequam Nobilitatis Tuæ litteras acciperemus Pisis datas, quibus Nobis felicem Ferrariæ receptionem gratularis, jam ad Te eadem de re scripseramus, tecumque paterno affectu, ut solemus gaudium Nostrum communicavimus, & Tu quidem vere & prudenter divini in Nos beneficii magnitudinem consideras: quod sine ulla sanguinis effusione, integra atque incolumi Italiæ quiete multis belli incommodis evitatis, tantum negocium tam brevi, tam optatum exitum habuerit, sit bonorum omnium auctori perpetuus honor & gloria, qui preces servorum suorum exaudivit, & humilitatis Nostræ desiderium respexit. Hoc enim ardenter & potissimum expetebamus, ita Romanam Ecclesiam, quod suum erat, recuperare, ne humanus sanguis effunderetur, neve Italiæ tranquillitas ulla ex parte imminueretur. Tuæ igitur Nobilitati hoc commune bonum vicissim gratulamur, nam præter publicas rationes multis etiam de causis, præcipui amoris nihil inter Nos disjunctum est. Deum precamur, ut hæc mutuæ gratulationis officia crebro inter Nos excurrant ad Dei gloriam & Christianæ Reipublicæ utilitatem, Tibique interea toto ex animo Apostolicam Nostram benedictionem impartimur. Dat. Romæ apud Sanctum Petrum sub Annulo Piscatoris die XIV. Februarii MDXCVIII. Pontificatus nostri anno septimo.

XIX.

XVI. *Dilecto filio Nobili Viro Ferdinando Medici Etruriæ sibi subjectæ Magno Duci.*

Dilecte fili Nobilis Vir salutem & Apostolicam benedictionem. Qui facit mirabilia magna solus Pater misericordiarum Deus ipse multorum servorum suorum pias orationes, & humilitatis Nostræ preces in hoc pergravi Ferrariensi negocio exaudire dignatus est, id enim precati a Deo sumus, id summis votis optabamus, ut ex justitiæ præscripto Ro-

Romanæ Ecclesiæ, quod suum erat ita restitueretur, ut si fieri posset bellorum incommoda & calamitates evitarentur, & Italiæ quies & tranquillitas, quæ Nobis summopere est cordi, conservaretur. Neque enim odio, aut animi perturbatione aliqua incitati, aut privatæ utilitatis studio inducti, sed necessitate coacti ad ea remedia confugimus, quibus jus & dignitatem hujus Sanctæ Sedis, in qua immeriti præsidemus, quod a Nobis postulabat officii Nostri ratio, retinere liceret. Nam Cæsarem Estensem quamdiu ipse voluit, amavimus semper, quemadmodum Nobilitas Tua optime novit, neque eam mentem & voluntatem deponebamus. Itaque singularem voluptatem cepimus, quod is meliora consilia secutus, URBEM FERRARAM, ejusque DUCATUM & DITIONEM Nobis & Apostolicæ Sedi reddere statuerit, & re ipsa reddiderit dilecto filio nostro, & secundum carnem Nepoti, Petro Cardinali Aldobrandino, nostro & ejusdem Sedis de latere Legato, Deo certe, bonisque omnibus comprobantibus. Ipsi vero bonorum omnium auctori, cujus clementiæ totum hoc opus tribuimus, gratias ex intimo corde agere non cessamus, quod bellum tanti momenti, tam periculosum, sine populorum pernicie, sine agrorum & Civitatis vastitate, sine ulla prorsus sanguinis effusione tam brevi tempore, tanta facilitate confectum est, ut vere dicere possimus: *a Domino factum est istud, & est mirabile in oculis nostris*. Gaudium vero hoc nostrum cum Tua Nobilitate libentissime communicamus, quia Te præcipuo affectu amamus, quia tuam prudentiam & æquitatem novimus, & quæ cum justitia & honore Dei, & Sanctæ hujus Romanæ Ecclesiæ amplificatione conjuncta sunt, tibi grata esse non dubitamus. Hæc enim est Mater Tua carissima, quacum ab ineunte ætate conjunctissimus fuisti, quod perpetuum fore, Deo bene juvante, confidimus: nam & tuam in Nos, atque illam pietatem perspectam habemus, & de nostro sensu & paterna caritate erga Te Nobis conscii sumus. Quin & Cæsarem ipsum, ejusque liberos Tua etiam causa impensius amabimus, eorumque commodis, quantum cum Domino poterimus, propense suffragabimur. Cetera hoc de genere Magister Offredus Notarius & Nuncius Noster Apostolicus, qui apud Te commoratur, Tibi uberius exponet. Nos interea Tibi, & nobili Mulieri Magnæ Ducissæ conjugi Tuæ filiisque vestris a Deo bona omnia precamur, & nostram Apostolicam benedictionem amantissime impartimur. Dat. Romæ apud Sanctum Petrum sub Annulo Piscatoris die IV. Februarii MDXCVIII. Pontificatus nostri anno septimo.

Di-

X X.

XVII. *Dilecto filio Nobili Viro Ranucio Farnesio Parmæ & Placentiæ Duci.*

DIlecte fili Nobilis Vir salutem & Apostolicam benedictionem. Nostrum est opera Dei mirifica prædicare, & nostros atque Ecclesiæ Romanæ dilectos in primis & peculiares filios invitare, ut nobiscum immortali Deo gratias agant, qui in hoc gravi FERRARIENSI NEGOCIO, ejusdem Romanæ Ecclesiæ justitiam miris modis & declaravit & defendit. Et de Tua quidem Nobilitate Nobis certo persuademus, Te Matris Tuæ carissimæ gaudio gaudere, quod tam nobilis CIVITAS & DITIO tam facile, tam feliciter, tam brevi tempore ab ea recepta sit, & quod optatissimum erat, sine ulla sanguinis effusione. Nihil in hoc tam præclaro opere nostrum agnoscimus, nihil Nobis, aut humanæ prudentiæ tribuimus: dextera Domini magnificata est, & ipse Nomini suo dedit gloriam, quam solam in tota hac causa & quæsivimus, & propositam habuimus. Tecum igitur, fili, gaudium nostrum communicamus, quod Noster in Te paternus amor postulat, & Tua etiam in Nos & hanc Sanctam Sedem, in qua immeriti præsidemus, spectata pietas & devotio requirit. Deus, cujus misericordia in re tam insigni hoc tempore tanto cum splendore eluxit, ipse Ecclesiam suam semper tueatur, ipse Principibus Christianis filiis nostris pacem & concordiam largiatur, & Tibi per Apostolicam benedictionem nostram, quam Tibi amantissime impartimur, divinæ gratiæ copiam,& veram felicitatem concedat. Dat.Romæ apud S.Petrum sub annulo Piscatoris die IV. Februarii MDXCVIII. Pontificatus nostri anno septimo.

X X I.

XVIII. *Dilecto filio Nobili Viro Vincentio Gonzagæ Duci Mantuæ.*

DIlecte fili Nobilis Vir salutem & Apostolicam benedictionem. Sic Nobis persuademus de Tuæ Nobilitatis in Nos pietate, & perspecta erga Romanam Ecclesiam devotione, quod ex hoc tam felici gravissimi NEGOCII FERRA-

RIENSIS

RIENSIS exitu, magnam capias voluptatem : decet enim pios filios in Matris suæ cariſſimæ gaudio, eodem ſenſu permoveri, eadem lætitia affici, præſertim ea in re, in qua Dei clementia & gloria tantopere elucet. Neque noſtrum, aut humanæ prudentiæ opus hoc fuit. Deus ipſe, qui dives eſt in miſericordia, qui hanc Sanctam Eccleſiam ſupra firmam petram ædificavit, qui perpetuo regit & cuſtodit eam, ipſe glorioſe magnificatus eſt, & hæc effecit, quæ admiranda ſunt in oculis noſtris, ut tam inſignis CIVITAS & DITIO tam brevi tempore, tam facile, & tanta cum pace reciperetur, nulla (quod præter cetera optabamus) humani ſanguinis effuſione. Sit in omnes ſæculorum ætates benedictus Deus & Pater miſericordiarum, qui juſtam cauſam tam manifeſto ſui numinis patrocinio comprobavit. Hæc tecum, fili, libenter admodum communicamus, quia Te ſingulari caritatis affectu proſequimur, & quia mutuus noſter amor omnia noſtra communia inter Nos facit. Deum oramus, ut nobis crebras occaſiones præbeat de tuis quoque rebus proſperis gratulandi: & Tibi interea Apoſtolicam benedictionem noſtram amantiſſime impertimur. Datum Romæ apud S. Petrum ſub Annulo Piſcatoris die V. Februarii M D XCVIII. Pontificatus noſtri anno ſeptimo.

XXII.

XIX. *Dilecto filio Nobili Viro Franciſco Mariæ de Ruvere Duci Urbini.*

Dilecte fili Nobilis Vir ſalutem & Apoſtolicam benedictionem. Exultat gaudio ſpiritus noſter, quod grave hoc FERRARIENSE NEGOCIUM tam felici exitu, & tanta celeritate concluſum ſit. Sed non in nobis ipſis exultamus, qui nihil nobis aſſumimus, ſed in Deo ſolo, cujus dextera fecit virtutem hanc magnam & exaltavit hanc Sanctam Apoſtolicam Sedem in conſpectu omnium gentium, ut omnes intelligant, quia ipſe eſt, qui regit eam & cuſtodit eam, & juſtitiam ejus brachio ſuo fortiſſimo defendit; non enim manus noſtræ, ſed Dominus fecit hæc omnia. FERRARIA igitur tam inſigni CIVITATE, ejusque DITIONE admirabili Dei beneficio recepta tanta cum pace & quiete, ut, quod maxime optabamus, nulla prorſus ſanguinis effuſio ſit ſecuta, Nobilitati Tuæ, quam unice diligimus, cordis noſtri lætitiam communicamus, cujus præcipua portio ad Te merito pertinet, qui nobiſcum & cum Romana Eccleſia Matre Tua ca-

cariſſima arctiſſimis amoris vinculis es conjunctus. Et quidem inter præſtantes virtutes tuas hæc eximia laus tua eſt, quod hanc tuam, & fidelium omnium parentem, ſingulari pietate & devotione proſequeris, quemadmodum & ipſa viciſſim te intimis caritatis præcordiis complectitur. Tuæ itaque Nobilitati hoc commune gaudium iterum & ſæpius gratulamur, tibique paterno affectu benedicimus, & proſpera cuncta a Deo precamur. Dat. Romæ apud Sanctum Petrum ſub Annulo Piſcatoris die IV. Februarii MDXCVIII. Pontificatus noſtri anno ſeptimo.

XXIII.

XX. *Dilecto filio Nobili Viro Maximiliano Duci Bavariæ.*

Dilecte fili Nobilis Vir &c. Quæ manus Domini excelſa operata ſit in NEGOCIO graviſſimo FERRARIENSI jam ex famæ præcurrentis nuncio Nobilitas Tua cognovit. Vere a Domino factum eſt iſtud, qui facit mirabilia magna ſolus: bellum enim, opinione omnium tam periculoſum & difficile, tam brevi tempore, & tam facile confectum eſſe, & inſignem URBEM & DUCATUM, ita Romanæ Eccleſiæ, cui jure debebatur reſtitutum eſſe, ut ne una quidem humani ſanguinis gutta ſit effuſa, id vere tam manifeſtam Dei potentiam & benignitatem oſtendit, ut cujusquam explicatione non indigeat &c. Horum autem omnium participem fieri cupimus nobilem Virum parentem tuum, cujus orationes nobis adjumento fuiſſe, & ſemper fore nobis pie perſuademus. Dat. Romæ die X. Februarii MDXCVIII. &c.

XXIV.

XXI. *Dilecto filio Nobili Viro Henrico Duci Lotharingiæ.*

Dilecte fili &c. Immenſa Dei bonitas, & dexteræ illius virtus & potentia in hoc pergravi NEGOCIO FERRARIENSI tam facile & feliciter conficiendo, adeo inſigniter eluxit, ut jam præcurrens fama omnia Nobilitati Tuæ nunciaverit, quemadmodum geſta ſunt. Sed paternus in Te amor noſter & ſumma Familiæ Veſtræ conjunctio cum hac Sancta Sede, in qua, Deo diſponente, licet immeriti, præſidemus, jure opti-

optimo. requirunt, ut tecum nominatim gaudium hoc nostrum communicemus. Gaudemus autem non propter nos, sed propter Dei gloriam, & Romanæ Ecclesiæ justam causam, quam, ut semper consuevit, sui numinis patrocinio defendit, & quæ illi debebantur, restituit, ut, quod omnis posteritas admirabitur, tam difficile & periculosum bellum, non solum brevissimo temporis spacio summa cum pace & quiete, sed sine ulla prorsus sanguinis effusione confectum sit: quod assiduis precibus a Deo precati sumus. Tibi igitur, fili, FERRARIAM a Romana Ecclesia receptam gratulamur, quod Matris honor & accessio ad optimum filium pertineat, & caritas omnia communia faciat &c. Datum Romæ &c. die X. Februarii MDXCVIII. &c.

XXV.

XXII. *Dilecto filio Nobili Viro Sigismundo Principi Transilvaniæ.*

DIlecte fili Nobilis Vir &c. Divinæ misericordiæ admiranda opera jam non audivimus solum, sed oculis ipsis nostris intuemur. Jam fama præcurrens, ut putamus, Nobilitati Tuæ significavit, nobilem FERRARIÆ CIVITATEM ejusque DITIONEM Nobis & Romanæ Ecclesiæ, cui jure debebatur, esse restitutam, idque tanta cum pace & quiete, ne una quidem sanguinis guttula effusa, ut vere dicere liceat: *a Domino factum est istud, & est mirabile in oculis nostris.* Deus belli difficultates & pericula dispulit & disiecit &c. Datum Romæ &c. die X. Februarii MDXCVIII, Pontificatus nostri anno septimo.

XXVI.

XXIII. *Dilecto filio Martino Carzes Hospitalis Hierosolymitani Magno Magistro.*

DIlecte fili salutem & Apostolicam benedictionem. Quod ad bonos omnes pertinet, Romanæ Ecclesiæ Fidelium omnium Matris rebus prosperis lætari, id tibi, totique vestro Ordini præcipuum quoddam gaudium afferre, non tam mirum Nobis est, quam certe jucundum: sic enim vestra pietas, & summa cum eadem Ecclesia conjunctio, &

& perspecta erga Apostolicam Sedem devotio postulat. Itaque litteræ tuæ, quibus Nobis receptam FERRARIAM ejusque DITIONEM, tuo totiusque Religionis vestræ nomine gratularis, gratæ Nobis acciderunt, vestramque in eo quoque pietatem agnoscimus & commendamus. Deo immortali autem gratiæ perpetuo agendæ, quod jus hujus Sanctæ Sedis ita retinuerit, ut publica quies nulla ex parte sit imminuta, & quod ardenti affectu precabamur, ne gutta quidem humani sanguinis effusa: quibus de rebus vos gratias Deo egisse, ut scribis, & agere, sane lætamur. Quod ad tuum Oratorem attinet, quem Nos sequi jussisti, illum libenter videmus & benigne, ut solemus, audimus. Tibi vero & Religioni vestræ, quam carissimam habemus, læta omnia in Domino evenire optamus, vobisque paterne benedicimus. Datum Ferrariæ sub Annulo Piscatoris die XIX. Junii M D XCVIII. Pontificatus nostri anno septimo.

X X V I I.

XXIV. *Dilectis filiis Sculetis, Landammanis & Consiliariis Septem Cantonum Helvetiorum Catholicorum, Lucernæ, Uraniæ, Suitbii, Subsilvaniæ, Tugbii, Friburgi & Solodori, Ecclesiasticæ libertatis defensoribus.*

Dilecti filii &c. Vestra, majorumque vestrorum insignis pietas & devotio erga hanc Sanctam Apostolicam Sedem, in qua Spiritus Sanctus Nos humiles & indignos præsidere voluit, merito requirit, ut vos præcipue gaudii Nostri participes efficiamus, quod FERRARIÆ CIVITATE & DUCATU recepto capimus, non propter Nos ipsos, qui nihil nostrum privatim in hac causa spectavimus, sed propter Dei gloriam, quam solam quæsivimus, & de qua sola gaudemus. Datum Romæ &c. die X. Februarii M D XCVIII. Pontificatus nostri anno septimo.

Dile-

XXVIII.

XXV. *Dilectis filiis Antianis & Confaloneriis Reipublicæ Lucensis.*

Dilecti filii &c. Consentaneum erat perpetuæ Vestræ erga Nos & hanc Sanctam Sedem Apostolicam, in qua immeriti præsidemus, pietati & devotioni, ut ex felici gravissimi NEGOCII FERRARIENSIS exitu, & tam insignis DITIONIS ad Romanam Ecclesiam accessione, non mediocrem voluptatem caperetis: honor enim & dignitas Matris ad pios filios redundat, & Nobis quidem antequam litteras Vestras reciperemus, hoc ipsum de vobis plane persuasum erat. Dat. Romæ &c. die XXI. Februarii M D XCVIII.

XXIX.

XXVI. *Dilectis filiis Rectori & Consiliariis Reipublicæ Ragusinæ.*

Dilecti filii salutem & Apostolicam benedictionem. Piorum filiorum est matris gaudio lætari. Hoc igitur vestra pietas erga Sanctam Romanam Ecclesiam Matrem vestram carissimam postulabat, ut de recepta FERRARIA gauderetis, quemadmodum litteris vestris, quas ad Nos proxime dedistis, cumulate expressistis. Et re vera bonis omnibus copiosa lætitiæ materia a summa Dei benignitate tributa est, quod tam grave negocium, tam brevi, tanta cum pace & quiete, ac quod summopere expetebamus, & a Dei clementia precabamur, sine ulla prorsus sanguinis effusione confectum est. Itaque & Nos ipsi in spiritu humilitatis Patri misericordiarum gratias agimus, & ab omnibus idem fieri optamus, ut detur gloria nomini illius, a quo solo factum hoc est, mirabile in oculis nostris. Vestram autem, filii, devotionem erga Nos,& hanc Sanctam Sedem, in qua, Deo auctore, meritis impares præsidemus, libenter agnoscimus. Vobis item prospera omnia a Deo precamur, & Apostolicam benedictionem Nostram paterno Vobis affectu impartimur. Datum Romæ apud Sanctum Petrum sub annulo Piscatoris, die XIV. Martii MDXCVIII. Pontificatus nostri anno septimo.

XXX.

XXVII. *Dilecto filio Nobili Viro Andreæ Auriæ, Principi Melphiensi, Regis Catholici Classis Præfecto, & Capitaneo generali.*

Dilecte fili nobilis Vir &c. Quem pietatis affectum Nobilitas Tua præ se tulerit erga Nos & hanc Sanctam Apostolicam Sedem, in qua immeriti præsidemus, in hoc FERRARIENSI NEGOCIO, & quam in omni officii genere alacritatem ostenderis, plane scimus. Itaque illud etiam scimus quantum gaudii nunc capias ex tam felici rerum eventu, & quod FERRARIA, EJUSQUE DITIO Romanæ Ecclesiæ tanta cum pace sit restituta &c. Datum Romæ &c. die X. Februarii MDXCVIII.

XXXI.

XXVIII. *Dilecto filio Nobili Viro Henrico Comiti de Olivares Vice-Regi Neapolis.*

Dilecte fili Nobilis Vir salutem & Apostolicam benedictionem. Accepimus Nobilitatis Tuæ literas, & audivimus quæ tuis verbis Nobis narravit Dux Suessæ, à quo vicissim, & tibi significata esse quæ illi respondimus, non dubitamus. Et quoniam in NEGOCIO FERRARIENSI justitia sanctæ Romanæ Ecclesiæ, cui, Deo auctore, deservimus, clarissima est, idque NEMO NOVIT MAGIS TE IPSO, QUI EO TEMPORE, QUO ALPHONSUS DUX ROMAM VENIT, HIC ERAS, QUÆQUE GEREBANTUR, OMNIA PENITUS PERSPECTA HABEBAS; ob eam causam ad jus & dignitatem hujus sanctæ Apostolicæ Sedis retinendam, cum a filio nostro charissimo Philippo Hispaniarum Rege Catholico, tum ab ejus Ministris omnem opem, omneque auxilium jure optimo expectamus: quod de tua Nobilitate tanto Nobis impensius persuademus, quo plura veteris amoris vincula tibi nobiscum & cum hac sancta Sede intercedunt, Nostraque erga Te, & Tuos paterna caritas, & perpetua voluntas id merito requirit. Tibi interea, quam humiliter petisti, Apostolicam benedictionem Nostram, liberisque tuis benigne impartimur. Datum Romæ apud sanctum Petrum sub Annulo Piscatoris die XII. Decembris MDXCVII. Pontificatus Nostri anno sexto.

Di-

XXXII.

XXIX. *Dilecto filio Nobili Viro Joanni de Velasco Duci de Fries Status Mediolani Gubernatori & Capitaneo generali.*

DIlecte fili &c. Qui ad Nos a Tua Nobilitate missi adveniunt, eorum Nobis adventus semper est gratus, ab eo enim adveniunt, quem præcipuo amore prosequimur, & in filii loco habemus. Blascus vero de Aragona, quem ad Nos cum litteris tuis misisti, tanto Nobis gratior advenit, tantoque eum libentius audivimus, quanto magis ipse virtute sua, non minus quam generis splendore præstat. Is tuis verbis FERRARIAM ejusque DITIONEM receptam Nobis est gratulatus, tuamque ea de re voluptatem testatus est, quod tuæ quoque litteræ exprimebant &c. Datum Romæ &c. die X. Februarii MDXCVIII.

XXXIII.

XXX. *Dilecto filio Nobili Viro Innico de Mendoza Regis Catholici apud Venetos Oratori.*

DIlecte fili nobilis Vir, salutem & Apostolicam benedictionem. Narravit quidem Nobis dilectus filius noster Petrus Cardinalis Aldobrandinus, noster secundum carnem Nepos, quæ cum eo Venetiis es collocutus, summa cum amoris & devotionis tuæ significatione erga Nos & Sanctam Apostolicam Sedem, in qua immeriti præsidemus, tuoque nomine Nobis FERRARIAM receptam est gratulatus, sed hæc, ut jucunda Nobis valde, ita minime nova accidere. Tuæ enim Nobilitatis insignis pietas & virtus jam pridem Nobis nota est: quique in hoc gravi FERRARIENSI NEGOCIO sensus tui fuerint, quam recti, quam ex Dei gloria, scimus: quam solam Nos quoque in tota hac causa secuti sumus. Abundavit autem divinæ misericordiæ magnitudo erga humilitatem nostram, ut tanta res tam cito, tanta cum pace & quiete conficeretur: quod unum potissimum expetebamus, & omni animi demissione precabamur. Itaque vere a te scriptum est, hoc a Domino factum esse, quod plane agnoscimus & prædicamus. Sed bonitatis ejus infinitus est the-

thesaurus, qui dona donis superaddidit, & gaudium nostrum novo & maximo gaudio cumulavit, pacis optatissimæ inter duos Reges filios nostros carissimos, quam tibi quoque pari affectu gratulamur. Utinam ex ea ii fructus uberrimi ad Christianæ Reipublicæ utilitatem promanent, qui ab inexhausta Dei clementia, & Catholicorum Regum ac Principum pietate & prudentia sunt expectandi: & Nos certe speramus. Quod vero ad religiosum illum attinet ex Ordine Sancti Francisci, quem Nobis per litteras commendasti; jam a Congregatione Sancti Officii omne impedimentum sublatum est: nec quidquam jam obstat quo minus quibusvis honoribus & officiis potiri possit ex Superiorum suorum arbitrio: id vero expresse Superioribus mandare, a Religionis institutis alienum, neque Regulari disciplinæ expedire est visum. Quod reliquum est, te fili, in sinu, & præcordiis caritatis gerimus, tibique paternam benevolentiam Nostram, quavis oblata occasione, quantum cum Domino licet, declarare cupimus, tibique Apostolicam benedictionem Nostram amanter impertimur. Datum Ferrariæ sub annulo Piscatoris die XIX. Junii MDXCVIII. Pontificatus nostri anno septimo.

NOTA.

Da questi XXX. Brevi scritti dal Pontefice Clemente VIII. a' Potentati Cattolici, e ad altri gran personaggi, e da noi recitati senza ordine alcuno di precedenza, chiaramente si vede, che tanto all'Imperadore Ridolfo II. e agli Arciduchi d'Austria, quanto agli altri Principi si partecipò la ricuperazione del Ducato di Ferrara e di tutte le sue dipendenze, una delle quali era Comacchio, conforme si è dimostrato nel processo dell'Opera; ed era cosa tanto pubblica e manifesta, come oltre a Ferrara si era ricuperato anche Comacchio, che troppo vano sarebbe stato il cercar d'occultarlo all'Imperadore col non darne parte a lui solo, ma poi col darnela a tutti gli altri; il che si asserisce nelle Osservazioni. Si vede ancora da' due Brevi scritti all'Arciduca Ferdinando, qualmente egli avea riconosciuta per giustissima la causa della Santa Sede *contra Don Cesare d'Este: che si era offerto ad ajutarla con l'armi, e che lo mostrò eziandio con gli effetti; dal che si può comprendere, se egli dopo dichiarato Imperadore può aver mai clandestinamente fatto quel Decreto, cotanto opposto alla pietà e alla giustizia di un tal Principe, qual fu Ferdinando II.*

Vedi pag. 201.
Osservaz. Cap. LV. pag. 82.
Vedi pag. 404.
Vedi pag. 269.

AL-

ALCUNE GIUNTE E CORREZIONI
sovvenute dopo terminata la stampa.

Pag. 70. *Lin.* 6. to. 4. 1681. *Leggi* 1681. to. 4.

16. *dopo* Cormerio. *Aggiungi*. Ma Remondo Rufo dotto e zelante Cattolico pubblicò bentosto un Libro approvato dalla Sorbona e dedicato al Rè Cristianissimo, con questo titolo: *In Molinæum pro Pontifice Maximo, Cardinalibus, totoque Ordine sacro defensio*: nel qual Libro, stampato in Parigi con privilegio reale nell'anno 1553. alla pag. 627. difese la Costituzione di Lodovico Pio dalle calunnie del Molineo, dimostrando, che ella si rammemorava negli Annali del Regno: *pervulgatum est in Annalibus nostris*; e che egli nell'oppugnarla oltraggiava la gloria de' Rè Franchi, e inviluppava se stesso in varie contradizioni.

Pag. 71. *Lin.* 17. Grundeur *Leggi* Grandeur

75. 10. Constituzioni Costituzioni

81. 15. *dopo* Modana *Aggiungi*: e nel quarto Consiglio dell'Altogradi to.2. num.30. in fine.

96. 13. giuro giurò

120. 13. XXV. XLV.

128. 21. dappoicchè dappoichè

156. 4. 1701. 1071.

204. 25. pag.114. to.3. pag.114.

234. 23. *Pontificis* *Pontificibus*

236. 16. *siur* *sius*

239. 15. e dagli *Leggi* e in principio poi del seguente dagli

276. 20. e molti *Leggi* e quando molti

285. 18. *dopo* stampata *Aggiungi*, e diretta al Rè Cristianissimo Arrigo II. e agli altri Principi Cristiani.

287. 24. 1542. *Leggi* 1538.

289. 4. *Auten.* *Authen.*

291. 20. *dopo* Este *Aggiungi*: e perciò con lei vi fu sepolto anche Don Alfonsino II. suo figliuolo, come attesta Marcantonio Guarini nel Compendio delle Chiese di Ferrara pag.323.

Pag. 296. *Lin.* 3. *dopo* nominati *Aggiungi*: e questo medesimo stile tenne anche Giulio Cammillo, il quale dedicando al Duca Ercole II. il suo Trattato delle Materie, stampato in Venezia

zia dal Farri nell'anno 1544. gli dice, che il legga mentre *sarà con gl'Illustrissimi suoi fratelli*, *Monsignor di Melano* (cioè il Cardinale Ippolito II.) *e'l Signor Don Francesco*, dove, come avea fatto il Gelli, non vi nomina per niente nè Don Alfonso, nè Don Alfonsino, perchè non erano considerati per fratelli veri del Duca. Ora udiamo, come ne parla il Giovio.

Pag.	*Lin.*		
299.	2.	*juxtæ*	Leggi *justæ*
302.	22.	quando gli	quando egli
305.	3.	soprapposte	soprapposte a penna
306.	15.	.....,	...,..
309.	2.	*habuit*	*duxit*

322. 12. *dopo* illegittimi? *Aggiungi*. Quando Giulio Cammillo tenne il medesimo stile dedicando ad Ercole II. il suo Trattato delle Materie?

332.	29.	34.	*Leggi* 3. 4.
339.	12.	il che	il che parve strano, che

351. 20. *dopo* altra. *Aggiungi*: e di questa seconda si conserva una illustre testimonianza ne' versi preposti da Adriano I. al Codice antico de' Canoni della Chiesa Romana da lui offerto a Carlo Magno stesso in Roma nell'anno 787. e stampato nella Biblioteca di Arrigo Giustello to. 1. pag. 97. Dice ivi il Pontefice, che Carlo REDDIDIT PRISCA DONA *Ecclesiæ matri suæ*, *Urbesque magnas*, *fines simul & Castra diversa*, con quel che segue.

359.	33.	*testimonio*	Leggi *auctoritate*
369.	2.	*minorem*	*minorum*
404.	7.	*filii*	*fili*

IL FINE.

www.ingramcontent.com/pod-product-compliance
Lightning Source LLC
LaVergne TN
LVHW061940220826
846091LV00011B/4060

9781286955550